Harchina 哈尔滨中 | 柏杜法考

U0743400

蔡 辉 ◎ 著

2020 年国家统一法律职业资格考试 · 精讲卷 ⑦

民事诉讼法攻略

中国民主法制出版社
全国百佳图书出版单位

图书在版编目（CIP）数据

2020年国家统一法律职业资格考试民事诉讼法攻略．精
讲卷／蔡辉著．—北京：中国民主法制出版社，2019.12
ISBN 978-7-5162-2144-0

Ⅰ.①2… Ⅱ.①蔡… Ⅲ.①民事诉讼法—中国—资格考
试—自学参考资料 Ⅳ.①D925.1

中国版本图书馆CIP数据核字（2019）第281100号

图书出品人：刘海涛
出 版 统 筹：乔先彪
责 任 编 辑：姜 华 贾永青

书名／2020年国家统一法律职业资格考试民事诉讼法攻略·精讲卷
作者／蔡辉 著

出版·发行／中国民主法制出版社
地址／北京市丰台区右安门外玉林里7号（100069）
电话／010-63292534 63057714（发行部） 63055259（总编室）
传真／010-63292534
Http：//www.npcpub.com
E-mail：mzfz@npcpub.com
经销／新华书店
开本／16开 787毫米×1092毫米
印张／22.25 字数／555千字
版本／2019年12月第1版 2019年12月第1次印刷
印刷／三河市华润印刷厂

书号／ISBN 978-7-5162-2144-0
定价／68.00元
出版声明／版权所有，侵权必究。

目　录

01 第一章
民事诉讼与民事诉讼法

特别提示 ▶

本章在历年的司法考试中不是重点。相对比较重要的知识点为：民事诉讼法的公法、程序法、部门法、基本法属性；民事诉讼法的效力。但近年来对本部分的考查力度和难度有上升趋势，不再局限于围绕单一知识点进行客观题考查：例如2013年卷四部分考查了"调解与审判在社会转型时期的关系"。

本章知识框架 ▶

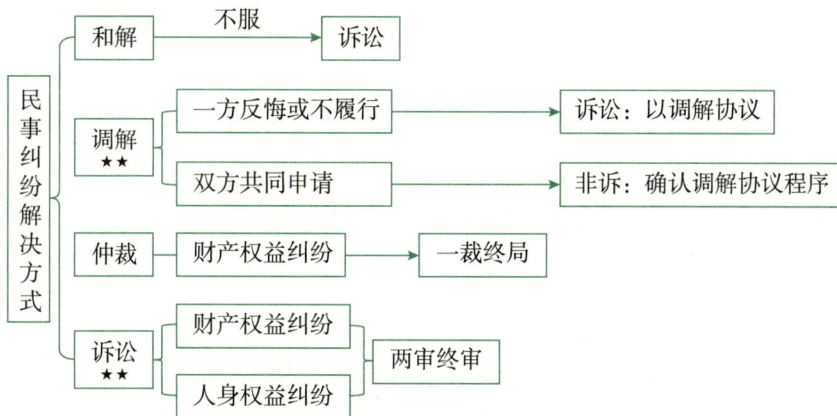

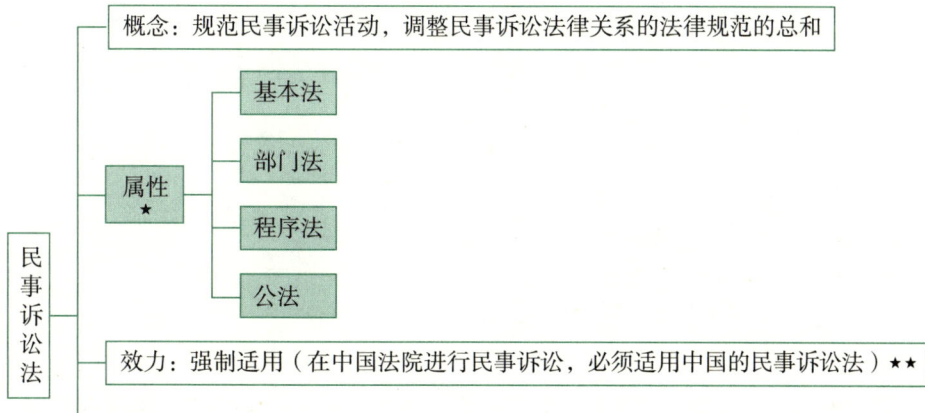

```
                      和解 ──── 不服 ──── 诉讼

                                    一方反悔或不履行 ──── 诉讼：以调解协议
民事              调解
纠纷              ★★
解决                              双方共同申请 ──── 非诉：确认调解协议程序
方式
                      仲裁 ── 财产权益纠纷 ──── 一裁终局

                                    财产权益纠纷
                      诉讼                        ── 两审终审
                      ★★        人身权益纠纷
```

```
              概念：规范民事诉讼活动，调整民事诉讼法律关系的法律规范的总和

                              基本法

                              部门法
              属性
民事           ★             程序法
诉讼
法                            公法

              效力：强制适用（在中国法院进行民事诉讼，必须适用中国的民事诉讼法）★★
```

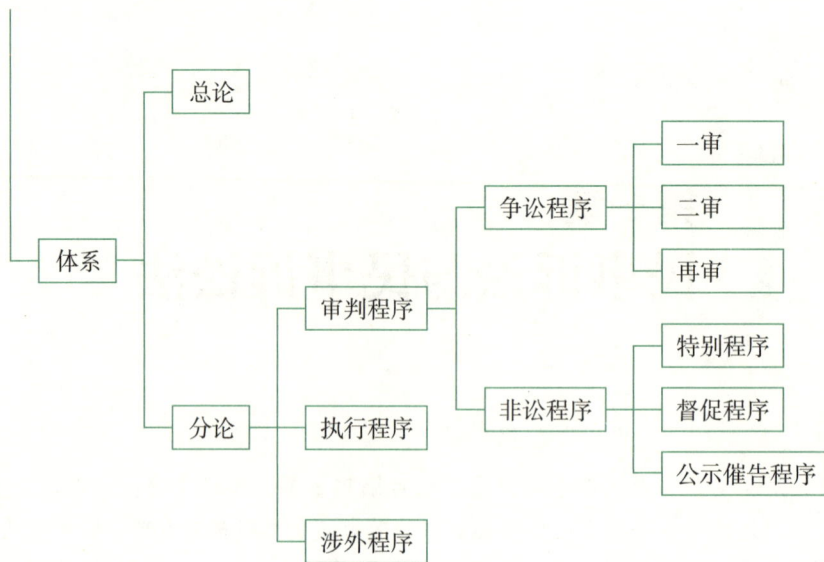

```
                            ┌─── 总论
                            │                                        ┌─── 一审
                            │                      ┌─── 争讼程序 ─────┤─── 二审
                            │                      │                  └─── 再审
                            │        ┌─── 审判程序 ─┤
           ┌─── 体系 ───────┤        │             │                  ┌─── 特别程序
           │                │        │             └─── 非讼程序 ─────┤─── 督促程序
                            └─── 分论 ┤        │                        └─── 公示催告程序
                                     │
                                     ├─── 执行程序
                                     │
                                     └─── 涉外程序
```

一、民事诉讼

1. 民事诉讼，是指人民法院、当事人和其他诉讼参与人，为解决民事纠纷、保护合法权益而依法进行的全部诉讼活动，以及在这些活动中所产生的各种诉讼法律关系的总和。

民事诉讼＝诉讼活动+诉讼法律关系。

诉讼活动，即民事诉讼行为，是发生在人民法院、当事人和其他诉讼参与人之间的行为。

诉讼法律关系，在诉讼活动过程中，人民法院与当事人、其他诉讼参与人之间的诉讼权利与诉讼义务关系即为诉讼法律关系。

【注意1】民事诉讼行为和民事诉讼法律关系的主体，一定有一方是人民法院，否则该行为不是诉讼行为和诉讼法律关系。

【如】当事人和委托诉讼代理人之间签订委托合同的行为不是诉讼行为，是民事行为，是平等主体的行为，没有一方主体是法院。

【注意2】诉讼行为和诉讼法律关系的一方主体是法院，另一方主体是当事人、其他诉讼参与人，法院内部的行为不是诉讼行为。

【如】法官向上级法院汇报案件的行为、合议庭向审判委员会的请示行为等则属于法院的内部行为，不属于诉讼行为。

【例】以下行为是诉讼行为：法院向当事人以及证人送达诉讼文书的行为，证人向法院提供证言的行为等均属于诉讼行为。

【如】下列哪项法律关系是民事诉讼法律关系？

A. 原告与其代理人之间的法律关系

B. 证人与被告之间的法律关系

C. 原告律师与被告律师之间的法律关系

D. 人民法院与鉴定人之间的法律关系

［答案］ D

［简要分析］作为诉讼法律关系一定有一方主体是法院，因此只有人民法院和鉴定人之

间的法律关系属于诉讼法律关系。其他关系没有发生在法院和当事人、诉讼参与人之间，不是诉讼法律关系。

【如】下列哪些属于民事诉讼行为？

A. 甲公司代理人向法院提交证据的行为

B. 乙公司委托诉讼代理人的行为

C. 合议庭评议案件的行为

D. 当事人在法庭的质证行为

[答案] AD

[简要分析] 代理人提交证据是向法院进行的，当事人的质证行为也是向法院进行的，一方主体是法院，是诉讼行为。乙公司委托诉讼代理人的行为属于平等主体间的民事行为，没有针对法院进行，不是诉讼行为；合议庭评议案件的行为属于法院的内部行为，不是在法院和当事人、诉讼参与人之间进行的，不是诉讼行为。

2. 民事纠纷解决方式

（1）和解：纠纷当事人自行协商并达成协议，从而解决纠纷的方式。是一种基于当事人合意的私力救济方式。和解协议不具有强制执行力。

（2）诉讼外调解：在第三方介入下，当事人就纠纷的解决协商一致，达成调解协议的纠纷解决方式，是一种基于当事人合意的社会救济方式。法院调解书、仲裁调解书具有强制执行力，其他的调解协议没有强制执行力，只能依赖于当事人的自愿履行；但经过人民法院确认有效的调解协议具有强制执行力。

【注意】调解分为诉讼内调解和诉讼外调解两种。诉讼内的调解和仲裁调解达成后，制作的调解书具有强制执行力。诉讼外的调解协议不具有强制执行力，达成后当事人只能自愿履行，如果反悔不履行，则应就原民事纠纷向法院起诉；人民调解协议达成后，如果反悔不履行，可就人民调解协议向法院起诉；所有的诉讼外的调解协议达成后，如果双方共同向法院申请确认，经确认有效的调解协议具有强制执行力。

【如】张三和李四的5万元的借贷纠纷，张三向法院起诉李四，诉讼中达成调解协议只偿还3万元即可，根据该调解协议制作了调解书。如李四不给付3万元，则张三可以向法院申请强制执行该调解书。

如上述纠纷是通过仲裁解决的，并且在仲裁中达成调解协议，制作了调解书。则张三也可以向法院申请强制执行调解书。

如上述纠纷是通过人民调解委员会解决的，达成调解协议只偿还3万元，李四不履行。则张三可以就人民调解协议向法院起诉，而不能就借贷纠纷向法院起诉。因为人民调解协议具有合同效力，相当于张三和李四之间以新的合同权利义务的方式替代了原有的借贷合同权利义务关系。即使胜诉，张三也只能拿到3万元，而不能再拿到5万元了。

如上述纠纷是通过居委会、村委会或公安机关解决的，达成调解协议只偿还3万元，李四不履行。则张三只能就借贷合同（原民事法律关系）向法院起诉，调解协议既没有强制执行力，也没有合同效力。

（3）仲裁：平等主体之间就财产关系的纠纷达成协议，将纠纷提交仲裁机构予以解决，并受其生效的法律文书约束的纠纷解决方式。仲裁法律文书具有强制执行力。

$$民事纠纷\begin{cases}财产关系\begin{cases}仲裁：有仲裁协议\\诉讼：无仲裁协议\end{cases}二选一\\人身关系：——诉讼\end{cases}$$

【注意】这里的仲裁仅指民商事案件的仲裁，不包括劳动争议仲裁。劳动争议仲裁是强制仲裁，不要求当事人之间达成仲裁协议才能申请仲裁，发生争议后直接向劳动争议仲裁委员会申请仲裁；劳动争议仲裁是行政仲裁，需要向单位所在地的劳动争议仲裁委员会申请仲裁，不能任意选择仲裁机构；劳动争议仲裁实行先裁后诉，对仲裁裁决不服的，可以向法院起诉。

```
      劳动仲裁              诉讼
  ├──────────────┼──────────────→
  申请仲裁   必经程序   起诉
```

【如】张三和甲公司签订了劳动合同，甲公司 6 个月没有支付劳动报酬，张三要求甲公司支付劳动报酬，需先向劳动争议仲裁委员会申请仲裁，对裁决不服的，才能再向法院起诉。如果不经仲裁直接向法院起诉，法院应裁定不予受理。

民商事案件的仲裁是自愿仲裁，当事人需要在纠纷发生前或发生后达成仲裁协议方可申请仲裁；民商事案件的仲裁是民间仲裁，当事人可以选择其认为合适的仲裁机构申请仲裁，无论是国内还是外国仲裁机构；民商事案件的仲裁实行或裁或诉，当事人在仲裁和诉讼之间只能选择其中之一进行，不允许先裁后诉。

【如】北京的张三和上海的李四签订了买卖大米的合同，现李四不支付合同货款 50 万元。张三和李四在合同中约定如发生争议由广州仲裁委员会仲裁。张三欲要回合同款项，只能选择向广州仲裁委员会申请仲裁。如果向法院起诉，法院裁定不予受理。

【例】张某与李某产生邻里纠纷，张某将李某打伤。为解决赔偿问题，双方同意由人民调解委员会进行调解。经调解员黄某调解，双方达成赔偿协议。关于该纠纷的处理，下列哪一说法是正确的？（10 年·卷三·35 题）

A. 张某如反悔不履行协议，李某可就协议向法院提起诉讼

B. 张某如反悔不履行协议，李某可向法院提起人身损害赔偿诉讼

C. 张某如反悔不履行协议，李某可向法院申请强制执行调解协议

D. 张某可以调解委员会未组成合议庭调解为由，向法院申请撤销调解协议

［答案］A

［解析］就民事纠纷达成的人民调解协议具有民事合同的效力，相当于当事人之间的民事权利义务关系被新设定的合同权利义务关系所替代。调解协议一旦反悔或不履行，当事人只能就该调解协议向法院起诉，而不能就原民事纠纷起诉。A 选项正确，B 选项错误。只有经过法院确认有效的人民调解协议才具有强制执行力，本题达成的赔偿协议还没有经过司法确认，所以对其不能申请强制执行，C 选项错误。由黄某一人进行调解程序合法，D 选项所言"张某可以调解委员会未组成合议庭调解为由，向法院申请撤销调解协议"错误。

（4）诉讼：人民法院介入平等主体之间的财产关系或人身关系的争议，从而解决纠纷的纠纷解决方式。法院的生效法律文书具有强制执行力。

【注意 1】民商事案件的仲裁只能解决平等主体之间的财产关系的争议，平等主体间的人身关系的争议，如离婚、收养、继承等案件。只能诉讼，不能仲裁。

【如】张三和李四之间的离婚案件，当事人协议由北京仲裁委员会仲裁。该仲裁协议无效，当事人就离婚案件，只能向法院起诉。

【注意2】诉讼是最后一道救济屏障，但不一定是最佳的纠纷解决方式，不同的纠纷解决方式适用于不同类型的纠纷。如邻里纠纷，家庭、婚姻、继承等身份关系的纠纷，就应当尽量优先适用调解等有利于维护当事人关系的纠纷解决方式。

调解和判决作为人民法院审理民事案件的两种方式，其关系应当是能调则调，调解不成的，应当及时判决。民事纠纷解决方式的问题，作为民事诉讼基本理论之一，容易在卷四的主观论述题中出现，考生应加以注意。

【例】甲公司职工黎某因公司拖欠其工资，多次与公司法定代表人王某发生争吵，王某一怒之下打了黎某耳光。为报复王某，黎某找到江甲的儿子江乙（17岁），唆使江乙将王某办公室的电脑、投影仪等设备砸坏，承诺事成之后给其一台数码相机为报酬。事后，甲公司对王某办公室损坏的设备进行了清点登记和拍照，并委托、授权律师尚某全权处理本案。尚某找到江乙了解案情，江乙承认受黎某指使。甲公司起诉要求黎某赔偿损失，并要求黎某向王某赔礼道歉。诉讼中，黎某要求法院判决甲公司支付其劳动报酬。审理时，法院通知江乙参加诉讼。经审理，法院判决侵权人赔偿损失，但对甲公司要求黎某向王某赔礼道歉的请求、黎某要求甲公司支付劳动报酬的请求均未作处理。（11年·卷三·第5题）

[问题] 根据现行法律规定，黎某解决甲公司拖欠工资问题的途径有哪些？

[参考答案] 黎某可通过以下途径解决劳动报酬问题：

（1）与甲公司协商解决；

（2）请工会或第三方与甲公司协商解决；

（3）向调解组织申请调解；

（4）向劳动争议仲裁委员会申请仲裁；

（5）如果不服劳动仲裁，且黎某要求给付的劳动报酬数额高于当地月最低工资标准12个月金额的，可以向法院起诉。

【注意】主观题中的开放性题目答题一定要全面，很多考生遗漏了和解和调解这两种纠纷解决方式，只回答了劳动争议仲裁和诉讼两种最重要的解决方式。

《民诉法》第三条　人民法院受理公民之间、法人之间、其他组织之间以及他们相互之间因财产关系和人身关系提起的民事诉讼，适用本法的规定。

二、民事诉讼法

（一）民事诉讼法的概念

民事诉讼法，是国家制定的规范民事诉讼活动，调整民事诉讼法律关系的法律规范。

狭义的民事诉讼法指《中华人民共和国民事诉讼法》法典。广义的民事诉讼法指《中华人民共和国民事诉讼法》法典以及所有规范性法律文件中有关民事诉讼的规定，包括宪法、民事实体法、仲裁法中的规定及民事诉讼的相关司法解释。

广义民事诉讼法中，《侵权责任法》在当事人适格和证据制度中会经常适用，《婚姻法》相关规定在一审程序的起诉和受理中经常适用，考生应加以关注。

(二) 民事诉讼法的属性

1. **基本法**。根据其在法律体系中的地位，民事诉讼法的地位仅次于宪法，与民法、刑法、刑事诉讼法、行政诉讼法等同属于基本法。

2. **部门法**。根据其调整的社会关系，民事诉讼法调整的社会关系是人民法院与一切参与人之间的民事诉讼法律关系，民法调整公民、法人、其他组织之间的财产关系和人身关系，各自都是独立的部门法。

3. **程序法**。根据其规定的内容，实体法规定主体的实体权利与义务，程序法规定因实体权利义务发生争议的解决办法和程序，民事诉讼法是程序法。

4. **公法**。根据公法与私法的划分标准，三大诉讼法都是公法，因其涉及到国家权力的行使，即审判权的行使和规制问题，民事诉讼法是国家解决民事纠纷的司法手段，具有强制性，属于公法的范畴。

应当注意的是，从不同的角度认识，民事诉讼法具有不同的属性。

【例】关于民事诉讼法的性质，下列哪一说法是正确的？(11 年·卷三·35 题)

A. 根据其调整的社会关系，民事诉讼法是程序法

B. 根据其在法律体系中的地位，民事诉讼法是程序法

C. 根据其规定的内容，民事诉讼法是程序法

D. 根据公法与私法的划分标准，民事诉讼法是程序法

[答案] C

(三) 民事诉讼法的效力

民事诉讼法的效力，是指民事诉讼法对什么人、什么事、在什么时间和空间发生效力。民事诉讼法的效力也称民事诉讼法的适用范围。在中国法院进行民事诉讼，必须适用中国的民事诉讼法。

【注意】在中国法院进行民事诉讼，可以选择适用外国的民事实体法，但必须适用中国的民事诉讼法。在中国的仲裁机构进行仲裁，实体法和仲裁法均可以选择适用外国法律。

【如】中国人张三和美国人约翰的买卖合同纠纷，当事人在日本签订合同。现就合同履行发生纠纷，张三向中国法院起诉，中国法院就此案审理中，对于诉讼法必须适用中国的民事诉讼法；但对合同效力问题，当事人约定适用合同签订地的日本民法确定合同效力，法院可以适用日本民法典确定合同效力。

(四) 民事诉讼法的体系

我国现行民事诉讼法的特点是总分式立法，分论中审判程序和执行程序并立，审判程序又分为争讼程序和非讼程序。争讼程序的目的在于解决当事人之间的纠纷，存在针锋相对的双方当事人，适用辩论和调解原则，包括一审、二审、再审程序；非讼程序的目的不在于解决纠纷，而在于确认某种法律事实，一般只有一方当事人，因此辩论、调解原则均不适用，包括特别程序、督促程序、公示催告程序。执行程序的目的在于实现当事人已被生效法律文书确立的权益，因此执行程序中辩论、调解原则也都不适用。民事诉讼法的框架如下：

```
基本理论        ┐
民事诉讼法的基本原则 │
民事诉讼法的基本制度 │
主管与管辖       ├ 总论 ┐
当事人与诉讼代理人  │     │
证据和证明       │     │
诉讼保障制度      ┘     │
一审普通程序 ┐          │
一审简易程序 ├ 争讼程序 ┐ ├ 民事诉讼法
第二审程序  │        ├ 审判程序 ┐
再审程序   ┘        │       │
特别程序   ┐        │      ├ 分论
督促程序   ├ 非讼程序 ┘       │
公示催告程序 ┘                │
执行程序                    │
涉外民事诉讼的特殊规定            ┘
```

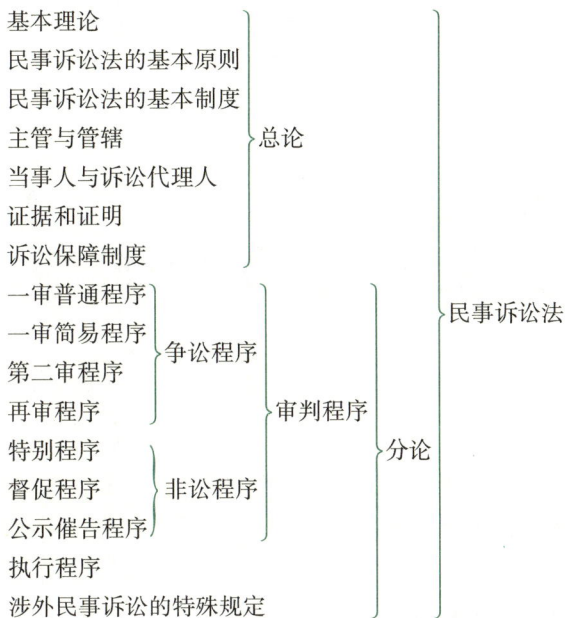

【例】下列哪些是 1991 年颁布实行的《民事诉讼法》（2007 修正）规定的诉讼案件的审理程序？（12 年·卷三·84 题）

A. 普通程序　　　　　　　　　　　B. 二审程序

C. 认定财产无主案件审理程序　　　D. 小额诉讼程序

[答案] AB

[解析] 认定财产无主案件是特别程序中的一类案件，属于非讼案件，而不是诉讼案件，本题选诉讼案件的审理程序，因此 C 项不当选。D 项的小额诉讼程序是 2012 年《民事诉讼法》修改后新增加的一审诉讼案件的审理程序，不是 2007 年《民事诉讼法》中已有的程序，因此不当选。

【例】判断：适用特别程序审理的案件都是非讼案件。（错误）

分析：特别程序的案件包含选民资格案件，选民资格案件涉及到的是公民的宪法权利，既不是诉讼程序，也不是非讼程序。但因为我国没有宪法诉讼，只有放在民事诉讼法中的非讼程序中，因此，应表述为：特别程序除选民资格案件外，属于非讼案件。

《民诉法》第四条　凡在中华人民共和国领域内进行民事诉讼，必须遵守本法。

02 第二章
民事诉讼法的基本原则与基本制度

特别提示

　　基本原则的考点集中在辩论原则、处分原则和调解原则上，并且往往综合多个原则一起考查。新增加的诚实信用原则、检察监督原则是重点。四大基本制度中，合议、回避制度是高频考点。重要内容是合议庭的组成与权限；回避的法定情形与决定权；不公开审理的案件范围；两审终审制度的例外。

本章知识框架

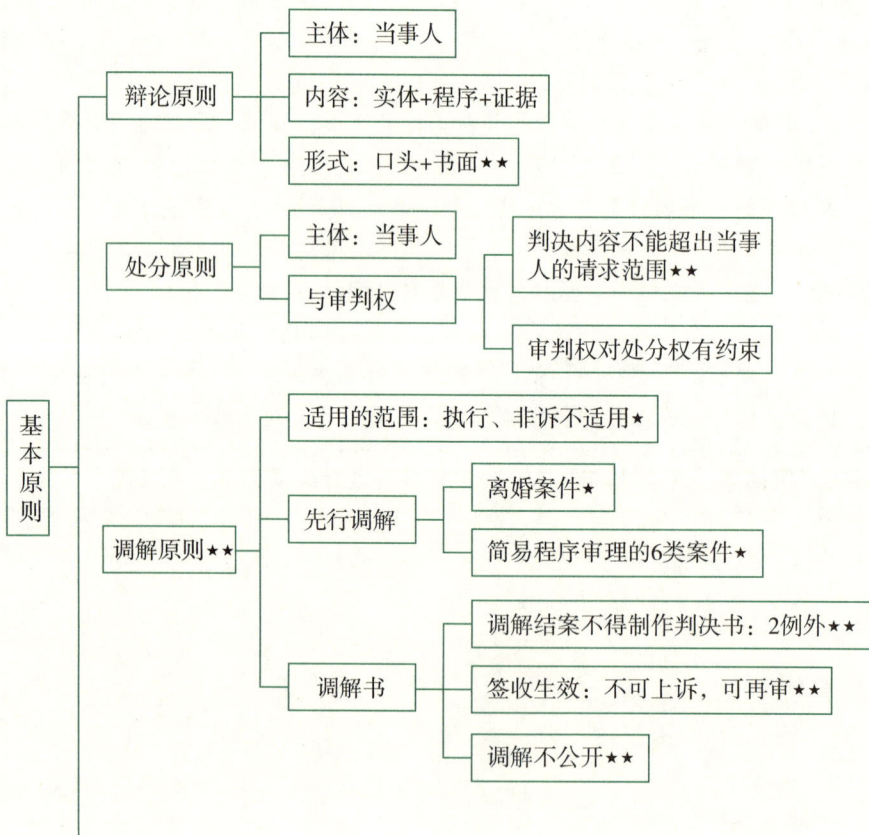

```
                          主体：当事人
              辩论原则     内容：实体+程序+证据
                          形式：口头+书面★★

                          主体：当事人                  判决内容不能超出当事
              处分原则                                  人的请求范围★★
                          与审判权
                                                       审判权对处分权有约束
  基本
  原则
                          适用的范围：执行、非诉不适用★

                                        离婚案件★
                          先行调解
              调解原则★★                简易程序审理的6类案件★

                                        调解结案不得制作判决书：2例外★★
                          调解书        签收生效：不可上诉，可再审★★
                                        调解不公开★★
```

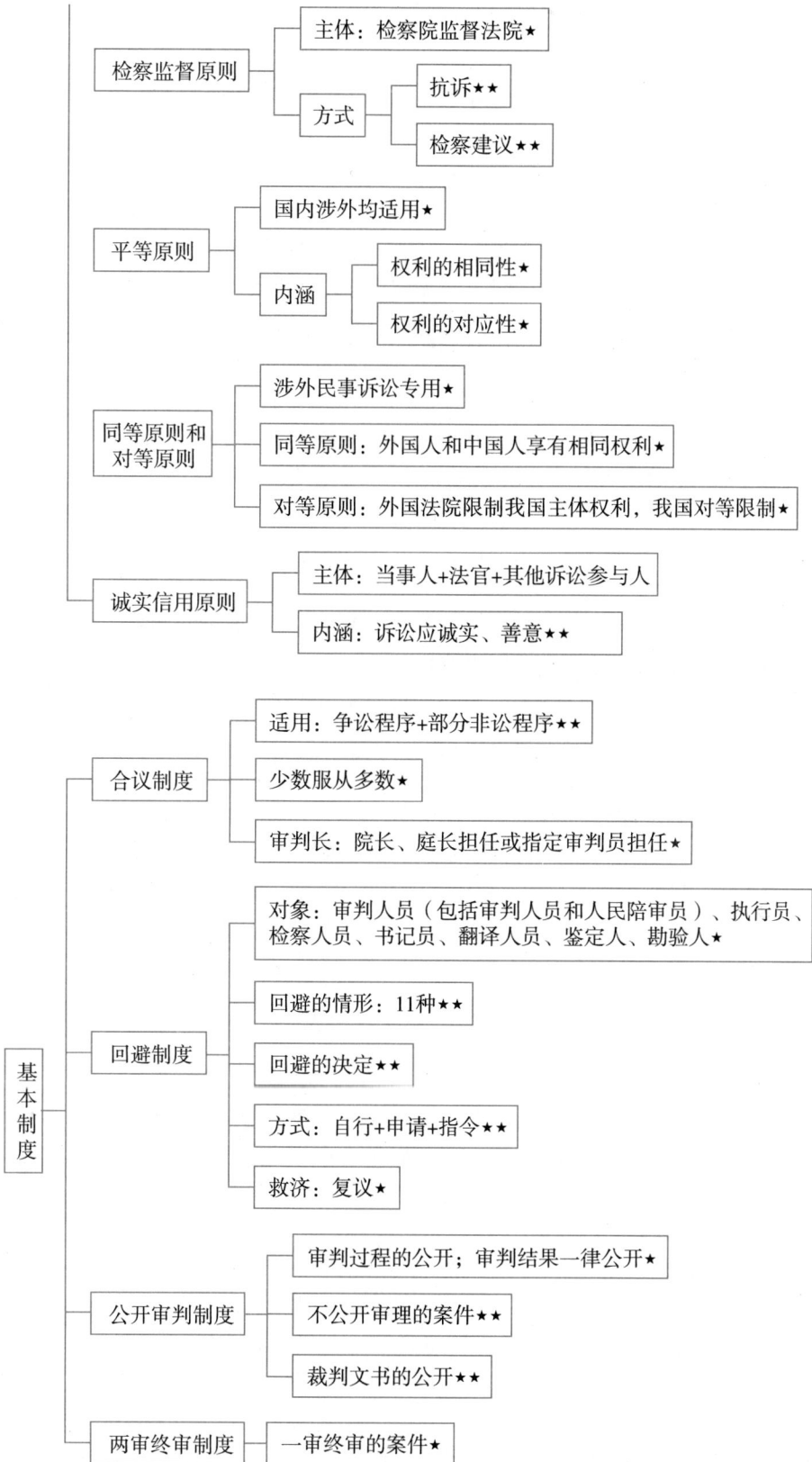

检察监督原则
- 主体：检察院监督法院★
- 方式
  - 抗诉★★
  - 检察建议★★

平等原则
- 国内涉外均适用★
- 内涵
  - 权利的相同性★
  - 权利的对应性★

同等原则和对等原则
- 涉外民事诉讼专用★
- 同等原则：外国人和中国人享有相同权利★
- 对等原则：外国法院限制我国主体权利，我国对等限制★

诚实信用原则
- 主体：当事人+法官+其他诉讼参与人
- 内涵：诉讼应诚实、善意★★

基本制度

合议制度
- 适用：争讼程序+部分非讼程序★★
- 少数服从多数★
- 审判长：院长、庭长担任或指定审判员担任★

回避制度
- 对象：审判人员（包括审判人员和人民陪审员）、执行员、检察人员、书记员、翻译人员、鉴定人、勘验人★
- 回避的情形：11种★★
- 回避的决定★★
- 方式：自行+申请+指令★★
- 救济：复议★

公开审判制度
- 审判过程的公开；审判结果一律公开★
- 不公开审理的案件★★
- 裁判文书的公开★★

两审终审制度
- 一审终审的案件★

一、民事诉讼法的基本原则

民事诉讼法的基本原则，是在民事诉讼的整个过程中，或者在重复的诉讼阶段，起指导作用的准则。

（一）辩论原则

辩论原则，是指在人民法院的主持下，当事人有权就案件事实和争议的问题，各自陈述自己的主张和根据，互相进行反驳和答辩。辩论原则的内容包括：

1. 在主体方面，只有当事人才能享有辩论权。法定诉讼代理人、委托诉讼代理人、证人等其他诉讼参与人均无权行使。代理人只是基于代理权，有权以当事人的名义进行辩论，并不意味着代理人本身享有辩论权。

【如】证人出庭陈述证言是证人履行作证义务，而不是行使辩论权。

2. 在内容方面，辩论的内容包括实体问题（如当事人是否违约）、程序问题（如法院是否有管辖权）和证据问题。

3. 行使辩论权的表现形式及方式多样，既可以口头形式进行，也可以书面形式表达。

口头辩论又称言辞辩论，主要集中在法庭审理阶段，是最集中最全面的辩论，也是辩论原则最重要的体现。

书面辩论表现为相关的诉讼文书，如当事人向法院提交的起诉状和答辩状，诉讼代理人提交代理意见等，可以在开庭审理阶段之前和之后进行。

4. 辩论原则贯穿于诉讼的全过程。此处的诉讼是指狭义的诉讼，即仅指争讼程序，包括一审、二审和再审程序，不包括非讼程序和执行程序。

【注意】非讼程序（特别程序、督促程序、公示催告程序）中由于没有对权利义务有争议的对方当事人，因此辩论原则在非讼程序中不适用。

【例】关于辩论原则的表述，下列哪些选项是正确的？（09 年·卷三·82 题）

A. 当事人辩论权的行使仅局限于一审程序中开庭审理的法庭调查和法庭辩论阶段

B. 当事人向法院提出起诉状和答辩状是其行使辩论权的一种表现

C. 证人出庭陈述证言是证人行使辩论权的一种表现

D. 督促程序不适用辩论原则

［答案］ BD

［解析］ 辩论可以以书面和口头方式进行，口头方式的辩论集中在开庭审理的法庭调查和法庭辩论阶段，除此之外，当事人还可以用起诉状、答辩状的方式进行书面辩论，因此，A 项错误，B 项正确。辩论权是当事人享有的权利，证人不是辩论权的主体，C 项错误。督促程序没有针锋相对的双方当事人，是假定当事人之间无争议为前提的非讼程序，非讼程序不适用辩论原则，D 项正确。

【例】A 县法院对甲诉乙侵权纠纷一案未经开庭审理即作出了判决，该审判行为直接违反了下列哪一项原则或者制度？（08 年四川·卷三·49 题）

A. 违反了当事人诉讼权利平等原则　　　　B. 违反了辩论原则

C. 违反了合议制度　　　　　　　　　　　D. 违反了回避制度

［答案］ B

［解析］ 辩论可以以书面和口头方式进行，一审案件未经开庭审理即作出判决，剥夺了

当事人进行口头辩论的机会，违反了辩论原则。其他三个原则和制度与该行为无关。B 项当选。

《民诉法》第十二条 人民法院审理民事案件时，当事人有权进行辩论。

（二）处分原则

处分原则，是指当事人在诉讼过程中有权在法律规定的范围内对自己的**实体权利**和诉讼**权利**依法予以支配。

有关处分原则的主要内容包括以下 4 个方面：

1. 只有**当事人**才能享有处分权。法定诉讼代理人、委托诉讼代理人、证人等其他诉讼参与人均无权行使。代理人可以代为承认、放弃、变更诉讼请求等行为，均是来源于法律规定或当事人授权，将当事人的处分权由他人行使。

2. 处分的内容包括**实体权利**和**诉讼权利**。

（1）处分实体权利，例如，承认、放弃、变更诉讼请求。

（2）处分诉讼权利，例如，放弃聘请诉讼代理人。

（3）通过对诉讼权利的处分来实现对实体权利的处分，例如，接受调解。

3. 处分原则贯穿于诉讼的全过程。这里的诉讼是广义的诉讼，包括审判阶段和执行阶段，例如，是否起诉、是否上诉、是否接受调解、胜诉后是否申请强制执行，均体现了处分原则。

【注意】处分原则在非讼程序中也适用。

4. 处分权与审判权的关系。

（1）处分权对审判权有制约，表现为：判决内容不能超出当事人的请求范围；但调解的内容可以超出当事人的请求范围，因为调解结案恰好体现了处分原则。

（2）审判权对处分权有约束，表现为：处分必须在法律规定的范围内进行，处分原则是相对的、有限的。例如，法院对于当事人的撤诉申请，审查后决定准予撤诉还是不准予撤诉，即体现了处分权的相对性。

【例】甲向法院起诉，要求判决乙返还借款本金 2 万元。在案件审理中，借款事实得以认定，同时，法院还查明乙逾期履行还款义务近一年，法院遂根据银行同期定期存款利息，判决乙还甲借款本金 2 万元，利息 520 元。关于法院对该案判决的评论，下列哪一选项是正确的？（08 年·卷二·38 题）

A. 该判决符合法律规定，实事求是，全面保护了权利人的合法权益

B. 该判决不符合法律规定，违反了民事诉讼的处分原则

C. 该判决不符合法律规定，违反了民事诉讼的辩论原则

D. 该判决不符合法律规定，违反了民事诉讼的平等原则

[答案] B

【对比】处分原则和辩论原则都涉及到当事人的行为对法院具有约束力。但是强调的侧重点不同，处分原则和辩论原则的细微区分如下：

（1）在诉讼中，法院超出了当事人的诉讼请求而作出裁判，违反的是处分原则。

（2）在诉讼中，法院以当事人没有主张的事实作为裁判的依据，违反辩论原则。

（3）既超事实，又超请求，两者都违反。

判断：法院未根据当事人的自认进行事实认定，违背了处分原则。（错误）（12 年·卷三·45 题第 2 项）

分析：自认涉及到的是事实问题，法院未根据当事人的自认进行事实认定，说明当事人主张的事实，对法院认定事实没有约束力，是法院没有以当事人主张的事实作为裁判依据，而不是超出当事人的诉讼请求作出裁判，因而违反的是辩论原则，不是处分原则。

【例】王某与钱某系夫妻，因感情不和王某提起离婚诉讼，一审法院经审理判决不准予离婚。王某不服提出上诉，二审法院经审理认为应当判决离婚，并对财产分割与子女抚养一并作出判决。关于二审法院的判决，违反了《民事诉讼法》的哪些原则或制度？（10 年·卷三·88 题）

A. 处分原则　　　　　　　　　　　　B. 辩论原则

C. 两审终审制度　　　　　　　　　　D. 回避制度

［解析］第一，原告的诉讼请求仅限于解除婚姻关系，不涉及财产分割和子女抚养问题，而法院超出原告诉讼请求，对子女抚养和财产分割问题一并作出判决，显然违反处分原则；第二，若要处理财产分割和子女抚养问题，需要对相关财产状况和子女生活状况等事实进行认定，而原告只主张解除婚姻关系，并未主张财产分割和子女抚养，自然只是对婚姻关系事实进行了主张，没有主张有关财产和子女事实，法院的裁判显然超出了当事人主张的事实，擅自以当事人未加主张的事实（即财产状况和子女状况）作为裁判依据，违背了辩论原则；第三，原告的离婚请求经过了两级法院审理，但是子女抚养和财产分割问题只经过了二审法院一级法院审理，对于子女抚养和财产分割问题的审理违反了两审终审制度。本题选择 ABC 选项。

《民诉法》第十二条第二款　当事人有权在法律规定的范围内处分自己的民事权利和诉讼权利。

（三）法院调解原则

1. 法院调解适用的范围。

法院调解原则适用的情形为争讼程序：①一审普通和简易程序；②二审程序；③再审程序。

法院调解原则不适用的情形：①非讼程序：特别程序、督促程序、公示催告程序、企业法人破产还债程序；②执行程序，但允许当事人之间进行执行和解；③婚姻关系、身份关系的确认案件。

【注意】婚姻关系、身份关系的确认案件不适用调解；但是婚姻、身份关系的变更案件是可以调解的，而且离婚案件必须先调解。

调解原则和辩论原则的适用范围均为民事诉讼程序中的争讼程序。

【例】在民事诉讼中，下列哪些程序不适用法院调解？（03 年·卷三·67 题）

A. 公示催告程序　　　　　　　　　　B. 发回重审后的诉讼程序

C. 由人民检察院提起抗诉引起的再审程序　　D. 执行程序

［答案］AD

2. 调解作为必经程序的情况。

（1）离婚案件。

（2）适用简易程序审理的下列案件：婚姻家庭纠纷和继承纠纷、劳务合同纠纷、交通事故和工伤事故引起的权利义务关系较为明确的损害赔偿纠纷、宅基地和相邻关系纠纷、合伙协议纠纷、诉讼标的额较小的纠纷。

（3）其他适宜调解，且当事人不拒绝调解的案件。《民事诉讼法》第122条规定："当事人起诉到人民法院的民事纠纷，适宜调解的，先行调解，但当事人拒绝调解的除外。"

3. 调解书中可以出现担保，载明担保人之后，向其送达时，如果担保人不签收，不影响调解书的效力。将来能不能执行担保人的财产，只需看担保是否符合担保法的条件即可。

【例】张某与李某的借款纠纷经法院调解达成协议，同时经王某同意并在调解协议中约定由王某提供担保，保证李某履行调解协议。在送达调解书时，张某与李某签收后，王某拒绝签收调解书。关于本案，下列哪些选项是正确的？（08年四川·卷三·87题）

A. 虽然王某拒绝签收调解书，但调解书仍发生法律效力

B. 因王某未签收调解书，调解书对王某没有约束力

C. 李某拒不履行义务时，张某可以申请执行李某的财产

D. 李某拒不履行义务时，调解书约定的条件成就时，张某可以申请执行王某的财产

[答案] ACD

[解析] 王某是担保人，其不签字，不影响调解书的效力，调解书对王某有约束力。

4. 法院调解结案后，只能制作调解书，而不能制作判决书；仲裁中当事人达成调解协议后，可以要求仲裁庭制作调解书，也可以要求制作裁决书。

（1）一审中调解结案可以不制作调解书的情形：①调解和好的离婚案件；②调解维持收养关系的案件；③能够即时履行的案件；④其他不需要制作调解书的案件。

对不需要制作调解书的协议，应当记入笔录，由双方当事人、审判人员、书记员签名或者盖章后，即具有法律效力（与调解书一样具有强制执行效力）。

【注意】二审和再审中调解结案，一律需要制作调解书。因为二审和再审中的调解书，除确定双方当事人权利义务以外，还具有否定原判决、裁定的作用。二审、再审中调解结案的，一审、原审裁判视为撤销。

（2）调解结案，但可以制作判决书的情形：①无民事行为能力人的离婚案件，法定代理人与对方达成协议要求发给判决书的；②涉外民事诉讼中调解结案的。

5. 调解书在当事人签收后生效。调解未能达成协议或者当事人一方在调解书送达时拒绝签收的，人民法院应当及时判决，不能久调不决。

6. 对调解书的救济：不可上诉；可再审，但离婚案件的调解书除外。

$$
生效法律文书\begin{cases}
是否离婚\begin{cases}离：不得再审，不得另行起诉（可另行缔结婚姻关系）\\不离：不得再审，可另行起诉（诉到离为止）\end{cases}\\
财产分割\begin{cases}已分割过的：可再审\\未分割过的：可另行起诉\end{cases}\\
子女抚养：可另行起诉
\end{cases}
$$

【例】关于法院制作的调解书，下列哪一说法是正确的？（15年·卷三·42题）

A. 经法院调解，老李和小李维持收养关系，可不制作调解书

B. 某夫妻解除婚姻关系的调解书生效后，一方以违反自愿为由可申请再审

C. 检察院对调解书的监督方式只能是提出检察建议

D. 执行过程中，达成和解协议的，法院可根据当事人的要求制作成调解书

［答案］A

［解析］《民事诉讼法》第 98 条规定，下列案件调解达成协议，人民法院可以不制作调解书：（一）调解和好的离婚案件；（二）调解维持收养关系的案件；（三）能够即时履行的案件；（四）其他不需要制作调解书的案件。A 项正确。

《民事诉讼法》第 202 条规定，当事人对已经发生法律效力的解除婚姻关系的判决、调解书，不得申请再审。B 项错误。

《民事诉讼法》第 212 条规定，人民检察院决定对人民法院的判决、裁定、调解书提出抗诉的，应当制作抗诉书。检察院对调解书的监督方式既可以抗诉，也可以提出检察建议。C 项错误。

《民事诉讼法》第 230 条规定，在执行中，双方当事人自行和解达成协议的，执行员应当将协议内容记入笔录，由双方当事人签名或者盖章。申请执行人因受欺诈、胁迫与被执行人达成和解协议，或者当事人不履行和解协议的，人民法院可以根据当事人的申请，恢复对原生效法律文书的执行。执行程序中不允许法院进行调解，当事人达成和解协议的，只能制作和解协议书，和解协议不具有强制执行力，不能制作调解书。D 项错误。

7. 调解不公开：

（1）调解过程不公开，但当事人同意公开的除外。

（2）调解协议内容不公开，但为保护国家利益、社会公共利益、他人合法权益，人民法院认为确有必要公开的除外。

【注意】离婚案件的调解书和判决书，如果是解除婚姻关系的，则当事人既不能申请再审，也不能另诉；如果是维持婚姻关系的，当事人不能申请再审，但可以另诉，另诉时对原告诉权行使有限制，无新情况、新理由，原告在 6 个月内向法院起诉的，人民法院不予受理。

【例】根据《民事诉讼法》及相关司法解释，关于法院调解，下列哪一选项是错误的？（11 年·卷三·42 题）

A. 法院可以委托与当事人有特定关系的个人进行调解，达成协议的，法院应当依法予以确认

B. 当事人在诉讼中自行达成和解协议的，可以申请法院依法确认和解协议并制作调解书

C. 法院制作的调解书生效后都具有执行力

D. 法院调解书确定的担保条款的条件成就时，当事人申请执行的，法院应当依法执行

［答案］C

［解析］具有给付内容的调解书生效后才具有执行力，单纯的确认和变更内容的调解书、判决书都没有执行力。C 项错误。

《民诉法》第九条　人民法院审理民事案件，应当根据自愿和合法的原则进行调解；调解不成的，应当及时判决。

《民诉法》第九十七条　调解达成协议，人民法院应当制作调解书。调解书应当写明诉讼请求、案件的事实和调解结果。

调解书由审判人员、书记员署名，加盖人民法院印章，送达双方当事人。

调解书经双方当事人签收后，即具有法律效力。

《民诉法》第九十八条　下列案件调解达成协议，人民法院可以不制作调解书：

（一）调解和好的离婚案件；

（二）调解维持收养关系的案件；

（三）能够即时履行的案件；

（四）其他不需要制作调解书的案件。

对不需要制作调解书的协议，应当记入笔录，由双方当事人、审判人员、书记员签名或者盖章后，即具有法律效力。

《民诉法》第九十九条　调解未达成协议或者调解书送达前一方反悔的，人民法院应当及时判决。

《民诉法》第一百二十二条　当事人起诉到人民法院的民事纠纷，适宜调解的，先行调解，但当事人拒绝调解的除外。

《民诉法》第一百四十二条　法庭辩论终结，应当依法作出判决。判决前能够调解的，还可以进行调解，调解不成的，应当及时判决。

《民诉解释》第一百四十六条　人民法院审理民事案件，调解过程不公开，但当事人同意公开的除外。

调解协议内容不公开，但为保护国家利益、社会公共利益、他人合法权益，人民法院认为确有必要公开的除外。

主持调解以及参与调解的人员，对调解过程以及调解过程中获悉的国家秘密、商业秘密、个人隐私和其他不宜公开的信息，应当保守秘密，但为保护国家利益、社会公共利益、他人合法权益的除外。

《民诉解释》第一百四十七条　人民法院调解案件时，当事人不能出庭的，经其特别授权，可由其委托代理人参加调解，达成的调解协议，可由委托代理人签名。

离婚案件当事人确因特殊情况无法出庭参加调解的，除本人不能表达意志的以外，应当出具书面意见。

《民诉解释》第一百四十八条　当事人自行和解或者调解达成协议后，请求人民法院按照和解协议或者调解协议的内容制作判决书的，人民法院不予准许。

无民事行为能力人的离婚案件，由其法定代理人进行诉讼。法定代理人与对方达成协议要求发给判决书的，可根据协议内容制作判决书。

《民诉解释》第五百三十条　涉外民事诉讼中，经调解双方达成协议，应当制发调解书。

当事人要求发给判决书的，可以依协议的内容制作判决书送达当事人。

（四）检察监督原则

1. 抗诉：生效判决、裁定和调解书。

2. 检察建议：（1）法院制作的生效判决、裁定和调解书；（2）法院的民事执行活动；（3）审判监督程序以外的审判程序中审判人员的违法行为，包括：判决、裁定确有错误，但不适用再审程序纠正的；调解违反自愿原则或者调解协议的内容违反法律的；符合法律规定的起诉和受理条件，应当立案而不立案的；审理案件适用审判程序错误的；保全和先予执行违反法律规定的；支付令违反法律规定的；诉讼中止或者诉讼终结违反法律规定的；违反法定审理期限的；对当事人采取罚款、拘留等妨害民事诉讼的强制措施违反法律规定的；违反法律规定送达的；审判人员接受当事人及其委托代理人请客送礼或者违反规定会见当事人及其委托代理人的；审判人员实施或者指使、支持、授意他人实施妨害民事诉讼行为，尚未构成犯罪的；其他违反法律规定的情形。

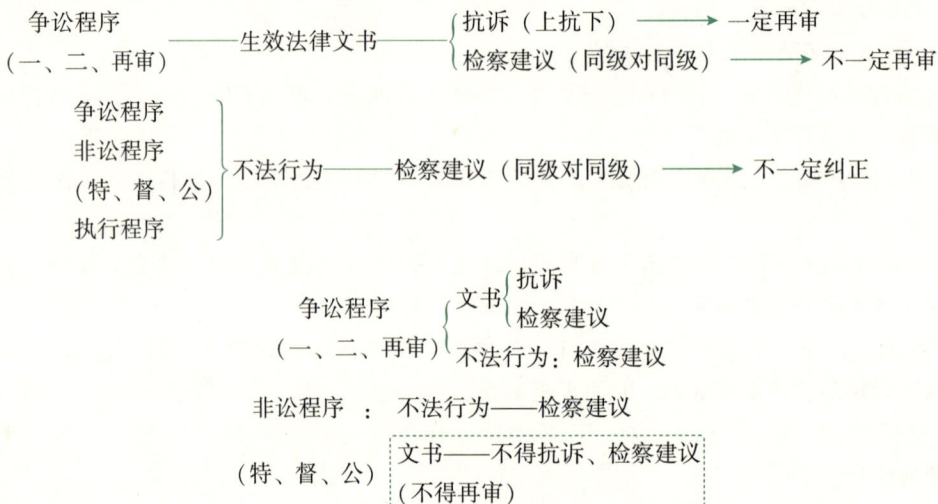

```
争讼程序 ————生效法律文书 ┌ 抗诉（上抗下）———— 一定再审
（一、二、再审）                └ 检察建议（同级对同级）———— 不一定再审

争讼程序
非讼程序 ┐
（特、督、公）├ 不法行为————检察建议（同级对同级）———— 不一定纠正
执行程序 ┘

                  ┌ 文书 ┌ 抗诉
争讼程序 ┤        └ 检察建议
（一、二、再审）  └ 不法行为：检察建议

非讼程序 ：  不法行为——检察建议

              ┌ 文书——不得抗诉、检察建议
（特、督、公）┤
              └（不得再审）
```

【注意】

1. 人民检察院只能对法院审判人员的行为进行监督，不能对当事人或其他诉讼参与人、仲裁人员的诉讼行为进行监督。

2. 刑事诉讼中人民检察院检察监督的范围包括立案监督、侦查监督、审判监督和执行监督；而民事诉讼中人民检察院的监督只包括审判监督和执行监督。

【总结】 针对生效的判决、裁定、调解书，检察机关既可以抗诉，也可以提出检察建议。区别在于提出抗诉的主体是生效法律文书作出法院的上级检察院，而提出检察建议的主体则是生效法律文书作出法院的同级检察院；抗诉一定启动再审程序，检察建议提出后，可能启动再审程序，也可能启动不了。

【例】 关于检察监督，下列哪一选项是正确的？（13 年·卷三·49 题）

A. 甲县检察院认为乙县法院的生效判决适用法律错误，对其提出检察建议

B. 丙市检察院就合同纠纷向仲裁委员会提出检察建议，要求重新仲裁

C. 丁县检察院认为丁县法院某法官在制作除权判决时收受贿赂，向该法院提出检察建议

D. 戊县检察院认为戊县法院认定某公民为无民事行为能力人的判决存在程序错误，报请上级检察院提起抗诉

［答案］ C

［解析］ 检察院的检察建议只能在同级之间，而且这种同级之间也必须遵循地域管辖的规定，否则检察院对任意一个同级法院的生效法律文书都能提出检察建议，会带来一定的混乱。因此，甲县检察院只能对甲县法院的生效判决提出检察建议，不能对乙县法院的生效判决提出检察建议。A 项错误。检察院的检察监督权只限于对法院不当行为的监督，不包括对仲裁裁决的监督，因而 B 项错误。法官是审判人员，在除权判决中的不当行为是审判程序中

的行为，因此丁县检察院向该法院提出检察建议是正确的。C 项正确。认定公民无民事行为能力案件属于特别程序的案件，特别程序一审终审，不得进入审判监督程序，所以不能抗诉。D 项错误。

【例】民事诉讼法规定，人民检察院有权对民事审判活动进行法律监督。下列哪一种情形属于人民检察院进行民事检察监督的范围？（05 年·卷三·37 题）

A. 陪审员丁某审理合同纠纷案件的过程中接受当事人礼金 1000 元

B. 证人马某接受当事人礼金 2000 元并提出了对该当事人有利的证言

C. 法官周某就某仲裁案件向仲裁员提供了对该案件当事人红星公司有利的咨询意见，红星公司以咨询费名义付给周法官 6000 元

D. 法官陈某长期为某公司免费做法律顾问

[答案] A

[解析] 陪审员属于审判人员，受贿属于违法行为，A 选项应选。民事检察监督针对的主体是审判人员，证人接受礼金的行为，不属于民事检察监督的范围，因此，B 选项不是应选答案。法官周某和陈某是民事检察监督针对的主体，但是，他们的行为不是审理案件中的行为，属于审判程序以外的违法行为，不属于民事检察监督的范围。C、D 选项不是应选答案。

《民诉法》第十四条　人民检察院有权对民事诉讼实行法律监督。

《民诉法》第二百一十条　人民检察院因履行法律监督职责提出检察建议或者抗诉的需要，可以向当事人或者案外人调查核实有关情况。

（五）平等原则

1. 平等原则：民事诉讼当事人诉讼地位平等。人民法院审理民事案件应当平等的保障双方当事人行使诉讼权利，对当事人适用法律上一律平等。

2. 当事人诉讼权利平等的含义包括两个方面：

一是诉讼权利的相同性。例如在诉讼过程中，双方当事人都可以委托代理人、向法院提交证据、参与庭审等。

二是诉讼权利的对应性。例如原告享有起诉权，被告享有答辩权；原告选择管辖，被告提出管辖权异议；原告提出、放弃、变更诉讼请求，被告承认、反驳诉讼请求等。

【注意】平等原则是从不同诉讼地位的当事人角度界定当事人权利的享有状况。

【例】判断：当事人诉讼地位平等，双方当事人就拥有完全相同的诉讼权利。（错误）

分析：当事人享有相同的诉讼权利体现了平等原则，但是平等原则并不意味着双方当事人就享有完全相同的权利，也不可能不同地位的当事人享有的权利完全相同。

《民诉法》第八条　民事诉讼当事人有平等的诉讼权利。人民法院审理民事案件应当保障和便利当事人行使诉讼权利，对当事人在适用法律上一律平等。

（六）同等和对等原则

1. 同等和对等原则适用于涉外民事诉讼中，是国民待遇原则在《民事诉讼法》中的体现。

2. 同等原则指中国主体与外国主体享有同样待遇；对等原则指外国法院限制我国主体权利、义务的，我国法院也同样地限制外国主体对等的权利义务。

【注意1】平等原则适用于所有民事诉讼中，同等和对等原则只适用于涉外民事诉讼

程序中。

【注意2】平等原则是从<u>不同诉讼地位</u>的当事人角度界定当事人权利的享有状况，同等原则是从不同性质的当事人角度界定当事人权利的享有状况。原告、被告享有相同的权利体现的是平等原则，而中国人和外国人享有相同的权利体现的是同等原则。

（七）支持起诉原则

《民事诉讼法》第15条规定，机关、社会团体、企事业单位对损害国家、集体或者个人民事权益的行为，可以支持受损害的单位或者个人向人民法院起诉。支持起诉必须要具备三个条件：

1. 支持起诉的主体只能是<u>机关、社会团体、企业事业单位，不能是自然人</u>。例如，共青团支持受害青年，妇联支持受害妇女，工会支持受害职工起诉等等。支持起诉的主体不能取得原告资格，而只能是道义上的支持、物质上的援助和法律知识上的帮助。

2. 支持起诉的前提是自然人或法人有损害国家、集体或者个人民事权益的行为。如果没有违法行为发生，起诉就不合法，更谈不上支持起诉一说。

3. 支持起诉的场合必须是受损的个人或单位不能、不敢或者不便诉诸法院。如果受损的个人或单位能够独立而不受阻碍的完成起诉行为，就不需要支持起诉了。

【例】关于民事诉讼基本原则的表述，下列哪一选项是正确的？（13年·卷三·45题）

A. 外国人在我国进行民事诉讼时，与中国人享有同等的诉讼权利义务，体现了当事人诉讼权利平等原则

B. 法院未根据当事人的自认进行事实认定，违背了处分原则

C. 当事人主张的法律关系与法院根据案件事实作出的认定不一致时，根据处分原则，当事人可以变更诉讼请求

D. 环保组织向法院提起公益诉讼，体现了支持起诉原则

［答案］C

［解析］外国人在我国进行民事诉讼时，与中国人享有同等的诉讼权利义务，这体现了同等原则，而不是平等原则。A项错误。处分原则包含两方面的内容，处分权对审判权有制约，同时，审判权对处分权也有约束，处分权不能违反法律的规定。如果自认的事实与事实不符，或者损害了国家、社会公共利益或者他人合法权益，法院可以不受当事人自认的限制，体现了审判权对处分的约束，是处分原则另一面的体现。法院未根据当事人的自认进行事实认定，并不违背处分原则。B项错误。当事人主张的法律关系与法院根据案件事实作出的认定不一致时，当事人可以变更诉讼请求，体现了处分原则。C项正确。根据支持起诉原则，支持起诉的单位不能以自己的名义起诉，而是给被支持起诉的单位或个人以精神或物质上的帮助。因此，环保组织以自己的名义起诉，是公益诉讼制度的体现，并没有体现支持起诉原则。D项错误。

《民诉法》第五条　外国人、无国籍人、外国企业和组织在人民法院起诉、应诉，同中华人民共和国公民、法人和其他组织有同等的诉讼权利义务。

外国法院对中华人民共和国公民、法人和其他组织的民事诉讼权利加以限制的，中华人民共和国人民法院对该国公民、企业和组织的民事诉讼权利，实行对等原则。

（八）诚实信用原则

民事诉讼法中的诚实信用原则是指诉讼当事人、其他诉讼参与人在民事诉讼进行中行使诉讼权利或履行诉讼义务，以及法官在民事诉讼中行使国家审判权进行审判行为时，应当公正、诚实、守信。

诚实信用原则的主要体现：

1. 对当事人的规制。

（1）及时提出证据。根据《民事诉讼法》第65条，当事人对自己提出的主张应当及时提供证据，必要时应向法院申请延期举证。未申请延期而逾期提供证据的，人民法院应当责令其说明理由；拒不说明理由或者理由不成立的，人民法院根据不同情形可以不予采纳该证据，或者采纳该证据但予以训诫、罚款。

（2）不得恶意串通，侵害他人利益或逃避法律义务。

根据《民事诉讼法》第112条，当事人之间恶意串通，企图通过诉讼、调解等方式侵害他人合法权益的，人民法院应当驳回其请求，并根据情节轻重予以罚款、拘留；构成犯罪的，依法追究刑事责任。根据《民事诉讼法》第113条，被执行人与他人恶意串通，通过诉讼、仲裁、调解等方式逃避履行法律文书确定的义务的，人民法院应当根据情节轻重予以罚款、拘留；构成犯罪的，依法追究刑事责任。根据《民事诉讼法》第56条第3款的规定，第三人有权提起撤销之诉。

（3）不得欺诈、胁迫他人订立调解协议或执行和解协议。

根据《民事诉讼法》第201条，对于违反自愿原则的调解书，当事人有权申请再审，经人民法院审查属实的，应当再审。根据《民事诉讼法》第230条，申请执行人因受欺诈、胁迫与被执行人达成和解协议的，人民法院可以根据当事人的申请，恢复对原生效法律文书的执行。

（4）诉讼上的禁止反言。

《民诉证据规定》第8条规定，当事人自认的，可以免除对方的举证责任，对于自认，当事人不得任意撤回自认，除非存在如下情形之一：第一，当事人在法庭辩论终结前撤回承认并经对方当事人同意；第二，有充分证据证明其承认行为是在受胁迫情况下作出且与事实不符；第三，有充分证据证明其承认行为是在重大误解情况下作出且与事实不符。

（5）如实陈述案件事实。《民诉证据规定》第3条第1款规定："人民法院应当向当事人说明举证的要求及法律后果，促使当事人在合理期限内积极、全面、正确、诚实地完成举证。"

（6）由败诉方承担诉讼费用。《诉讼费用交纳办法》第29条第1款有关"诉讼费用由败诉方负担"的原则以及《民事诉讼法》第74条有关"证人因履行出庭作证义务而支出的交通、住宿、就餐等必要费用以及误工损失，由败诉一方当事人负担"的规定，都有利于防止或减少滥诉现象的发生。

2. 对法官的规制。

（1）遵守审限及执行期限的规定。

《民事诉讼法》第149条、第161条、第176条、第180条、第226条分别规定：一审普通程序的审限原则上为6个月，一审简易程序的审限为3个月不可延长；二审判决的审限原则上为3个月，二审裁定的审限为30日不可延长；特别程序的审限一般为30日，执行期限为6个月。"迟到的正义非正义",法院应及时判决、裁定和执行,以维护当事人的合法权益。

（2）必要时协助当事人实现权利。

《民事诉讼法》第64条规定了法院依当事人申请或者主动依职权调查收集证据的义务,第200条第1款第（五）项针对上述义务,明确了相应的法律后果,即对审理案件需要的主要证据,当事人因客观原因不能自行收集,书面申请人民法院调查收集,人民法院未调查收集,属于当事人有权申请再审和检察院有权抗诉的法定事由。另外,《民事诉讼法》第81条规定的证据保全措施,第100条和第101条规定的行为保全和财产保全措施,第106条规定的先予执行措施,也有促使法院在必要时辅助当事人实现权利的功能。

3. 对其他诉讼参与人的规制。

（1）证人应当出庭并如实作证。

根据《民事诉讼法》第72条的规定,凡是知道案件情况的单位和个人,都有义务出庭作证。《民诉证据规定》第54条第2款规定:"人民法院对当事人的申请予以准许的,应当在开庭审理前通知证人出庭作证,并告知其应当如实作证及作伪证的法律后果。"

（2）任何人不得妨碍诉讼顺利进行（该项也适用于当事人）。

根据《民事诉讼法》第111条的规定,对于伪造、毁灭重要证据;以暴力、威胁、贿买方法阻止证人作证或者指使、贿买、胁迫他人作伪证;隐藏、转移、变卖、毁损已被查封、扣押的财产,或者已被清点并责令其保管的财产,转移已被冻结的财产等行为,人民法院可以根据情节轻重予以罚款、拘留;构成犯罪的,依法追究刑事责任。

【注意】民事诉讼法体现诚实信用原则的法条很多,以上是主要内容的列举,在具体判断时,大家要灵活运用。

【例】根据《民事诉讼法》规定的诚信原则的基本精神,下列哪一选项符合诚信原则?（14年·卷三·37题）

A. 当事人以欺骗的方法形成不正当诉讼状态

B. 证人故意提供虚假证言

C. 法院根据案件审理情况对当事人提供的证据不予采信

D. 法院对当事人提出的证据任意进行取舍或否定

［答案］C

［解析］民事诉讼法中的诚实信用原则是指诉讼当事人、其他诉讼参与人及法官在诉讼进行中,其诉讼行为应该诚实不欺、讲究信用。诚实信用原则对当事人、法院、其他诉讼参与人都适用。当事人以欺骗的方法形成不正当诉讼状态,违反了诚实信用原则。A项不选。证人故意提供虚假证言,其主观状态是恶意的,违反了诚实信用原则。B项不当选。法院根据案件审理情况对当事人提供的证据不予采信,是为了维护程序公正,平衡当事人之间的利益,体现了诚实信用原则实质上是一种利益平衡的本质,遵循了诚实信用原则。C项当选。法院对当事人提出的证据任意进行取舍或否定,这种任意性有可能会损害当事人的合法权益,因而也是不善意的,违反了诚实信用原则。D项不当选。

【例】下列哪些制度体现了诚实信用原则?

A. 当事人应当如实陈述案件事实　　　　　B. 恶意诉讼规章制度

C. 举证期限制度　　　　　　　　　　　　D. 自认制度

［答案］ABCD

《民诉法》第十三条第一款　民事诉讼应当遵循诚实信用原则。

二、民事诉讼法的基本制度

民事诉讼法的基本制度，是在民事诉讼活动中的某个阶段或几个阶段对人民法院的民事审判起重要作用的行为准则。我国民事诉讼法的基本制度有：合议制度、回避制度、公开审判制、两审终审制。

（一）合议制度

合议制和独任制是民事诉讼中的两种审判组织形式。合议制是指由 3 个以上单数审判人员组成合议庭对民事案件进行审理的制度。独任制是由审判员 1 人对案件进行审理的制度。

人民法院适用合议制还是适用独任制，由法律规定。仲裁中合议庭和独任庭的组成，由双方当事人约定。

1. 合议制与独任制的适用。

合议庭的组成	1. 一审程序、发回重审	（1）由审判员和陪审员共同组成合议庭。 3 人：1 法官+2 陪审；2 法官+1 陪审。 7 人：3 法官+4 陪审。 （2）由审判员组成合议庭。
	2. 二审、提审程序	只能由审判员组成合议庭。
	3. 再审程序	（1）原来是一审的案件按照一审程序组成合议庭。 （2）原来是二审的案件或者经过提审的案件按照二审程序组成合议庭。
	4. 特别程序	仅选民资格案件、重大疑难案件、担保财产标的额超过基层人民法院管辖范围的实现担保物权案件，是合议制，且要求必须由审判员组成。
	5. 公示催告程序	除权判决阶段。
合议庭的主持		1. 审判长负责主持，审判长由院长或庭长担任；院长或庭长未参加合议庭的，由院长或庭长指定合议庭中的审判员 1 人担任。 2. 合议庭评议，实行少数服从多数的原则；形不成多数意见的，报审委会决定。评议中的不同意见，必须如实记入评议笔录。
独任制的适用		1. 简易程序、小额诉讼程序。
		2. 特别程序中，一般适用独任制。
		3. 督促程序。
		4. 公示催告程序中的公示催告阶段。
独任制的适用法院		基层法院及其派出法庭，中级以上级别的法院不能适用独任制审理案件。

2. 民事审判合议庭评议规则与仲裁合议庭评议规则的对比。

民事审判合议庭少数服从多数的原则，不能形成多数意见的提交审委会讨论。评议中的不同意见必须如实记入笔录，对裁判持不同意见的也要在裁判书上签字。仲裁合议庭按照多数仲裁员的意见作出，不能形成多数意见的按照首席仲裁员的意见作出，少数仲裁员的不同意见可以记入笔录，对裁决持不同意见的可以签名也可以不签名。

【如】浙江省规定2000万-5000万的案件由中院管辖。李四欠了张三两千万，王五是担保人。

张三要想实现担保物权，可不可以走争讼？可以，中院管辖，合议庭审理。

也可以走非讼，走实现担保物权程序。但标的额是2000万，担保财产标的额超过基层法院管辖范围，实现担保物权案件仍然由基层法院及其派出法庭管辖，但必须用合议制。

【例】判断：

1. 陪审员意见得到支持、形成多数的，可按该意见判决。（错误）

分析：陪审员也属于审判人员，如果陪审员的意见形成多数的，"应当"按陪审员意见判决，而不是"可以"按照其意见作出判决。

2. 再审程序中只能由审判员组成合议庭。（错误）

再审所适用的程序既可能是一审程序，也可能是二审程序，如果是按照一审程序审理自然可能会有人民陪审员参与其中。（错误）

3. 二审法院发回重审的案件，原审法院应当组成合议庭进行审理。（正确）

分析：发回重审的案件，必须组成合议庭。原审一审程序可能是合议制，也可能是独任制，但是只要发回重审的案件，不管原审是合议制还是独任制，都必须组成合议庭作为审判组织。

4. 法院适用特别程序审理案件，陪审员不参加案件的合议庭。（正确）

分析：选民资格案件、重大疑难的案件和担保财产标的额超过基层法院管辖范围的实现担保物权案件，由审判员组成合议庭审理；其他案件由审判员一人独任审理，因此，人民陪审员不能参与特别程序案件的合议庭。

5. 中级法院作为一审法院时，合议庭可以由审判员与陪审员共同组成，作为二审法院时，合议庭则一律由审判员组成。（正确）

分析：合议庭的组成与审判程序是一审程序还是二审程序有关，与法院的级别无关，中级人民法院审理案件时合议庭的组成也因是一审程序和二审程序有所区别。

6. 独任制只适用于基层法院及其派出法庭。（正确）

分析：独任制适用的范围是：简易程序、小额诉讼程序、特别程序、督促程序、公示催告程序，而能够适用这些程序的都只能是基层法院及其派出法庭，正确。

【例】不同的审判程序，审判组织的组成往往是不同的。关于审判组织的适用，下列哪一选项是正确的？（16·卷三·35题）

A. 适用简易程序审理的案件，当事人不服一审判决上诉后发回重审的，可由审判员独任审判

B. 适用简易程序审理的案件，判决生效后启动再审程序进行再审的，可由审判员独任审判

C. 适用普通程序审理的案件，当事人双方同意，经上级法院批准，可由审判员独任审判

　　D. 适用选民资格案件审理程序的案件，应组成合议庭审理，而且只能由审判员组成合议庭

　　［答案］D

　　《民诉法》第三十九条　人民法院审理第一审民事案件，由审判员、陪审员共同组成合议庭或者由审判员组成合议庭。合议庭的成员人数，必须是单数。

　　适用简易程序审理的民事案件，由审判员一人独任审理。

　　陪审员在执行陪审职务时，与审判员有同等的权利义务。

　　《民诉法》第四十条　人民法院审理第二审民事案件，由审判员组成合议庭。合议庭的成员人数，必须是单数。

　　发回重审的案件，原审人民法院应当按照第一审程序另行组成合议庭。

　　审理再审案件，原来是第一审的，按照第一审程序另行组成合议庭；原来是第二审的或者是上级人民法院提审的，按照第二审程序另行组成合议庭。

　　《民诉法》第四十一条　合议庭的审判长由院长或者庭长指定审判员一人担任；院长或者庭长参加审判的，由院长或者庭长担任。

　　《民诉法》第四十二条　合议庭评议案件，实行少数服从多数的原则。评议应当制作笔录，由合议庭成员签名。评议中的不同意见，必须如实记入笔录。

（二）回避制度

　　回避制度，指为了保证民事案件的公正审理，要求符合法定回避情形的有关人员退出案件的审理活动或者其他诉讼活动的法律制度。

　　1. 回避的人员。

　　回避的人员包括：审判人员（包括审判员和陪审员）、执行员、检察人员、书记员、翻译人员、鉴定人、勘验人员。

　　【注意】证人不适用回避，因为证人具有不可替代性。

　　2. 回避决定权。

　　（1）院长担任审判长时的回避，由审判委员会决定。

　　（2）审判人员（含陪审员）的回避，由院长决定。

　　（3）其他人员（书记员、翻译人员、鉴定人、勘验人）的回避，由审判长决定。

　　（4）检察长的回避，由检察委员会决定。

　　（5）检察人员和其他人员（书记员、翻译人员、鉴定人、勘验人等）的回避，由检察长决定。

　　【注意】两大诉讼法关于回避决定主体的规定：①相同点：院长的回避，由审判委员会决定；审判人员的回避，由院长决定。②不同点：民事诉讼中，其他人员的回避，由审判长决定，而刑事诉讼中，其他人员的回避，由院长决定。

　　3. 回避的事由。

　　（1）是本案当事人或者当事人、诉讼代理人近亲属的；

　　（2）与本案有利害关系的；

　　（3）与本案当事人、诉讼代理人有其他关系，可能影响对案件公正审理的；

　　（4）本人或者其近亲属持有本案非上市公司当事人的股份或者股权的；

（5）担任过本案的证人、鉴定人、辩护人、诉讼代理人、翻译人员的；

（6）审判人员接受当事人、诉讼代理人请客送礼，或者违反规定会见当事人、诉讼代理人的；

（7）接受本案当事人及其受托人宴请，或者参加由其支付费用的活动的；

（8）索取、接受本案当事人及其受托人财物或者其他利益的；

（9）为本案当事人推荐、介绍诉讼代理人，或者为律师、其他人员介绍代理本案的；

（10）向本案当事人及其受托人借用款物的；

（11）在一个审判程序中参与过本案审判工作的审判人员，不得再参与该案其他程序的审判。

发回重审的案件，在一审法院作出裁判后又进入第二审程序的，原第二审程序中合议庭组成人员不受前款规定的限制。

【如】某合同案件一审由 A、B、C 三人审理，当事人不服上诉，二审当中的三个合议庭成员是 D、E、F 三人，这三个人认为应该撤销原判，发回一审法院重审，A、B、C 三人应回避，另行组成合议庭审理。发回重审后，一审法院作出的裁判还是未生效，甲还可以再上诉到二审法院。当甲再次上诉到二审法院时二审法院的 D、E、F 三人还可以继续审理此案。因为他先前的发回重审只是做了一个程序处理，没有对这个案子进行实体处理。

【注意】第 1-5 种情形，适用于申请回避和自行回避；6-11 种情形，只适用于申请回避。

4. 回避的方式。

（1）自行回避。即相关人员遇有法定事由或自己认为承办该案不适宜时，依法向有关组织或人员提出回避的申请。

（2）申请回避。案件当事人及其代理人，认为有关人员有法定回避事由时，可以向法院提出回避的请求。申请回避的时间为案件开始审理时提出，回避事由在此后知道的，可以在法庭辩论终结前提出。

（3）指令回避。审判人员有应当回避的情形，没有自行回避，当事人也没有申请其回避的，由院长或者审判委员会决定其回避。

5. 对回避决定的救济。

法院对回避申请应在 3 日内作出决定，申请人不服决定，申请复议一次，法院 3 日内作出复议决定，并通知复议申请人。

人民检察院对回避申请应在 3 日内作出决定，申请人对决定不服的，可以在接到决定时向原决定机关申请复议一次，人民检察院应当在 3 日内作出复议决定。

【注意】复议权是申请回避的当事人享有的权利，被申请回避的人员对回避决定没有申请复议的权利。

6. 回避的法律后果。

被申请回避的人员在人民法院和检察院作出是否回避的决定前，应当暂停参与本案的工作，但案件需要采取紧急措施的除外，紧急措施通常指需要采取保全措施；复议期间，被申请回避的人员，不停止参与本案的工作。

无论是申请回避还是最终决定回避，都不影响已经进行的诉讼程序的效力。

【如】张三李四的合同纠纷一案，A、B、C 三人来审，张三申请 A 回避，法院作出回避决定。

1. A 不服申请，复议对不对？不对。A 是被申请人，被申请人没有权利申请复议。

2. 法院作出不予回避的决定，申请人张三有复议权。

3. 张三申请 A 回避，A 不能继续审理该案。但此时李四临时申请对张三的财产采取保全措施，就需要采取紧急措施，此时 A 作出的保全裁定是合法的。

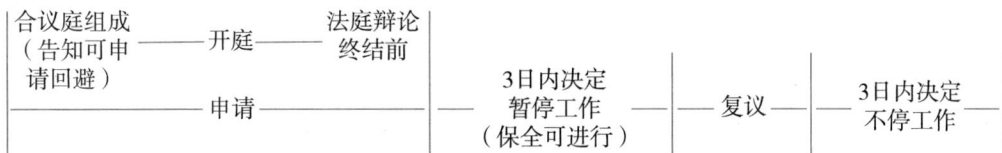

```
合议庭组成                  法庭辩论
（告知可申 ——— 开庭 ——— 终结前
请回避）                                       3日内决定          3日内决定
          ——— 申请 ———————— 暂停工作 —— 复议 —— 不停工作
                                            （保全可进行）
```

【注意】诉讼中回避的法律后果与仲裁中的规定不同。仲裁中因回避而更换仲裁员的，已经进行的程序可以依当事人的申请或者仲裁庭的决定重新进行，也可以不重新进行。

【例】关于回避，下列哪一说法是正确的？（10 年·卷三·37 题）

A. 当事人申请担任审判长的审判人员回避的，应由审委会决定

B. 当事人申请陪审员回避的，应由审判长决定

C. 法院驳回当事人的回避申请，当事人不服而申请复议，复议期间被申请回避人不停止参与本案的审理工作

D. 如当事人申请法院翻译人员回避，可由合议庭决定

[答案] C

[解析] 院长担任审判长时，其回避由审委会决定；院长以外的其他人担任审判长时，属于一般审判人员，其回避由院长决定，A 项错误。审判人员的回避，由院长决定，陪审员也属于审判人员，所以，陪审员的回避应由院长决定。因此，B 选项错误。翻译人员属于审判人员以外的其他人员。翻译人员的回避，应当由审判长决定，D 选项错误的。

【例】某区法院审理原告许某与被告某饭店食物中毒纠纷一案。审前，法院书面告知许某合议庭由审判员甲、乙和人民陪审员丙组成时，许某未提出回避申请。开庭后，许某始知人民陪审员丙与被告法定代表人是亲兄弟，遂提出回避申请。关于本案的回避，下列哪一说法是正确的？（15 年·卷三·36 题）

A. 许某可在知道丙与被告法定代表人是亲兄弟时提出回避申请

B. 法院对回避申请作出决定前，丙不停止参与本案审理

C. 应由审判长决定丙是否应回避

D. 法院作出回避决定后，许某可对此提出上诉

[答案] A

[解析] 当事人提出回避申请，应当说明理由，在案件开始审理时提出；回避事由在案件开始审理后知道的，也可以在法庭辩论终结前提出。许某在开庭时知道上述回避情形，提出回避申请的时间也符合法律规定。A 项正确。

被申请回避的人员在人民法院作出是否回避的决定前，应当暂停参与本案的工作，但案件需要采取紧急措施的除外。因此，丙在法院作出回避决定前，应当停止参与本案审理。B 项错误。

《民事诉讼法》第46条规定，院长担任审判长时的回避，由审判委员会决定；审判人员的回避，由院长决定；其他人员的回避，由审判长决定。陪审员也属于审判人员，对陪审员

丙的回避决定应由院长决定。C 项错误。

法院的回避决定，申请人不服的救济手段是申请复议而不是上诉。D 项错误。

《人民检察院民事诉讼监督规则（试行）》第九条 人民检察院办理民事诉讼监督案件，实行回避制度。

《民诉法》第四十四条 审判人员有下列情形之一的，应当自行回避，当事人有权用口头或者书面方式申请他们回避：

（一）是本案当事人或者当事人、诉讼代理人近亲属的；

（二）与本案有利害关系的；

（三）与本案当事人、诉讼代理人有其他关系，可能影响对案件公正审理的。

审判人员接受当事人、诉讼代理人请客送礼，或者违反规定会见当事人、诉讼代理人的，当事人有权要求他们回避。

审判人员有前款规定的行为的，应当依法追究法律责任。

前三款规定，适用于书记员、翻译人员、鉴定人、勘验人。

《民诉解释》第四十三条 审判人员有下列情形之一的，应当自行回避，当事人有权申请其回避：

（一）是本案当事人或者当事人近亲属的；

（二）本人或者其近亲属与本案有利害关系的；

（三）担任过本案的证人、鉴定人、辩护人、诉讼代理人、翻译人员的；

（四）是本案诉讼代理人近亲属的；

（五）本人或者其近亲属持有本案非上市公司当事人的股份或者股权的；

（六）与本案当事人或者诉讼代理人有其他利害关系，可能影响公正审理的。

《民诉解释》第四十四条 审判人员有下列情形之一的，当事人有权申请其回避：

（一）接受本案当事人及其受托人宴请，或者参加由其支付费用的活动的；

（二）索取、接受本案当事人及其受托人财物或者其他利益的；

（三）违反规定会见本案当事人、诉讼代理人的；

（四）为本案当事人推荐、介绍诉讼代理人，或者为律师、其他人员介绍代理本案的；

（五）向本案当事人及其受托人借用款物的；

（六）有其他不正当行为，可能影响公正审理的。

《民诉解释》第四十五条 在一个审判程序中参与过本案审判工作的审判人员，不得再参与该案其他程序的审判。

发回重审的案件，在一审法院作出裁判后又进入第二审程序的，原第二审程序中合议庭组成人员不受前款规定的限制。

《民诉解释》第四十九条 书记员和执行员适用审判人员回避的有关规定。

《人民检察院民事诉讼监督规则（试行）》第十八条 检察人员有《中华人民共和国民事诉讼法》第四十四条规定情形之一的，应当自行回避，当事人有权申请他们回避。

前款规定，适用于书记员、翻译人员、鉴定人、勘验人等。

《民诉法》第四十五条 当事人提出回避申请，应当说明理由，在案件开始审理时提出；回避事由在案件开始审理后知道的，也可以在法庭辩论终结前提出。

被申请回避的人员在人民法院作出是否回避的决定前，应当暂停参与本案的工作，但案件需要采取紧急措施的除外。

《人民检察院民事诉讼监督规则（试行）》第十九条　检察人员自行回避的，可以口头或者书面方式提出，并说明理由。口头提出申请的，应当记录在卷。

《民诉法》第二十条　当事人申请回避，应当在人民检察院作出提出抗诉或者检察建议等决定前以口头或者书面方式提出，并说明理由。口头提出申请的，应当记录在卷。根据《中华人民共和国民事诉讼法》第四十四条第二款规定提出回避申请的，应当提供相关证据。

被申请回避的人员在人民检察院作出是否回避的决定前，应当暂停参与本案工作，但案件需要采取紧急措施的除外。

《民诉法》第四十六条　院长担任审判长时的回避，由审判委员会决定；审判人员的回避，由院长决定；其他人员的回避，由审判长决定。

《人民检察院民事诉讼监督规则（试行）》第二十一条　检察长的回避，由检察委员会讨论决定；检察人员和其他人员的回避，由检察长决定。检察委员会讨论检察长回避问题时，由副检察长主持，检察长不得参加。

《民诉法》第四十七条　人民法院对当事人提出的回避申请，应当在申请提出的三日内，以口头或者书面形式作出决定。申请人对决定不服的，可以在接到决定时申请复议一次。复议期间，被申请回避的人员，不停止参与本案的工作。人民法院对复议申请，应当在三日内作出复议决定，并通知复议申请人。

《人民检察院民事诉讼监督规则（试行）》第二十二条　人民检察院对当事人提出的回避申请，应当在三日内作出决定，并通知申请人。申请人对决定不服的，可以在接到决定时向原决定机关申请复议一次。人民检察院应当在三日内作出复议决定，并通知复议申请人。复议期间，被申请回避的人员不停止参与本案工作。

（三）公开审判制度

公开审判制度是指人民法院审理民事案件，除法院规定的情况外，审判过程及结果应当向群众、社会公开。

过程　　　　　　　　　结果—律公开
　　　　　　　　　　　公众可查询

合议庭
评议
不公开

1. 公开审判只包括开庭审理的过程以及法院判决宣告过程的公开，合议庭的评议过程不得公开。公开审理和不公开审理的案件都必须公开宣判。

【注意】诉讼以公开开庭审理为原则，以不公开开庭审理为例外。仲裁以不公开开庭审理为原则，以公开开庭审理和书面审理为例外。

【例】判断：仲裁和诉讼都是以开庭审理为原则。（正确）

分析：开庭审理意味着双方将进行直接的言辞辩论，这样更有利于裁判者查明事实、分清是非，只不过仲裁一般不公开（不对外），而法院一般公开（对外）。

2. 不公开审判的案件。

（1）应当不公开审理的案件：涉及国家秘密、个人隐私或法律另有规定的案件，人民法院应当不公开审理。

（2）可以不公开审理的案件：涉及商业秘密、离婚案件，经当事人申请的，人民法院可以决定不公开审理。

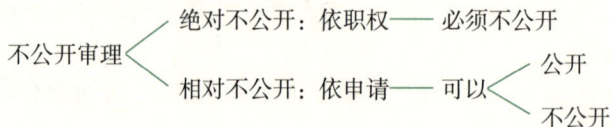

不公开审理 ⎰ 绝对不公开：依职权 —— 必须不公开
　　　　　　⎱ 相对不公开：依申请 —— 可以 ⎰ 公开
　　　　　　　　　　　　　　　　　　　　　　⎱ 不公开

【注意 1】"可以不公开"的案件，程序上必须由当事人申请，法院才可以决定是否公开审理。当然，当事人申请不公开的，法院仍可以决定公开审理，也可以决定不公开审理。无论是公开审理的案件，还是不公开审理的案件，宣判时一律公开。

【注意 2】离婚案件中如果涉及到当事人的个人隐私，则属于应当不公开审理的案件。

3. 裁判文书的公开。

（1）公众可以查阅发生法律效力的判决书、裁定书，但涉及国家秘密、商业秘密和个人隐私的内容除外。

（2）向作出该生效裁判的人民法院书面提出，并提供具体的案号或者当事人姓名、名称。

【注意】调解书的内容原则上不公开，公众不能查阅。

【例】判断：

1. 案件的审理、合议庭的评议、判决的宣告应当公开。（错误）

2. 对于涉及国家秘密的案件不公开审理，但宣判要公开。（正确）

3. 对于涉及个人隐私的案件，人民法院应当根据当事人申请不公开审理。（错误）

4. 离婚案件只能不公开审理。（错误）

分析：

1. 判决的宣告应当公开，合议庭评议不公开进行，案件的审理原则上公开，但也可能不公开，错误。

2. 国家秘密和个人隐私的案件不公开审理，是指过程不公开。无论过程是否公开，结果都必须公开，因此宣判必须要公开，正确。

3. 对于涉及个人隐私的案件，人民法院应当依职权不公开审理，不需要当事人申请，错误。

4. 离婚案件当事人可以申请不公开审理，但其申请后，法院可以决定公开审理，也可以不公开审理，因此认为离婚案件只能不公开审理是错误的，错误。

【例】唐某作为技术人员参与了甲公司一项新产品研发，并与该公司签订了为期 2 年的服务与保密合同。合同履行 1 年后，唐某被甲公司的竞争对手乙公司高薪挖走，负责开发类似的产品。甲公司起诉至法院，要求唐某承担违约责任并保守其原知晓的产品。关于该案的审判，下列哪一说法是正确的？（12 年·卷三·36 题）

A. 只有在唐某与甲公司共同提出申请不公开审理此案的情况下，法院才可以不公开审理

B. 根据法律的规定，该案不应当公开审理，但应当公开宣判

C. 法院可以根据当事人的申请不公开审理此案，但应当公开宣判

D. 法院应当公开审理此案并公开宣判

[答案] C

[解析] 商业秘密的案件属于相对不公开审理的案件，当事人申请后，法院可以公开，也可以不公开审理。只需一方当事人申请即可，不是双方共同申请才不公开审理，A项、B项、D项错误，C项正确。

《民诉法》第一百三十四条 人民法院审理民事案件，除涉及国家秘密、个人隐私或者法律另有规定的以外，应当公开进行。

离婚案件，涉及商业秘密的案件，当事人申请不公开审理的，可以不公开审理。

《民诉法》第一百四十八条 人民法院对公开审理或者不公开审理的案件，一律公开宣告判决。

当庭宣判的，应当在十日内发送判决书；定期宣判的，宣判后立即发给判决书。

宣告判决时，必须告知当事人上诉权利、上诉期限和上诉的法院。

宣告离婚判决，必须告知当事人在判决发生法律效力前不得另行结婚。

《民诉法》第一百五十六条 公众可以查阅发生法律效力的判决书、裁定书，但涉及国家秘密、商业秘密和个人隐私的内容除外。

《民诉解释》第二百五十四条 公民、法人或者其他组织申请查阅发生法律效力的判决书、裁定书的，应当向作出该生效裁判的人民法院提出。申请应当以书面形式提出，并提供具体的案号或者当事人姓名、名称。

(四) 两审终审制度

两审终审制，是指一个民事案件经过两级人民法院审判后即宣告终结的制度。

作为两审终审制的例外，下列案件和程序实行一审终审：

1. 最高人民法院所作的一审判决、裁定，为终审判决、裁定。

2. 适用小额诉讼程序、特别程序、督促程序、公示催告程序和破产程序审理的案件（非讼案件）。

3. 确认婚姻效力的案件实行一审终审。

【注意】不是指离婚案件。对财产分割和子女抚养问题的判决不服的，当事人可以上诉。

4. 不予受理、驳回起诉、管辖权异议、驳回破产申请裁定以外的所有裁定；所有的决定；一审以民事调解书结案的案件。

真题演练

1. 社会主义法治的价值追求是公平正义，因此必须坚持法律面前人人平等原则。下列哪一民事诉讼基本原则最能体现法律面前人人平等原则的内涵?[1]（14年·卷三·35题）

A. 检察监督原则

B. 诚实信用原则

C. 当事人诉讼权利平等原则

D. 同等原则和对等原则

---

[1] C

2. 依法治国要求树立法律权威,依法办事,因此在民事纠纷解决的过程中,各方主体都须遵守法律的规定。下列哪一行为违背了相关法律?① (14 年·卷三·36 题)

A. 法院主动对确有错误的生效调解书启动再审

B. 派出所民警对民事纠纷进行调解

C. 法院为下落不明的被告指定代理人参加调解

D. 人民调解委员会主动调解当事人之间的民间纠纷

3. 村民甲、乙因相邻关系发生纠纷,甲诉至法院,要求判决乙准许其从乙承包的土地上通过。审理中,法院主动了解和分析甲通过乙土地的合理性,听取其他村民的意见,并请村委会主任做双方工作,最终促成双方同意调解。调解时邀请了村中有声望的老人及当事人的共同朋友参加,双方互相让步达成协议,恢复和睦关系。关于法院的做法,下列哪一说法是正确的?② (12 年·卷三·35 题)

A. 法院突破审判程序,违反了依法裁判原则

B. 他人参与调解,影响当事人意思表达,违反了辩论原则

C. 双方让步放弃诉求和权益,违反了处分原则

D. 体现了司法运用法律手段,发挥调解功能,能动履职的要求

4. 甲诉乙损害赔偿一案,双方在诉讼中达成和解协议。关于本案,下列哪一说法是正确的?③ (12 年·卷三·39 题)

A. 当事人无权向法院申请撤诉

B. 因当事人已达成和解协议,法院应当裁定终结诉讼程序

C. 当事人可以申请法院依和解协议内容制作调解书

D. 当事人可以申请法院依和解协议内容制作判决书

5. 关于民事诉讼法基本原则在民事诉讼中的具体体现,下列哪一说法是正确的?④ (11 年·卷三·38 题)

A. 当事人有权决定是否委托代理人代为进行诉讼,是诉讼权利平等原则的体现

B. 当事人均有权委托代理人代为进行诉讼,是处分原则的体现

C. 原告与被告在诉讼中有一些不同但相对等的权利,是同等原则的体现

D. 当事人达成调解协议不仅要自愿,内容也不得违法,是法院调解自愿和合法原则的体现

6. 关于民事诉讼的基本原则,下列哪一选项是正确的?⑤ (08 年四川·卷三·36 题)

A. 当事人诉讼权利平等原则意味着当事人拥有相同的诉讼权利

B. 处分原则意味着法院无权干涉当事人诉讼权利的行使

C. 原告提起诉讼与被告进行答辩是辩论原则的表现

---

① C
② D
③ C
④ D
⑤ D

D. 调解原则适用于民事审判程序和民事执行程序

7. A县法院对甲诉乙侵权纠纷一案未经开庭审理即作出了判决，该审判行为直接违反了下列哪一项原则或者制度?① (08年四川·卷三·49题)

A. 违反了当事人诉讼权利平等原则 B. 违反了辩论原则

C. 违反了合议制度 D. 违反了回避制度

---

① B

03 第三章
主管与管辖

本章知识框架

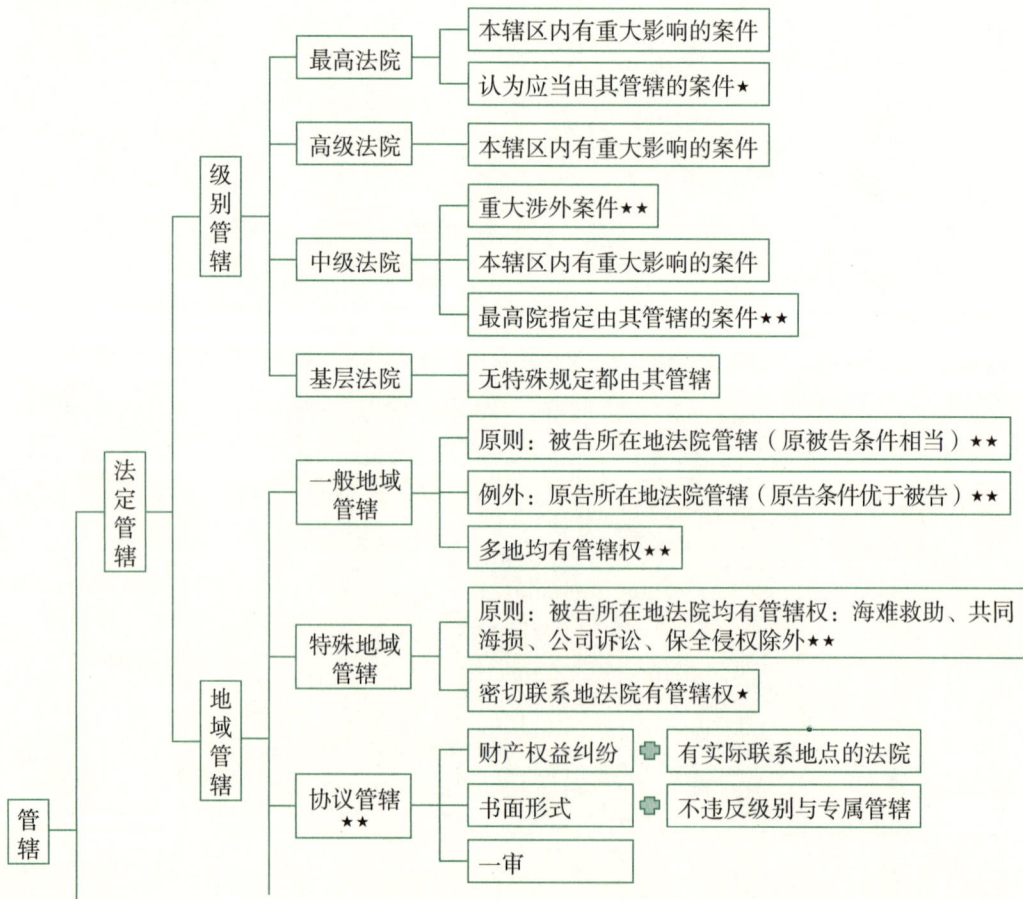

管辖	法定管辖	级别管辖	
		最高法院	本辖区内有重大影响的案件
			认为应当由其管辖的案件★
		高级法院	本辖区内有重大影响的案件
		中级法院	重大涉外案件★★
			本辖区内有重大影响的案件
			最高院指定由其管辖的案件★★
		基层法院	无特殊规定都由其管辖
		地域管辖	一般地域管辖
			原则：被告所在地法院管辖（原被告条件相当）★★
			例外：原告所在地法院管辖（原告条件优于被告）★★
			多地均有管辖权★★
			特殊地域管辖
			原则：被告所在地法院均有管辖权：海难救助、共同海损、公司诉讼、保全侵权除外★★
			密切联系地法院有管辖权★
			协议管辖★★
			财产权益纠纷 ➡ 有实际联系地点的法院
			书面形式 ➡ 不违反级别与专属管辖
			一审

```
                          ┌─ 不动产：不动产所在地★★
              ┌─ 专属管辖 ─┼─ 港口作业：港口所在地★
              │           └─ 遗产继承：被继承人死亡时住所地+主要财产所在地★
 裁  ┌─ 移送管辖★★ ── 无管辖权法院 ─→ 有管辖权法院
 定 ─┼─ 管辖权转移 ─── 有管辖权法院 ─→ 无管辖权法院 ─┬─ 下对上转移
 管  └─ 指定管辖★★                                  └─ 上对下转移：确有必
 辖                                                    要+上级法院批准★★
```

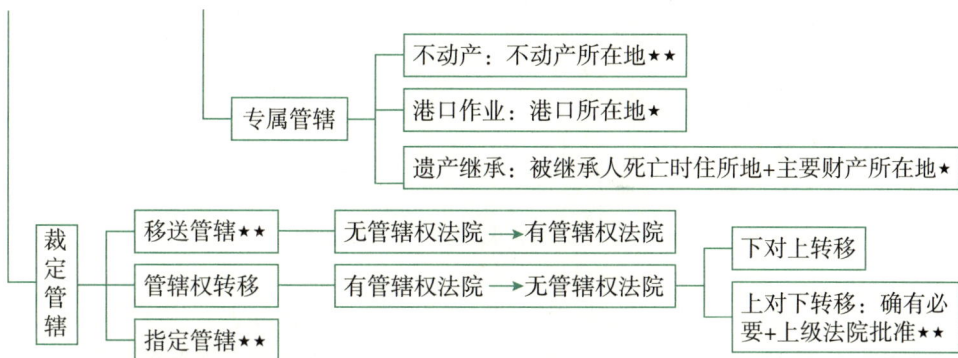

一、人民法院主管的范围

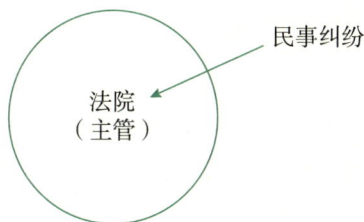

法院
（主管）　　　　　　　　　　民事纠纷

主管是指法院审判一定范围内民事纠纷的权限，即确定法院与其他组织之间解决民事纠纷的分工和权限。主管问题源于民事纠纷解决方式的多元性，和解、调解、仲裁、诉讼都是纠纷主体可以选择的纠纷解决方式，其中和解是双方当事人自行解决纠纷的方式，而人民调解、仲裁与诉讼均借助第三方的力量解决纠纷，人民调解与仲裁属于社会救济，诉讼则属于公力救济。这四种纠纷解决方式中，从和解、调解、仲裁到诉讼，自愿性逐渐减弱，强制性逐渐增强，民事诉讼是纠纷解决的最后一道屏障。

人民法院主管的案件为平等主体的公民、法人、其他组织之间因财产和人身关系产生的民事纠纷，主要包括由民法、婚姻法、经济法、劳动法调整的各种法律关系。

（一）人民调解与诉讼的关系：人民调解不是诉讼的必经程序

当事人可以不经人民调解委员会的调解，直接向人民法院起诉。即使经过人民调解，当事人仍然可以起诉，但是，在人民调解委员会的调解下达成的调解协议具有合同的性质，具有法律约束力。

1. 一方当事人达成调解协议后反悔的，另一方当事人可就调解协议向法院提起诉讼。当事人是就调解协议而不是原纠纷提起诉讼。

【例】2015 年 4 月，居住在 B 市（直辖市）东城区的林剑与居住在 B 市西城区的钟阳（二人系位于 B 市北城区正和钢铁厂的同事）签订了一份借款合同，约定钟阳向林剑借款 20 万元，月息 1%，2017 年 1 月 20 日前连本带息一并返还。合同还约定，如因合同履行发生争议，可向 B 市东城区仲裁委员会仲裁。至 2017 年 2 月，钟阳未能按时履约。2017 年 3 月，二人到正和钢铁厂人民调解委员会（下称调解委员会）请求调解。调解委员会委派了三位调解员主持该纠纷的调解。

如调解成功，林剑与钟阳在调解委员会的主持下达成如下协议：2017 年 5 月 15 日之前，钟阳向林剑返还借款 20 万元，支付借款利息 2 万元。该协议有林剑、钟阳的签字，盖有调解委员会的印章和三位调解员的签名。钟阳未按时履行该调解协议，林剑拟提起诉讼。在此情况下，下列说法正确的是：（17 年·卷三·96 题）

A. 应以调解委员会为被告

B. 应以钟阳为被告

C. 应以调解委员会和钟阳为共同被告

D. 应以钟阳为被告，调解委员会为无独立请求权的第三人

［答案］B

［解析］《人民调解法》第 32 条规定，经人民调解委员会调解达成调解协议后，当事人之间就调解协议的履行或者调解协议的内容发生争议的，一方当事人可以向人民法院提起诉讼。当事人起诉的，因为人民调解协议具有合同效力，所以是就人民调解协议这个合同起诉，另一方当事人是争议的当事人，而不是人民调解委员会。所以 B 项正确。其他三项错误。

2. 人民调解协议达成后，无论当事人是否反悔，双方当事人都可以共同向人民法院申请司法确认。经法院确认有效时，可以强制执行；经人民法院确认调解协议无效的，当事人可以通过人民调解方式变更或达成新的调解协议，也可以就原民事纠纷向人民法院提起诉讼。

（二）民商事案件的仲裁与民事诉讼的关系：或裁或审、一裁终局

1. 民商事案件的仲裁与民事诉讼的关系是或裁或审、一裁终局。但仲裁裁决被法院裁定不予执行或撤销后，当事人可以重新达成仲裁协议申请仲裁，也可以向人民法院起诉；仲裁协议无效、失效，法院也有权受理当事人的起诉。

2. 当事人达成有效的仲裁协议后：

（1）不应再向人民法院起诉。

（2）向法院起诉后，法院发现有仲裁协议的，裁定不予受理；受理后，发现有仲裁协议的或当事人在首次开庭前提出有仲裁协议成立的，裁定驳回起诉。

（3）向法院起诉后，当事人在首次开庭前未提交仲裁协议的，视为默示放弃仲裁协议，构成应诉管辖，人民法院应当继续审理。

【注意】仲裁适用于平等主体之间的合同纠纷和其他财产权益纠纷，平等主体间纯粹的人身权益纠纷，只能诉讼，不能仲裁。

（三）劳动争议仲裁与民事诉讼的关系：先裁后诉

1. 和解、调解不是劳动争议案件的必经程序。

2. 劳动仲裁是劳动争议案件的必经程序。

原则：对仲裁裁决不服的，才可以向人民法院提起诉讼。

例外：《劳动争议解释（二）》第 3 条规定："劳动者以用人单位的工资欠条为证据直接向人民法院起诉，诉讼请求不涉及劳动关系其他争议的，视为拖欠劳动报酬争议，按照普通民事纠纷受理。"

【例】甲公司和乙公司签订了一份安装合同。乙公司的工作人员在进行安装过程中，不慎将甲公司职工孙某的右脚砸成粉碎性骨折。围绕着孙某的损失赔偿问题，各方当事人发生争议。孙某可以通过两种方式解决自己的损失赔偿问题：

其一，孙某可以乙公司为被告向法院提起侵权损害赔偿诉讼。此时孙某依据的是与乙公司之间存在的侵权法律关系。

其二，孙某可以甲公司为被申请人提起劳动争议仲裁，对仲裁裁决不服的，在法定期限内以甲公司为被告向法院提起诉讼。此时孙某依据的是与甲公司之间存在的劳动合同关系。

【例】王某是某电网公司员工，在从事高空作业时受伤，为赔偿问题与电网公司发生争议。王某可以采用哪些方式处理争议？（06 年·卷三·80 题）

A. 可以向本公司劳动争议调解委员会申请调解，调解不成的，可以申请劳动仲裁

B. 可以直接向劳动争议仲裁委员会申请仲裁，对仲裁裁决不服的，可以向法院提起诉讼

C. 可以不申请劳动仲裁而直接向法院起诉

D. 如果进行诉讼并按简易程序处理，法院开庭审理时，可以申请先行调解

[答案]　ABD

[解析]　劳动争议实行仲裁程序前置，当事人必须先进行劳动仲裁，不能直接向法院起诉，所以 A、B 两项是正确的，C 选项是错误的。

二、级别管辖

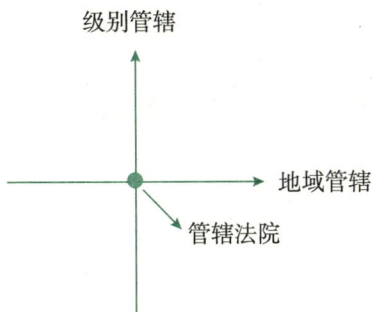

（一）级别管辖的概念

级别管辖，是指按照一定的标准，划分上下级法院之间受理第一审民事案件的分工和权限。

（二）各级人民法院管辖的一审民事案件

1. 最高人民法院管辖的案件有三类：①在全国范围内有重大影响的案件；②最高院认为应当由本院审理的案件；③发明专利、实用新型专利、植物新品种、集成电路布图设计、技术秘密、计算机软件、垄断等专业技术性较强的知识产权民事案件的二审案件；上述案件一审生效裁判的再审案件。

2. 高级人民法院管辖在本辖区内有重大影响的案件。

3. 中级人民法院管辖的第一审案件：

（1）重大涉外案件：指争议标的额大，或者案情复杂，或者一方当事人人数众多的涉外案件；重大的涉港、澳、台民事案件。

【注意】一般的涉外案件可以由基层人民法院管辖。

（2）在本辖区有重大影响的案件：诉讼标的额大或诉讼单位为省、自治区、直辖市以上。

（3）最高人民法院确定由中级人民法院管辖的一审案件：海事、海商案件；认定仲裁协

议效力的案件、撤销仲裁裁决的案件、仲裁裁决的执行与不予执行、涉外仲裁中的证据保全与财产保全。

【注意】专利纠纷案件的管辖法院为：知识产权法院、最高人民法院确定的中级人民法院和基层人民法院。

公益诉讼案件原则上中级法院有管辖权，但环境民事公益诉讼案件基层法院也有管辖权。

【小结】海事、海商案件只能由中级法院管辖；仲裁、专利、公益诉讼案件原则上中院管辖，例外情况下基层法院也有管辖权。

【例】根据《民事诉讼法》相关司法解释，下列哪些法院对专利纠纷案件享有管辖权？(15 年·卷三·77 题)

A. 知识产权法院

B. 所有的中级法院

C. 最高法院确定的中级法院

D. 最高法院确定的基层法院

［答案］ACD

［解析］《民诉解释》第 2 条规定，专利纠纷案件由知识产权法院、最高人民法院确定的中级人民法院和基层人民法院管辖。

并不是所有的中级法院都享有对专利案件的管辖权，只有最高院确定的中级法院才能享有此类案件的管辖权，B 项错误。不是所有的中级人民法院对专利案件都有管辖权，所以当然也不是所有的基层法院对专利案件都有管辖权，也是最高院指定的基层法院才对其有管辖权。ACD 三项当选。

4. 基层人民法院管辖上级法院管辖的案件以外的全部案件。

【例】美国人汤姆等 18 人在我国对我国某公司提起合同违约之诉，案件标的额为 3 万元，并且案情较为简单，本案应属于中级人民法院管辖。因为本案满足"涉外"要素中当事人一方或双方具有外国国籍，并且符合"重大"情况中一方当事人人数众多这一情况，是"重大涉外"案件，由中级人民法院管辖。

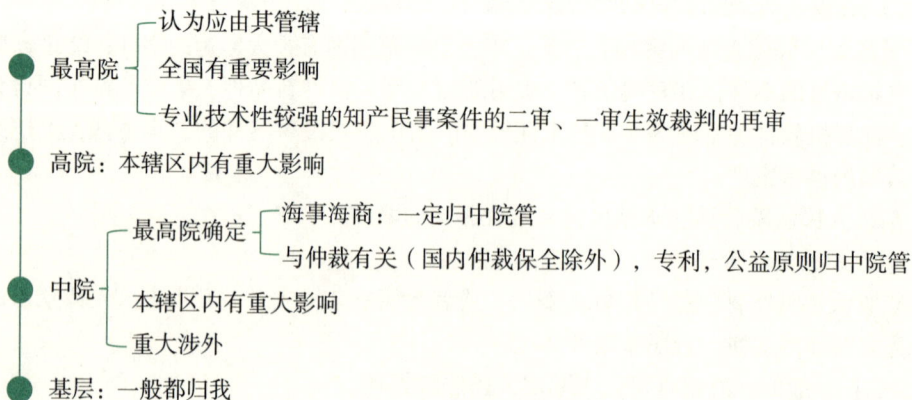

- 最高院
  - 认为应由其管辖
  - 全国有重要影响
  - 专业技术性较强的知产民事案件的二审、一审生效裁判的再审
- 高院：本辖区内有重大影响
- 中院
  - 最高院确定
    - 海事海商：一定归中院管
    - 与仲裁有关（国内仲裁保全除外），专利，公益原则归中院管
  - 本辖区内有重大影响
  - 重大涉外
- 基层：一般都归我

【例】判断：

1. 中级人民法院、基层人民法院都可以管辖涉外和非涉外案件。（正确）

分析：重大涉外案件由中级人民法院管辖，一般涉外案件由基层人民法院管辖，而非涉外案件，四级法院都有管辖权，因此该判断正确。

2. 中级法院可以管辖涉外和非涉外案件。（正确）

分析：对于国内案件，从基层法院到最高人民法院都享有管辖权；对于涉外案件，重大涉外案件中级法院享有管辖权。因此中级法院可以管辖涉外和非涉外案件。

3. 高级法院管辖的一审民事案件包括在本辖区内有重大影响的民事案件和它认为应当由自己审理的案件。（错误）

分析：高级法院不享有想管辖什么案件就管辖什么案件的权力，只有最高人民法院享有这种权力，高级法院只能管辖在本辖区范围内有重大影响的案件，因此错误。

《民诉法》第十七条　基层人民法院管辖第一审民事案件，但本法另有规定的除外。

《民诉法》第十八条　中级人民法院管辖下列第一审民事案件：

（一）重大涉外案件；

（二）在本辖区有重大影响的案件；

（三）最高人民法院确定由中级人民法院管辖的案件。

《民诉解释》第一条　民事诉讼法第十八条第一项规定的重大涉外案件，包括争议标的额大的案件、案情复杂的案件，或者一方当事人人数众多等具有重大影响的案件。

《民诉解释》第二条　专利纠纷案件由知识产权法院、最高人民法院确定的中级人民法院和基层人民法院管辖。

海事、海商案件由海事法院管辖。

《民诉法》第十九条　高级人民法院管辖在本辖区有重大影响的第一审民事案件。

《民诉法》第二十条　最高人民法院管辖下列第一审民事案件：

（一）在全国有重大影响的案件；

（二）认为应当由本院审理的案件。

三、地域管辖

地域管辖是指同级人民法院之间按照各法院的辖区和民事案件的隶属关系受理第一审民事案件的分工和权限。地域管辖分为一般地域管辖、特殊地域管辖、协议管辖、专属管辖。

（一）一般地域管辖

1. 一般地域管辖的确定标准：当事人的所在地与法院辖区的关系。即当事人在哪个法院辖区里，就由该法院管辖此案。在我国，法院辖区和行政区划是相一致的。

（1）法人和其他组织的所在地就是法人和其他组织的住所地。此住所地是指法人和其他组织的主要办事机构所在地。主要办事机构所在地不能确定的，法人或者其他组织的注册地或者登记地为住所地。

（2）自然人所在地包括其住所地、经常居住地和居住地。自然人的所在地依下列顺序确定：

①经常居住地优先：经常居住地，是指离开住所至起诉时连续居住满1年的地方，但是住院就医的地方除外。

住所地与经常居住地不一致时，经常居住地优先于住所地。

住所地未确定时，有经常居住地的，以经常居住地为所在地。

②若无经常居住地：以自然人的住所地为所在地。自然人的住所地是指该自然人的户口所在地。

③无经常居住地和住所地：户籍迁出后尚未落户，有经常居住地的，由该地人民法院管辖；没有经常居住地的，由其原户籍所在地人民法院管辖。

【注意】经常居住地包括不可或缺的三个要素：①起诉时仍住在这里；②连续居住了1年以上；③并非就医。

【如】（管辖——经常居住地）：

1. 甲在北京住了一年，户口在山西太原，在北京住了一年，在上海住了两年，在广州住了三年，现在在昆明住了六个月被别人起诉了。昆明是不是经常居住地？

不是。因为昆明只住了六个月。这个案子当中没有经常居住地，只有住所地到太原去告。

2. 甲户口是太原的，然后北京住了一年，海口住了六个月，又到北京住了一年，再回海口住了六个月。被乙起诉，乙要到哪起诉？

太原。因为海口虽然住满了一年，但不连续。

3. 丙在北京读书，他的户籍原来是在北京。他从北京读完书之后，打算到深圳工作，但户口没有落在深圳。

（1）在深圳工作两年后被别人起诉了，那么应当由何地法院管辖？深圳。因为深圳形成了经常居住地。

（2）在深圳工作八个月后被别人起诉了，应由何地法院管辖？北京。深圳没有形成经常居住地，应到原住所地法院北京起诉。

2. 一般地域管辖的确定。

（1）原则——原被告条件相当时，由被告所在地人民法院管辖。

（2）例外——原被告条件不相当时，原告所在地人民法院有管辖权。

被告所在地人民法院管辖的具体案件 （原被告条件相当）	原告所在地人民法院管辖的具体案件 （原被告条件不相当）
	对不在中华人民共和国领域内居住的人提起的有关身份关系的诉讼。
	对下落不明或者宣告失踪的人提起的有关身份关系的诉讼。
双方当事人都被监禁或被采取强制性教育措施的，由被告原住所地人民法院管辖。被告被监禁或被采取强制性教育措施1年以上的，由被告被监禁地或被采取强制性教育措施所在地人民法院管辖。	对被采取强制性教育措施的人和被监禁的人提起的诉讼。
双方均被注销户口的，由被告居住地的人民法院管辖。	被告一方被注销户口的，由原告所在地人民法院管辖。

续表

被告所在地人民法院管辖的具体案件 （原被告条件相当）	原告所在地人民法院管辖的具体案件 （原被告条件不相当）
夫妻双方离开住所地超过 1 年，一方起诉离婚的案件，由被告经常居住地人民法院管辖。被告没有经常居住地的，由原告起诉时被告居住地的人民法院管辖。	
夫妻一方离开住所地超过 1 年，另一方起诉离婚的案件，可以由原告住所地人民法院管辖。	
追索赡养费案件的几个被告住所地不在同一辖区的，可以由原告住所地人民法院管辖。也就是说，确定赡养费案件管辖的标准是看几个被告的住所地是否在一个法院辖区。	
中国公民双方在国外但未定居，一方向人民法院起诉离婚的，应由原告或者被告原住所地人民法院管辖。	
不服指定监护或者变更监护关系的案件，可以由被监护人住所地人民法院管辖。	

【注意 1】　对不在中国境内居住的人、下落不明的人、宣告失踪的人提起的诉讼并非均由原告住所地法院管辖，只限于身份关系的案件提起的诉讼；如果是对上述三类人提起的财产关系的案件，仍然由被告住所地法院管辖。

【注意 2】　"被告被监禁或被采取强制性教育措施 1 年以上"，并不是指被告被判处的刑期或者被确定的采取强制性教育措施的期限为 1 年以上，而是指被告被实际监禁或者被实际采取强制性教育措施的期限在 1 年以上。可见，在我国民事诉讼实践中，实际上将被告被监禁或采取强制性教育措施 1 年以上的地方视为了被告的经常居住地。

【注意 3】　双方当事人均为军人或者军队单位的民事案件由军事法院管辖。否则由普通法院管辖。

【注意 4】　追索赡养费案件的几个被告住所地不在同一辖区的，可以由原告住所地人民法院管辖，此时被告住所地和原告住所地的法院都有管辖权；如果几个被告的住所地在一个法院辖区，不属于特殊情形，只能是原告就被告，只有被告住所地的法院有管辖权。

【例】　A 区的甲和 B 区的乙 2008 年结婚，乙在 2009 年的 3 月份，被 C 区法院判了 6 年有期徒刑并关在 C 区监狱。2011 年 4 月，甲决定起诉和被关押的乙离婚，哪里有管辖权？

答：A 区法院。首先应判断是被告单方被关押，还是原被告双方被关押。本案只有被告被关押，无论其在监狱被关多长时间，都不以之确定管辖。我们应在原告的所在地，即经常居住地优先于住所地来起诉，因此选择 A 区。

【例】　A 区的甲和 B 区的乙 2008 年结婚，婚后住在 A 区。2010 年 4 月因共同犯罪，都被判了 6 年有期徒刑，被关押在 C 区监狱。2011 年 3 月，甲要和乙离婚，哪里有管辖权？

答：B 区法院。在第二种情况下是不是双方都被监禁了？双方都被监禁，那就原告就被告。要找被告的地点，我们先看被告被监禁、被采取强制性教育措施是不是超过 1 年。本案中虽然乙被判了 6 年，但在监狱里还不到 1 年，所以只有回到乙的原住所地，那就是 B 区。

【例】　张某和薛某均为甲市人，双方在甲市登记结婚，后薛某在乙市被判处有期徒刑 3 年，薛某服刑 1 年后张某将户口迁至丙市。（1）张某欲起诉与尚在服刑的薛某离婚，对此案丙市法院有管辖权。(2)若薛某服刑1年后,张某因为是薛某贪污罪的共犯而被判刑10年,在丁地服刑,现张某起诉薛某离婚,乙市法院有管辖权。本案属于双方都被监禁,而被告被监禁1年以上的情形,由被告被监禁地法院管辖。

《民诉法》第二十一条 对公民提起的民事诉讼,由被告住所地人民法院管辖;被告住所地与经常居住地不一致的,由经常居住地人民法院管辖。

对法人或者其他组织提起的民事诉讼,由被告住所地人民法院管辖。

同一诉讼的几个被告住所地、经常居住地在两个以上人民法院辖区的,各该人民法院都有管辖权。

《民诉解释》第五条 对没有办事机构的个人合伙、合伙型联营体提起的诉讼,由被告注册登记地人民法院管辖。没有注册登记,几个被告又不在同一辖区的,被告住所地的人民法院都有管辖权。

《民诉法》第二十二条 下列民事诉讼,由原告住所地人民法院管辖;原告住所地与经常居住地不一致的,由原告经常居住地人民法院管辖:

(一)对不在中华人民共和国领域内居住的人提起的有关身份关系的诉讼;

(二)对下落不明或者宣告失踪的人提起的有关身份关系的诉讼;

(三)对被采取强制性教育措施的人提起的诉讼;

(四)对被监禁的人提起的诉讼。

《民诉解释》第六条 被告被注销户籍的,依照民事诉讼法第二十二条规定确定管辖;原告、被告均被注销户籍的,由被告居住地人民法院管辖。

《民诉解释》第八条 双方当事人都被监禁或者被采取强制性教育措施的,由被告原住所地人民法院管辖。被告被监禁或者被采取强制性教育措施一年以上的,由被告被监禁地或者被采取强制性教育措施地人民法院管辖。

《民诉解释》第九条 追索赡养费、抚育费、扶养费案件的几个被告住所地不在同一辖区的,可以由原告住所地人民法院管辖。

《民诉解释》第十条 不服指定监护或者变更监护关系的案件,可以由被监护人住所地人民法院管辖。

《民诉解释》第十二条 夫妻一方离开住所地超过一年,另一方起诉离婚的案件,可以由原告住所地人民法院管辖。

夫妻双方离开住所地超过一年,一方起诉离婚的案件,由被告经常居住地人民法院管辖;没有经常居住地的,由原告起诉时被告居住地人民法院管辖。

《民诉解释》第十七条 已经离婚的中国公民,双方均定居国外,仅就国内财产分割提起诉讼的,由主要财产所在地人民法院管辖。

《民诉解释》第三条 公民的住所地是指公民的户籍所在地,法人或者其他组织的住所地是指法人或者其他组织的主要办事机构所在地。

法人或者其他组织的主要办事机构所在地不能确定的,法人或者其他组织的注册地或者登记地为住所地。

《民诉解释》第四条 公民的经常居住地是指公民离开住所地至起诉时已连续居住一年以上的地方,但公民住院就医的地方除外。

《民诉解释》第七条　当事人的户籍迁出后尚未落户，有经常居住地的，由该地人民法院管辖；没有经常居住地的，由其原户籍所在地人民法院管辖。

《民诉解释》第十一条　双方当事人均为军人或者军队单位的民事案件由军事法院管辖。

（二）特殊地域管辖

我国民事诉讼法规定的特殊地域管辖，是指以被告住所地、诉讼标的所在地、法律事实所在地为标准确定的管辖。

1. 特殊地域管辖的确定标准：按照法律事实所在地或诉讼标的所在地与法院辖区的关系为标准确定的管辖。

2. 特殊地域管辖的确定规则：

①除因海难救助、共同海损、公司诉讼、保全侵权引起的纠纷案件以外，其他各类纠纷案件，被告住所地人民法院均有管辖权；

②密切联系是确定特殊地域管辖的重要规则，即与纠纷案件密切联系地点的人民法院对特殊地域管辖纠纷案件有管辖权。

3. 合同案件管辖的确定思路。

（1）专属管辖优先。如：农村土地承包经营合同纠纷、政策性房屋买卖合同纠纷、房屋租赁合同纠纷、建设工程施工合同纠纷。属于与不动产有关的合同纠纷，从形式上看既属于合同案件，又属于不动产案件，而上述不动产合同纠纷按照专属管辖的规定属于不动产纠纷，必须适用专属管辖的规定，只能由不动产所在地法院专属管辖，而不适用合同案件法定管辖的规定，不能由合同履行地或被告住所地法院管辖。

（2）协议管辖约定优先。合同纠纷案件属于财产权益纠纷案件，当事人如果签订有有效的管辖协议，则由协议管辖的法院行使管辖权，不适用法定管辖的规定。

（3）在没有有效协议管辖的基础上，按照法定管辖的思路确定管辖法院：

①首先，被告住所地法院必有法定管辖权：按照法定管辖的思路，被告住所地法院一定享有管辖权，无论双方是否明确约定了合同履行地，约定的合同履行地在哪儿，以及合同是否实际履行。

②其次，合同履行地不一定享有对案件的管辖权：

其一，只有约定履行地，合同没有实际履行：看当事人约定的履行地与双方当事人住所地是否重合。如果约定的履行地在其中一方住所地（此时只看约定履行地是否和原告住所地重合，因为被告住所地的法院恒定享有案件的管辖权），约定履行地人民法院（即原告住所地法院）一定对案件有管辖权；如果约定的履行地是双方住所地以外的第三个地点，与原告住所地的法院不重合，则约定履行地的法院没有管辖权。

【如】1. 北京人和上海人签订买卖大米的合同，约定履行地在广州，但合同没有实际履行。北京人欲诉上海人。何地法院有管辖权？

管辖法院只能在被告人住所地上海。此案是合同案件，专属管辖和协议管辖都不适用，应适用法定管辖的规定。首先被告住所地上海法院一定有管辖权；履行地的确定中的约定履行地在广州，实际履行地不存在，且约定履行地广州与原被告住所地北京和上海都不在同一个地方，因此约定履行地法院无管辖权，即履行地法院无管辖权。有管辖权的法院只能是被告住所地上海。

2. 题 1 中如果约定履行地在北京，则何地法院有管辖权？

首先，被告住所地上海法院有管辖权；其次，约定履行地在北京，约定履行地与原告住所地重合，约定履行地作为合同履行地取得管辖权。此案有管辖权的法院为，被告住所地上海和合同履行地北京。

3. 题 1 中如果约定履行地在上海，则何地法院有管辖权？

首先，被告住所地上海法院有管辖权；其次，约定履行地在上海，约定履行地与被告住所地重合，约定履行地作为合同履行地取得管辖权。此案有管辖权的法院为上海，上海既是被告住所地，又是合同履行地，两地重合。

其二，只有实际履行地：履行地法院有管辖权。此时履行地按照如下标准确定：

A. 争议标的为给付货币的，接受货币一方所在地为合同履行地。

B. 交付不动产的，不动产所在地为合同履行地。

C. 即时结清的案件，以交易行为地为合同履行地。

D. 交付其他标的的，履行义务一方所在地为合同履行地。

E. 财产租赁合同、融资租赁合同，以租赁物使用地为合同履行地。

F. 以信息网络方式订立的买卖合同：通过信息网络交付标的的，买受人住所地为合同履行地，通过其他方式交付标的的，收货地为合同履行地。

【如】1. 一个北京人把杭州的房子卖给了一个上海人，北京人履行了全部的合同义务，房子也交付了，手续也办完了，但是上海人有合同尾款 20 万没有交付。这个案件是原告要求被告给付货币。所以被告住所地上海法院有管辖权且合同履行地北京也有管辖权。

2. 现在是上海人把所有的房款都给了北京人，给完了北京人不交房。现在上海诉北京人说你必须把房屋交付给我。这是不是合同纠纷？是合同纠纷，被告住所地在北京一定有管辖权，合同的履行地现在在哪？杭州。因为原告是要求被告给付不动产，不动产所在地在杭州。

3. 一个北京的买家，向广州的一个卖家买了一个武器装备，结果这个广州的卖家收到钱之后没有交付这个武器装备。那这个时候是通过网络方式交付标的物，这个时候产生的纠纷，合同履行地就在买受人住所地，就是北京买家所在地。

4. 一个北京的买家，在广州的卖家那里买了一件衣服，这件衣服不是给自己的，是给湖北武汉的妈妈的生日礼物，结果收到之后发现货物有瑕疵，那这个时候北京人诉广州人，合同履行地在湖北武汉。因为它不是通过网络方式交付标的物，它是通过快递的方式实际交付的，就是通过其他方式交付标的物，收货地湖北武汉市就是合同履行地。

其三，实际履行地和约定履行地同时存在：约定履行地法院优先于实际履行地，约定履行地的法院作为履行地的法院，取得管辖权。

【如】北京人和上海人签订买卖大米的合同，约定履行地在广州，实际履行地在深圳。北京人欲诉上海人。何地法院有管辖权？

分析：上海法院和广州法院有管辖权。首先，被告住所地上海法院有管辖权；其次，本案中既有约定履行地，又有实际履行地，约定履行地优先，因此广州法院有管辖权，实际履行地法院没有管辖权。

【小结】合同案件管辖的确定思路。

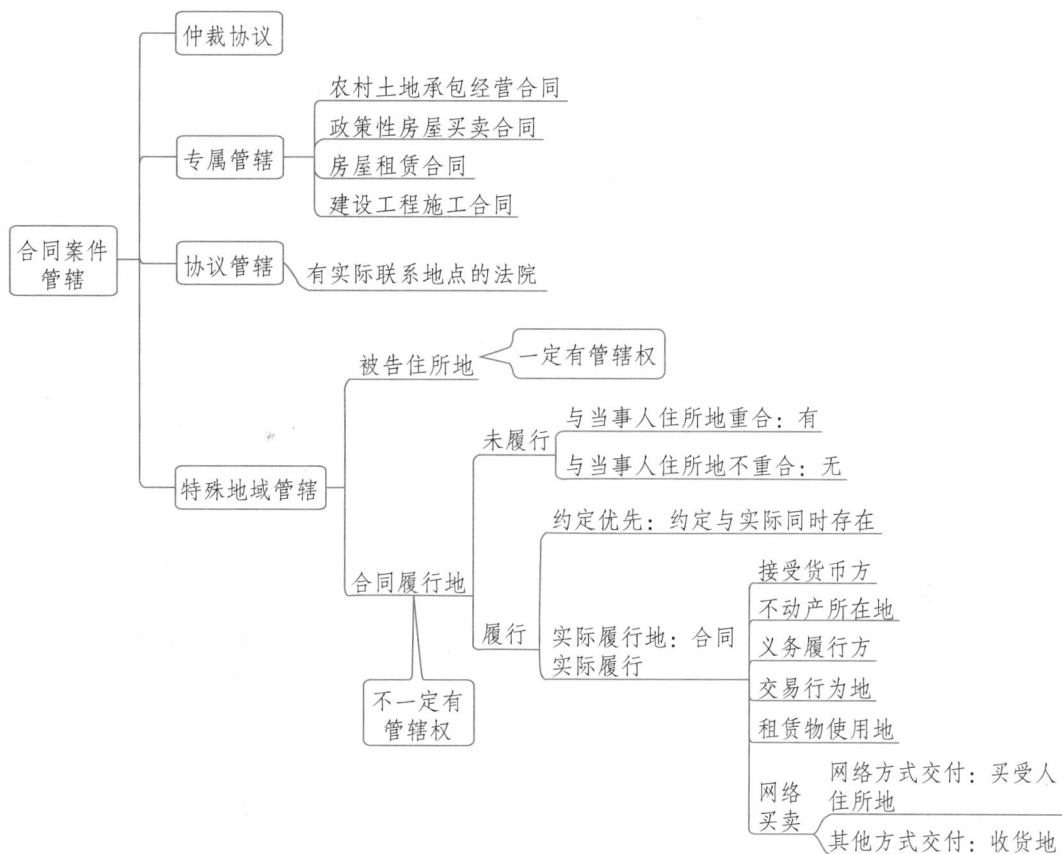

【注意1】代位权和撤销权诉讼：

①代位权诉讼的管辖：由被告（次债务人）住所地人民法院管辖。此时债务人可以列为无独立请求权第三人。债务人在代位权诉讼中，对超过债权人代位请求数额的债权部分起诉次债务人的，人民法院应当告知其向有管辖权的法院另行起诉。

②撤销权诉讼的管辖：由被告（债务人）住所地人民法院管辖。此时受益人或受让人可以列为无独立请求权第三人。

【注意2】主合同和担保合同发生纠纷的管辖：根据主合同确定案件管辖。担保人承担连带责任的担保合同发生纠纷，债权人向担保人主张权利的，应当由担保人住所地的法院管辖。主合同和担保合同选择管辖的法院不一致的，应当根据主合同确定案件管辖。

【注意3】保险合同纠纷：

①一般：被告住所地或者保险标的物所在地人民法院。

②移动保险标的物（运输工具、运输中的货物）：运输工具登记注册地、保险事故发生地、运输目的地、被告住所地。

③人身保险合同：可以由被保险人住所地法院管辖。

【注意4】因铁路、公路、水上、航空运输和联合运输合同纠纷提起的诉讼，由运输始发地、目的地或者被告住所地人民法院管辖。

【注意5】票据纠纷：被告住所地和票据支付地法院管辖。

4. 侵权案件的地域管辖。

（1）因侵权行为提起的诉讼，由侵权行为地或者被告住所地人民法院管辖。

【注意】侵权行为地，包括侵权行为实施地、侵权结果发生地。

（2）几种特殊侵权案件的地域管辖：特殊侵权案件的管辖遵循一般地域管辖的原则规定，在侵权行为地和被告住所地之外，又增加了其他有管辖权的法院。

①产品质量侵权纠纷的管辖法院：包括被告住所地、侵权行为地、产品制造地、产品销售地。

【例】甲县的电热毯厂生产了一批电热毯，与乙县的昌盛贸易公司在丙县签订了一份买卖该批电热毯的合同。丁县居民张三在出差到乙县时从昌盛贸易公司购买了一条该批次的电热毯，后在使用过程中电热毯由于质量问题引起火灾，烧毁了张三的房屋。张三欲以侵权损害为由诉请赔偿。下列哪些法院对该纠纷有管辖权？（07 年·卷三·80 题）

A. 甲县法院   B. 乙县法院

C. 丙县法院   D. 丁县法院

[答案] ABD

[解析] 此案是产品质量侵权案件，甲县是被告电热毯的所在地，乙县是产品销售地，丁县是张三所在地，但张三的房屋在丁县被烧，此处也是侵权结果发生地，因此，甲县、乙县、丁县法院对此案有管辖权。丙县是合同签订地，按照法律规定合同签订地的案件对产品质量侵权案件无管辖权。应选 ABD。

②著作权、商标权侵权纠纷案件的管辖法院：包括被告所在地、侵权行为的实施地、侵权复制品（商品）储藏地或者查封、扣押地。

③新闻侵权案件管辖法院：被告住所地、报刊杂志销售地、被侵权人住所地法院管辖。

报刊、杂志的发行销售地视为侵权行为发生地，受侵害的公民、法人和其他组织的住所地视为侵权结果发生地。

【注意】合同关系与侵权关系经常并存于同一纠纷案件之中，此时产生请求权竞合，应根据原告的诉讼请求确定管辖法院。如果在合同履行过程中发生侵权，则此案有管辖权的法院，根据合同纠纷为被告住所地和合同履行地，根据侵权纠纷为被告住所地和侵权行为地。

【例】某省海兴市的《现代企业经营》杂志刊登了一篇自由撰稿人吕某所写的报道，内容涉及到同省龙门市甲公司的经营方式。甲公司负责人汪某看到该篇文章后，认为《现代企业经营》作为一本全省范围内发行的杂志，其所发文章内容严重失实，损害了甲公司的名誉，使公司的经营受到影响。于是甲公司向法院起诉要求《现代企业经营》杂志社和吕某赔偿损失 5 万元，并进行赔礼道歉。一审法院仅判决杂志社赔偿甲公司 3 万元，未对"赔礼道歉"的请求进行处理。杂志社认为赔偿数额过高，不服一审判决提起上诉。甲公司提起诉讼时，可以选择的法院有：（08 年·卷三·97 题）

A. 《现代企业经营》杂志社所在地的海兴市 A 区法院

B. 吕某住所地的海兴市 B 区法院

C. 汪某住所地的龙门市 C 区法院

D. 甲公司所在地的龙门市 D 区法院

[答案] ABCD（司法部当年公布答案为 ABD）。

[解析] 根据《关于审理名誉权案件若干问题的解释》第 1 条的规定，人民法院受理这

类案件时，受侵权的公民、法人和其他组织的住所地，可以认定为侵权结果发生地。所以 A、B、D 选项都属于可以管辖的法院，而《现代企业经营》作为一本全省范围内发行的杂志，因此 C 选项中汪某作为甲公司的负责人，虽不是受侵权的当事人，但其住所地的龙门市 C 区也属于"全省范围内"，因此龙门市 C 区法院有管辖权，C 选项也当选。

④铁路、公路、水上和航空事故请求损害赔偿：被告住所地；事故发生地；车辆、船舶最先到达地、航空器最先降落地。

⑤网络侵权：计算机等信息设备所在地，被侵权人住所地、被告住所地法院。

⑥服务侵权：服务提供地、被告住所地法院。

⑦保全侵权：采取保全措施的、受理起诉的法院。（无被告住所地）

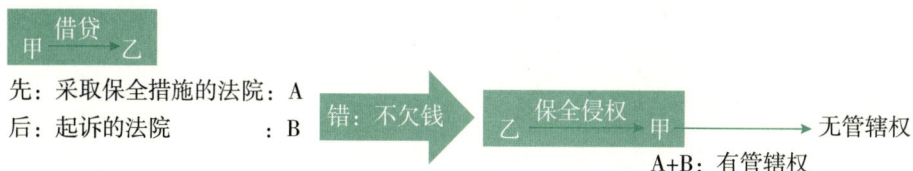

先：采取保全措施的法院：A
后：起诉的法院　　　　：B

错：不欠钱　　→　　乙　保全侵权　甲　　→　　无管辖权

甲　借贷　乙

A+B：有管辖权

【如】

一、诉前保全侵权

上海的李四欠北京的张三 200 万，现张三欲起诉李四偿还借款，发现李四转移其在广州市白云区的房产。

1. 其可以向哪些法院申请采取保全措施？

诉前保全有管辖权的法院：被申请人住所地的法院——上海

被保全财产所在地的法院——广州

对案件有管辖权的法院——上海（被告住所地）

北京（合同履行地，要求给付货币，接受货币方为合同履行地）

张三选择了被保全财产所在地的广州法院申请诉前保全，广州法院就是采取保全措施的法院。

2. 诉前保全措施采取后，张三在 30 日内向被告住所地的上海法院起诉了李四。上海法院受理了案件。

上海法院是受理案件的法院。

3. 上海法院经审理，判决李四不欠张三钱。

4. 李四起诉张三赔偿因错误采取保全措施给自己造成的损害。这个案件就叫保全侵权。

有管辖权的法院就是采取保全措施的广州法院和受理起诉的上海法院。

5. 前案中，如果广州法院诉前保全措施采取后，张三没有向上海法院起诉李四。则张三的行为也属于错误采取保全措施给李四造成了损害。

李四起诉张三赔偿因错误采取保全措施给自己造成的损害。这个案件就叫保全侵权。有管辖权的只有采取保全措施的广州法院。

此时受理起诉的法院不存在。

二、诉讼保全侵权

上海的李四欠北京的张三 200 万，现张三向被告住所地的上海法院起诉李四偿还借款，上海法院受理了案件。

诉讼中张三申请对李四在广州市白云区的房产进行财产保全，只能向受理案件的上海法院申请采取保全措施（诉讼中的保全必须向受理案件的法院提出）。

上海法院经审理发现李四不欠张三 200 万。

李四起诉张三要求赔偿因错误采取保全措施给自己造成的损害，这个案件叫做保全侵权。就只能向受理案件的上海法院起诉（此时采取保全措施的法院和受理起诉的法院重合）。

5. 海难救助费用：救助地或者被救助船舶最先到达地人民法院。

6. 共同海损：船舶最先到达地、共同海损理算地或者航程终止地人民法院。

7. 公司诉讼：

（1）案件：公司设立、确认股东资格、分配利润、解散、股东名册记载、请求变更公司登记、股东知情权、公司决议、公司合并、公司分立、公司减资、公司增资等纠纷。

（2）法院：公司住所地人民法院管辖。

- -

《民诉法》第二十八条　因侵权行为提起的诉讼，由侵权行为地或者被告住所地人民法院管辖。

《民诉解释》第二十四条　民事诉讼法第二十八条规定的侵权行为地，包括侵权行为实施地、侵权结果发生地。

《民诉法》第二十九条　因铁路、公路、水上和航空事故请求损害赔偿提起的诉讼，由事故发生地或者车辆、船舶最先到达地、航空器最先降落地或者被告住所地人民法院管辖。

《民诉法》第三十条　因船舶碰撞或者其他海事损害事故请求损害赔偿提起的诉讼，由碰撞发生地、碰撞船舶最先到达地、加害船舶被扣留地或者被告住所地人民法院管辖。

《民诉解释》第二十五条　信息网络侵权行为实施地包括实施被诉侵权行为的计算机等信息设备所在地，侵权结果发生地包括被侵权人住所地。

《民诉解释》第二十六条　因产品、服务质量不合格造成他人财产、人身损害提起的诉讼，产品制造地、产品销售地、服务提供地、侵权行为地和被告住所地人民法院都有管辖权。

《民诉解释》第二十七条　当事人申请诉前保全后没有在法定期间起诉或者申请仲裁，给被申请人、利害关系人造成损失引起的诉讼，由采取保全措施的人民法院管辖。

当事人申请诉前保全后在法定期间内起诉或者申请仲裁，被申请人、利害关系人因保全受到损失提起的诉讼，由受理起诉的人民法院或者采取保全措施的人民法院管辖。

《民诉法》第三十一条　因海难救助费用提起的诉讼，由救助地或者被救助船舶最先到达地人民法院管辖。

《民诉法》第三十二条　因共同海损提起的诉讼，由船舶最先到达地、共同海损理算地或者航程终止地的人民法院管辖。

《民诉法》第二十三条　因合同纠纷提起的诉讼，由被告住所地或者合同履行地人民法院管辖。

《民诉法》第二十四条　因保险合同纠纷提起的诉讼，由被告住所地或者保险标的物所在地人民法院管辖。

《民诉法》第二十五条　因票据纠纷提起的诉讼，由票据支付地或者被告住所地人民法院管辖。

《民诉解释》第十八条　合同约定履行地点的，以约定的履行地点为合同履行地。

合同对履行地点没有约定或者约定不明确，争议标的为给付货币的，接收货币一方所在地为合同履行地；交付不动产的，不动产所在地为合同履行地；其他标的，履行义务一方所在地为合同履行地。即时结清的合同，交易行为地为合同履行地。

合同没有实际履行，当事人双方住所地都不在合同约定的履行地的，由被告住所地人民法院管辖。

《民诉解释》第十九条　财产租赁合同、融资租赁合同以租赁物使用地为合同履行地。合同对履行地有约定的，从其约定。

《民诉解释》第二十条　以信息网络方式订立的买卖合同，通过信息网络交付标的的，以买受人住所地为合同履行地；通过其他方式交付标的的，收货地为合同履行地。合同对履行地有约定的，从其约定。

《民诉解释》第二十一条　因财产保险合同纠纷提起的诉讼，如果保险标的物是运输工具或者运输中的货物，可以由运输工具登记注册地、运输目的地、保险事故发生地人民法院管辖。

因人身保险合同纠纷提起的诉讼，可以由被保险人住所地人民法院管辖。

《民诉法》第二十六条　因公司设立、确认股东资格、分配利润、解散等纠纷提起的诉讼，由公司住所地人民法院管辖。

（三）协议管辖

协议管辖，又称合意管辖或约定管辖，指双方当事人在纠纷发生之前或之后以书面方式约定特定案件的管辖法院。

1. 诉讼中的协议管辖必须具备以下条件：

（1）协议管辖只适用于合同或者其他财产权益纠纷。其他财产权益纠纷包括财产侵权、不当得利、无因管理等，涉及当事人身份关系的民事纠纷不得协议管辖。

因同居或者在解除婚姻、收养关系后发生财产争议，约定管辖有效。

（2）只适用于一审的地域管辖。

（3）协议管辖必须采用书面形式，口头协议一律无效。

（4）限于被告住所地、合同履行地、合同签订地、原告住所地、标的物所在地人民法院和其他有实际联系地点的人民法院。

（5）协议选择的法院必须是明确的，可以约定两个以上法院。

（6）不得违反级别管辖和专属管辖的规定。

2. 特殊情形：

（1）格式合同中的管辖协议

经营者使用格式条款与消费者订立管辖协议，未采取合理方式提请消费者注意，消费者主张管辖协议无效的，管辖协议无效。

（2）当事人住所地变更：由签订管辖协议时的住所地人民法院管辖，当事人另有约定的除外。

【如】北京的张三和上海的李四签订了一个买卖合同，这个合同里面说了如果发生纠纷，由张三住所地法院管辖，张三当时的住所地是在北京海淀区。签完管辖协议后，张三的户口从海淀区挪到了北京的西城区。此时由签订管辖协议时住所地海淀区人民法院管辖，西城区无管辖权，当事人另有约定的除外。

（3）合同转让：协议管辖对合同受让人有效

转让时受让人不知道有管辖协议，或者转让协议另有约定且原合同相对人同意的除外。

【如】北京人张三和上海人李四签订了一个买卖口红的合同，然后约定说这个合同产生纠纷，由北京人张三住所地的海淀区法院管辖。协议签完之后，张三把他的主合同转让给了广州人王五。买卖口红的合同原来的主体是张三和李四，现在变成了王五和李四，结果王五和李四在履行合同过程当中引发了争议，他现在要解决这个合同争议，请问原来的管辖协议对合同受让人王五有没有效？也就是说广州人王五和上海的这个合同纠纷要到哪管辖？

1. 原则上管辖协议有效。王五和李四的纠纷要到海淀区法院管辖。

2. 例外：王五在受让这个主合同的时候，他的主合同和管辖协议是分开写的，如果王五受让只看到了主合同，没有看到管辖协议，那管辖协议对王五无效。

《民诉法》第三十四条 合同或者其他财产权益纠纷的当事人可以书面协议选择被告住所地、合同履行地、合同签订地、原告住所地、标的物所在地等与争议有实际联系的地点的人民法院管辖，但不得违反本法对级别管辖和专属管辖的规定。

《民诉解释》第二十九条 民事诉讼法第三十四条规定的书面协议，包括书面合同中的协议管辖条款或者诉讼前以书面形式达成的选择管辖的协议。

《民诉解释》第三十条 根据管辖协议，起诉时能够确定管辖法院的，从其约定；不能确定的，依照民事诉讼法的相关规定确定管辖。

管辖协议约定两个以上与争议有实际联系的地点的人民法院管辖，原告可以向其中一个人民法院起诉。

《民诉解释》第三十一条 经营者使用格式条款与消费者订立管辖协议，未采取合理方式提请消费者注意，消费者主张管辖协议无效的，人民法院应予支持。

《民诉解释》第三十二条 管辖协议约定由一方当事人住所地人民法院管辖，协议签订后当事人住所地变更的，由签订管辖协议时的住所地人民法院管辖，但当事人另有约定的除外。

《民诉解释》第三十三条 合同转让的，合同的管辖协议对合同受让人有效，但转让时受让人不知道有管辖协议，或者转让协议另有约定且原合同相对人同意的除外。

《民诉解释》第三十四条 当事人因同居或者在解除婚姻、收养关系后发生财产争议，约定管辖的，可以适用民事诉讼法第三十四条规定确定管辖。

（四）专属管辖

专属管辖，是指法律规定某些特殊类型的案件专门由特定的法院管辖。专属管辖与一般地域管辖和特殊地域管辖的关系是，凡法律规定为专属管辖的诉讼，均为专属管辖，不得适用一般或特殊地域管辖。

1. 专属管辖的案件。

（1）因不动产纠纷提起的诉讼，由不动产所在地人民法院管辖。

【注意】并不是涉及到不动产的案件都是不动产纠纷，在与不动产有关的案件中，以下案件认定为"不动产纠纷"：①不动产物权纠纷属于专属管辖：不动产的权利确认、分割、相邻关系等；②农村土地承包经营合同纠纷；③政策性房屋买卖合同纠纷；④房屋租赁合同纠纷；⑤建设工程施工合同纠纷。

以下案件不能认定为"不动产纠纷"：①房屋等不动产的侵权纠纷案件，如房屋相邻关系引起的侵权，属于特殊地域管辖中的侵权案件，侵权行为地、被告住所地法院有管辖权；②不动产纠纷与继承纠纷竞合时，按继承案件专属管辖的规定确定管辖法院。

【例】甲县居民刘某与乙县大江房地产公司在丙县售房处签订了房屋买卖合同，购买大江公司在丁县所建住房1套。双方约定合同发生纠纷后，可以向甲县法院或者丙县法院起诉。后因房屋面积发生争议，刘某欲向法院起诉。下列关于管辖权的哪种说法是正确的？（06年·卷三·40题）

A. 甲县和丙县法院有管辖权　　　　B. 只有丁县法院有管辖权
C. 乙县和丁县法院有管辖权　　　　D. 丙县和丁县法院有管辖权

[答案] A

[解析] 本题解答的关键在于究竟将因房屋面积所发生的争议界定为合同纠纷还是不动产纠纷。实质上，因房屋买卖合同所产生的纠纷应当界定为不动产纠纷。《民事诉讼法》第33条规定："下列案件，由本条规定的人民法院专属管辖：（一）因不动产纠纷提起的诉讼，由不动产所在地人民法院管辖；……"《民诉解释》第28条规定，《民事诉讼法》第33条第一项规定的不动产纠纷是指因不动产的权利确认、分割、相邻关系等引起的物权纠纷。农村土地承包经营合同纠纷、房屋租赁合同纠纷、建设工程施工合同纠纷、政策性房屋买卖合同纠纷，按照不动产纠纷确定管辖。不动产已登记的，以不动产登记簿记载的所在地为不动产所在地；不动产未登记的，以不动产实际所在地为不动产所在地。根据上述规定，房屋买卖合同纠纷中只有政策性房屋买卖合同才定性为不动产纠纷，由不动产所在地法院管辖，商品房买卖合同纠纷就不属于不动产纠纷，属于合同纠纷，适用合同纠纷的规定。《民事诉讼法》第34条规定，合同或者其他财产权益纠纷的当事人可以书面协议选择被告住所地、合同履行地、合同签订地、原告住所地、标的物所在地等与争议有实际联系的地点的人民法院管辖，但不得违反本法对级别管辖和专属管辖的规定。《民诉解释》第30条第2款规定，"管辖协议约定两个以上与争议有实际联系的地点的人民法院管辖，原告可以向其中一个人民法院起诉。"明确规定协议管辖可以约定两个以上的管辖法院。因此，此案中的刘某购买大江房地产公司的房屋，应为商品房买卖，属于财产权益纠纷，当事人可以协议管辖，协议管辖中的甲县法院和丙县法院是当事人所在地和合同签订地，与案件有密切联系，且协议管辖约定两个以上管辖权法院的，协议管辖有效。A项正确。

此案不属于专属管辖中的不动产纠纷，B项不当选。协议管辖有效，不适用特殊地域管辖中被告住所地和合同履行地法院有管辖权的规定，C项错误。丙县和丁县法院作为合同签订地和履行地法院，对此案无管辖权，D项错误。

司法部当年公布答案为B选项。按照修正后的《民事诉讼法》和《民诉解释》的规定，答案改为A项。

（2）因港口作业中发生纠纷提起的诉讼，由港口所在地人民法院管辖。

（3）因继承遗产纠纷提起的诉讼，由被继承人死亡时住所地或者主要遗产所在地人民法院管辖。

【注意】继承遗产纠纷案件中，继承人是原被告，而有管辖权的法院是被继承人死亡时住所地，与原被告所在地没有任何关联。对于被继承人而言，其不是案件的当事人，所以一般地域管辖中当事人的经常居住地优先于住所地的原则对其是不适用的。也就是被继承人即使在住所地之外有经常居住地，这类案件也只按照被继承人的住所地确定管辖法院，被继承人的经常居住地法院不享有管辖权。

【例】老张的住所地在昌平区，经常居住地在丰台区。2010 年 10 月老张在丰台区因病去世，其在海淀区留有一栋价值 80 万的房屋，同时在朝阳区有一笔存款 120 万。老张的两个儿子因继承遗产发生纠纷，请问何处法院有管辖权？答：昌平区和朝阳区。首先，作为被继承人的老张已经去世，一个已经去世的人不存在经常居住地的概念，被继承人死亡时住所地就是老张所在的昌平，而不是丰台区，经常居住地优先于住所地的原则在此案中不适用，因此昌平区法院有管辖权而不是丰台区。其次，老张的遗产中既有动产又有不动产，动产的经济价值更大，因此动产是主要遗产，朝阳区法院有管辖权而不是海淀区。

【注意】以上所讲的三种专属管辖的规定，不论是国内还是涉外案件都必须遵循这些规定。而对于涉外案件，我国还有特殊的专属管辖的规定，即在中国境内履行的中外合资经营企业合同、中外合作经营企业合同、中外合作勘探开发自然资源合同的案件，专属于中国法院管辖。

2. 专属管辖不能对抗仲裁。

无论何种专属管辖的案件，当事人也可以签订仲裁协议，以仲裁的方式解决争议。因为专属管辖规定的是法院内部的分工和权限，有效的仲裁协议可以排除法院管辖，案件不能进入到法院以诉讼方式解决，也就不涉及到专属管辖的问题了。

【例】中外合资经营企业甲公司与乙公司的纠纷，专属于中国法院管辖。（错误）

［解析］错误。在涉外纠纷中，专属于中国法院管辖的案件是仅限于在中国境内履行的中外合资经营企业合同、中外合作经营企业合同、中外合作勘探开发自然资源合同这三类合同纠纷案件。而根据这些合同成立的企业作为一个普通民事主体，其与其他主体发生的民事纠纷，适用管辖的一般规定，可能由中国法院管辖，也可能由外国法院管辖，并不属于涉外专属管辖规制的案件。该表述错误。

《民诉法》第三十三条　下列案件，由本条规定的人民法院专属管辖：

（一）因不动产纠纷提起的诉讼，由不动产所在地人民法院管辖；

（二）因港口作业中发生纠纷提起的诉讼，由港口所在地人民法院管辖；

（三）因继承遗产纠纷提起的诉讼，由被继承人死亡时住所地或者主要遗产所在地人民法院管辖。

《民诉解释》第二十八条　民事诉讼法第三十三条第一项规定的不动产纠纷是指因不动产的权利确认、分割、相邻关系等引起的物权纠纷。

农村土地承包经营合同纠纷、房屋租赁合同纠纷、建设工程施工合同纠纷、政策性房屋买卖合同纠纷，按照不动产纠纷确定管辖。

不动产已登记的，以不动产登记簿记载的所在地为不动产所在地；不动产未登记的，以不动产实际所在地为不动产所在地。

《民诉法》第二百六十六条　因在中华人民共和国履行中外合资经营企业合同、中外合作经营企业合同、中外合作勘探开发自然资源合同发生纠纷提起的诉讼，由中华人民共和国人民法院管辖。

（五）共同管辖与选择管辖

共同管辖与选择管辖实际上是一个问题的两个方面。从人民法院的角度看，一个民事案件，两个以上的人民法院都有管辖权，就形成了两个以上人民法院对同一个案件的共同管辖。从当事人的角度看就是选择管辖，即由当事人在两个以上有管辖权的法院之中选择一个作为本案的管辖法院，就是选择管辖。

出现共同管辖后，应由最先立案的法院管辖。

《民诉法》第三十五条　两个以上人民法院都有管辖权的诉讼，原告可以向其中一个人民法院起诉；原告向两个以上有管辖权的人民法院起诉的，由最先立案的人民法院管辖。

（六）合并管辖

合并管辖又称牵连管辖，是指对某个案件有管辖权的人民法院可以一并审理与该案有牵连的其他案件。一般当原告增加诉讼请求，被告提出反诉，第三人提出与本案有关的诉讼请求时，人民法院应当适用合并管辖。

四、裁定管辖

裁定管辖是以级别管辖和地域管辖为代表的法定管辖的必要补充，法定管辖体现的是管辖的原则性，裁定管辖体现的是管辖的灵活性。裁定管辖主要有三类：移送管辖、指定管辖和管辖权转移。

（一）移送管辖

移送管辖，是指人民法院受理民事案件后，发现自己对案件无管辖权，依法将案件移送给有管辖权的人民法院审理的制度。

1. 移送管辖的条件：（1）移送法院已经受理案件；（2）移送法院对案件无管辖权；（3）受移送法院被认为对案件有管辖权。

【注意】移送管辖中受移送法院是否对案件有管辖权是移送法院的判断，这种判断有可能是错误的，移送法院应当将案件移送给他认为有管辖权的法院，但实际上按照法律规定受移送的法院不一定就对案件享有管辖权，但是受移送法院必须接受移送。

2. 不得移送的情形：

移送管辖是移送法院的一项权力，而这种权力极有可能被用于法院之间互相推诿管辖，使得当事人的纠纷处于实际无人管辖的流转状态。为了限制法院的这种权力，以下情况不得移送管辖：

（1）两个法院都有管辖权，先立案的法院不得移送其他法院，后立案的法院应当移送给先立案的法院。

【注意1】当事人基于同一法律关系或同一法律事实而发生纠纷，以不同诉讼请求分别向有管辖权的不同法院起诉的，后立案的法院在得知有其他法院先于自己立案的情况后，同样应将案件移送先立案的法院审理。

【注意 2】如果法院在立案前发现其他有管辖权的人民法院已先立案的，不得重复立案，此时不存在移送管辖。

(2) 移送管辖以一次为限。受移送法院认为对案件没有管辖权的，不能再移送管辖，只能报自己的上级法院指定管辖。

【注意】此种情形涉及到移送管辖和指定管辖两个制度，是高频考点。

(3) 法院立案受理时对案件有管辖权，受理后当事人的住所地、经常居住地有变化，或行政区划发生了变化，有管辖权的人民法院不得将案件移送给变更后有管辖权的法院。管辖恒定，是指确定案件的管辖权，以受理时为标准，受理时对案件享有管辖权的法院，不因确定管辖的事实在诉讼过程中发生变化而影响其管辖权。只要受理案件时有管辖权，则管辖恒定，不得移送。管辖恒定又分为级别管辖恒定和地域管辖恒定。级别管辖恒定，指法院的管辖不因为诉讼过程中诉标的额的增加和减少而变动，但当事人故意规避有关级别管辖的规定，如在管辖权异议期满后增加或减少诉讼请求金额的，则不受级别管辖恒定的限制。地域管辖恒定，指法院受理案件后，不因当事人住所地、经常居住地或行政区划变更（法院辖区）而引起管辖权的变化。

【例】2008 年 7 月，家住 A 省的陈大因赡养费纠纷，将家住 B 省甲县的儿子陈小诉至甲县法院，该法院受理了此案。2008 年 8 月，经政府正式批准，陈小居住的甲县所属区域划归乙县管辖。甲县法院以管辖区域变化对该案不再具有管辖权为由，将该案移送至乙县法院。乙县法院则根据管辖恒定原则，将案件送还至甲县法院。下列哪些说法是正确的？（09 年·卷三·80 题）

A. 乙县法院对该案没有管辖权
B. 甲县法院的移送管辖是错误的
C. 乙县法院不得将该案送还甲县法院
D. 甲县法院对该案没有管辖权

[答案] ABC

[解析] 法院受理案件后，不得以行政区域变更为由，将案件移送给变更后有管辖权的法院，而应当继续审理案件。在区域变更前甲县法院作为法定管辖法院已经受理了此案，即使区域变更后也具有管辖权，应继续审理，不应将案件移送，所以 A、B 选项正确，D 选项错误。移送管辖以一次为限，乙县法院即使发现案件不属于本院管辖，也不得再移送有管辖权的法院，而应当报请上级法院指定管辖，所以，C 选项正确。

【例】李某在甲市 A 区新购一套住房，并请甲市 B 区的装修公司对其新房进行装修。在装修过程中，装修工人不慎将水管弄破，导致楼下住户的家具被淹毁。李某与该装修公司就赔偿问题交涉未果，遂向甲市 B 区法院起诉。B 区法院认为该案应由 A 区法院审理，于是裁定将该案移送至 A 区法院，A 区法院认为该案应由 B 区法院审理，不接受移送，又将案件退回 B 区法院。关于本案的管辖，下列哪些选项是正确的？（08 年·卷三·82 题）

A. 甲市 A、B 区法院对该案都有管辖权
B. 李某有权向甲市 B 区法院起诉
C. 甲市 B 区法院的移送管辖是错误的
D. A 区法院不接受移送，将案件退回 B 区法院是错误的

[答案] ABCD

[解析] 因侵权行为提起的诉讼，由侵权行为地或者被告住所地人民法院管辖。本题中，

侵权行为地是甲市 A 区，被告住所地是甲市 B 区，所以 A 区和 B 区法院都有管辖权，李某可以向 A 区或者 B 区的法院起诉，A、B 选项正确。受移送的人民法院认为受移送的案件依照规定不属于本院管辖的，应当报请上级人民法院指定管辖，不得再自行移送。甲市 B 区法院对本案有管辖权，所以其移送管辖是错误的，C 选项正确。A 区法院应当报请自己的上级人民法院指定管辖，不得再自行移送，所以 D 选项正确。

《民诉法》第三十六条　人民法院发现受理的案件不属于本院管辖的，应当移送有管辖权的人民法院，受移送的人民法院应当受理。受移送的人民法院认为受移送的案件依照规定不属于本院管辖的，应当报请上级人民法院指定管辖，不得再自行移送。

《民诉解释》第三十六条　两个以上人民法院都有管辖权的诉讼，先立案的人民法院不得将案件移送给另一个有管辖权的人民法院。人民法院在立案前发现其他有管辖权的人民法院已先立案的，不得重复立案；立案后发现其他有管辖权的人民法院已先立案的，裁定将案件移送给先立案的人民法院。

《民诉解释》第三十七条　案件受理后，受诉人民法院的管辖权不受当事人住所地、经常居住地变更的影响。

《民诉解释》第三十八条　有管辖权的人民法院受理案件后，不得以行政区域变更为由，将案件移送给变更后有管辖权的人民法院。判决后的上诉案件和依审判监督程序提审的案件，由原审人民法院的上级人民法院进行审判；上级人民法院指令再审、发回重审的案件，由原审人民法院再审或者重审。

（二）指定管辖

指定管辖，是指上级人民法院以裁定的形式指定下级人民法院对某一案件行使管辖权。指定管辖适用于以下三种情形：

1. 受移送法院认为对案件没有管辖权的，报自己的上级法院指定管辖。

2. 有管辖权的人民法院由于特殊原因，不能行使管辖权的，报自己的上级法院指定管辖。

这里的“特殊原因”，从理论上说可以包括三种情形：（1）法院的全体法官均须回避；（2）有管辖权的法院所在地发生了严重的自然灾害；（3）其他特殊情况。

3. 法院之间发生管辖权争议，协商解决不了的，报请它们的共同上级人民法院指定管辖。

“争议”有两个原因形成：一是当事人向两个以上人民法院都起诉，多个法院同时立案，由此发生争议；另一个是两个或两个以上法院均认为自己对某一案件无管辖权，又都不愿意受理这一案件。

【注意1】在争议解决之前，各人民法院应停止对案件的审理，不得对案件抢先判决。对案件管辖权未解决之前抢先作出判决的，上级人民法院应以违反程序为由撤销该判决，并将案件移送或者指定其他人民法院审理，或者自己提审。报共同上级指定管辖需要逐级上报。

【注意2】移送管辖的情况下，如果受移送法院认为自己对案件无管辖权，不得再次移送，此时如果受移送法院只是认为自己没有管辖权，对其他法院（包括移送法院）是否有管辖权没有意见，则应当由受移送法院的上级法院指定管辖；如果受移送法院不仅认为自己没有管辖权，而且认为移送法院应当对案件行使管辖权，则应当理解为两个法院发生了管辖权争议，应由两个法院协商，逐级协商不成的，应报两个法院的共同上级法院指定管辖，而不是报受移送法院的上级法院指定管辖。

比如：河北省甲市 A 县法院将案件移送给湖北省乙市 B 县法院，B 县法院如果认为自己没有管辖权，则应报请 B 县法院的上级乙市法院指定管辖；而 B 县法院如果认为自己没有管辖权，此案应由 A 县法院管辖，则理解为 A 县、B 县法院就此案的管辖权发生了争议，应由 AB 两个法院协商，协商不成，由甲乙两市法院协商，仍然协商不成，由河北省和湖北省两级法院协商，最后仍不能达成一致意见的，报共同上级法院最高人民法院指定管辖。

【例】某省甲市 A 区法院受理一起保管合同纠纷案件，根据被告管辖权异议，A 区法院将案件移送该省乙市 B 区法院审理。乙市 B 区法院经审查认为，A 区法院移送错误，本案应归甲市 A 区法院管辖，发生争议。关于乙市 B 区法院的做法，下列哪一选项是正确的？（10 年·卷三·39 题）

A. 将案件退回甲市 A 区法院

B. 将案件移送同级第三方法院管辖

C. 报请乙市中级法院指定管辖

D. 与甲市 A 区法院协商不成，报请该省高级法院指定管辖

［答案］D

［解析］受移送的人民法院认为受移送的案件依照规定不属于本院管辖的，应当报请上级人民法院指定管辖，不得再自行移送。A 选项所言"将案件退回甲市 A 区法院"错误。B 选项，于法无据。人民法院之间因管辖权发生争议，由争议双方协商解决；协商解决不了的，报请它们的共同上级人民法院指定管辖。此案中受移送法院 B 区法院认为自己没有管辖权，同时认为移送法院 A 区法院对此案有管辖权，题目中明确告诉大家"发生争议"，如果协商不成，应当报请移送法院和受移送法院的共同上级法院指定管辖，而不是报受移送法院的上级法院指定管辖。C 选项乙市中院不是甲市 A 区和乙市 B 区的共同上级法院，该案中发生争议的法院的共同上级法院是该省高级人民法院，所以，C 选项错误。D 选项正确。此题解题的关键在于应当适用指定管辖第三种情形的规定，而不能适用第一种情形的规定。

《民诉法》第三十七条 有管辖权的人民法院由于特殊原因，不能行使管辖权的，由上级人民法院指定管辖。

人民法院之间因管辖权发生争议，由争议双方协商解决；协商解决不了的，报请它们的共同上级人民法院指定管辖。

（三）管辖权转移

管辖权的转移，是指由上级法院决定或同意，把某一案件的管辖权，由下级法院转移给上级法院，或由上级法院转移给下级法院。

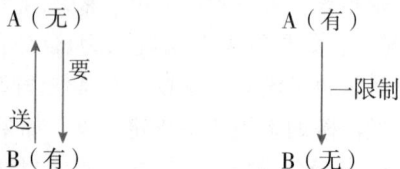

1. 管辖权转移的具体情形。

（1）自下而上的转移：

①报请上级人民法院管辖，即下级人民法院认为某案件不适合由自己管辖时，可以报请上级人民法院管辖，要形成自下而上的转移，需经过上级人民法院同意；

②上级人民法院提审案件，即对于下级法院审理的案件，上级人民法院认为自己审理更合适时，上级人民法院可以直接提审。

（2）自上而下的转移。是指上级人民法院在报请其上级人民法院批准的情况下，将自己管辖的一审民事案件交给下级人民法院审理。

①两方面的限制：第一是确有必要；第二须经受诉法院上级法院批准。例如某案件本来该由北京市一中院管辖，如果一中院认为确有必要将其交给海淀区法院审理的，应当报请北京市高院批准方可转移。

②以下三种情形可转移：

A. 破产程序中有关债务人的诉讼案件；

B. 当事人人数众多且不方便诉讼的案件；

C. 最高人民法院确定的其他类型案件：目前规定的有环境公益诉讼。

【如】1. 高级法院审理甲公司的欠款纠纷案件的过程当中，发现甲公司已经进入破产程序了，并由中级法院管辖，那这个时候是不是应该把这个债权债务关系一并归入破产程序？可不可以上对下的转移？这个诉讼案件转给哪个法院？

可以转移，转移给破产案件的审理法院——中院管辖。

2. 当事人人数众多，且不方便诉讼的案件，比如20个涉外案件，20个中国人打了一个日本人，那是不是一方当事人人数众多的社会案件重大涉外，中院管，结果中院发现这20个人全部属于一个区或者全部属于一个县，这个时候由该区或该县法院审理更为合适便利，所以可以转移。

2. 管辖权转移与移送管辖。

区别	移送管辖	管辖权转移
性质	移送的仅仅是案件	移送的是管辖权
作用	可发生在上下级法院和同级法院之间	只能在上下级法院之间
程序	单方行为	有时须经上级法院同意
方向	无管辖权至有管辖权	有管辖权至无管辖权

【例】根据《民事诉讼法》和相关司法解释的规定，法院的下列哪些做法是违法的？（14年·卷二·78题）

A. 在一起借款纠纷中，原告张海起诉被告李河时，李河居住在甲市A区。A区法院受理案件后，李河搬到甲市D区居住，该法院知悉后将案件移送D区法院

B. 王丹在乙市B区被黄玫打伤，以为黄玫居住乙市B区，而向该区法院提起侵权诉讼。乙市B区法院受理后，查明黄玫的居住地是乙市C区，遂将案件移送乙市C区法院

C. 丙省高院规定，本省中院受理诉讼标的额1000万元至5000万元的财产案件。丙省E市中院受理一起标的额为5005万元的案件后，向丙省高院报请审理该案

D. 居住地为丁市 H 区的孙溪要求居住地为丁市 G 区的赵山依约在丁市 K 区履行合同。后因赵山下落不明，孙溪以赵山为被告向丁市 H 区法院提起违约诉讼，该法院以本院无管辖权为由裁定不予受理

[答案] ABC

[解析] 本案是合同纠纷案件，合同履行地和被告住所地的法院对案件有管辖权。A 项中被告李河居住在甲市 A 区，甲市 A 区法院作为被告住所地法院受理此案时对案件有管辖权，根据管辖恒定原则，其不得把案件移动给变更后有管辖权的 D 区法院。A 项错误。B 项中乙市 B 区虽然不是被告所在地法院，但其是侵权行为地法院，对案件有管辖权。移送管辖是无管辖权的法院将案件移送给有管辖权的法院，乙市 B 区作为有管辖权的法院，不符合移送管辖的条件，移送错误。B 项错误。C 项中按照丙省高院的规定，标的额为 5005 万元的案件应当由丙省高院管辖，E 市中院对此案无管辖权，应将案件移送给丙省高院管辖；如果丙省高院认为此案由 E 市中院审理更为合适，其可以将管辖权转移给 E 市中院，但作为下级法院，E 市中院无权要求上级法院将案件转移给下级法院审理。C 项错误。因合同纠纷提起的诉讼，由被告住所地或者合同履行地人民法院管辖。D 项是合同纠纷案件，丁市 H 区法院作为原告住所地法院，对此案无管辖权，因此法院以本院无管辖权为由裁定不予受理是正确的。D 项正确。本题选违法的做法，应选 ABC。

《民诉法》第三十八条　上级人民法院有权审理下级人民法院管辖的第一审民事案件；确有必要将本院管辖的第一审民事案件交下级人民法院审理的，应当报请其上级人民法院批准。

《民诉解释》第四十二条　下列第一审民事案件，人民法院依照民事诉讼法第三十八条第一款规定，可以在开庭前交下级人民法院审理：

（一）破产程序中有关债务人的诉讼案件；

（二）当事人人数众多且不方便诉讼的案件；

（三）最高人民法院确定的其他类型案件。

人民法院交下级人民法院审理前，应当报请其上级人民法院批准。上级人民法院批准后，人民法院应当裁定将案件交下级人民法院审理。

五、管辖权异议

管辖权异议，是指当事人向人民法院提出的该人民法院对案件无管辖权的意见和主张。

（一）管辖权异议

1. 管辖权异议的主体。

只能是本案当事人，一般由被告提出，也不排除在特定情况下由原告提出管辖权异议的情况。

第三人，无论是有独立请求权的第三人还是无独立请求权的第三人，无论是判决承担责任的无独立请求权的第三人还是判决不需要承担责任的无独立请求权的第三人，都不能提出管辖权异议。因为第三人之诉是一个独立的诉，第三人完全可以独立于本诉另诉解决，但其愿意和本诉合并审理，说明第三人对本诉法院的管辖权是没有异议的，因而不能提出管辖权异议。

2. 管辖权异议的对象。

异议的对象只能是第一审人民法院的管辖权，既可以针对一审地域管辖提出异议，也可以针对一审级别管辖提出异议。

人民法院发回重审或者按第一审程序再审的案件，当事人提出管辖异议的，人民法院不予审查。

3. 提出异议的时间原则上为提交答辩状期间。

被告提异议的时间为收到起诉状后的 15 日内。但提交答辩状期间届满后，原告增加诉讼请求金额致使案件标的额超过受诉人民法院级别管辖标准，被告提出管辖权异议的时间不受此限。

4. 异议成立的，移送有管辖权的人民法院；异议不成立的，裁定驳回。被告对驳回裁定不服的，可以在 10 日内上诉。

5. 在管辖权异议裁定作出前，原告申请撤回起诉，受诉人民法院作出准予撤回起诉裁定的，对管辖权异议不再审查。

【总结】

1. 撤诉和管辖权异议问题，都处于未决状态时，先审撤诉问题。

2. 允许撤诉，管辖权异议不再审理；不允许撤诉，管辖权异议继续审理。

3. 管辖权异议指的是"生效"的管辖权异议裁定。管辖权异议的一审裁定就是未生效的管辖权异议裁定。

【如】张三诉李四人身损害赔偿一案，其向西湖区法院起诉，李四认为西湖区法院没有管辖权，他提出了管辖权异议。西湖区法院对这个管辖权异议做了裁定驳回，认为自己是有管辖权的。其做的裁定结果李四不服，上诉至杭州中院，杭州中院的管辖权异议的裁定没有作出之前，张三向西湖区法院申请撤回起诉了。

1. 请问这个时候算不算管辖权异议裁定作出前原告申请撤诉?

算。因为此次管辖权异议一审法院做裁定了，尚未生效，这时管辖权问题属于悬而未决。这时候相当于是原告在管辖权问题悬而未决前向法院申请撤回起诉，这时如果法院准许撤回起诉，那么管辖权异议就不需要审理了。有效的生效管辖权异议裁定作出之前，原告申请撤回起诉，法院如果准许撤诉，对管辖权就不再审理。

2. 张三向西湖区法院申请撤回起诉。请问先审撤诉吗，由谁审? 西湖区法院审还是杭州中院审?

由西湖区法院审，因为向谁申请起诉就由谁审理撤诉，所以这个案子应该是由西湖区法院先行审理撤诉问题。如果准许张三撤诉，则杭州中院对管辖权异议问题不再审理。

【例】红光公司起诉蓝光公司合同纠纷一案，A 市 B 区法院受理后，蓝光公司提出管辖权异议，认为本案应当由 A 市中级法院管辖。B 区法院裁定驳回蓝光公司异议，蓝光公司提起上诉。此时，红光公司向 B 区法院申请撤诉，获准。关于本案，下列哪一选项是正确的?（10 年·卷三·50 题）

A. B 区法院裁定准予撤诉是错误的，因为蓝光公司已经提起上诉

B. 红光公司应当向 A 市中级法院申请撤诉，并由其裁定是否准予撤诉

C. B 区法院应当待 A 市中级法院就蓝光公司的上诉作出裁定后，再裁定是否准予撤诉

D. B 区法院裁定准予撤诉后，二审法院不再对管辖权异议的上诉进行审查

［答案］D

［解析］管辖权异议没有作出前，原告申请撤回起诉，受诉人民法院作出准予撤回起诉裁定的，对管辖权异议不再审查。

【例】甲公司因与乙公司合同纠纷起诉至法院，乙公司提出的管辖权异议被一审法院裁定驳回，乙公司不服提起上诉。在二审法院对此进行审理期间，甲公司向一审法院提出撤回起诉的申请。根据法律规定，下列哪一选项是正确的？（08 年四川·卷三·37 题）

A. 应由一审法院裁定准予撤诉

B. 应由二审法院裁定准予撤诉

C. 应由二审法院先对被告乙关于驳回管辖权异议裁定的上诉作出裁定后，再由一审法院根据二审法院的裁定作出相应处理

D. 若二审法院查明一审法院无管辖权，应直接裁定将案件移送到有管辖权的法院

［答案］A（司法部当年公布答案为 C）。

［解析］根据 2010 年第三卷第 50 题的解析，本题的正确答案为 A。08 年的题和 10 年题目答案不一样，是因为前述规定是 2010 年的司法解释的新规定，所以 08 年的题目答案需要修改。

（二）应诉管辖

应诉管辖，又称默示协议管辖，即在不违反级别管辖和专属管辖的前提下，如果被告未在法定期间对人民法院的管辖提出异议，并应诉答辩的，则推定被告承认该人民法院为有管辖权的法院。

应诉管辖需同时具备以下三项条件：（1）当事人未在答辩期内提出管辖权异议；（2）当事人应诉答辩（提交答辩状或出庭应诉）；（3）应诉管辖不得违反专属管辖和级别管辖的规定。

【注意 1】对于被告既提出管辖权异议又应诉进行实体答辩的，不能视为被告接受受诉法院管辖。

【注意 2】当事人在答辩期间届满后未应诉答辩，人民法院在一审开庭前，发现案件不属于本院管辖的，不构成应诉管辖，应当裁定移送有管辖权的人民法院。

【小结】构成应诉管辖，必须要有当事人明确的、积极的进行实体答辩方可构成，消极不应诉、单纯进行程序答辩、程序答辩与实体答辩同时进行均不构成应诉管辖。

【如】张三向杭州市西湖区人民法院起诉李四，要求归还欠款五千元，西湖区法院对此案原本无管辖权，但李四提出如下答辩，请问何种情况下，杭州西湖区法院取得此案管辖权？

1. 李四说我不欠张三五千元。

2. 李四说杭州西湖区法院对此案无管辖权。

3. 李四说我不欠张三五千元，西湖区法院对此案也无管辖权。

4. 李四提交答辩状期间什么也没做，未提交答辩状。

分析：第一种情形下，李四进行了单纯的、积极的实体答辩，构成应诉管辖，西湖区法院取得此案管辖权；

第二种情形下，李四提出了管辖权异议，不构成应诉管辖；

第三种情形下，李四既进行实体答辩，又提出了管辖权异议，不构成应诉管辖；

第四种情形，李四的消极不答辩不构成应诉管辖。

【例】住所在 A 市 B 区的甲公司与住所在 A 市 C 区的乙公司签订了一份买卖合同，约定履行地为 D 县。合同签订后尚未履行，因货款支付方式发生争议，乙公司诉至 D 县法院。甲公司就争议的付款方式提交了答辩状。经审理，法院判决甲公司败诉。甲公司不服，以一审法院无管辖权为由提起上诉，要求二审法院撤销一审判决，驳回起诉。关于本案，下列哪一表述是正确的？（17 年·卷三·36 题）

A. D 县法院有管辖权，因 D 县是双方约定的合同履行地

B. 二审法院对上诉人提出的管辖权异议不予审查，裁定驳回异议

C. 二审法院应裁定撤销一审判决，发回一审法院重审

D. 二审法院应裁定撤销一审判决，裁定将案件移送有管辖权的法院审理

［答案］B

［解析］《民事诉讼法》第 23 条规定，因合同纠纷提起的诉讼，由被告住所地或者合同履行地人民法院管辖。《民诉解释》第 18 条第 3 款规定，合同没有实际履行，当事人双方住所地都不在合同约定的履行地的，由被告住所地人民法院管辖。本案为买卖合同纠纷，有管辖权的法院为合同履行地和被告住所地法院。被告住所地是甲公司所在地的 A 市 B 区，合同履行地中，只有约定履行地，且约定履行地 D 县与当事人住所地不一致，则约定履行地 D 县法院无管辖权。本案有管辖权的法院只有被告住所地的 B 区法院。A 选项错误。

《民事诉讼法》第 127 条第 2 款规定，当事人未提出管辖异议，并应诉答辩的，视为受诉人民法院有管辖权，但违反级别管辖和专属管辖规定的除外。乙公司诉至 D 县法院，D 县法院本无管辖权，但被告甲公司就争议的付款方式提交了答辩状，构成了应诉管辖，则 D 县法院取得此案的管辖权。构成应诉管辖后，甲公司在二审中对法院的管辖权提出的异议，人民法院不予审查，不能再发回一审重审，也不用移送管辖。所以 B 项正确，C 项、D 项错误。

《民诉法》第一百二十七条　人民法院受理案件后，当事人对管辖权有异议的，应当在提交答辩状期间提出。人民法院对当事人提出的异议，应当审查。异议成立的，裁定将案件移送有管辖权的人民法院；异议不成立的，裁定驳回。

当事人未提出管辖异议，并应诉答辩的，视为受诉人民法院有管辖权，但违反级别管辖和专属管辖规定的除外。

《民诉解释》第三十五条　当事人在答辩期间届满后未应诉答辩，人民法院在一审开庭前，发现案件不属于本院管辖的，应当裁定移送有管辖权的人民法院。

《民诉解释》第三十九条　人民法院对管辖异议审查后确定有管辖权的，不因当事人提起反诉、增加或者变更诉讼请求等改变管辖，但违反级别管辖、专属管辖规定的除外。

人民法院发回重审或者按第一审程序再审的案件，当事人提出管辖异议的，人民法院不予审查。

《民诉解释》第二百二十三条　当事人在提交答辩状期间提出管辖异议，又针对起诉状的内容进行答辩的，人民法院应当依照民事诉讼法第一百二十七条第一款的规定，对管辖异议进行审查。

当事人未提出管辖异议，就案件实体内容进行答辩、陈述或者反诉的，可以认定为民事诉讼法第一百二十七条第二款规定的应诉答辩。

▐▌▌真题演练◀

    1. 关于管辖,下列哪一表述是正确的?① (14 年·卷三·39 题)

    A. 军人与非军人之间的民事诉讼,都应由军事法院管辖,体现了专门管辖的原则

    B. 中外合资企业与外国公司之间的合同纠纷,应由中国法院管辖,体现了维护司法主权的原则

    C. 最高法院通过司法解释授予部分基层法院专利纠纷案件初审管辖权,体现了平衡法院案件负担的原则

    D. 不动产纠纷由不动产所在地法院管辖,体现了管辖恒定的原则

    2. 关于管辖制度的表述,下列哪些选项是不正确的?② (13 年·卷三·79 题)

    A. 对下落不明或者宣告失踪的人提起的民事诉讼,均应由原告住所地法院管辖

    B. 因共同海损或者其他海损事故请求损害赔偿提起的诉讼,被告住所地法院享有管辖权

    C. 甲区法院受理某技术转让合同纠纷案后,发现自己没有级别管辖权,将案件移送至甲市中院审理,这属于管辖权的转移

    D. 当事人可以书面约定纠纷的管辖法院,这属于选择管辖

    3. 根据《民事诉讼法》和司法解释的相关规定,关于级别管辖,下列哪些表述是正确的?③ (12 年·卷三·78 题)

    A. 级别管辖不适用管辖权异议制度

    B. 案件被移送管辖有可能是因为受诉法院违反了级别管辖的规定而发生的

    C. 管辖权转移制度是对级别管辖制度的变通和个别的调整

    D. 当事人可以通过协议变更案件的级别管辖

    4. 根据《民事诉讼法》和相关司法解释,关于中级法院,下列哪一表述是正确的?④ (11 年·卷三·39 题)

    A. 既可受理一审涉外案件,也可受理一审非涉外案件

    B. 审理案件组成合议庭时,均不可邀请陪审员参加

    C. 审理案件均须以开庭审理的方式进行

    D. 对案件所作出的判决均为生效判决

    5. 下列哪一类案件可以由被告住所地法院管辖?⑤ (08 年四川·卷三·39 题)

    A. 专利侵权案件   B. 海难救助费用案件

    C. 共同海损案件   D. 遗产继承案件

    6. 关于管辖权异议的表述,下列哪一选项是错误的?⑥ (07 年·卷三·40 题)

---

① C
② ABCD
③ BC
④ A
⑤ A
⑥ D

A. 当事人对一审案件的地域管辖和级别管辖均可提出异议

B. 通常情况下，当事人只能在提交答辩状期间提出管辖异议

C. 管辖权异议成立的，法院应当裁定将案件移送有管辖权的法院；异议不成立的，裁定驳回

D. 对于生效的管辖权异议裁定，当事人可以申请复议一次，但不影响法院对案件的审理

7. 依据我国民事诉讼法和相关司法解释的规定，下列关于管辖问题的哪一项表述是错误的？① （05 年·卷三·36 题）

A. 适用督促程序的案件只能由基层人民法院管辖

B. 按级别管辖权限，高级人民法院有权管辖其认为应当由其管辖的第一审案件

C. 协议管辖不可以变更级别管辖

D. 涉外民事诉讼中不动产纠纷由不动产所在地法院管辖

---

① B

04 第四章
诉

特别提示▷

诉在司法考试中经常涉及。考试的重点为：区分诉与诉讼请求；区分诉讼标的、诉讼标的物和诉讼标的额；要能够判断具体案例属于诉的种类中确认之诉、变更之诉和给付之诉之中的哪一种；掌握二审和再审中对反诉的处理；理解反诉与反驳的区别。

本章知识框架

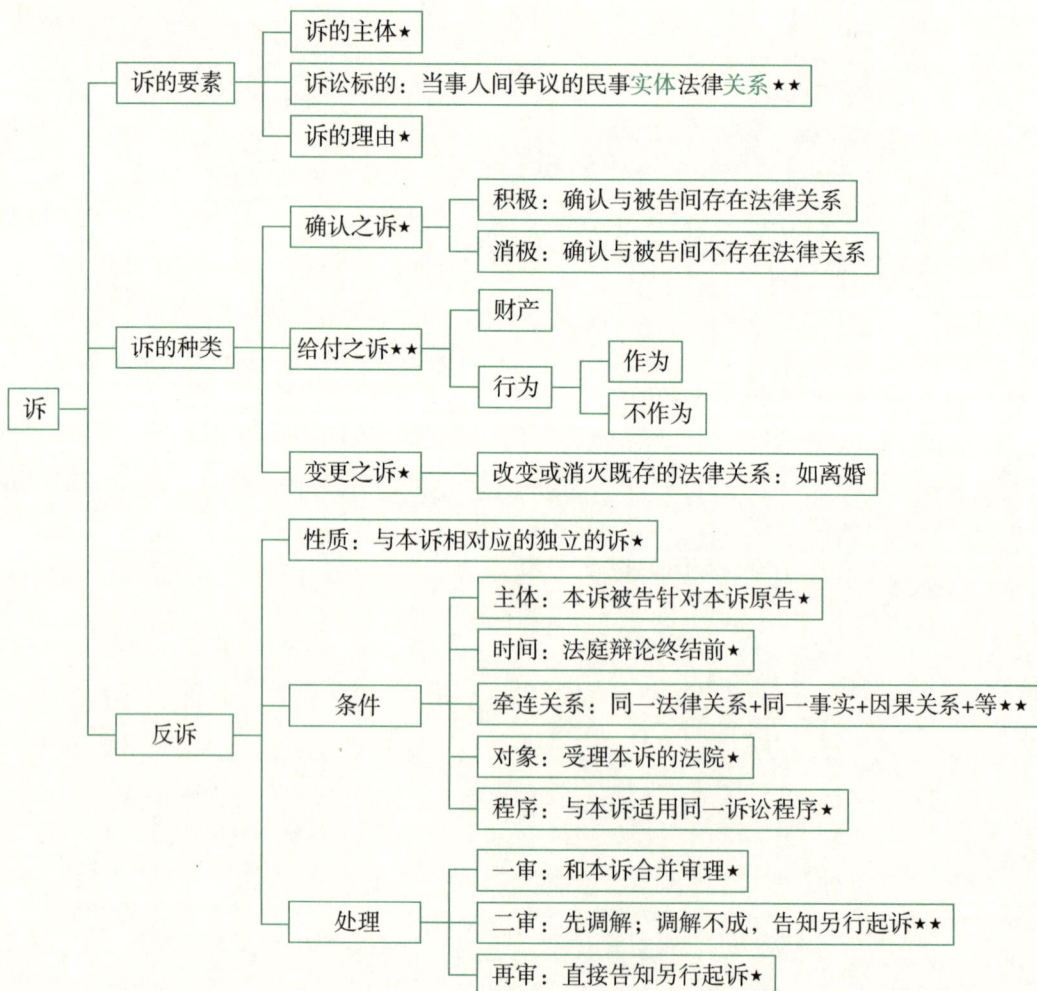

```
                   ┌─ 诉的主体★
          诉的要素 ─┼─ 诉讼标的：当事人间争议的民事实体法律关系★★
                   └─ 诉的理由★

                   ┌─ 确认之诉★ ─┬─ 积极：确认与被告间存在法律关系
                   │             └─ 消极：确认与被告间不存在法律关系
                   │
          诉的种类 ─┼─ 给付之诉★★ ─┬─ 财产
                   │               └─ 行为 ─┬─ 作为
                   │                        └─ 不作为
  诉 ─┤            │
                   └─ 变更之诉★ ── 改变或消灭既存的法律关系：如离婚

                   ┌─ 性质：与本诉相对应的独立的诉★
                   │
                   │          ┌─ 主体：本诉被告针对本诉原告★
                   │          ├─ 时间：法庭辩论终结前★
          反诉 ────┼─ 条件 ───┼─ 牵连关系：同一法律关系+同一事实+因果关系+等★★
                   │          ├─ 对象：受理本诉的法院★
                   │          └─ 程序：与本诉适用同一诉讼程序★
                   │
                   └─ 处理 ───┬─ 一审：和本诉合并审理★
                              ├─ 二审：先调解；调解不成，告知另行起诉★★
                              └─ 再审：直接告知另行起诉★
```

一、诉

（一）诉的概念

诉，即当事人向法院提出的确认或者改变某种法律关系以及维护其合法权益的请求。

（二）诉的要素

诉的要素即构成一个诉应当具备的因素。通常包括诉的主体、诉的标的与诉的理由。

1. 诉的主体。诉的主体，即诉的当事人，是指因民事权利受到侵犯或者发生争议，因而以自己的名义在人民法院参加诉讼程序的人。

2. 诉的标的。诉的标的即当事人之间发生争议并提请人民法院确认的实体权利义务关系。

（1）诉的标的与诉讼标的物的区别：

A. 诉的标的是一种实体法上的权利义务关系，是抽象的，而诉讼标的物则是民事权利义务关系所指向的对象，是具体的。

B. 任何一个案件都具有一个特定的诉的标的，它作为诉的要素，是任何一个诉都不可缺少的，但并不是所有的案件都存在诉讼标的物。在单纯的确认之诉或者变更之诉中没有诉讼标的物，在给付之诉中，如果是物或金钱的给付，则该物或金钱是标的物；如果是行为的给付，则没有标的物。

【如】王大明将房子租给刘大壮居住，月租金1200元。现王大明因刘大壮拖欠了5个月的房租而诉诸法院，要求刘大壮给付6000元房租。本案的诉讼标的是王大明提出诉讼请求所依据的其与刘大壮之间存在的房屋租赁关系；王大明要求刘大壮给付的6000元房租属于他们所争议的房屋租赁关系所指向的对象，即属于诉讼标的物。

（2）诉讼标的与诉讼请求的区别：诉讼标的是当事人争议的民事权利义务关系，诉讼请求则是当事人基于争议的实体权利义务关系向人民法院提出的，请求法院作出特定判决的实体法上的主张。在原告起诉之时，诉讼标的就已经特定，在诉讼过程中诉讼标的是不允许任意变更的；但是基于同一个诉讼标的，当事人在诉讼过程中可以增加或者减少诉讼请求。

【例】甲因乙久拖房租不付，向法院起诉，要求乙支付半年房租6000元。在案件开庭审理前，甲提出书面材料，表示时间已过去1个月，乙应将房租增至7000元。关于法院对甲增加房租的要求的处理，下列哪一选项是正确的？（11年·卷二·37题）

A. 作为新的诉讼受理，合并审理　　　　B. 作为诉讼标的变更，另案审理

C. 作为诉讼请求增加，继续审理　　　　D. 不予受理，告知甲可以另行起诉

[答案] C

[解析] 本案中，甲主张乙支付房租的请求明显属于诉讼请求，而诉讼标的是甲乙之间存在的房屋租赁法律关系。在同一个诉中，诉讼请求在诉讼中可以变更，而诉讼标的不能改变。本题中，原告增加诉讼请求，由6000元变更至7000元，诉讼请求变更了，但当事人之间争议的诉讼标的始终是租赁合同法律关系，该诉讼标的始终没有变化。对于诉讼请求的变更，法院应继续审理，故C选项正确，B选项错误。诉讼主体和诉讼标的没有变化，只是诉讼请求的变更不会产生新诉，不存在合并审理和告知当事人另行起诉的处理方式，故A、D选项错误。

【例】刘某习惯每晚将垃圾袋放在家门口，邻居王某认为会招引苍蝇并影响自己出入家门。王某为此与刘某多次交涉未果，遂向法院提起诉讼，要求刘某不得将垃圾袋放在家门口，以保证自家的正常通行和维护环境卫生。关于本案的诉讼标的，下列哪一选项是正确的？（09 年·卷三·37 题）

A. 王某要求刘某不得将垃圾袋放在家门口的请求

B. 王某要求法院保障自家正常通行权的请求

C. 王某要求刘某维护环境卫生的请求

D. 王某和刘某之间的相邻关系

［答案］D

［解析］诉讼标的是构成诉的要素之一，是指当事人之间发生争议而请求人民法院作出裁判的民事权利义务关系。诉讼标的物是民事权利义务关系所指向的对象，任何一个案件都具有一个特定的诉讼标的，但并非所有案件都存在诉讼标的物。诉讼请求是基于民事法律关系而请求法院作出特定裁判的请求。在本案中王某要求刘某不得将垃圾袋放在家门口，以保证自家的正常通行和维护环境卫生，是本案的诉讼请求。而诉讼标的是王某提出诉讼请求所依据的与刘某之间形成的相邻关系，所以 D 选项正确。

【例】乙租住甲的房屋，甲起诉乙支付拖欠的房租。在诉讼中，甲放弃乙支付房租的请求，但要求法院判令解除与乙的房屋租赁合同。下列关于本案的哪种说法是正确的？（06 年·卷三·41 题）

A. 甲的主张是诉讼标的的变更   B. 甲的主张是诉讼请求的变更

C. 甲的主张是诉的理由的变更   D. 甲的主张是原因事实的变更

［答案］B

［解析］在原告向法院起诉时，诉讼标的——房屋租赁合同法律关系已特定化，不能随意变更，但是在不变更诉讼标的的前提下，变更诉讼请求则是被允许的。本题中，甲起诉时的诉讼请求是请求乙支付拖欠的房租，在诉讼中，甲放弃原请求而请求法院判令解除房屋租赁合同，这是诉讼请求的变更，诉讼标的自始至终并没有变化，本题的正确答案为 B 选项。

（3）诉讼标的和诉讼标的额：诉讼标的额是诉讼的争议额度，也不是所有的案件都存在诉讼标的额，在单纯的确认之诉或者变更之诉中不存在诉讼标的额；诉讼标的是当事人之间的民事实体法律关系。

【例】甲向乙购买木材，后乙将木材交给甲，而甲却未依约支付价款。乙决定通过诉讼的方式追究甲的违约责任，要求甲给付价款 100 万元，支付违约金 10 万元，并承担本案全部的诉讼费用。本案的诉是违约之诉（抽象的请求），本案的诉讼请求是给付价款、支付违约金和承担诉讼费（具体的要求），诉讼标的是买卖合同法律关系，诉讼标的物是金钱，诉讼标的额是 110 万元。

3. 诉的理由。诉的理由，即原告提出诉讼请求的事实与法律依据。

【例】甲起诉乙，称乙将他新购买的笔记本电脑据为己有，请求法院根据《侵权责任法》第 15 条规定返还原物。返还原物即为诉讼请求，甲称乙的侵权事实即为事实依据，《侵权责任法》第 15 条为法律依据。

（三）诉的合并与分离

1. 诉的合并：指法院将 2 个或 2 个以上有牵连的诉合并到一个诉讼程序中审理和裁判。

（1）诉的主体合并：将数个当事人合并到同一诉讼程序中审理和裁判。一个原告对数个被告或数个原告对一个或数个被告提起诉讼时，会产生诉的主体的合并。

诉的主体合并包括：必要共同诉讼和普通共同诉讼；诉讼主体死亡，数个继承人承受诉讼形成的诉讼。

（2）诉的客体的合并：指将同一原告针对同一被告提起的两个以上的诉合并到同一诉讼程序中审理，或者将本诉和反诉合并到同一诉讼程序中审理。

2. 诉的分离：法院将原先合并审理的几个诉，分开进行审理。

二、诉的分类

根据原告诉讼请求内容的不同，将诉分为确认之诉、给付之诉和变更之诉。

（一）确认之诉

确认之诉，是指原告请求法院确认其与被告之间存在或不存在某种民事法律关系的诉。根据当事人请求的目的不同，确认之诉又可以分为肯定的确认之诉和否定的确认之诉两种。

1. 肯定的确认之诉，又称积极的确认之诉，是指当事人请求法院确认其主张的法律关系存在的诉。例如，请求法院确认与对方当事人之间存在合同关系、收养关系等。

2. 否定的确认之诉，又称消极的确认之诉，是指当事人请求法院确认其主张的法律关系不存在的诉讼。例如，要求法院确认合同无效等。

【注意】非诉案件没有诉的种类的划分。确认公民无民事行为能力不是确认之诉。

（二）给付之诉

给付之诉即当事人向法院提出的，要求法院责令义务人履行一定实体义务，以实现自己合法权益的诉。该给付可以是物的给付，金钱的给付，还可以是行为的给付。根据行为给付状态的不同，给付之诉可以分为积极的给付之诉和消极的给付之诉。

1. 积极的给付之诉，是指请求对方为一定行为的诉，例如返还财产、赔偿损失、赔礼道歉。

2. 消极的给付之诉，是指请求对方不为一定行为的诉，例如停止侵害。

【例】李某驾车不慎追尾撞坏刘某轿车，刘某向法院起诉要求李某将车修好。在诉讼过程中，刘某变更诉讼请求，要求李某赔偿损失并赔礼道歉。针对本案的诉讼请求变更，下列哪一说法是正确的？（15 年·卷三·37 题）

A. 该诉的诉讼标的同时发生变更　　　　B. 法院应依法不允许刘某变更诉讼请求

C. 该诉成为变更之诉　　　　　　　　　D. 该诉仍属给付之诉

［答案］D

［解析］诉讼标的是当事人之间争议的民事实体法律关系。本案当事人争议的诉讼标的始终是侵权法律关系，诉讼请求的变化并没有引起诉讼标的的变化。A 项错误。

基于同一实体法律关系，也就是诉讼标的，当事人可以提出不同的诉讼请求，只要在法庭辩论终结前，当事人均可以变更诉讼请求。因此 B 项错误。

变更之诉是原告认为他与被告之间存在一定的法律关系，但是要求改变或消灭既存的法律关系；给付之诉是原告要求法院判令被告基于一定的法律关系向他给付一定的财产或行为。本案中刘某要求李某将车修好，是基于侵权法律关系要求被告履行一定的义务，即作为义务，后刘某变更诉讼请求，是要求被告基于侵权法律关系向原告给付一定的财产和履行作为的义务，不论刘某诉讼请求如何变更，该案均为给付之诉。C 项错误，D 项正确。

【例】赵某经过养蜂专业户张某家门口，被张某所养蜜蜂蜇伤，赵某花去医药费 1 万元，要求张某赔偿，张某认为赵某所受伤害不能证明是他的蜜蜂所伤。赵某遂向被告住所地甲地法院起诉，要求张某赔偿其所遭受的损失。该案属于给付之诉。

【例】甲的邻居乙买来建筑材料，准备在房后建一杂物间，甲认为会挡住自己出入的通道，坚决反对。乙不听。甲向法院起诉，请求法院禁止乙的行为。该诉讼属于哪类诉？（07年·卷三·41 题）

A. 确认之诉
B. 形成之诉
C. 给付之诉
D. 变更之诉

［答案］C

［解析］甲请求法院禁止乙的行为，是给付内容为不作为的给付之诉，选 C。

【例】下列哪一种民事诉讼请求属于给付之诉？（04 年·卷三·36 题）

A. 甲起诉请求乙停止损害其名誉
B. 丙起诉丁请求撤销二人之间的房屋买卖合同
C. 男方起诉前妻，请求将二人之子判归前妻抚养
D. 王某起诉李某，请求解除收养关系

［答案］A

［解析］丙起诉丁请求撤销二人之间的房屋买卖合同是变更之诉；请求将二人之子判归前妻抚养是变更之诉，是将自己对孩子的直接抚养变更为间接抚养；请求解除收养关系是要求将现存的收养关系消灭，也是变更之诉。甲起诉请求乙停止损害其名誉是给付之诉，要求给付的对象是不作为，即不得进行损害其名誉的行为。应选 A 项。

（三）变更之诉

变更之诉，也称形成之诉，是指原告请求法院以判决改变或者消灭既存的某种民事法律关系的诉讼。

最典型的变更之诉如离婚之诉、解除收养关系的诉讼、解除合同的诉讼。

【例】判断：张某和李某离婚后，孩子的抚养权判归张某，李某每月需支付抚养费 1000 元，后张某带女儿起诉李某，要求将抚养费从每月 1000 元变更为每月 2000 元，这是一个给付之诉。（错误）

分析：张某和李某与孩子之间的扶养权利义务关系已经确定，张某起诉的目的是想将1000 元的抚养费变为 2000 元，是想改变扶养权利义务关系的内容，是一个典型的变更之诉。如果张某胜诉后，李某拒不支付每月 2000 元的抚养费，张某起诉至法院，要求李某支付每月 2000 元的抚养费，则是一个给付之诉。在前一种情形中，张某只求变更，不求给付，是变更之诉；而在后一种情形中，扶养权利义务关系的内容已经非常确定，张某只求给付，不涉及到变更，是给付之诉。

三、反诉

反诉是指在诉讼进行过程中，本诉的被告以原告为被告，向受理本诉的人民法院提出的、与本诉具有牵连关系，目的在于抵消或者吞并本诉原告诉讼请求的独立的反请求。

（一）反诉的要件

1. 主体特定：本诉被告针对本诉原告。

反诉的原告只能是本诉的被告，反诉的被告只能是本诉的原告。本诉与反诉当事人的数量不变，只是诉讼地位互换。

【例】甲与乙发生合伙协议纠纷，甲诉称乙多占合伙利益 5000 元，要求乙返还。乙在诉讼中提出甲的妻子借了他 5000 元，要求抵销。本案中乙的诉讼请求不构成反诉，应告知乙另行起诉。因为乙提出的所谓"反请求"不是针对本诉的原告甲，而是甲的妻子，甲与甲的妻子是不同的民事主体，反诉必须是本诉的被告告原告。

2. 时间特定：举证期限届满前或法庭辩论结束前提出。

反诉原则上应当在一审中提出。根据《民诉证据规定》第 34 条第 3 款有关："当事人增加、变更诉讼请求或者提起反诉的，应当在举证期限届满前提出"的规定，当事人提出反诉，应当在举证期限届满前提出。尽管如此，有时案件并未由法院指定或当事人约定举证期限，在没有举证期限的情况下，根据《民诉解释》第 232 条的规定："在案件受理后，法庭辩论结束前，原告增加诉讼请求，被告提出反诉，第三人提出与本案有关的诉讼请求，可以合并审理的，人民法院应当合并审理。"此时反诉应当在法庭辩论结束前提出。上述两个规定并不矛盾，如果案件有举证期限，则反诉应在举证期限届满前提出；如果案件没有举证期限，则反诉应在法庭辩论终结前提出。

3. 法院特定：向受理本诉的法院提出。

反诉只能向受理本诉的法院提出。法院可能因反诉而获得对原本无管辖权的反诉案件的管辖权，但是如果当事人之间的纠纷存在协议管辖或者专属管辖的情形，本诉法院不得基于牵连管辖而取得管辖权，也就不能受理反诉。

【如】张三是北京人，李四是上海人，两个人在广州打了一架，两个人互有胜负。这个侵权案件的管辖是侵权行为地和被告住所地。如果张三要告李四，即北京人告上海人侵权人身损害赔偿的话，有管辖权的法院应该是上海和广州——被告住所地和侵权行为地；李四如果要告张三，有管辖权的法院是被告住所地北京和侵权行为地广州。

张三诉李四要求人身损害赔偿 1 万元，选择了被告住所地的上海法院。那上海法院就是受理本诉的法院。上海法院受理这个本诉之后，结果李四要求张三人身损害赔偿 2 万元，那这个时候李四提反诉。对反诉有管辖权的法院是北京和广州。但现在李四不是向上海法院提反诉，他向北京和广州的法院提那叫另诉。所以你作为反诉必须向受理本诉的法院——上海法院提出。你不向他提，向其他法院提的叫另诉。受理本诉的法院——上海法院原本对反诉案件并没有管辖权，但因为李四向上海法院提反诉，牵连取得了这个案件的管辖权。

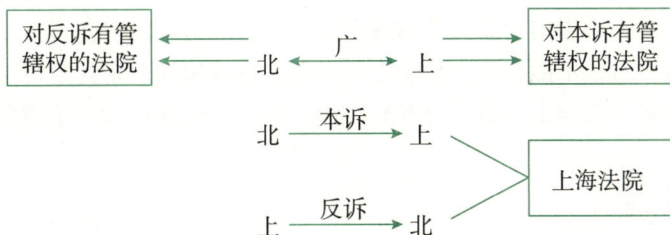

4. 程序同一：适用同一程序。

不能一个适用普通程序，一个适用简易程序；更不能一个适用一审程序，一个适用二审程序。特别程序不适用反诉。

5. 有牵连性：本诉和反诉的诉讼请求基于同一法律关系、同一事实或具有因果关系等。

（1）基于同一法律关系。如甲诉乙要求支付合同货款，乙向法院提出甲交付的合同标的物有瑕疵，两个不同的诉讼请求都是基于同一合同法律关系，构成反诉。

（2）基于同一法律事实的不同法律关系。如甲和乙在同一饭店吃饭，因争抢座位发生互殴行为，甲诉乙要求人身损害赔偿 2000 元，诉讼中乙提出要甲赔偿人身损害 3000 元。甲和乙的诉讼请求基于两个不同的侵权法律关系，但这两个侵权法律关系基于互殴这一相同的法律事实，构成反诉。

（3）基于相牵连的不同法律关系。例如，开发公司与建筑公司在履行建筑工程施工合同的过程中发生争议，建筑公司向法院起诉要求开发公司支付拖欠的工程款 20 万元。在本案诉讼过程中，开发公司提出，建筑公司并未履行包工包料完成工程施工的任务，而是在建筑过程中借用自己价值 15 万元的建筑原材料，开发公司要求将该原材料款在拖欠的工程款中折抵。该请求即可构成反诉。两诉不是基于同一法律关系，也不是基于同一事实，但两个独立的法律关系之间存在一定的牵连性，构成反诉。

【例】房东王某向法院起诉，要求李某按照租房协议的约定支付房租 2000 元。如果李某想要提起反诉，则可以提出以下诉讼请求：①由于王某未及时维修房屋，导致自己的财产被雨水淋坏，要求王某承担违约责任 3000 元；②王某在维修房屋时因为缺钱，曾向自己借过5000 元，现在要求王某归还。问：上述两个诉讼请求是否均能构成反诉？答：前者是基于同一法律关系而提出的相反的诉讼请求，属于反诉；后者是基于相互牵连的法律关系而提出的诉讼请求，同样属于反诉。

【例】判断：本诉和反诉只能基于同一法律关系而引起。（错误）

分析：除了基于同一法律关系可以引起本诉和反诉，基于同一事实或因果关系等均可引起反诉。该表述过于绝对，因此错误。

（二）反诉的处理

1. 一审中：和本诉合并审理。

2. 二审中：先调解，调解不成的，告知当事人另行起诉。但当事人同意的，也可由二审法院一并审理。

3. 再审中：直接告知当事人另行起诉。

【注意】再审程序中原审被告提出反诉，不管是适用一审程序审理再审案件还是适用二审程序审理再审案件，反诉都属于再审中的新诉求，而再审程序作为纠错程序是不审新诉求的，因为当事人在再审中提出的新诉求不属于原审法院的错误。因此再审中对于反诉，法院是不审理的，不能调解也不能判决，只能告知当事人另行起诉。尤其是适用二审程序审理再审案件，调解不成再告知当事人另行起诉的二审审理反诉的处理方法不能适用，只能直接告知当事人另行起诉。

（三）反诉与反驳

根本区别在于是否提出了独立的诉讼请求。反驳是一方当事人针对对方提出的诉讼请求和理由，从实体和程序上、事实和法律上予以否认，并非向原告提出独立的诉讼请求；反诉则是本诉被告向原告提出了一个独立的诉讼请求，是一个独立的诉。

【如】张三诉李四要求给付合同货款 20 万，李四要求确认合同无效，是反诉。张三要求李四给付合同货款 20 万，本身是一个独立的诉。要求确认合同无效，也是一个独立的诉，是没有本诉照样存在。

张三要求李四返还借款 5 万。李四说没借钱，是反驳。他是否定对方借款事实是不存在。

张三要求李四返还借款 5 万。李四说借是借了，但是我还了，是反驳。他不是反驳对方的事实，是反驳对方的诉讼请求，因为李四已经还款了，所以张三的诉求不成立。

【例】刘某与曹某签订房屋租赁合同，后刘某向法院起诉，要求曹某依约支付租金。曹某向法院提出的下列哪一主张可能构成反诉？（14 年·卷三·43 题）

A. 刘某的支付租金请求权已经超过诉讼时效

B. 租赁合同无效

C. 自己无支付能力

D. 自己已经支付了租金

[答案] B

[解析] A 项中被告提出原告的请求权已经超过诉讼时效，因此原告丧失胜诉权，是认为原告的诉讼请求不存在，并没有提出独立的诉讼请求，因此是反驳，不构成反诉。A 项不当选。B 项中被告认为租赁合同无效，是要求法院确认其与原告之间的租赁合同法律关系不存在，构成了独立的确认之诉。该确认之诉的诉讼请求如果成立，则原告基于租赁合同的给付之诉的诉求就会被法院驳回，构成反诉。B 项当选。C 项中被告称自己没有支付能力，是对未支付租金原因的解释，既没有提出独立的反请求，也没有反驳原告的诉讼请求，是对原告诉讼请求的间接承认，不构成反诉，也不构成反驳。C 项不当选。D 项中被告主张已经支付租金，则原告的诉讼请求不能成立，构成反驳；没有提出独立的诉讼请求，不是反诉。D 项不选。

【例】2009 年 2 月，家住甲市 A 区的赵刚向家住甲市 B 区的李强借了 5000 元，言明 2010 年 2 月之前偿还。到期后赵刚一直没有还钱。

2010 年 3 月，李强找到赵刚家追讨该债务，发生争吵。赵刚因所牵宠物狗易受惊，遂对李强说："你不要大声喊，狗会咬你。"李强不理，仍然叫骂，并指着狗叫喊。该狗受惊，扑向李强并将其咬伤。李强治伤花费 6000 元。

李强起诉要求赵刚返还欠款 5000 元、支付医药费 6000 元，并向法院提交了赵刚书写的借条、其向赵刚转账 5000 元的银行转账凭证、本人病历、医院的诊断书（复印件）、医院处方（复印件）、发票等。

赵刚称，其向李强借款是事实，但在 2010 年 1 月卖给李强一块玉石，价值 5000 元，说好用玉石货款清偿借款。当时李强表示同意，并称之后会把借条还给赵刚，但其一直未还该借条。

赵刚还称，李强故意激怒狗，被狗咬伤的责任应由李强自己承担。对此，赵刚提交了邻居孙某出具的书面证词，该证词描述了李强当时骂人和骂狗的情形。

赵刚认为，李强提交的诊断书、医院处方均为复印件，没有证明力。请回答：

关于赵刚"用玉石货款清偿借款"的辩称，下列选项正确的是：（12 年·卷三·100 题）

A. 将该辩称作为赵刚偿还借款的反驳意见来审查，审查的结果可以作为判决的根据

B. 赵刚应当以反诉的形式提出请求，法院可以与本诉合并进行审理

C. 赵刚必须另行起诉，否则法院不予处理

D. 赵刚既可以反诉的形式提出，也可另行起诉

［答案］BD

［解析］赵刚提出的其向李强出售玉石，李强应向赵刚支付玉石货款一事是另一个独立的买卖合同法律关系，该法律关系与原借款合同法律关系具有牵连性，可以作为反诉处理。反诉与反驳性质不同，反诉是独立的诉讼，具有诉的性质，而反驳是被告否定原告诉讼请求的一种诉讼手段，不具有诉的性质。赵刚提出"用玉石货款清偿借款"实际上是提出了一个李强欠自己玉石货款的独立反请求，因此应为反诉，而不是反驳，A 选项错误。既然反诉是一个独立的反请求，那么法院可以合并审理，也可以分别审理。C 选项称赵刚必须另行起诉，忽视了反诉可以与本诉合并审理，因此是错误的。B、D 选项为正确答案。

【例】甲公司起诉要求乙公司交付货物。被告乙公司向法院主张合同无效，应由原告甲公司承担合同无效的法律责任。关于本案被告乙公司主张的性质，下列哪一说法是正确的？（09 年·卷三·36 题）

A. 该主张构成了反诉　　　　　　　　　B. 该主张是一种反驳

C. 该主张仅仅是一种事实主张　　　　　D. 该主张是一种证据

［答案］A

真题演练

1. 关于诉的分类的表述，下列哪一选项是正确的？① （13 年·卷三·37 题）

A. 孙某向法院申请确认其妻无民事行为能力，属于确认之诉

B. 周某向法院申请宣告自己与吴某的婚姻无效，属于变更之诉

C. 张某在与王某协议离婚后，又向法院起诉，主张离婚损害赔偿，属于给付之诉

D. 赵某代理女儿向法院诉请前妻将抚养费从每月 1000 元增加为 2000 元，属于给付之诉

2. 关于诉的种类的表述，下列哪些选项是正确的？② （08 年·卷三·86 题）

A. 甲公司以乙公司违约为由，诉至法院要求解除合同，属于变更之诉

B. 甲公司以乙公司的履行不符合约定为由，诉至法院要求乙公司继续履行，属于给付之诉

C. 甲向法院起诉乙，要求返还借款 1000 元，乙称自己根本没有向甲借过钱，该诉讼属于确认之诉

D. 甲公司起诉乙公司，要求乙公司立即停止施工或采取有效措施降低噪音，属于变更之诉

---

① C

② AB

3. 关于反诉，下列哪些表述是正确的？① （13 年·卷三·80 题）

A. 反诉的原告只能是本诉的被告

B. 反诉与本诉必须适用同一种诉讼程序

C. 反诉必须在答辩期届满前提出

D. 反诉与本诉之间须存在牵连关系，因此必须源于同一法律关系

4. 关于反诉，下列哪些表述是正确的？② （12 年·卷三·80 题）

A. 反诉应当向受理本诉的法院提出，且该法院对反诉所涉及的案件也享有管辖权

B. 反诉中的诉讼请求是独立的，它不会因为本诉的撤销而撤销

C. 反诉如果成立，将产生本诉的诉讼请求被依法驳回的法律后果

D. 本诉与反诉的当事人具有同一性，因此，当事人在本诉与反诉中诉讼地位是相同的

5. 2003 年 8 月，设立于同一行政区域内的甲公司向乙公司订购了 40 台电脑，协议约定乙公司于 2004 年 1 月 31 日之前交货，甲公司于 2004 年 3 月 15 日之前付清货款。乙公司按期向甲公司交付了 40 台电脑，但甲公司只在 2004 年 3 月向乙公司交付了 29 台电脑款，其余 11 台电脑款一直未交付。2005 年 1 月，乙公司起诉，要求甲公司支付余款及其利息，法院受理了此案。甲公司认为乙公司的电脑质量不合格，准备提起反诉。关于提起反诉的解答，下列哪些选项是正确的？③ （07 年·卷三·88 题）

A. 甲公司的反诉在主体、管辖和牵连关系上都是符合反诉条件的

B. 该反诉应该在答辩期届满之前提出

C. 反诉所需要交纳的受理费较通常的起诉减半收取

D. 该反诉已经超过了诉讼时效，法院应依法裁定不予受理

6. 甲诉乙的合同纠纷案件，经一审、二审法院的审理，甲胜诉。乙申请再审，法院经审查决定再审。再审过程中，乙提出反诉。对此，法院应如何处理？④ （05 年·卷三·39 题）

A. 将乙的反诉与甲提出的本诉合并审理

B. 裁定驳回乙的反诉

C. 判决驳回乙的反诉

D. 就反诉进行调解，调解不成的，告知乙另行起诉

---

① AB

② AB

③ AC

④ 无。因为再审不能审新诉求，所以再审中的反诉，无论是按照一审程序审理还是按照二审程序审理，都应该直接告知当事人另行起诉，而不能适用二审中反诉的处理方式：调解不成，告知当事人另行起诉。再审虽然适用二审程序审理，但是其本质是再审程序，而不是二审程序，应当适用再审的特殊规定。该题当年答案应予修正，故无答案。

05 第五章
当事人与诉讼代理人

特别提示

　　本章是司法考试的重点考查部分。本章的重要考点如下：非实体权利义务主体成为当事人的情形；原告和被告的确定；必要共同诉讼人的典型情形和内部关系；必要共同诉讼和普通共同诉讼的区别；诉讼代表人的确定及其权限；无独立请求权第三人的确定及其权限；第三人撤销之诉；诉讼代理人的地位及其权限。

本章知识框架

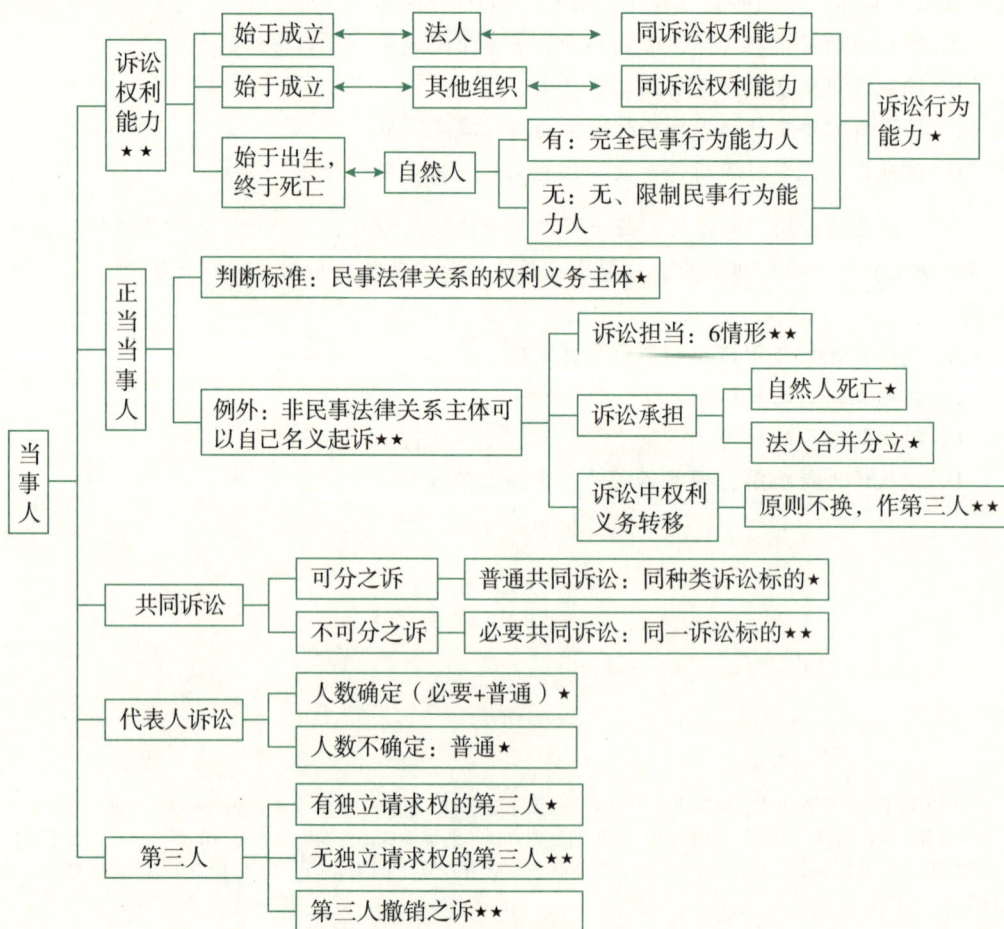

```
                  ┌─ 始于成立 ←→ 法人 ←→ 同诉讼权利能力
          诉讼     ├─ 始于成立 ←→ 其他组织 ←→ 同诉讼权利能力       ┌ 诉讼行为
          权利     │                    ┌─ 有：完全民事行为能力人 ─┤ 能力★
          能力 ────┤  始于出生，         │                         └
          ★★      └─ 终于死亡 ←→ 自然人 ─┤
                                        └─ 无：无、限制民事行为能力人

          正当     ┌─ 判断标准：民事法律关系的权利义务主体★
          当事 ────┤                              ┌─ 诉讼担当：6情形★★
          人       │                              │
                   │                              │  诉讼承担 ──┬─ 自然人死亡★
                   └─ 例外：非民事法律关系主体可   ─┤           └─ 法人合并分立★
                      以自己名义起诉★★           │
 当                                              └─ 诉讼中权利 ── 原则不换，作第三人★★
 事                                                 义务转移
 人
          共同     ┌─ 可分之诉 ── 普通共同诉讼：同种类诉讼标的★
          诉讼 ────┤
                   └─ 不可分之诉 ── 必要共同诉讼：同一诉讼标的★★

          代表人   ┌─ 人数确定（必要+普通）★
          诉讼 ────┤
                   └─ 人数不确定：普通★

                   ┌─ 有独立请求权的第三人★
          第三人 ──┼─ 无独立请求权的第三人★★
                   └─ 第三人撤销之诉★★
```

一、诉讼权利能力与诉讼行为能力

(一)民事权利能力与诉讼权利能力的关系

诉讼权利能力,又称当事人能力,是指可以作为民事诉讼当事人的能力或资格。

诉讼权利能力要解决的是能够作为当事人的抽象资格问题,诉讼权利能力是由法律规定的。我国现行法律规定有当事人能力的主体有:法人、自然人、其他组织,法人和其他组织的当事人能力始于依法成立,终于被撤销或解散,自然人的当事人能力始于出生,终于死亡。

诉讼权利能力与民事权利能力的关系是:有民事权利能力,必定有诉讼权利能力,例如法人和自然人;但是有诉讼权利能力,不一定有民事权利能力,例如其他组织。

	民事权利能力	诉讼权利能力
法人	√	√(成立——终止)
自然人	√	√(出生——死亡)
其他组织	√	√(成立——终止)

(二)诉讼权利能力与诉讼行为能力的关系

诉讼行为能力,是指能够以自己的行为实现诉讼权利和履行诉讼义务的能力。只要有诉讼权利能力(存在的)法人和其他组织都有诉讼行为能力,自然人中只有完全民事行为能力人才有诉讼行为能力,限制民事行为能力和无民事行为能力人都是无诉讼行为能力人。

1. 有诉讼权利能力,不一定有诉讼行为能力,如未成年人和精神病人有诉讼权利能力,但是却没有诉讼行为能力;有诉讼行为能力,一定有诉讼权利能力。

2. 民事行为能力与诉讼行为能力的关系:法人的民事行为能力和诉讼行为能力是统一的;但是,自然人的民事行为能力和诉讼行为能力不完全对应。自然人的诉讼行为能力采用两分法:有诉讼行为能力和无诉讼行为能力;而公民的民事行为能力则采用三分法:完全民事行为能力、限制民事行为能力和无民事行为能力。在民事诉讼中,只有具有完全民事行为能力的自然人才有诉讼行为能力,无民事行为能力和限制民事行为能力的自然人都不具有诉讼行为能力。

	诉讼权利能力	诉讼行为能力	
法人	√	√	
自然人	√	完全民事行为能力	√(18岁以上)
		限制民事行为能力	×(8-18岁)
		无民事行为能力	×(不满8岁)
其他组织	√	√	

【例】 具有民事行为能力即具有诉讼行为能力?

[解析] 错误。限制民事行为能力人也具有民事行为能力,但是不具有诉讼行为能力。

【例】 依据我国现行法律的规定及相关诉讼理论,关于当事人诉讼权利能力,下列哪一选项是正确的?(08年四川·卷三·48题)

A. 民事诉讼权利能力都是以民事权利能力为基础的

B. 民事诉讼权利能力都是以民事行为能力为基础的

C. 具有民事诉讼权利能力者在实体上就具有民事权利能力

D. 具有民事诉讼权利能力者在实体上不一定就具有民事权利能力

[答案] D

[解析] 通常情况下，有民事权利能力的人才具有民事诉讼权利能力，如公民、法人。但在特殊情况下，没有民事权利能力的人，也可以有民事诉讼权利能力，成为民事诉讼中的当事人。比如非法人组织（其他组织），不具有民事权利能力，但也可以成为民事诉讼当事人，因此民事权利能力和民事诉讼权利能力二者不能等同，故 A、C 选项错误，D 选项说法正确。

至于民事诉讼权利能力和民事行为能力之间的关系，应该说，虽然无民事行为能力人和限制民事行为能力人的民事行为能力本身不存在或者受到限制，但是其同样具有作为诉讼当事人的资格。例如不满十周岁的未成年人，虽然其无民事行为能力，其所为的民事行为需要由他的法定代理人代理，但是他本身可以成为民事纠纷的当事人，可以成为原告或者被告，因此不能说民事诉讼权利能力都是以民事行为能力为基础的，B 选项说法错误。

（三）其他组织

其他组织具有诉讼权利能力和诉讼行为能力，而不具有民事权利能力和民事行为能力，是考查诉讼权利能力和诉讼行为能力时必须要重点考量的对象。其他组织包括：

1. 依法登记领取营业执照的个人独资企业、合伙组织。

【注意】个人独资企业可以作为当事人，而个体工商户（也依法登记领取营业执照），则应以营业执照登记的经营者为当事人。

2. 依法登记领取营业执照的合伙企业。

【注意】能作为当事人的合伙只限于依照合伙企业法成立的合伙组织，对于没有达到合伙企业法规定的个体合伙，无论是否起有字号，都不能作为诉讼当事人，而应当以全体合伙人为共同诉讼人。

3. 依法登记领取我国营业执照的中外合作经营企业、外资企业。这里主要针对的是不具有法人资格的中外合作经营企业、外资企业；如果中外合作经营企业、外资企业取得了法人资格，则当然具有诉讼权利能力，不存在民事权利能力和诉讼权利能力分离的现象。

4. 依法成立的社会团体的分支机构、代表机构。

5. 依法设立并领取营业执照的法人的分支机构。

分支机构具有诉讼权利能力的条件：依法设立和领取营业执照，必须同时具备。对于不符合两条件的分支机构以设立该分支机构的法人为当事人。

6. 依法设立并领取营业执照的商业银行、政策性银行和非银行金融机构的分支机构。

7. 中国人民保险公司设在各地的分支机构。

【注意】上述第 6、7 项中的分支机构具有诉讼权利能力，而不具有分支机构条件的企业法人内部的职能部门或办公室不具有诉讼权利能力。例如，中国银行风险管理部就不能以自己的名义起诉或应诉。

8. 经依法登记领取营业执照的乡镇企业、街道企业。

9. 其他合法成立、有一定组织机构和财产，但是又不具备法人资格的其他组织。

二、当事人适格

当事人适格，是指当事人就特定的案件有资格以自己的名义起诉或应诉，成为原告或被告，并受人民法院判决的约束。

当事人适格与诉讼权利能力不同。诉讼权利能力是一个抽象的概念，它与具体的诉讼无关。而当事人适格则是针对**具体的诉讼**，指在具体的案件中谁能以自己的名义起诉或应诉。

【如】比如今天蔡老师讲课，然后课间有同学扔矿泉水砸蔡老师，此时，发生了一个侵权，张三同学扔了一瓶矿泉水砸蔡老师。我们在座的每个人都有诉讼权利能力。但是对于张三拿矿泉水来砸蔡辉这件事情，这个具体的案件只有张三和蔡辉才能成为适格的当事人。

【例】关于当事人能力与当事人适格的概念，下列哪些表述是正确的？（12年·卷三·81题）

A. 当事人能力又称当事人诉讼权利能力，当事人适格又称正当当事人

B. 有当事人能力的人一定是适格当事人

C. 适格当事人一定具有当事人能力

D. 当事人能力与当事人适格均由法律明确加以规定

[答案]　AC

[解析]　当事人能力，也被称为当事人诉讼权利能力，是指能够成为民事诉讼当事人，享有诉讼权利、承担诉讼义务的资格。而当事人适格，也被称为正当当事人，是指当事人就其所参加的诉讼符合法律规定的条件，即可以作为其所参加的诉讼的当事人的资格。一言以蔽之，当事人能力是抽象的，它和具体的诉讼无关；当事人适格是具体的当事人资格，它是以具体的诉讼作为判断依据的。由此，A选项正确。有当事人能力是当事人适格的前提，但是有当事人能力的当事人不一定就具体的案件而言是正当当事人，因此B选项错误，C选项正确。当事人能力是由法律明确规定的抽象资格，但是当事人适格是就具体案件而言的，法律不可能也没有办法规定每一个案件谁是正当的原被告，当事人适格不能由法律规定，D选项错误。

（一）当事人适格的判断标准

1. 原则：一般应当以**民事法律关系**为基础，而不应当以民事责任的承担作为标准。只要是民事法律关系或民事权利的主体，以该民事法律关系或民事权利为诉讼标的进行诉讼，即为适格当事人。

【如】一个三岁的小朋友被一个四岁的小朋友给打了，要起诉维护自己的合法权益，适格的当事人是小孩诉小孩？还是父母诉父母？还是小孩诉对方的父母？还是父母诉对方的小孩？

因为这个侵权法律关系当中三岁的小孩是权利主体，四岁的小孩是义务主体，所以是小孩诉小孩千万不能是父母诉父母。你要把适合的当事人和承担义务的当事人分离开来，所以首先应该是小孩诉小孩。

无民事和限制民事行为能力人侵权，不仅要告他，还要把他的监护人作为共同被告。

因此三岁的小孩被四岁的小孩打了，应该是三岁的小孩做原告，四岁的小孩和他的父母做共同被告，那这个三岁小孩的父母在案件当中做法定诉讼代理人。

2. 例外：指不是法律关系主体的人或组织能以自己的名义起诉或应诉。包括：

（1）诉讼担当。指特殊情形下，允许民事法律关系或民事权利的主体以外的其他人或组

织以自己的名义起诉或应诉，维护他人的合法权益，<u>法院判决的效力及于原来的权利主体</u>。诉讼担当中的当事人称为非实体当事人。

包括：①侵害死者遗体、遗骨以及姓名、肖像、名誉、荣誉、隐私等行为提起诉讼的，死者的近亲属为当事人；②为保护胎儿的继承利益而起诉的胎儿的母亲；③依法宣告失踪者的财产代管人；④未经依法清算即被注销的：企业股东、发起人或出资人（依法清算并注销前：企业法人）；⑤遗嘱执行人、遗产管理人；⑥经著作权人授权，为保护著作权人权利而起诉的著作权集体管理组织。

【如】1. 比如新京报发表一篇文章说，老叶生前生活糜烂，与多名女性保持同居关系，结果老叶的儿子小叶就很生气，他说我父亲不叫生活糜烂，我父亲叫革命的浪漫主义精神。认为新京报侵犯了父亲的名誉。侵犯的是谁的权益？老叶。但老叶能起诉吗？作为当事人必须是活人。老叶不能起诉。所以只能小叶起诉新京报，你就会发现小叶是侵权法律关系的权利主体吗？不是，他以自己的名义小叶做原告，他以自己的名义诉新京报最后让新京报赔礼道歉是向小叶赔礼道歉，还是向老叶？向老叶赔礼道歉。

小叶以自己的名义起诉和应诉，因为你是当事人必须以自己的名义起诉和应诉。维护他人合法权益，最后诉讼结果归于他人，归于民事实体法律关系的主体。

2. 宣告失踪者的财产代管人。张三欠了李四200万，现在张三被宣告失踪了，指定王五作他的财产代管人，现在李四如想要回这200万，是诉张三还是诉财产代管人王五？诉财产代管人王五，那财产代管人王五以自己的名义来应诉。他不欠李四钱吗，他以自己的名义起诉和应诉，最后胜诉或者是败诉的结果是归他还是归张三承担？张三承担。比如说真的要还李四钱，是用王五的钱来还，还是用张三的钱来还？用张三财产归还的。王五就是财产代管人以自己的名义应诉维护的是失踪人的合法权益，诉讼结果归于失踪人李四。

3. 遗嘱的执行人和遗产的管理人。英国的戴安娜王妃，去世时留有100万英镑的财产遗产，这个遗产由威廉和哈里两位王子来继承，但是必须年满30岁方可继承。当时戴安娜王妃去世的时候，威廉王子15岁。那这个时候也就说意味着这个遗嘱放在这儿，但是至少是15年之后它才能执行。在这15年期间，如果戴安娜王妃的珠宝，比如说她的遗产是珠宝被别人久借不还，那这个时候谁可以以自己的名义起诉？遗嘱的执行人和遗产的管理人就可以以自己的名义起诉应诉。要回来钱遗产归他吗？不归，归继承人威廉和哈里。

4. 著作权集体管理组织：汪峰的歌曲《春天里》卡拉OK天天放，正常情况下应该要给汪峰付费，否则就侵权。正常应该是汪峰诉卡拉OK商家侵权要求付费，但是大家知道这歌手太忙了，不可能天天都侵权，天天起诉。那汪峰就把这个权利给了谁？著作权集体管理组织。著作权集体管理组织以自己的名义起诉。要回来的钱是归他还是归汪峰？归汪峰。著作权集体管理组织就是自己的名义起诉应诉维护著作权人的合法权益。

（2）确认之诉中，对诉讼标的有确认利益的人或组织。

【如】比如这个水杯是蔡老师的，但是我们在座的任何一个同学，只要你认为你对这个水杯有确认利益，你认为你是这个水杯的所有权人，你就可以向法院提起确认之诉说要求确认拿在蔡辉手里的水杯是你的。

那我们换一下说蔡老师的水杯被张三给砸烂了，对这个侵权案件而言，在这个案子中大家都能做当事人吗？不能。在侵权案件当中只能张三和蔡老师是适格的当事人。

（3）公益诉讼中的原告。对于污染环境、侵害众多消费者合法权益等损害社会公共利益的行为，法律规定的机关和有关组织可以作为原告起诉。法定的机关和有关组织显然也不是直接法律关系或民事权利的主体，也属于当事人适格标准的例外规定。

《环境保护法》第58条规定，依法在设区的市级以上人民政府民政部门登记或专门从事环境保护公益活动连续5年以上且无违法记录的社会组织可以向法院提起环境公益诉讼。

《消费者权益保护法》第47条规定，中国消费者协会以及在省、自治区、直辖市设立的消费者协会，可以向法院提起消费者公益诉讼。

【注意】诉讼代理人也可以起诉或应诉，但不是以自己的名义，因而其不是当事人。诉讼担当情形下为维护他人权益而以自己名义起诉的人或组织本身就是诉讼案件的当事人。

【例】判断：

1. 当事人诉讼权利能力是作为抽象的诉讼当事人的资格，它与具体的诉讼没有直接的联系；当事人适格是作为具体的诉讼当事人资格，是针对具体的诉讼而言的。（正确）

2. 一般来讲，应当以当事人是否是所争议的民事法律关系的主体，作为判断当事人适格标准，但在某些例外情况下，非民事法律关系或民事权利主体，也可以作为适格当事人。（正确）

3. 检察院就生效民事判决提起抗诉，抗诉的检察院是适格的当事人。（错误）

分析：题1和题2正确。题3错误，因为检察院提起抗诉，当事人仍然是抗诉案件中的原有的当事人，检察院不是诉讼的当事人，而仅是诉讼参加人的一种，该表述错误。

【例】根据民事诉讼理论和相关法律法规，关于当事人的表述，下列哪些选项是正确的？（14年·卷三·81题）

A. 依法解散、依法被撤销的法人可以自己的名义作为当事人进行诉讼

B. 被宣告为无行为能力的成年人可以自己的名义作为当事人进行诉讼

C. 不是民事主体的非法人组织依法可以自己的名义作为当事人进行诉讼

D. 中国消费者协会可以自己的名义作为当事人，对侵害众多消费者权益的企业提起公益诉讼

［答案］BCD

［解析］公民、法人和其他组织可以作为民事诉讼的当事人。法人的诉讼权利能力始于依法成立，终于被解散、撤销，依法解散、依法被撤销的法人没有诉讼权利能力，因而不能作为当事人进行诉讼。A项错误。自然人的诉讼权利能力始于出生，终于死亡，无民事行为能力人和限制民事行为能力人虽然无诉讼行为能力，参加诉讼必须由法定代理人代为进行，但其都有诉讼权利能力，能够以自己的名义作为当事人进行诉讼。B项正确。非法人组织虽然不是民事主体，无民事权利能力，但民事诉讼法却赋予其诉讼权利能力，在诉讼中能够以自己的名义作为当事人进行诉讼。C项正确。《民事诉讼法》第55条规定，对污染环境、侵害众多消费者合法权益等损害社会公共利益的行为，法律规定的机关和有关组织可以向人民法院提起诉讼。《消费者权益保护法》第47条规定，对侵害众多消费者合法权益的行为，中国消费者协会以及在省、自治区、直辖市设立的消费者协会，可以向人民法院提起诉讼。D项正确。

【例】关于当事人能力和正当当事人的表述，下列哪一选项是正确的？（13年·卷三·38题）

A. 一般而言，应以当事人是否对诉讼标的有确认利益，作为判断当事人适格与否的标准

B. 一般而言，诉讼标的的主体即是本案的正当当事人

C. 未成年人均不具有诉讼行为能力

D. 破产企业清算组对破产企业财产享有管理权，可以该企业的名义起诉或应诉

［答案］ BD（司法部当年公布答案为 B）。

［解析］ 判断当事人适格的标准一般是以直接利害关系人作为判断标准，这种判断标准导致了在消极的确认之诉中，原告并不是直接利害关系人，即不是法律关系的权利或义务主体，但却能提起确认之诉。因此，传统的当事人适格标准在消极的确认之诉中不适用，在确认之诉中，应当以当事人是否对诉讼标的有确认利益作为当事人适格的标准，这是一个例外，而不是一般标准。A 项错误。

民事诉讼中的诉讼标的是指当事人之间争议的民事实体法律关系。正当当事人就是指适格的当事人，适格的当事人就是直接利害关系人，即民事实体法律关系的权利主体或义务主体，即 B 项正确。

自然人的诉讼行为能力分为无诉讼行为能力和有诉讼行为能力两种，只有完全民事行为能力人才有诉讼行为能力。一般而言，成年人是完全民事行为能力人，但其中的 16 岁以上的未成年人，以自己的劳动收入为主要生活来源的，也是完全民事行为能力人，从而也就具有诉讼行为能力。因此，说未成年人均不具有诉讼行为能力是不对的。C 项错误。

只要企业没有被注销，其法人资格还在，即使在清算中，破产企业清算组也只可以企业的名义起诉和应诉，而不能以清算组的名义起诉和应诉，所产生的诉讼后果归于破产企业。D 项正确。此题因为经过 2015 年《民诉解释》条文修改，所以当年的答案没有 D 项，是单选题，修改后 D 项当选。

【例】 根据 2012 年修改的《民事诉讼法》，关于公益诉讼的表述，下列哪一选项是错误的？（13 年·卷三·35 题）

A. 公益诉讼规则的设立，体现了依法治国的法治理念

B. 公益诉讼的起诉主体只限于法律授权的机关或团体

C. 公益诉讼规则的设立，有利于保障我国经济社会全面协调发展

D. 公益诉讼的提起必须以存在实际损害为前提

［答案］ D

［解析］ 对污染环境、侵害众多消费者合法权益等损害社会公共利益的行为，法律规定的机关和有关组织可以向人民法院提起诉讼。因此，能够提起公益诉讼的主体只能是根据法律规定，经过法律授权的机关或团体，《民事诉讼法》不允许个人提起公益诉讼。因此，B 项正确。公益诉讼可以提起赔偿诉讼，其前提是以发生了实际损害为前提；也可以提起预防诉讼，也就是可以提出防止损害发生的禁令之诉，因而并不是必须以实际损害发生为前提，D 项错误。

- -

《民诉法》第五十五条 对污染环境、侵害众多消费者合法权益等损害社会公共利益的行为，法律规定的机关和有关组织可以向人民法院提起诉讼。

《消费者权益保护法》第三十七条 消费者协会履行下列公益性职责：……（七）就损害消费者合法权益的行为，支持受损害的消费者提起诉讼或者依照本法提起诉讼；……。

《海洋环境保护法》第九十条 造成海洋环境污染损害的责任者，应当排除危害，并赔

偿损失；完全由于第三者的故意或者过失，造成海洋环境污染损害的，由第三者排除危害，并承担赔偿责任。

对破坏海洋生态、海洋水产资源、海洋保护区，给国家造成重大损失的，由依照本法规定行使海洋环境监督管理权的部门代表国家对责任者提出损害赔偿要求。

《环境保护法》第五十八条　对污染环境、破坏生态，损害社会公共利益的行为，符合下列条件的社会组织可以向人民法院提起诉讼：

（一）依法在设区的市级以上人民政府民政部门登记；

（二）专门从事环境保护公益活动连续五年以上且无违法记录。

符合前款规定的社会组织向人民法院提起诉讼，人民法院应当依法受理。

提起诉讼的社会组织不得通过诉讼牟取经济利益。

（二）当事人变更

当事人变更，又称为诉讼权利与义务的承担或诉讼承担，是指在民事诉讼进行过程中，由于特殊原因的出现，一方当事人的诉讼权利与义务转移给案外人，由案外人承受原当事人的诉讼权利和义务，作为当事人继续进行诉讼。其主要包括以下三种情形：

1. 在诉讼中，一方当事人死亡，有继承人的，裁定中止诉讼。人民法院应及时通知继承人作为当事人承担诉讼，被继承人已经进行的诉讼行为对承担诉讼的继承人有效。

【如】张三和李四的合同纠纷张三诉李四要求给付合同货款 200 万。张三去世了，张三有儿子张小三，法院要不要通知张小三参加诉讼？

要。请问张小三和李四之间有合同法律关系吗？没有。但是可不可以作为适格的当事人？可以作为适格的当事人。

2. 企业法人合并的，因合并前的民事活动发生的纠纷，以合并后的企业为当事人；企业法人分立的，因分立前的民事活动发生的纠纷，以分立后的企业为共同诉讼人。

【注意】在二审程序、再审程序中出现企业法人的合并分立的，人民法院按照上述规定变更相应的当事人即可，不必将案件发回原审人民法院重审。

【如】甲公司诉乙公司要求给付合同付款 200 万，一审判决乙败诉要求给付。结果乙不服上诉，在二审案件审理过程中甲分立成丙和丁两个企业。法院是直接把丙和丁追加为被上诉人还是告诉他们另行起诉？

直接把它变更为被上诉人，这是诉讼主体的变更。

同理如果甲诉乙合同纠纷生效，法律文书已经做出来了，然后这个时候甲分立成了丙和丁两个企业，现在丙和丁两个企业认为那个生效法律文书错了，可不可以以再审申请人的身份申请再审？

可以。

【例】2010 年 7 月，甲公司不服 A 市 B 区法院对其与乙公司买卖合同纠纷的判决，上诉至 A 市中级法院，A 市中级法院经审理维持原判决。2011 年 3 月，甲公司与丙公司合并为丁公司。之后，丁公司法律顾问在复查原甲公司的相关材料时，发现上述案件具备申请再审的法定事由。关于该案件的再审，下列哪一说法是正确的？（12 年·卷三·45 题）

A. 应由甲公司向法院申请再审

B. 应由甲公司与丙公司共同向法院申请再审

C. 应由丁公司向法院申请再审

D. 应由丁公司以案外人身份向法院申请再审

［答案］C

［解析］再审程序中的当事人发生合并的，原当事人的权利义务由合并后的主体承担，当事人变更的规定适用于一审、二审、再审程序。C 项正确。

3. 在诉讼进行中，争议的民事权利义务转移的：

（1）原则上不影响当事人的诉讼主体资格和诉讼地位，对当事人<u>不予更换</u>，<u>生效的文书对受让人具有拘束力</u>。

（2）受让人申请也可以<u>无独立请求权的第三人</u>身份参加诉讼的，人民法院可予准许。

（3）受让人申请替代当事人承担诉讼的，人民法院准许受让人替代当事人承担诉讼的，<u>裁定变更</u>当事人；不予准许的，可以<u>追加</u>其为无独立请求权的第三人。

【如】比如甲和乙签订了一个买卖合同，然后现在甲诉乙要求给付合同货款 200 万。在案件审理过程当中，甲把这个合同的权利义务关系全转让给了丙。实体权利义务关系转让之后，新的合同当事人是谁？丙和乙，那你正常情况下争议的民事实体权利义务关系的主体，有直接利害关系的就应该是丙诉乙。但是这个时候当事人换吗？

不换。在诉讼进行中争议的民事权利义务转移，当事人不换，仍然是原告甲被告乙。但生效的法律文书判出来了，说要乙向甲支付合同货款 200 万，对受让人丙有约束力。丙可以拿着这个生效的法律文书要求执行。为了追求程序的稳定性，你在诉讼进行中争议的民事权利义务转移的当事人是不换的。丙要想参加诉讼，以独立请求权的第三人身份参加诉讼。

《民诉解释》第二百四十九条　在诉讼中，争议的民事权利义务转移的，不影响当事人的诉讼主体资格和诉讼地位。人民法院作出的发生法律效力的判决、裁定对受让人具有拘束力。

受让人申请以无独立请求权的第三人身份参加诉讼的，人民法院可予准许。受让人申请替代当事人承担诉讼的，人民法院可以根据案件的具体情况决定是否准许；不予准许的，可以追加其为无独立请求权的第三人。

《民诉解释》第二百五十条　依照本解释第二百四十九条规定，人民法院准许受让人替代当事人承担诉讼的，裁定变更当事人。

变更当事人后，诉讼程序以受让人为当事人继续进行，原当事人应当退出诉讼。原当事人已经完成的诉讼行为对受让人具有拘束力。

（三）当事人适格的常考情形

1. 个人合伙和个体工商户。

（1）合伙的全体合伙人在诉讼中为共同诉讼人，个人合伙有依法核准登记字号的，应在法律文书中注明登记的字号。

【注意】合伙包括合伙组织、合伙型联营企业和个人合伙。合伙组织和合伙型联营企业都是可以作为独立当事人的其他组织，而个人合伙则不属于能作为独立当事人的其他组织，是以各合伙人作为共同诉讼人，形成适格当事人。

【例】甲乙丙三人合伙开办电脑修理店，店名为"一通电脑行"，依法登记。甲负责对外执行合伙事务。顾客丁进店送修电脑时，被该店修理人员戊的工具碰伤。丁拟向法院起诉。

关于本案被告的确定，下列哪一选项是正确的？（10年·卷三·40题）

A. "一通电脑行"为被告

B. 甲为被告

C. 甲乙丙三人为共同被告，并注明"一通电脑行"字号

D. 甲乙丙戊四人为共同被告

[答案] C

[解析] 个人合伙的全体合伙人在诉讼中为共同诉讼人。个人合伙有依法核准登记的字号的，应在法律文书中注明登记的字号。全体合伙人可以推选代表人；被推选的代表人，应由全体合伙人出具推选书。结合本题来看，本题是个人合伙而不是合伙组织，应以甲、乙、丙三人为共同被告，并注明"一通电脑行"字号，因此，C选项正确，A、B、D选项错误。

（2）个体工商户以营业执照上登记的经营者为当事人，有字号的，以营业执照上登记的字号为当事人，但应同时注明该字号经营者的基本信息。营业执照上登记的经营者与实际经营者不一致的，以经营者和实际经营者为共同诉讼人。

【例】徐某开设打印设计中心并以自己名义登记领取了个体工商户营业执照，该中心未起字号。不久，徐某应征入伍，将该中心转让给同学李某经营，未办理工商变更登记。后该中心承接广告公司业务，款项已收却未能按期交货，遭广告公司起诉。下列哪一选项是本案的适格被告？（15年·卷三·39题）

A. 李某

B. 李某和徐某

C. 李某和该中心

D. 李某、徐某和该中心

[答案] B

[解析]《民诉解释》第59条规定，在诉讼中，个体工商户以营业执照上登记的经营者为当事人。有字号的，以营业执照上登记的字号为当事人，但应同时注明该字号经营者的基本信息。营业执照上登记的经营者与实际经营者不一致的，以登记的经营者和实际经营者为共同诉讼人。

该案属于个体工商户涉诉，没有字号，因此不能以字号为被告，C、D项错误。

个体工商户上登记的经营者徐某和实际经营者李某不一致，因此应以李某和徐某为共同被告。B项正确，A项错误。

【例】甲、乙、丙三人签订合伙协议并开始经营，但未取字号，未登记，也未推举负责人。其间，合伙人与顺利融资租赁公司签订融资租赁合同，租赁淀粉加工设备一台，约定租赁期限届满后设备归承租人所有。合同签订后，出租人按照承租人的选择和要求向设备生产商丁公司支付了价款。如果承租人不履行支付价款的义务，出租人起诉，适格被告是：（16年·卷三·86题）

A. 合伙企业

B. 甲、乙、丙全体

C. 甲、乙、丙中的任何人

D. 丁公司

[答案] BC

[解析] 该题考了两个知识点：首先，个人合伙涉诉，当事人为全体合伙人，而不是个人合伙；其次，全体合伙人都可以作为当事人，既可以全体合伙人一起告，也可以告其中的任何一个，这是法律允许的技术选择的问题。

2. 法人或其他组织和其工作人员。

（1）直接责任人为当事人的情形：法人或其他组织应登记而未登记即以法人或者其他组织名义进行活动；他人冒用法人、其他组织名义进行民事活动（排除表见代理的情形）；法人或其他组织依法终止后仍以其名义进行民事活动。

（2）法人或其他组织为当事人的情形：法人或其他组织的工作人员因执行工作任务造成他人损害的，该法人或其他组织为当事人。注意：如果是非职务行为引起的诉讼，则由工作人员自己为当事人。

3. 雇主与雇工。

（1）如果雇工在从事雇佣工作中造成他人损害的，由雇主作当事人；但雇员有故意或重大过失的，与雇主承担连带责任，雇主和雇员作为共同被告。

（2）如果雇工擅自从事非雇佣工作造成他人损害的，则由雇工自己作当事人。

4. 法人与分支机构问题。

（1）由法人作为当事人：法人分支机构非依法设立，或者虽然依法设立但没有领取营业执照的。

（2）由分支机构作为当事人：法人分支机构依法设立并领取营业执照的；中国人民银行、各专业银行、中国人民保险公司设在各地的分支机构。

5. 提供劳务或劳务派遣中侵权。

（1）提供劳务一方因劳务造成他人损害，受害人提起诉讼的，以接受劳务一方为被告。

（2）在劳务派遣期间，被派遣的工作人员因执行工作任务造成他人损害的，以接受劳务派遣的用工单位为当事人。当事人主张劳务派遣单位承担责任的，该劳务派遣单位和用人单位为共同被告。

【如】比如西北政法需要有人来做保洁，但是要是专门签订合同的话，费用特别高。于是我找了一个劳务派遣公司 A 公司，A 公司一共有一百个保洁阿姨，那这个保洁阿姨跟劳务派遣公司签订劳动合同，A 公司就是用人单位。然后这个劳务派遣公司把她派到西北政法来工作。结果阿姨在打扫卫生的过程当中，把玻璃弄下去，把人给砸伤了。那这个时候这个受害人告谁？是告西北政法还是告劳务派遣公司？告西北政法，因为西北政法是用工单位，是这个保洁阿姨行为的受益人。

那如果这个受害人发现西北政法还没有这个劳务派遣公司有钱，他想告这个劳务派遣公司（用人单位），一定要把西北政法（用工单位）作为共同被告，不能只告劳务派遣公司。

【小结】告用工单位；告用工单位+用人单位。

【例】小桐是由菲特公司派遣到苏拉公司工作的人员，在一次完成苏拉公司分配的工作任务时，失误造成路人周某受伤，因赔偿问题周某起诉至法院。关于本案被告的确定，下列哪一选项是正确的？（16 年·卷三·37 题）

A. 起诉苏拉公司时，应追加菲特公司为共同被告

B. 起诉苏拉公司时，应追加菲特公司为无独立请求权第三人

C. 起诉菲特公司时，应追加苏拉公司为共同被告

D. 起诉菲特公司时，应追加苏拉公司为无独立请求权第三人

［答案］C

[解析]《民诉解释》第58条规定，在劳务派遣期间，被派遣的工作人员因执行工作任务造成他人损害的，以接受劳务派遣的用工单位为当事人。当事人主张劳务派遣单位承担责任的，该劳务派遣单位为共同被告。

小桐作为被派遣的工作人员，其造成周某的损害，周某起诉苏拉公司时，以接受派遣的苏拉公司为被告，菲特公司既不是被告，也不是无独立请求权的第三人，A、B项错误。

周某主张劳务派遣公司菲特公司承担责任的，其应和接受派遣的单位苏拉公司为共同被告。C项正确。

【例】马迪由阳光劳务公司派往五湖公司担任驾驶员。因五湖公司经常要求加班，且不发加班费，马迪与五湖公司发生争议，向劳动争议仲裁委员会申请仲裁。关于本案仲裁当事人的确定，下列哪一表述是正确的？

A. 马迪是申请人，五湖公司为被申请人

B. 马迪是申请人，五湖公司和阳光劳务公司为被申请人

C. 马迪是申请人，五湖公司为被申请人，阳光劳务公司可作为第三人参加诉讼

D. 马迪和阳光劳务公司为申请人，五湖公司为被申请人

[答案] B

[解析]《最高人民法院关于审理劳动争议案件适用法律若干问题的解释（二）》第10条规定，劳动者因履行劳动力派遣合同产生劳动争议而起诉，以派遣单位为被告；争议内容涉及接受单位的，以派遣单位和接受单位为共同被告。

本案中马迪因劳动报酬支付产生争议，一般应以派遣单位阳光劳务公司为被告，但争议内容是涉及接受劳务派遣的单位五湖公司，是五湖公司要求加班而不付加班费而引起的，应以派遣单位阳光劳务公司和接受单位五湖公司为共同被告。B项正确，A项、C项、D项错误。

6. 侵权纠纷。

(1) 因新闻报道或其他作品引起的名誉权纠纷案件的当事人。

①只诉作者的，列作者为被告；

②只诉新闻出版单位的，列新闻出版单位为被告；

③对作者和新闻出版单位都提起诉讼的，将作者和新闻出版单位均列为被告，但作者与新闻出版单位为隶属关系，作品系作者履行职务所形成的，只列单位为被告。

$$\text{作者与出版单位系职务关系} \begin{cases} \text{以作者为被告} \\ \text{以出版单位为被告} \end{cases}$$

$$\text{作者与出版单位非职务关系} \begin{cases} \text{以作者为被告} \\ \text{以出版单位为被告} \\ \text{以作者与出版单位作为共同被告} \end{cases}$$

(2) 无民事行为能力人、限制民事行为能力人侵权。

无民事行为能力人、限制民事行为能力人造成他人损害的，无民事行为能力人、限制民事行为能力人和其监护人为共同被告。

【例】周童（5岁）星期天和祖母李霞去公园玩耍，游戏过程中周童将林晨（6岁）的双眼划伤致使林晨右眼失明、左眼视力下降。林晨的父亲林河要求周家赔偿林晨的医疗费、

伤残费共计 6 万元。周童的父亲周志伟以周童是未成年人为由拒绝赔偿。林家无奈只好诉至法院。本案原告是林晨，其父亲林河是林晨的法定代理人。周童和其父亲周志伟是共同被告，李霞是证人。这是《民诉解释》的新规定，不是未成年人作被告，而是未成年人和监护人列为共同被告，应特别注意。

【真题演练】精神病人姜某冲入向阳幼儿园将入托的小明打伤，小明的父母与姜某的监护人朱某及向阳幼儿园协商赔偿事宜无果，拟向法院提起诉讼。关于本案当事人的确定，下列哪一选项是正确的？（16 年·卷三·36 题）

　　A. 姜某是被告，朱某是无独立请求权第三人

　　B. 姜某与朱某是共同被告，向阳幼儿园是无独立请求权第三人

　　C. 向阳幼儿园与姜某是共同被告

　　D. 姜某、朱某、向阳幼儿园是共同被告

　　［答案］D

　　［解析］《民诉解释》第 67 条规定，无民事行为能力人、限制民事行为能力人造成他人损害的，无民事行为能力人、限制民事行为能力人和其监护人为共同被告。本案中小明在幼儿园被精神病人姜某侵权，属于无民事、限制民事行为能力人侵权，不仅要起诉姜某，还应该起诉姜某的监护人朱某。同时，该侵权是发生在学校里，教育机构应该承担补充责任，作为共同被告，而不能作为无独立请求权的第三人。因此 D 项正确。

　　（3）校园事故责任。

　　一般：侵权人为被告。无民事行为能力人或者限制民事行为能力人在幼儿园、学校或者其他教育机构学习、生活期间，受到幼儿园、学校或者其他教育机构以外的人员损害的，列侵权人为被告。

　　特殊：学校与侵权人作为必要共同诉讼人。上述情形下，如果教育机构未尽到管理职责的，则将学校与侵权人列为共同诉讼人。

　　【例】王甲两岁，在幼儿园入托。一天，为幼儿园送货的刘某因王甲将其衣服弄湿，便打了王甲一记耳光，造成王甲左耳失聪。王甲的父亲拟代儿子向法院起诉。关于本案被告的确定，下列哪一选项是正确的？（09 年·卷三·38 题）

　　A. 刘某是本案唯一的被告

　　B. 幼儿园是本案唯一的被告

　　C. 刘某和幼儿园是本案共同被告

　　D. 刘某是本案被告，幼儿园是本案无独立请求权第三人

　　［答案］C

　　［解析］根据《关于审理人身损害赔偿案件适用法律若干问题的解释》第 7 条规定："对未成年人依法负有教育、管理、保护义务的学校、幼儿园或者其他教育机构，未尽职责范围内的相关义务致使未成年人遭受人身损害，或者未成年人致他人人身损害的，应当承担与其过错相应的赔偿责任。第三人侵权致未成年人遭受人身损害的，应当承担赔偿责任。学校、幼儿园等教育机构有过错的，应当承担相应的补充赔偿责任。"《侵权责任法》第 40 条规定："无民事行为能力人或者限制民事行为能力的人在幼儿园、学校或者其他教育机构学习、生活期间，受到幼儿园、学校或者其他教育机构以外的人员人身损害的，由侵权人承担侵权责任；幼儿园学校或者其他教育机构未尽到管理职责的，承担相应的补充责任。"

在本案中刘某侵权致使王甲左耳失聪，刘某应依法承担赔偿责任。由于幼儿园未尽职责范围内的保护义务，致使刘某伤害王甲，存在过错，应当承担相应的补充赔偿责任。所以刘某与幼儿园应为本案的共同被告，C选项正确。

（4）公共场所管理人责任。

一般：管理人或组织者为被告，因第三人行为造成他人损害的，第三人为被告。

特殊：第三人与管理人为共同被告。如果因为第三人侵权，管理人未尽到安全保障义务的，则将第三人和管理人列为共同诉讼人。

【例】甲在丽都酒店就餐，顾客乙因地板湿滑不慎滑倒，将热汤洒到甲身上，甲被烫伤。甲拟向法院提起诉讼。关于本案当事人的确定，下列哪一说法是正确的？（10年·卷三·46题）

A. 甲起诉丽都酒店，乙是第三人

B. 甲起诉乙，丽都酒店是第三人

C. 甲起诉，只能以乙或丽都酒店为单一被告

D. 甲起诉丽都酒店，乙是共同被告

[答案] D

[解析] 此案的被告有两种方式可以选择：此案是公共场所第三人侵权，直接侵权人乙单独作为被告是没有问题的；作为公共场所的酒店没有尽到安全保障义务，乙之所以烫到甲，是因为酒店地板湿滑造成的，原告如果要起诉酒店，则应当追加直接侵权人乙作为共同被告，不能单独只诉酒店。因此D项正确，A项错误。甲如果起诉乙，乙作为直接侵权人是适格的当事人，酒店此时不能作为第三人，B项错误。甲起诉，可以只诉乙，也可以酒店和乙一起作为共同被告，C项错误。

【例】李某和张某到华美购物中心采购结婚物品。张某因购物中心打蜡地板太滑而摔倒，致使左臂骨折，住院治疗花费了大量医疗费，婚期也因而推迟。当时，购物中心负责地板打蜡的郑某目睹事情的发生经过。受害人认为购物中心存在过错，于是，起诉要求其赔偿经济损失以及精神损害赔偿。关于本案诉讼参与人，下列哪些选项是正确的？（08年·卷三·84题）

A. 李某、张某应为本案的共同原告

B. 李某、郑某可以作为本案的证人

C. 华美购物中心为本案的被告

D. 华美购物中心与郑某为本案共同被告

[答案] BC

[解析] 原告必须与本案有直接的利害关系。而本案中，李某和案件无直接利害关系，并不是受害人，因此其不能作原告。A选项错误。法人或者其他组织的工作人员因职务行为或者授权行为发生的诉讼，该法人或其组织为当事人。所以本题中，郑某负责打蜡，其行为属于职务行为，对由于打蜡而造成张某的损害，应该由华美购物中心承担，因此应该以华美购物中心为被告。C选项正确，D选项错误。李某与案件无直接利害关系，并不是受害人，其不能作原告。但是其目睹了案件事实的发生，属于了解案件情况的人，因而可以作为证人。郑某目睹了案件事实的发生，因而也可以作为证人。综上可知，B选项正确。

（5）侵权案件中，原告资格的扩展。原告资格的扩展是侵权责任法的新规定，凡为被侵权人支付医疗费、丧葬费等合理费用的人皆可作为原告起诉侵权人。其适用的条件：①被侵权人死亡；②侵权人未支付该费用。

_____

《民诉解释》第五十六条　法人或者其他组织的工作人员执行工作任务造成他人损害的，该法人或者其他组织为当事人。

《民诉解释》第五十七条　提供劳务一方因劳务造成他人损害，受害人提起诉讼的，以接受劳务一方为被告。

《民诉解释》第五十八条　在劳务派遣期间，被派遣的工作人员因执行工作任务造成他人损害的，以接受劳务派遣的用工单位为当事人。当事人主张劳务派遣单位承担责任的，该劳务派遣单位为共同被告。

《民诉解释》第五十九条　在诉讼中，个体工商户以营业执照上登记的经营者为当事人。有字号的，以营业执照上登记的字号为当事人，但应同时注明该字号经营者的基本信息。

营业执照上登记的经营者与实际经营者不一致的，以登记的经营者和实际经营者为共同诉讼人。

《民诉解释》第六十条　在诉讼中，未依法登记领取营业执照的个人合伙的全体合伙人为共同诉讼人。个人合伙有依法核准登记的字号的，应在法律文书中注明登记的字号。全体合伙人可以推选代表人；被推选的代表人，应由全体合伙人出具推选书。

《民诉解释》第六十二条　下列情形，以行为人为当事人：

（一）法人或者其他组织应登记而未登记，行为人即以该法人或者其他组织名义进行民事活动的；

（二）行为人没有代理权、超越代理权或者代理权终止后以被代理人名义进行民事活动的，但相对人有理由相信行为人有代理权的除外；

（三）法人或者其他组织依法终止后，行为人仍以其名义进行民事活动的。

《民诉解释》第六十三条　企业法人合并的，因合并前的民事活动发生的纠纷，以合并后的企业为当事人；企业法人分立的，因分立前的民事活动发生的纠纷，以分立后的企业为共同诉讼人。

《民诉解释》第六十四条　企业法人解散的，依法清算并注销前，以该企业法人为当事人；未依法清算即被注销的，以该企业法人的股东、发起人或者出资人为当事人。

《侵权责任法》第三十五条　个人之间形成劳务关系，提供劳务一方因劳务造成他人损害的，由接受劳务一方承担侵权责任。提供劳务一方因劳务自己受到损害的，根据双方各自的过错承担相应的责任。

《侵权责任法》第三十六条　网络用户、网络服务提供者利用网络侵害他人民事权益的，应当承担侵权责任。

网络用户利用网络服务实施侵权行为的，被侵权人有权通知网络服务提供者采取删除、屏蔽、断开链接等必要措施。网络服务提供者接到通知后未及时采取必要措施的，对损害的扩大部分与该网络用户承担连带责任。

网络服务提供者知道网络用户利用其网络服务侵害他人民事权益，未采取必要措施的，与该网络用户承担连带责任。

《侵权责任法》第三十七条　宾馆、商场、银行、车站、娱乐场所等公共场所的管理人或者群众性活动的组织者，未尽到安全保障义务，造成他人损害的，应当承担侵权责任。

因第三人的行为造成他人损害的，由第三人承担侵权责任；管理人或者组织者未尽到安全保障义务的，承担相应的补充责任。

《侵权责任法》第三十八条　无民事行为能力人在幼儿园、学校或者其他教育机构学习、生活期间受到人身损害的，幼儿园、学校或者其他教育机构应当承担责任，但能够证明尽到教育、管理职责的，不承担责任。

《侵权责任法》第三十九条　限制民事行为能力人在学校或者其他教育机构学习、生活期间受到人身损害，学校或者其他教育机构未尽到教育、管理职责的，应当承担责任。

《侵权责任法》第四十条　无民事行为能力人或者限制民事行为能力人在幼儿园、学校或者其他教育机构学习、生活期间，受到幼儿园、学校或者其他教育机构以外的人员人身损害的，由侵权人承担侵权责任；幼儿园、学校或者其他教育机构未尽到管理职责的，承担相应的补充责任。

《侵权责任法》第四十一条　因产品存在缺陷造成他人损害的，生产者应当承担侵权责任。

《侵权责任法》第四十二条　因销售者的过错使产品存在缺陷，造成他人损害的，销售者应当承担侵权责任。

销售者不能指明缺陷产品的生产者也不能指明缺陷产品的供货者的，销售者应当承担侵权责任。

《侵权责任法》第四十三条　因产品存在缺陷造成损害的，被侵权人可以向产品的生产者请求赔偿，也可以向产品的销售者请求赔偿。

产品缺陷由生产者造成的，销售者赔偿后，有权向生产者追偿。

因销售者的过错使产品存在缺陷的，生产者赔偿后，有权向销售者追偿。

《侵权责任法》第四十四条　因运输者、仓储者等第三人的过错使产品存在缺陷，造成他人损害的，产品的生产者、销售者赔偿后，有权向第三人追偿。

《侵权责任法》第四十九条　因租赁、借用等情形机动车所有人与使用人不是同一人时，发生交通事故后属于该机动车一方责任的，由保险公司在机动车强制保险责任限额范围内予以赔偿。不足部分，由机动车使用人承担赔偿责任；机动车所有人对损害的发生有过错的，承担相应的赔偿责任。

《侵权责任法》第五十条　当事人之间已经以买卖等方式转让并交付机动车但未办理所有权转移登记，发生交通事故后属于该机动车一方责任的，由保险公司在机动车强制保险责任限额范围内予以赔偿。不足部分，由受让人承担赔偿责任。

《侵权责任法》第五十一条　以买卖等方式转让拼装或者已达到报废标准的机动车，发生交通事故造成损害的，由转让人和受让人承担连带责任。

《侵权责任法》第五十二条　盗窃、抢劫或者抢夺的机动车发生交通事故造成损害的，由盗窃人、抢劫人或者抢夺人承担赔偿责任。保险公司在机动车强制保险责任限额范围内垫付抢救费用的，有权向交通事故责任人追偿。

三、共同诉讼

共同诉讼，是指当事人一方或者双方为 2 人以上，诉讼标的是同一的或者同一种类，人民法院合并审理的诉讼。在我国民事诉讼法中，共同诉讼有必要共同诉讼和普通共同诉讼两种类型。

【如】蔡老师讲课时大家都很困，为了给大家提神，我就去弄那个高压水枪，里面灌上了辣椒水，找九个最困的同学点射。这几个同学就要起诉蔡老师维护自己的合法权益。这九个人起诉是一方人数众多，是普通共同诉讼。

再如这九个同学被蔡老师喷完辣椒水之后，觉得起诉蔡老师很难。就是胜诉，他可能要转移财产，可能拿不到钱。于是好汉不吃眼前亏，眼神一交流打回去。那九个同学过来把蔡老师打了一顿。现在蔡老师诉这九个同学，还是一方人数众多。现在他们之间是必要共同诉讼。

（一）必要共同诉讼

必要共同诉讼是当事人一方或双方为 2 人以上，诉讼标的是同一的，人民法院必须合并审理的诉讼。

1. 必要共同诉讼成立的条件。

（1）当事人一方或双方为 2 人以上，10 人以下。

（2）当事人之间的诉讼标的是共同的。

【注意】当事人之间的诉讼标的是共同的，意味着众多的当事人与对方当事人之间的诉讼标的，即法律关系只有一个，必要共同诉讼人间的诉权只能行使一次，所以必要共同诉讼是不可分之诉。

2. 必要共同诉讼的分类：固有的必要共同诉讼和类似的必要共同诉讼

（1）共同点：都只能起诉一次

（2）区别：固有的必要共同诉讼，必须全体一起参诉，少一个则为当事人不适格，无选择权；类似的必要共同诉讼，可以全体一起参诉，也可以部分当事人参诉，有选择权。

类型	共同诉讼人
（1）个体工商户经营者与实际经营者不一致	作为共同诉讼人。（固有）
（2）企业法人分立	分立后的法人为共同诉讼人。（固有）
（3）共有财产关系	共有财产权受到他人侵害，部分共有权人起诉的，其他共有权人应当列为共同诉讼人。（固有）
（4）继承关系	未一同起诉的其他继承人应当作为共同原告，明确表示放弃继承权利的继承人除外。（固有）
（5）保证关系	如果承担的是一般保证责任，则应当追加债务人为共同被告（不能只告保证人）。（固有） 如果保证人承担的是连带保证责任，则不必追加债务人为共同被告。（类似）

续表

类型		共同诉讼人
（6）借用业务介绍信等关系		出借单位与借用人应为共同诉讼人。（类似）
（7）个人合伙		合伙人作为共同诉讼人。（类似）
（8）挂靠		挂靠者与被挂靠者作为共同诉讼人。（类似）
（9）从事住宿、餐饮等经营活动因第三人侵权引起的纠纷	安全保障人有过错的	赔偿权利人起诉安全保障义务人的，应当将第三人作为共同被告，但第三人不能确定的除外。（类似）

3. 必要共同诉讼人的 11 种典型情形：

（1）挂靠：个体工商户、个人合伙或私营企业挂靠集体企业并以集体企业的名义从事生产经营活动过程中发生的纠纷，挂靠人和被挂靠企业为共同诉讼人。

（2）营业执照上登记的经营者与实际经营者不一致的，以经营者和实际经营者为共同诉讼人。

（3）个人合伙中的全体合伙人在诉讼中为共同诉讼人。

【例】甲、乙、丙三人签订合伙协议并开始经营，但未取字号，未登记，也未推举负责人。其间，合伙人与顺利融资租赁公司签订融资租赁合同，租赁淀粉加工设备一台，约定租赁期限届满后设备归承租人所有。合同签订后，出租人按照承租人的选择和要求向设备生产商丁公司支付了价款。

请回答第 86 题。

如果承租人不履行支付价款的义务，出租人起诉，适格被告是：（16 年·卷三·86 题）

A. 合伙企业　　　　　　　　　　　　B. 甲、乙、丙全体

C. 甲、乙、丙中的任何人　　　　　　D. 丁公司

[答案] BC

[考点] 个人合伙涉诉中的当事人确定

[解析]《民诉解释》第 60 条规定，在诉讼中，未依法登记领取营业执照的个人合伙的全体合伙人为共同诉讼人。个人合伙有依法核准登记的字号的，应在法律文书中注明登记的字号。全体合伙人可以推选代表人；被推选的代表人，应由全体合伙人出具推选书。此题中甲、乙、丙为个人合伙，起诉时可以全体一起诉，也可以只诉其中一个人，因此 B 项、C 项正确，A 项错误。

承租人个人合伙不履行支付价款的义务，出租人起诉，应该起诉承租人个人合伙，不能起诉设备生产商丁公司，D 项错误。

（4）企业法人分立，因分立前的民事行为发生的纠纷，以分立后的企业法人为共同诉讼人。

（5）借用业务介绍信、合同专用章、盖章的空白合同书或者银行帐户的，出借单位和借用人为共同诉讼人。

（6）保证合同关系。

一般保证：

其一，债权人仅起诉被保证人（债务人）的，可只列被保证人为被告；债权人仅起诉保证人的，人民法院应当通知被保证人（债务人）作为共同被告参加诉讼（不同于连带保证）。

其二，可以将债务人和保证人作为共同被告提起诉讼。

【注意】一般保证涉诉中，不能只列保证人为被告。因为一般保证中的保证人享有先诉抗辩权，如果要起诉保证人，则一定要追加债务人为共同被告。

连带保证：

其一，可以将债务人作为被告提起诉讼。

其二，可以将保证人作为被告提起诉讼。

其三，可以将债务人和保证人作为共同被告提起诉讼。

【注意】如果在保证关系中，当事人没有明确约定保证人承担的是一般保证还是连带保证责任，则视为保证人承担连带保证责任。

（7）继承遗产关系。

①部分继承人起诉的，人民法院应通知其他继承人作为共同原告参加诉讼。

②被通知的继承人不愿意参加又不放弃实体权利的，人民法院仍追加其为共同原告。

③应当追加的原告，已明确表示放弃实体权利的，可不予追加。

【注意】如果某继承人的诉求与其他继承人的诉求相冲突，则该继承人是有独立请求权的第三人，而不是共同诉讼人。

【如】老太太有5个儿子，去世后留下2间平房。老二长期在2间房内居住，并经营饭馆，生意红火。某日老大起诉老二，要求继承属于自己的那份遗产。老三碍于兄弟情面，不愿意参加诉讼，但是继承权不放弃。老四生活富足，不愿意参加诉讼，同时愿意放弃继承权。老五则一语惊人，拿出一份老太太手写的遗嘱，称自己是房屋的唯一继承人。问：5兄弟的诉讼地位如何？答：老大是原告，老二是被告，老三为共同原告，老四不需要参加诉讼，老五是有独立请求权第三人。

（8）被代理人和代理人承担连带责任的，为共同诉讼人。

（9）共有财产权受到他人侵害，部分共有权人起诉的，其他共有权人应当列为共同诉讼人；共有人也可以作为共同被告。

（10）共同侵权。

①二人以上共同实施侵权行为，造成他人损害的，应当承担连带责任。

②赔偿权利人起诉部分共同侵权人的，对未起诉的侵权人，法院不追加（《侵权责任法》规定）。

③赔偿权利人在诉讼中放弃对部分共同侵权人的诉讼请求的，其他共同侵权人对被放弃诉讼请求的被告应当承担的赔偿份额不承担连带责任。

【注意】共同侵权中，对部分共同侵权人放弃起诉和对部分共同侵权人放弃对其的诉讼请求的法律效果是不同的。不起诉部分共同侵权人，不意味着放弃了对其的诉讼请求，则其他被诉的共同侵权人必须要对未被起诉的侵权人应承担的份额承担连带赔偿责任。而在诉讼中放弃对部分共同侵权人的诉讼请求，则其他共同侵权人对被放弃诉讼请求的侵权人应当承担的赔偿份额不承担连带责任。

【如】甲、乙、丙三人群殴正在路上行走的丁，造成丁重伤花去医疗费1000元，丁于是以甲、乙为被告向人民法院提起诉讼，请求赔偿医疗费1000元。①对未起诉的丙，法院是否要追加？答：追加。②如果丁只诉甲和乙，甲、乙在诉讼中要求对未被起诉的丙应承担的份额不承担连带责任，法院应否支持？答：不支持。丁只是未诉丙，并未放弃对丙的诉讼请求，因此，甲、乙仍然对丙应承担的份额承担连带责任。甲、乙承担责任后，可以向丙追偿。③如果丁在诉讼中放弃对丙的诉讼请求，而只要求甲、乙对1000元赔偿承担连带责任，法院如何处理？答：法院应当将放弃诉讼请求的法律后果告知赔偿权利人，将放弃诉讼请求的情况在法律文书中叙明，对丙应当承担的赔偿份额，不得要求甲、乙承担连带责任。

【例】案情：2013年5月，居住在S市二河县的郝志强、迟丽华夫妻将二人共有的位于S市三江区的三层楼房出租给包童新居住，协议是以郝志强的名义签订的。2015年3月，住所地在S市四海区的温茂昌从该楼房底下路过，被三层掉下的窗户玻璃砸伤，花费医疗费8500元。

就温茂昌受伤赔偿问题，利害关系人有关说法是：包童新承认当时自己开了窗户，但没想到玻璃会掉下，应属窗户质量问题，自己不应承担责任；郝志强认为窗户质量没有问题，如果不是包童新使用不当，窗户玻璃不会掉下；此外，温茂昌受伤是在该楼房院子内，作为路人的温茂昌不应未经楼房主人或使用权人同意擅自进入院子里，也有责任；温茂昌认为自己是为了躲避路上的车辆而走到该楼房旁边的，不知道这个区域已属个人私宅的范围。为此，温茂昌将郝志强和包童新诉至法院，要求他们赔偿医疗费用。

法院受理案件后，向被告郝志强、包童新送达了起诉状副本等文件。在起诉状、答辩状中，原告和被告都坚持协商过程中自己的理由。开庭审理5天前，法院送达人员将郝志强和包童新的传票都交给包童新，告其将传票转交给郝志强。开庭时，温茂昌、包童新按时到庭，郝志强迟迟未到庭。法庭询问包童新是否将出庭传票交给了郝志强，包童新表示4天之前就交了。法院据此在郝志强没有出庭的情况下对案件进行审理并作出了判决，判决郝志强与包童新共同承担赔偿责任：郝志强赔偿4000元，包童新赔偿4500元，两人相互承担连带责任。

一审判决送达后，郝志强不服，在上诉期内提起上诉，认为一审审理程序上存在瑕疵，要求二审法院将案件发回重审。包童新、温茂昌没有提起上诉。（16年·卷四·六题）

问题：

2. 本案的当事人确定是否正确？为什么？

答：本案一审当事人的确定不完全正确（或部分正确、或部分错误）：（1）温茂昌作为原告、郝志强、包童新作为被告正确，遗漏迟丽华为被告错误。温茂昌是受害人，与案件的处理结果有直接的利害关系，作为原告，正确；（2）《侵权责任法》第85条规定，建筑物、构筑物或者其他设施及其搁置物、悬挂物发生脱坠落造成他人损害，所有人、管理人或者使用人不能证明自己没有过错的，应当承担侵权责任。郝志强为楼房所有人，包童新为楼房使用人，作为被告，正确；（3）迟丽华作为楼房的所有人之一，没有列为被告，错误。

（11）共同危险。

原则上共同危险行为人承担连带责任，除非能够确定具体侵权人。

4. 必要共同诉讼人的关系。

（1）外部关系，即必要共同诉讼人与对方当事人之间的关系，一致对外。

（2）内部关系，即共同诉讼人之间的关系，其中一人的诉讼行为经其他共同诉讼人承认，对其他共同诉讼人发生效力。

5. 必要共同诉讼人的追加。

（1）追加当事人的方式有两种：一是，依职权追加；二是，依申请追加。

法院对当事人提出追加申请的，应当进行审查，申请无理的，裁定驳回；申请有理的，书面通知被追加的当事人参加诉讼。

【例】田某和陈某合伙经营一打印社，由甲公司负责供应耗材。田某发现甲公司送的一批货质量存在问题，经协商无果，田某向法院提起诉讼，要求甲公司接受退货并承担违约责任。案件受理后，陈某得知此事，也向该法院提起诉讼，要求甲公司赔偿损失。关于本案，下列哪一选项是正确的？（08 年四川·卷三·40 题）

A. 本案属于诉的客体合并，法院应当合并审理

B. 法院应当受理陈某提起之诉，并作为另案处理

C. 法院应当裁定驳回田某提起之诉，告知田某与陈某共同提起诉讼

D. 法院应当裁定不予受理陈某提起之诉，但应追加陈某为共同原告

[答案] D

[解析] 本题中，田某和陈某合伙经营打印社，属于合伙关系，二人应该作为共同诉讼人参加诉讼，且该共同诉讼是必要共同诉讼，故法院应当追加陈某为共同原告，故本题的正确答案为 D。

（2）一、二审和再审中发现遗漏必要共同诉讼人的处理：

审理阶段	追加必要共同诉讼人的做法
一审	除非原告放弃其实体权利，否则法院应当追加；该被追加的当事人不愿意参加诉讼的，不影响案件的继续审理
二审	法院可以根据当事人自愿的原则予以调解，调解不成的，发回重审。发回重审的裁定书中不列应当追加的当事人
再审	法院可以根据当事人自愿的原则予以调解，调解不成的，裁定撤销一、二审判决，发回原审法院重审

【例】二审法院审理继承纠纷上诉案时，发现一审判决遗漏另一继承人甲。关于本案，下列哪一说法是正确的？（10 年·卷三·80 题）

A. 为避免诉讼拖延，二审法院可依职权直接改判

B. 二审法院可根据自愿原则进行调解，调解不成的裁定撤销原判决发回重审

C. 甲应列为本案的有独立请求权第三人

D. 甲应是本案的共同原告

[答案] BD

（二）普通共同诉讼

普通共同诉讼，是指当事人一方或者双方为 2 人以上，其诉讼标的是同一种类，人民法院认为可以合并审理，而且当事人也同意合并审理的诉讼。

1. 普通共同诉讼的特征。

（1）当事人一方或双方为 2 人以上。

（2）诉讼标的是同一种类。

（3）人民法院认为可以合并审理，并经当事人同意后，合并审理。

【注意1】普通共同诉讼人之间的诉讼标的是同一种类的，众多的当事人与对方当事人之间的诉讼标的，即法律关系不止一个，而是多个，普通共同诉讼人间的诉权也有多个，所以普通共同诉讼是可分之诉。这是普通共同诉讼和必要共同诉讼之间的最根本的区别。

【注意2】必要共同诉讼是不可分之诉，法院必须将其合并审理；普通共同诉讼是可分之诉，可以分别审理，也可以合并审理，法院在征得当事人同意后，可以将普通共同诉讼合并审理；必要共同诉讼合并审理后，法院必须作出合一的判决，普通共同诉讼法院即使合并审理，也要分别作出判决。

2. 普通共同诉讼人的关系。

（1）诉讼行为独立。普通共同诉讼人个人的诉讼行为仅对行为人自己有效，对其他共同诉讼人不发生任何法律效力。

（2）特殊情形独立。如果普通共同诉讼人中的一人出现诉讼中止、未按时参与庭审等特殊现象，不影响其他共同诉讼人诉讼活动的继续进行。

（3）裁判结果独立。法院对普通共同诉讼人的诉讼请求及其相应证据的审查应当分别进行，并可以根据审查的结果，对普通共同诉讼的不同当事人作出实体结果完全不同的裁判。

【例】张某将邻居李某和李某的父亲打伤，李某以张某为被告向法院提起诉讼。在法院受理该案时，李某的父亲也向法院起诉，对张某提出索赔请求。法院受理了李某父亲的起诉，在征得当事人同意的情况下决定将上述两案并案审理。在本案中，李某的父亲居于什么诉讼地位？（08年·卷三·42题）

A. 必要共同诉讼的共同原告　　　　B. 有独立请求权的第三人

C. 普通共同诉讼的共同原告　　　　D. 无独立请求权的第三人

［答案］C

（三）必要共同诉讼与普通共同诉讼的比较

	必要共同诉讼	普通共同诉讼
标的	同一标的	同类标的
性质	一个诉，不可分	多个可分之诉
是否合并审理	必须合并	经当事人同意，可以合并审理
内部关系	一人的诉讼行为经其他共同诉讼人承认，对其他共同诉讼人产生效力	其中任一共同诉讼人的诉讼行为，对其他共同诉讼人没有效力
判决	对多个共同诉讼人作合一判决	对多个共同诉讼人分别作出判决

【例】关于必要共同诉讼与普通共同诉讼的区别，下列哪些选项是正确的？（07年·卷三·87题）

A. 必要共同诉讼的诉讼标的是共同的，普通共同诉讼的诉讼标的是同种类的

B. 必要共同诉讼的诉讼标的只有一个，普通共同诉讼的诉讼标的有若干个

C. 必要共同诉讼的诉讼请求只有一个，普通共同诉讼的诉讼请求有若干个

D. 必要共同诉讼中共同诉讼人的诉讼行为必须一致，普通共同诉讼中共同诉讼人的诉讼行为不需要一致

［答案］AB

［解析］根据上述普通共同诉讼和必要共同诉讼区别的论述，A、B 选项正确。必要共同诉讼中诉讼标的虽然只有一个，但是其诉讼请求可以有若干个，普通共同诉讼的诉讼标的当然可以有多个，故 C 选项错误。必要共同诉讼人中一人的诉讼行为得不到其他人同意的，不对其他必要共同诉讼人发生效力，但是这不意味着必要共同诉讼人之间必须行为一致，比如上诉的问题，故 D 选项错误。

《民诉解释》第六十三条　企业法人合并的，因合并前的民事活动发生的纠纷，以合并后的企业为当事人；企业法人分立的，因分立前的民事活动发生的纠纷，以分立后的企业为共同诉讼人。

《民诉解释》第六十四条　企业法人解散的，依法清算并注销前，以该企业法人为当事人；未依法清算即被注销的，以该企业法人的股东、发起人或者出资人为当事人。

《民诉解释》第六十五条　借用业务介绍信、合同专用章、盖章的空白合同书或者银行账户的，出借单位和借用人为共同诉讼人。

《民诉解释》第六十六条　因保证合同纠纷提起的诉讼，债权人向保证人和被保证人一并主张权利的，人民法院应当将保证人和被保证人列为共同被告。保证合同约定为一般保证，债权人仅起诉保证人的，人民法院应当通知被保证人作为共同被告参加诉讼；债权人仅起诉被保证人的，可以只列被保证人为被告。

《民诉解释》第六十七条　无民事行为能力人、限制民事行为能力人造成他人损害的，无民事行为能力人、限制民事行为能力人和其监护人为共同被告。

《民诉解释》第七十条　在继承遗产的诉讼中，部分继承人起诉的，人民法院应通知其他继承人作为共同原告参加诉讼；被通知的继承人不愿意参加诉讼又未明确表示放弃实体权利的，人民法院仍应将其列为共同原告。

《民诉解释》第七十一条　原告起诉被代理人和代理人，要求承担连带责任的，被代理人和代理人为共同被告。

《民诉解释》第七十二条　共有财产权受到他人侵害，部分共有权人起诉的，其他共有权人为共同诉讼人。

《民诉法》第五十二条　当事人一方或者双方为二人以上，其诉讼标的是共同的，或者诉讼标的是同一种类、人民法院认为可以合并审理并经当事人同意的，为共同诉讼。

共同诉讼的一方当事人对诉讼标的有共同权利义务的，其中一人的诉讼行为经其他共同诉讼人承认，对其他共同诉讼人发生效力；对诉讼标的没有共同权利义务的，其中一人的诉讼行为对其他共同诉讼人不发生效力。

四、诉讼代表人

代表人诉讼是在共同诉讼的基础上，因为当事人一方或双方人数太多（一般为 10 人以上），无法都参加诉讼，从而推选代表人进行诉讼所形成的诉讼。诉讼代表人，是指由人数众多的一方当事人推选出来的，代表该方当事人进行诉讼的人。

（一）代表人诉讼的种类

包括人数确定的代表人诉讼和人数不确定的代表人诉讼。

区别	人数确定的代表人诉讼	人数不确定的代表人诉讼
人数	确定（案结事了）	不确定（按结事不了）
诉讼标的	同一或同一种类	同一种类
程序		公告、登记等程序，裁判具有预决效力
代表人产生办法	先推选； 推选不出：必要共同诉讼，亲自参加诉讼；普通共同诉讼，告知当事人另诉。	先推选； 推选不出，先协商，后指定
未选定代表人的当事人的诉讼途径	普通共同诉讼，另行起诉；必要共同诉讼，自己参加	另行起诉

【如】比如蔡老师发明创造卖高压锅，生产了 50 个。50 个全卖了，50 个全爆炸，现在这 50 个人一起到法院起诉，人数确不确定？确定。普通共同诉讼，诉讼标的是同一种类的。

比如 100 个人共同共有一套房屋，被蔡老师放火烧了。100 个人起诉蔡老师。人数确定不确定？确定。必要共同诉讼，诉讼标的是同一的。

现在不是一个小商家，一个大厂，生产双喜牌高压锅，卖了 1 万个，根据瑕疵率应该是有 1000 个爆炸。全国各地都卖。在这种情况下，这一千个人想要一起向法院起诉很难。最多可能一个地区的人能聚到一块，现在是西安地区的一百个人起诉，法院一看这种情况就知道很可能不止这一百人，发公告又来了 200 个人一起参加诉讼，总共是 300 人。法院审理了之后说一个锅赔 1 万元。请问这个案子审完之后，将来还会不会有人提起类似诉讼？会，所以这 300 个人案子审理的过程当中叫人数不确定的代表诉讼。

（二）诉讼代表人

1. 诉讼代表人的条件。

（1）本案的当事人；（2）具有诉讼行为能力；（3）具有与进行该诉讼相应的能力；（4）能够善意地履行诉讼代表人的职责。

2. 诉讼代表人的产生和更换。

（1）诉讼代表人的人数：当事人可以推选 2-5 名诉讼代表人，每位代表人可以委托 1-2 名诉讼代理人。

（2）诉讼代表人的产生。

①人数确定的代表人诉讼：由全体共同诉讼人推选。

推选不出代表人的当事人，在必要共同诉讼中，由当事人自己参加诉讼；在普通共同诉讼中，当事人另行起诉。

②人数不确定的代表人诉讼：由全体共同诉讼人推选。

推选不出的，由法院提出人选与当事人协商，协商不成的，可以由法院指定。

【注意】人数确定的代表人诉讼中，当事人可以是必要共同诉讼的关系，也可以是普通共同诉讼的关系。而人数不确定的代表人诉讼中，当事人只能是普通共同诉讼的关系，因为必要共同诉讼中当事人之间是不可分之诉，不可能形成一部分人起诉后，另一部分人另诉的情况。

作为普通共同诉讼，如果在人数确定的代表人诉讼中，推选不出代表人时，当事人可以另诉解决；而如果在人数不确定的代表人诉讼中，推选不出代表人时，法院有一定的权力，可以指定代表人。同为普通共同诉讼的关系，这是两种不同的代表人诉讼中代表人产生的不同方式。

【例】某企业使用霉变面粉加工馒头，潜在受害人不可确定。甲、乙、丙、丁等20多名受害者提起损害赔偿诉讼，但未能推选出诉讼代表人。法院建议由甲、乙作为诉讼代表人，但丙、丁等人反对。关于本案，下列哪一选项是正确的？(11年·卷三·48题)

A. 丙、丁等人作为诉讼代表人参加诉讼

B. 丙、丁等人推选代表人参加诉讼

C. 诉讼代表人由法院指定

D. 在丙、丁等人不认可诉讼代表人情况下，本案裁判对丙、丁等人没有约束力

[答案] C

[解析] 本案属于人数不确定的代表人诉讼，代表人的选定是先当事人推选，然后法院与当事人协商，最后法院指定。本案中，当事人未能推选出诉讼代表人，法院和丙、丁等人也未就此协商成功，故应由法院指定诉讼代表人，而不能由其他当事人自己作为代表人参诉或再另行推选代表人参诉，因此，A、B选项错误，C选项正确。代表人诉讼中，代表人的诉讼行为既对代表人自己生效，也对其所代表的被代表人生效。本案中，法院指定的诉讼代表人进行诉讼，产生的裁判，对被代表的丙、丁等人具有约束力。故D选项错误。

(3) 诉讼代表人的更换。

当事人可以更换诉讼代表人，更换后，原诉讼代表人的更换前诉讼行为对更换后的代表人具有法律效力。

3. 诉讼代表人的权限。

(1) 一般性权利：无需被代表人同意，代表人的行为对被代表的当事人发生效力。

(2) 特殊性权利：承认、放弃、变更诉讼请求、和解，必须要被代表人同意。

【例】A厂生产的一批酱油由于香精投放过多，对人体有损害。报纸披露此消息后，购买过该批酱油的消费者纷纷起诉A厂，要求赔偿损失。甲和乙被推选为诉讼代表人参加诉讼。下列哪一选项是正确的？(08年·卷三·48题)

A. 甲和乙因故不能参加诉讼，法院可以指定另一名当事人为诉讼代表人代表当事人进行诉讼

B. 甲因病不能参加诉讼，可以委托一至两人作为诉讼代理人，而无需征得被代表的当事人的同意

C. 甲和乙可以自行决定变更诉讼请求，但事后应当及时告知其他当事人

D. 甲和乙经超过半数原告方当事人同意，可以和A厂签订和解协议

[答案] B

[解析] 法院指定代表人发生在当事人不能推选出代表人的情况，而非代表人不能到庭的情况下。A选项错误。诉讼代表人是本案的当事人，根据《民事诉讼法》第58条第1款规定，可以委托一至二人为诉讼代理人。B选项正确。代表人的诉讼行为对其所代表的当事人发生效力，但代表人变更、放弃诉讼请求或者承认对方当事人的诉讼请求，进行和解，必须经被代表的当事人同意。因而C、D选项错误。

（三）裁判的效力

人民法院所作出的裁判，对于人数确定的代表人诉讼而言，对诉讼代表人及其代表的在法院登记权利的当事人有效。对于人数不确定的代表人诉讼而言，则不仅对诉讼代表人及其所代表的在法院登记权利的当事人有效，而且还可以对在法定时效内起诉的人有效，有学者称这种现象为既判力主观范围的扩张。

（四）人数不确定的代表人诉讼的特殊程序

1. 法院可以发出公告，说明案件情况和诉讼请求，通知权利人在一定期间向法院登记。公告期根据案件的具体情况确定，但不得少于 30 日。

2. 向人民法院登记的当事人应当证明其与对方当事人的法律关系和所受到的损害。证明不了的，不予登记，当事人可以另行起诉。

《民诉法》第五十三条 当事人一方人数众多的共同诉讼，可以由当事人推选代表人进行诉讼。代表人的诉讼行为对其所代表的当事人发生效力，但代表人变更、放弃诉讼请求或者承认对方当事人的诉讼请求，进行和解，必须经被代表的当事人同意。

《民诉法》第五十四条 诉讼标的是同一种类、当事人一方人数众多在起诉时人数尚未确定的，人民法院可以发出公告，说明案件情况和诉讼请求，通知权利人在一定期间向人民法院登记。

向人民法院登记的权利人可以推选代表人进行诉讼；推选不出代表人的，人民法院可以与参加登记的权利人商定代表人。

代表人的诉讼行为对其所代表的当事人发生效力，但代表人变更、放弃诉讼请求或者承认对方当事人的诉讼请求，进行和解，必须经被代表的当事人同意。

人民法院作出的判决、裁定，对参加登记的全体权利人发生效力。未参加登记的权利人在诉讼时效期间提起诉讼的，适用该判决、裁定。

五、第三人

民事诉讼中的第三人，可以分为有独立请求权的第三人和无独立请求权的第三人。

（一）有独立请求权的第三人

有独立请求权的第三人，是指对他人之间争议的诉讼标的主张独立的实体权利，为维护自己的合法权益而参加到他人已经开始的诉讼中的第三方当事人。

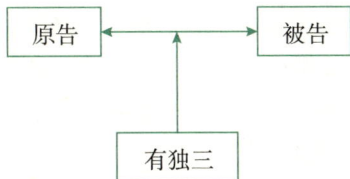

【如】张三李四争议自行车的所有权，王五是真正的自行车的所有权人。正常情况下张三诉李四的时候，王五以有独立请求权的第三人身份参加诉讼。

1. 有独立请求权的第三人参加诉讼的条件和方式。

（1）参加时间：本诉进行中，即在案件受理后，法庭辩论终结前。有独立请求权的第三人提起的参加之诉必须以本诉的存在为前提，一般只有在本诉一审结束前，才能提起参加之诉。

二审中有独立请求权的第三人参加诉讼，法院调解不成，撤销一审裁判，发回一审法院重审。

（2）对本诉的诉讼标的有独立的请求权。有独立请求权的第三人参加他人已经开始诉讼的依据是对本诉原、被告争议的诉讼标的主张独立的实体权利。

【注意】人民法院审理重婚导致的无效婚姻案件时，涉及财产处理的，应当准许合法婚姻当事人作为有独立请求权的第三人参加诉讼。

【如】张三和李四是合法配偶，李四在外边用假结婚证骗王五，两个人共同生活了五年，现在王五发现了是假结婚证，王五起诉到法院要求确认婚姻关系无效。涉及一个重要的财产，就是当年王五过生日的时候，李四出全款购买价值 100 万送给王五做生日礼物。王五说这是我的生日礼物，应该全部都是我的个人财产，因为是你赠予给我了。但是李四说了，虽然是作为生日礼物，但实际上是我们两个共同投资，应该是一人一半分配。此时合法配偶张三作为有独立请求权的第三人出现。

（3）向本诉法院提起诉讼。有独立请求权的第三人提起的参加之诉，本诉法院原本可能并无管辖权，但因为本诉和参加之诉的牵连关系，本诉法院因牵连管辖取得了参加之诉案件的管辖权。

【例】甲有两个儿子乙和丙，甲死之后遗有房屋 6 间。乙乘丙外出之机，将房屋全部卖给丁，后因支付价款发生纠纷，乙将丁诉至法院。在诉讼过程中，丙知道了这一情况，要求参加诉讼。丙在诉讼中的地位是什么？（08 年四川·卷三·42 题）

A. 必要的共同原告　　　　　　　　B. 普通的共同原告

C. 有独立请求权的第三人　　　　　D. 无独立请求权的第三人

[答案] C

[解析] 有独立请求权的第三人是指对原告和被告争议的诉讼标的有独立的请求权，而参加诉讼的人。其应该符合如下条件：第一，对本诉中的原告和被告争议的诉讼标的，主张独立的请求权；第二，所参加的诉讼正在进行中；第三，以起诉的方式参加。本题中，乙和丙同为所继承房屋的共同共有人，乙擅自处分共有房屋，侵犯了丙对房屋的所有权，所以丙在乙、丁的房屋买卖纠纷的诉讼中享有独立的请求权，故丙属于有独立请求权的第三人。故 C 选项正确。

2. 诉讼地位：参加之诉的原告。

有独立请求权的第三人参加诉讼后，实际上形成了两个独立之诉的合并审理：一是，原告与被告之间已经开始但尚未结束的本诉；二是，有独立请求权的第三人与本诉原告与被告之间的参加之诉。因此，有独立请求权的第三人实际上处于参加之诉的原告地位。

3. 有独立请求权的第三人的撤诉问题。

（1）有独立请求权的第三人撤诉的，不影响本诉的进行。

（2）如果本诉中原告撤诉的，那么有独立请求权的第三人作为另案原告，原案中的原被告作为另案被告，诉讼继续进行，不影响参加之诉的进行。

【例】李立与陈山就财产权属发生争议提起确权诉讼。案外人王强得知此事，提起诉讼主张该财产的部分产权，法院同意王强参加诉讼。诉讼中，李立经法院同意撤回起诉。关于

该案，下列哪些选项是正确的？（17年·卷三·78题）

　　A. 王强是有独立请求权的第三人

　　B. 王强是必要的共同诉讼人

　　C. 李立撤回起诉后，法院应裁定终结诉讼

　　D. 李立撤回起诉后，法院应以王强为原告、李立和陈山为被告另案处理，诉讼继续进行

　　[答案]　AD

　　[解析]　本案中，李立与陈山就财产权属发生争议，王强提起诉讼主张该财产的部分产权，王强对争议财产主张有部分独立的请求权，既不会同意李立的诉讼请求，也不会同意陈山的诉讼请求，其是有独立请求权的第三人，而不是必要的共同诉讼人。A项正确，B项错误。

　　《民诉解释》第237条规定，有独立请求权的第三人参加诉讼后，原告申请撤诉，人民法院在准许原告撤诉后，有独立请求权的第三人作为另案原告，原案原告、被告作为另案被告，诉讼继续进行。王强参加诉讼后，其相当于提起了一个参加之诉，在参加之诉中，王强是原告，李立和陈山是共同被告；本诉的原告是李立，被告是陈山。本诉和参加之诉是相对独立的两个诉，本诉原告李立撤回起诉，本诉不存在了，但参加之诉继续进行，诉讼继续进行，不会终结。因此C项错误，D项正确。

　　【例】丁一诉弟弟丁二继承纠纷一案，在一审中，妹妹丁爽向法院递交诉状，主张应由自己继承系争的遗产，并向法院提供了父亲生前所立的其过世后遗产全部由丁爽继承的遗嘱。法院予以合并审理，开庭审理前，丁一表示撤回起诉，丁二认为该遗嘱是伪造的，要求继续进行诉讼。法院裁定准予丁一撤诉后，在程序上，下列哪一选项是正确的？（16年·卷三·38题）

　　A. 丁爽为另案原告，丁二为另案被告，诉讼继续进行

　　B. 丁爽为另案原告，丁一、丁二为另案被告，诉讼继续进行

　　C. 丁一、丁爽为另案原告，丁二为另案被告，诉讼继续进行

　　D. 丁爽、丁二为另案原告，丁一为另案被告，诉讼继续进行

　　[答案]　B

　　[解析]　本案中丁爽参加诉讼，主张自己继承系争的财产，其既不同意本诉原告丁一的诉讼请求，也不同意本诉被告丁二的诉讼请求，为有独立请求权的第三人。形成的诉讼就是把本诉和参加之诉合并审理，丁爽是参加之诉的原告，就是另案原告，本诉的原告和被告丁一和丁二为参加之诉的被告，就是另案被告。本诉原告撤诉，不影响参加之诉的继续进行。B项正确。

　　【例】甲与乙对一古董所有权发生争议诉至法院。诉讼过程中，丙声称占董属自己所有，主张对古董的所有权。下列哪一说法是正确的？（09年·卷三·39题）

　　A. 如丙没有起诉，法院可以依职权主动追加其作为有独立请求权第三人

　　B. 如丙起诉后认为受案法院无管辖权，可以提出管辖权异议

　　C. 如丙起诉后经法院传票传唤，无正当理由拒不到庭，应当视为撤诉

　　D. 如丙起诉后，甲与乙达成协议经法院同意而撤诉，应当驳回丙的起诉

　　[答案]　C

[解析] 民事诉讼中的第三人分为有独立请求权的第三人和无独立请求权的第三人。其中有独立请求权的第三人，是指对已经开始的他人之间的诉讼标的提出独立请求权的诉讼参加人。他在诉讼中既不同意原告的主张，也不同意被告的主张，而有自己独立的主张。根据不告不理原则，如果丙没有起诉，法院则无权主动追加其为有独立请求权的第三人，所以，A选项错误。

丙作为有独立请求权的第三人，是对已经开始的甲乙之间的诉讼标的提出独立请求权的诉讼参加人，因此无权提出管辖权异议，B选项错误。

有独立请求权的第三人在诉讼中是参加之诉的原告。如果有独立请求权的第三人经人民法院传票传唤，无正当理由拒不到庭或未经法庭许可中途退庭的，可以对该第三人比照《民事诉讼法》第143条的规定，按撤诉处理。所以如丙起诉后经法院传票传唤，无正当理由拒不到庭，应当视为撤诉，C选项正确。

有独立请求权的第三人在行使请求权时可以独立行使，而不以原告、被告的意志为转移。本诉的原告撤回起诉，也不影响有独立请求权的第三人的参加之诉，有独立请求权的第三人作为另案原告，原案原告、被告作为另案被告，诉讼另行进行。因此，如果丙起诉后，甲与乙达成协议经法院同意而撤诉，法院也不得驳回丙的起诉，而应以丙作为另案原告，甲乙作为另案被告，诉讼另行进行，所以，D选项错误。

4. 有独立请求权的第三人与必要共同诉讼人的区别：

	必要共同诉讼人	有独立请求权的第三人
诉讼地位	原告或被告	只能是原告
诉的数量	一个诉	两个诉（本诉+参加之诉）
诉讼标的	诉讼标的同一，共享权利，共担义务	本诉和参加之诉两个诉讼标的
诉讼行为的效力	一人的诉讼行为，只有经全体承认，才对全体发生效力	不受本诉讼任何一方当事人的牵制
对抗方	只能同对方当事人发生对抗（或原告，或被告）	与本诉讼的双方当事人都具有对抗性
参诉时间	可以在诉讼开始时一同起诉或者应诉，也可以在诉讼中参加	诉讼进行中
参诉方式	可以主动参加，也可以由法院通知参加	起诉方主动参加
审理方式	必须一并审理	可以合并审理

（二）无独立请求权的第三人

无独立请求权的第三人，是指虽然对本诉的诉讼标的没有独立的请求权，但与本诉的处理结果有法律上的利害关系而参加诉讼的人。

【注意】这种法律上的利害关系常表现为：连环合同中因标的物质量引起的诉讼，因使用购买的原材料加工成品而引起的纠纷。

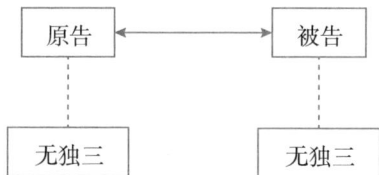

【如】1. 西门子冰箱与消费者之间的产品侵权。消费者诉销售者违约，此时生产者为无独立请求权的第三人，帮助本诉中一方当事人胜诉。

2. 甲乙两个人之间有一个合同，甲根据合同约定是甲要交付 1 万斤大米，然后乙要支付 2 万元的合同货款。甲把大米交付给乙之后货款没有支付，甲把合同权利义务关系全部转让给了丙。没有支付合同货款，丙诉乙要求支付合同货款。结果这个时候乙说甲交给我的大米是有瑕疵的，我们要求一级大米，结果他交给我的是二级大米。甲就作为无独三参加到丙和乙的诉讼中。

1. 参诉方式。

（1）第三人主动申请参加。

（2）法院通知其参加。

2. 参诉地位：诉讼权利受到限制的当事人。

（1）完全无权行使的权利：①放弃诉讼请求；②变更诉讼请求；③申请撤诉；④对审判管辖权提出异议；⑤反诉。

【注意】从理论上分析，无独立请求权的第三人也无权反诉，因为反诉是本诉的被告对本诉的原告，无独三不是本诉的当事人因此无权反诉。但是，无独三可以承认诉讼请求，在这种情况下，等于是无独三代替被告一方承担了责任。另外，无独三也可以私下和其他当事人和解解决纠纷。

（2）附条件才能行使的权利：

①上诉权：如果法院判决无独立请求权的第三人承担实体义务，则无独立请求权的第三人享有上诉权。

【注意】无论一审法院是否判决无独立请求权的第三人承担实体责任，其都可以成为被上诉人。

②调解的签收同意权：本诉讼的原告和被告调解协议涉及该第三人义务的，则需要征得该第三人的同意，调解书应当同时送达第三人，第二人在调解书送达前反悔的，人民法院应当及时判决。

【注意】无独立请求权的第三人只有在法院判决其承担实体义务时才能成为上诉人，但是，无论一审裁判是否判决无独立请求权的第三人承担实体义务，其都可以成为被上诉人。

（3）有权行使的权利：

无独立请求权第三人可以独立行使的诉讼权利仅限于一般性的诉讼权利，例如提供证据、委托诉讼代理人、参与庭审、进行辩论等。

【例】赵某与刘某将共有商铺出租给陈某。刘某瞒着赵某，与陈某签订房屋买卖合同，将商铺转让给陈某，后因该合同履行发生纠纷，刘某将陈某诉至法院。赵某得知后，坚决不同意刘某将商铺让与陈某。关于本案相关人的诉讼地位，下列哪一说法是正确的？（15 年·卷三·38 题）

A. 法院应依职权追加赵某为共同原告

B. 赵某应以刘某侵权起诉，陈某为无独立请求权第三人

C. 赵某应作为无独立请求权第三人

D. 赵某应作为有独立请求权第三人

［答案］ D

［解析］ 本案中刘某因合同履行起诉陈某，赵某作为共有人，因为刘某的无权处分损害了赵某的合法权益，因此，赵某参诉后既不会同意刘某的诉求，又不会同意被告陈某的诉求，形成的是三足鼎立的局面，因此赵某某不可能和刘某共同对抗陈某，不是共同诉讼的原告，只能是有独立请求权的第三人。A 项错误，D 项正确。

本案原告为刘某，被告为陈某，赵某不可能以刘某为被告再诉一次，B 项错误。

本案中刘某是部分无权处分行为，赵某对刘某和陈某争议的商铺有部分独立的请求权，因此赵某参诉是有部分独立请求权的第三人，而不是无独立请求权的第三人，C 项错误。

【例】判断：

1. 无独立请求权第三人在诉讼中有自己独立的诉讼地位。（正确）

2. 无独立请求权第三人有权提出管辖异议。（错误）

3. 一审判决没有判决无独立请求权第三人承担民事责任的，无独立请求权的第三人不可以作为上诉人或被上诉人。（错误）

4. 无独立请求权第三人有权申请参加诉讼和参加案件的调解活动，与案件原、被告达成调解协议。（正确）

分析：

1. 无独立请求权的第三人虽然在权利形式上受到很多限制，但这并不妨碍其在诉讼中可以按照自己的意志进行诉讼行为，也不妨碍其在诉讼上的独立性，其是有自己独立诉讼地位的。题 1 正确。

2. 无独立请求权第三人在诉讼中不是完整意义上的当事人，但其有自己独立的诉讼地位，当判决其承担义务时，其享有上诉权。无独立请求权的第三人参加诉讼，相当于其认可了本诉法院对案件的管辖权，所以其无权提出管辖权异议。有独立请求权的第三人和无独立请求权的第三人，在参加本诉后，都无权提出管辖权异议。故题 2 错误。

3. 一审判决无独立请求权第三人承担民事责任的，无独立请求权的第三人享有上诉权，可以作为上诉人。一审判决没有判决无独立请求权第三人承担民事责任的，无独立请求权的第三人不可以作为上诉人是正确的，但一审中其他当事人对其未承担责任不满，提出上诉的，无独立请求权的第三人就可以作为被上诉人参加诉讼。故题 3 错误。

4. 无独立请求权的第三人参加诉讼的案件，人民法院调解时需要确定无独立请求权的第三人承担义务的，应经第三人的同意，调解书应当同时送达第三人。第三人在调解书送达前反悔的，人民法院应当及时判决。所以无独立请求权第三人有权申请参加诉讼和参加案件的调解活动，与案件原、被告达成调解协议，题 4 正确。

3. 法律规定的可以作为无独立请求权的第三人的典型情形。

（1）代位权诉讼中的第三人。债权人诉次债务人，债务人为无独立请求权的第三人。

（2）撤销权诉讼中的第三人。债权人诉债务人，撤销债务人的行为，受益人或者受让人为无独立请求权的第三人。

（3）因缺陷产品引起的侵权诉讼中的第三人。受害人诉制造者或销售者，运输者和仓储者对产品质量负有责任的，制造者或销售者可以另案诉责任人，也可以将运输者和仓储者列为无独立请求权的第三人。

（4）合同转让中的第三人。

无论是合同权利转让，还是义务转让，还是权利义务概括承受，在义务方对权利方提出抗辩的情形下，转让人（原债权人、原债务人、原权利义务人）都能够作为无独立请求权的第三人。

（5）保证合同中的第三人。

债务人对债权人提起诉讼，债权人反诉的，保证人可以作为第三人参加诉讼。

（6）劳动争议案件中的第三人。

①用人单位招用尚未解除劳动合同的劳动者，原用人单位与劳动者发生的争议，可以列新的用人单位为第三人。

②原用人单位以新的用人单位侵权为由向人民法院起诉的，可以列劳动者为第三人。

4. 法律规定不能作无独立请求权的第三人的情形：

（1）与原、被告双方争议标的无直接牵连和不负有返还或赔偿义务的人。

（2）与原告或者被告约定仲裁或者约定管辖的案外人，或专属管辖案件的一方当事人。

（3）产品质量纠纷案件中，原、被告法律关系之外的人，如有证据证明其已经提供了符合合同约定或法律规定的产品；或者案件中的当事人未在规定的质量异议期间提出异议；或者作为案件中的收货方已经认可该产品质量。

（4）已经履行了义务，或依法取得了一方当事人的财产，并支付了相应的对价的原被告之间法律关系以外的人。实际上这是善意第三人的保护问题。只要第三人符合善意取得制度的要求，则第三人不能作为无独三。

【例】甲为有独立请求权第三人，乙为无独立请求权第三人，关于甲、乙诉讼权利和义务，下列哪一说法是正确的？（10年·卷三·41题）

A. 甲只能以起诉的方式参加诉讼，乙以申请或经法院通知的方式参加诉讼

B. 甲具有当事人的诉讼地位，乙不具有当事人的诉讼地位

C. 甲的诉讼行为可对本诉的当事人发生效力，乙的诉讼行为对本诉的当事人不发生效力

D. 任何情况下，甲有上诉权，而乙无上诉权

［答案］A

［解析］根据《民事诉讼法》第56条第1款、第2款规定："对当事人双方的诉讼标的，第三人认为有独立请求权的，有权提起诉讼。对当事人双方的诉讼标的，第三人虽然没有独立请求权，但案件处理结果同他有法律上的利害关系的，可以申请参加诉讼，或者由人民法院通知他参加诉讼。人民法院判决承担民事责任的第三人，有当事人的诉讼权利义务。"因此，A选项正确。无独立请求权的第三人仍然是广义上的当事人，但不是完整意义上的当事人，只有法院判决他承担责任后，其才有权提出上诉，具有当事人的诉讼地位，因此B、D选项错误。参加之诉和本诉是两个独立的诉讼，甲是以本诉的当事人为共同被告参加到本诉当事人已经开始的诉讼中的，甲的诉讼行为对参加之诉产生效力，对本诉不产生效力。乙是无独立请求权第三人，他在诉讼中只是起到辅助一方进行诉讼的作用，对本诉的当事人不发生效力。所以，C选项错误。

（三）有独立请求权的第三人与无独立请求权的第三人的区别

	有独立请求权的第三人	无独立请求权的第三人
诉讼地位	相当于原告	依附于原告或被告
参加时间	一般是在一审程序中；二审也允许，但如果调解不成的，发回重审	一审结束前
参加方式	主动提出	自己申请或法院通知
具体诉讼权利	原告的所有诉讼权利	1. 在一审判决中，承担实体义务的，享有上诉权； 2. 本诉讼的原告和被告调解协议涉及该第三人义务的，则需要征得该第三人的同意，调解书应当同时送达第三人，第三人在调解书送达前反悔的，人民法院应当及时判决。

（四）第三人撤销之诉

第三人，因不能归责于本人的事由未参加诉讼，但有证据证明发生法律效力的判决、裁定、调解书的部分或者全部内容错误，损害其民事权益的，可以自知道或者应当知道其民事权益受到损害之日起六个月内，向作出该判决、裁定、调解书的人民法院提起诉讼。人民法院经审理，诉讼请求成立的，应当改变或者撤销原判决、裁定、调解书；诉讼请求不成立的，驳回诉讼请求。

1. 立法由来。

我国原民事诉讼法对第三人权益的救济途径主要有三：一是第三人申请参加诉讼；二是第三人提出执行异议；三是以案外人身份申请再审。在此基础上，民事诉讼法增加了第三人撤销之诉制度。

2. 第三人撤销之诉的构成。

（1）主体条件：提起撤销之诉的主体限于有独立请求权的第三人和无独立请求权的第三人。

（2）程序条件：第三人因不能归责于自己的事由未参加诉讼。例如，因第三人故意或过失而未参加诉讼，则不能提起撤销之诉。

（3）实体条件：有证据证明发生法律效力的判决、裁定、调解书部分或者全部内容错误。

（4）结果条件：损害其民事权益。这就要求发生法律效力的判决、裁定、调解书的内容与第三人民事权益的损害之间存在因果关系。

（5）时间条件：自知道或者应当知道其民事权益受到损害之日起 6 个月。"知道或者应当知道"的时间起算点，需第三人提交证据加以证明。

（6）管辖法院：向作出生效判决、裁定、调解书的法院起诉。也就是说，向该案的终审法院提起诉讼，一审后裁判生效的，向一审法院提起；二审后裁判生效的，向二审法院提起。

3. 第三人撤销之诉的处理。

人民法院经审理，诉讼请求成立的，应当改变或者撤销原判决、裁定、调解书；诉讼请求不成立的，驳回诉讼请求。

【例】关于第三人撤销之诉，下列哪一说法是正确的？（14 年·卷三·41 题）

A. 法院受理第三人撤销之诉后，应中止原裁判的执行

B. 第三人撤销之诉是确认原审裁判错误的确认之诉

C. 第三人撤销之诉由原审法院的上一级法院管辖，但当事人一方人数众多或者双方当事人为公民的案件，应由原审法院管辖

D. 第三人撤销之诉的客体包括生效的民事判决、裁定和调解书

［答案］D

［解析］第三人撤销之诉属于一个独立的诉，法院受理后，可能会改变或撤销原判决裁定，也可能会驳回当事人的诉讼请求，因此并不必然中止原裁判的执行。A 项错误。确认之诉是原告要求法院确定其与被告之间存在或不存在某种法律关系，第三人撤销之诉是原告要求法院改变或撤销已存在的生效裁判所确立的法律关系，因此属于变更之诉，不是确认之诉。B 项错误。当事人申请再审是由原审法院的上一级法院管辖，但当事人一方人数众多或者双方当事人为公民的案件，应由原审法院管辖。第三人撤销之诉由第三人向生效法律文书的作出法院提出，即向原审法院申请作出。C 项错误。第三人撤销之诉即可以针对生效的判决、裁定、调解书，因此 D 项正确。

《民诉法》第五十六条　对当事人双方的诉讼标的，第三人认为有独立请求权的，有权提起诉讼。

对当事人双方的诉讼标的，第三人虽然没有独立请求权，但案件处理结果同他有法律上的利害关系的，可以申请参加诉讼，或者由人民法院通知他参加诉讼。人民法院判决承担民事责任的第三人，有当事人的诉讼权利义务。

前两款规定的第三人，因不能归责于本人的事由未参加诉讼，但有证据证明发生法律效力的判决、裁定、调解书的部分或者全部内容错误，损害其民事权益的，可以自知道或者应当知道其民事权益受到损害之日起六个月内，向作出该判决、裁定、调解书的人民法院提起诉讼。人民法院经审理，诉讼请求成立的，应当改变或者撤销原判决、裁定、调解书；诉讼请求不成立的，驳回诉讼请求。

《民诉解释》第八十一条　根据民事诉讼法第五十六条的规定，有独立请求权的第三人有权向人民法院提出诉讼请求和事实、理由，成为当事人；无独立请求权的第三人，可以申请或者由人民法院通知参加诉讼。

第一审程序中未参加诉讼的第三人，申请参加第二审程序的，人民法院可以准许。

《民诉解释》第八十二条　在一审诉讼中，无独立请求权的第三人无权提出管辖异议，无权放弃、变更诉讼请求或者申请撤诉，被判决承担民事责任的，有权提起上诉。

六、诉讼代理人

诉讼代理人，是指依据法律规定或当事人授权委托，在民事诉讼中为维护当事人的合法权益而代为进行民事诉讼活动的人。依据法律规定进行代理活动的是法定诉讼代理人；依据

当事人授权进行代理活动的是委托诉讼代理人。

【注意】诉讼代理是在代理权限内代为实施一定的诉讼行为，民事代理是代为实施一定的民事行为，法定代表人是代表法人和其他组织进行诉讼的人。

（一）法定诉讼代理人

法定诉讼代理人，是指根据法律规定代理无诉讼行为能力的当事人实施诉讼行为的人。

1. 无诉讼行为能力人的监护人作为法定代理人，有监护资格的人之间互相推诿代理责任的，由人民法院指定其中一人代为诉讼。

2. 法定代理人的代理权限：法定代理人享有当事人的所有诉讼权利。

3. 法定代理人的诉讼地位：法定代理人类似于当事人，但法定代理人不是当事人，当事人以自己的名义起诉和应诉，法定代理人只能以当事人的名义起诉和应诉；判决的结果及于当事人，而不及于法定代理人。

【例】关于法定诉讼代理人，下列哪些认识是正确的？（11 年·卷三·82 题）

A. 代理权的取得不是根据其所代理的当事人的委托授权

B. 在诉讼中可以按照自己的意志代理被代理人实施所有诉讼行为

C. 在诉讼中死亡的，产生与当事人死亡同样的法律后果

D. 所代理的当事人在诉讼中取得行为能力的，法定诉讼代理人则自动转化为委托代理人

［答案］AB

［解析］根据代理权取得的来源不同，诉讼代理人可以分为法定诉讼代理人和委托诉讼代理人，其中法定诉讼代理人代理权的取得是根据法律的直接规定，委托诉讼代理人代理权的取得是根据其所代理的当事人的委托授权。故 A 选项正确。法定诉讼代理人可以享有和实施当事人的一切诉讼权利和诉讼行为。除了不享有当事人的诉讼地位，诉讼后果不归于法定代理人，其在诉讼中与当事人并无差异，在诉讼中可以按照自己的意志代理被代理人实施所有诉讼行为。故 B 选项正确。当事人在诉讼中死亡的，会导致诉讼中止或终结。但法定诉讼代理人在诉讼中死亡，只会导致延期审理。法定诉讼代理人在诉讼中死亡的，不会产生与当事人死亡同样的法律后果。故 C 选项错误。法定诉讼代理人代理权的取得是根据法律的直接规定，委托诉讼代理人代理权的取得是根据其所代理的当事人的委托授权，二者不会在诉讼中自动转化。故 D 选项错误。

（二）委托诉讼代理人

委托诉讼代理人，是指受诉讼当事人或法定代理人、诉讼代表人的委托，以当事人的名义代为诉讼行为的人。

1. 委托代理人的范围：

（1）律师、基层法律服务工作者；

（2）当事人的近亲属或者工作人员；

当事人的近亲属包括：与当事人有夫妻、直系血亲、三代以内旁系血亲、近姻亲关系以及其他有抚养、赡养关系的亲属。

当事人的工作人员：与当事人有合法劳动人事关系的职工。

（3）当事人所在社区、单位以及有关社会团体推荐的公民。

社会团体推荐公民代理的条件：

①社会团体属于依法登记设立或者依法免予登记设立的非营利性法人组织；

②被代理人属于该社会团体的成员，或者当事人一方住所地位于该社会团体的活动地域；

③代理事务属于该社会团体章程载明的业务范围；

④被推荐的公民是该社会团体的负责人或者与该社会团体有合法劳动人事关系的工作人员。

【注意】专利代理人经中华全国专利代理人协会推荐，可以在专利纠纷案件中担任诉讼代理人。

【例】律师作为委托诉讼代理人参加诉讼，应向法院提交下列哪些材料？（15年·卷三·78题）

A. 律师所在的律师事务所与当事人签订的协议书

B. 当事人的授权委托书

C. 律师的执业证

D. 律师事务所的证明

［答案］BCD

2. 不得作为委托代理人的范围：

（1）无民事行为能力人。

（2）限制民事行为能力人。

3. 委托代理人的代理权限。

（1）一般代理。在一般代理的情况下，代理人只能进行一般性诉讼权利的代理，例如，提供证据、出庭、辩论等。

（2）特别代理。对于特殊诉讼权利的代理必须要明确授权，特别代理权限可以承认、放弃、变更诉讼请求，进行和解，请求调解，提起反诉或者上诉等。如果授权委托书中仅写"全权代理"而无具体授权，只能理解为一般代理。

4. 代理的法律效果。

（1）代理人的诉讼行为所产生的后果归于被代理人。

（2）当事人委托代理人后，本人可以出庭参加诉讼，也可以不再出庭参加诉讼。但是，离婚案件例外。委托了诉讼代理人的离婚诉讼的当事人，除了本人不能表达意志的，仍应当出庭参加诉讼；确因特殊情况无法出庭的，必须向人民法院提交书面意见。

【例】某市法院受理了中国人郭某与外国人珍妮的离婚诉讼，郭某委托黄律师作为代理人，授权委托书中仅写明代理范围为"全权代理"。关于委托代理的表述，下列哪一选项是正确的？（13年·卷三·42题）

A. 郭某已经委托了代理人，可以不出庭参加诉讼

B. 法院可以向黄律师送达诉讼文书，其签收行为有效

C. 黄律师可以代为放弃诉讼请求

D. 如果珍妮要委托代理人代为诉讼，必须委托中国公民

［答案］B

［解析］此案为涉外民事诉讼中的委托。离婚案件有诉讼代理人的，本人除不能表达意

思的以外，仍应出庭；确因特殊情况无法出庭的，必须向人民法院提交书面意见。此案是离婚案件，即使委托了诉讼代理人，无特殊情形当事人也应当出庭。A项错误。受送达人有诉讼代理人的，人民法院既可以向受送达人送达，也可以向其诉讼代理人送达。受送达人指定诉讼代理人为代收人的，向诉讼代理人送达时，适用留置送达。所以法院向律师送达，律师的签收行为有效。B项正确。授权委托书仅写"全权代理"而无具体授权的，诉讼代理人无权代为承认、放弃、变更诉讼请求，进行和解，提起反诉或者上诉。因此，黄律师的授权范围写的是"全权代理"视为一般授权，无权代为放弃诉讼请求。C项错误。涉外案件中当事人要委托律师代为诉讼，必须委托中国律师。但如果其委托一般人作为诉讼代理人，则可以委托其本国人作为诉讼代理人。D项不正确。

5. 代理的方式。

（1）一般为书面委托。

（2）可以口头委托：适用简易程序审理的案件，双方当事人同时到庭并径行开庭审理的，可以当场口头委托诉讼代理人，由人民法院记入笔录。

《民诉法》第五十九条　委托他人代为诉讼，必须向人民法院提交由委托人签名或者盖章的授权委托书。

授权委托书必须记明委托事项和权限。诉讼代理人代为承认、放弃、变更诉讼请求，进行和解，提起反诉或者上诉，必须有委托人的特别授权。

侨居在国外的中华人民共和国公民从国外寄交或者托交的授权委托书，必须经中华人民共和国驻该国的使领馆证明，没有使领馆的，由与中华人民共和国有外交关系的第三国驻该国的使领馆证明，再转由中华人民共和国驻该第三国使领馆证明，或者由当地的爱国华侨团体证明。

《民诉法》第六十二条　离婚案件有诉讼代理人的，本人除不能表达意思的以外，仍应出庭；确因特殊情况无法出庭的，必须向人民法院提交书面意见。

《民诉解释》第八十九条　当事人向人民法院提交的授权委托书，应当在开庭审理前送交人民法院。授权委托书仅写"全权代理"而无具体授权的，诉讼代理人无权代为承认、放弃、变更诉讼请求，进行和解，提出反诉或者提起上诉。

适用简易程序审理的案件，双方当事人同时到庭并径行开庭审理的，可以当场口头委托诉讼代理人，由人民法院记入笔录。

▌真题演练

1. 甲向大恒银行借款100万元，乙承担连带保证责任，甲到期未能归还借款，大恒银行向法院起诉甲乙二人，要求其履行债务。关于诉的合并和共同诉讼的判断，下列哪些选项是正确的？① （13年·卷三·77题）

A. 本案属于诉的主体的合并　　　　　B. 本案属于诉的客体的合并
C. 本案属于必要共同诉讼　　　　　　D. 本案属于普通共同诉讼

2. 常年居住在Y省A县的王某早年丧妻，独自一人将两个儿子和一个女儿养大成

① AC

人。大儿子王甲居住在 Y 省 B 县，二儿子王乙居住在 Y 省 C 县，女儿王丙居住在 W 省 D 县。2000 年以来，王某的日常生活费用主要来自大儿子王甲每月给的 800 元生活费。2003 年 12 月，由于物价上涨，王某要求二儿子王乙每月也给一些生活费，但王乙以自己没有固定的工作、收入不稳定为由拒绝。于是，王某将王乙告到法院，要求王乙每月支付给自己赡养费 500 元。关于本案当事人的确定，下列选项正确的是？① （09 年·卷三·97 题）

　　A. 王某是本案的唯一原告

　　B. 王乙是本案的唯一被告

　　C. 王乙与王丙应当是本案的被告，王甲不是本案的被告

　　D. 王乙、王丙和王甲应当是本案的被告

　　3. 关于当事人的诉讼处分行为，下列哪些选项是正确的？② （08 年四川·卷三·80 题）

　　A. 必要共同原告中一人或数人与对方当事人达成和解协议经其他共同原告的承认，才对其他共同原告发生效力

　　B. 诉讼代表人与对方当事人进行和解，必须经被代表的当事人同意

　　C. 无独立请求权第三人可以承认、放弃、变更诉讼请求，进行和解，申请撤诉

　　D. 法定诉讼代理人代为承认、放弃、变更诉讼请求，进行和解，必须有当事人的特别授权

　　4. 关于民事诉讼中的法定代理人，下列哪些选项是正确的？③ （07 年·卷三·86 题）

　　A. 法定代理人的被代理人都是无诉讼行为能力或限制行为能力的人

　　B. 法定代理人与诉讼当事人在诉讼上具有相同的诉讼地位

　　C. 法定代理人在诉讼中所实施的行为和发生的诉讼事件的法律后果与当事人所实施的行为和发生的诉讼事件的法律后果相同

　　D. 法定代理人与当事人都属于诉讼参加人的范畴

　　5. 甲公司董事会作出一项决议，部分股东认为该决议违反公司章程，欲通过诉讼请求法院撤销董事会的决议。这些股东应当如何提起诉讼？④ （06 年·卷三·43 题）

　　A. 以股东会名义起诉公司　　　　　　B. 以公司名义起诉董事会

　　C. 以股东名义起诉董事会　　　　　　D. 以股东名义起诉公司

　　6. 某大学 4 名师生联名起诉甲公司污染某条大河，请求判决甲公司出资治理该河流的污染。起诉者除列了 4 名师生外，还列了该河流中的某著名岛屿作为原告，法院没有受理。对此下列哪些说法符合法律规定？⑤ （06 年·卷三·88 题）

---

① AD
② AB
③ AD
④ D
⑤ BC

A. 只有自然人和法人能够成为民事诉讼当事人

B. 本案当事人不适格

C. 本案属于侵权诉讼,被污染河段流经地区的法院均有管辖权

D. 本案起诉属于公益诉讼,现行民事诉讼法没有规定

7. 甲被生前工作单位申报为革命烈士,某报对甲的事迹进行了宣传。乙四处散布言论贬损甲。对乙的行为,谁可以向法院提起精神损害赔偿诉讼?① (05 年·卷三·46 题)

A. 甲生前的工作单位   B. 甲的子女

C. 宣传甲事迹的某报社   D. 批准甲为烈士的某省政府

8. 郑某因与某公司发生合同纠纷,委托马律师全权代理诉讼,但未作具体的授权。此种情况下,马律师在诉讼中有权实施下列哪一行为?② (04 年·卷三·37 题)

A. 提出管辖权异议   B. 提起反诉

C. 提起上诉   D. 部分变更诉讼请求

---

①   B

②   A

06

第六章
民事诉讼证据与证明

　　本章是民事诉讼中的重点、难点和高频考点。本章的重点：书证、物证、视听资料与电子数据的判断；证人证言；鉴定意见；专家辅助人；证据的分类；自认；证明责任的分配；法院调查收集证据的范围；诉前证据保全与诉讼中证据保全的比较；举证期限；质证的主体与内容；补强证据规则。

本章知识框架

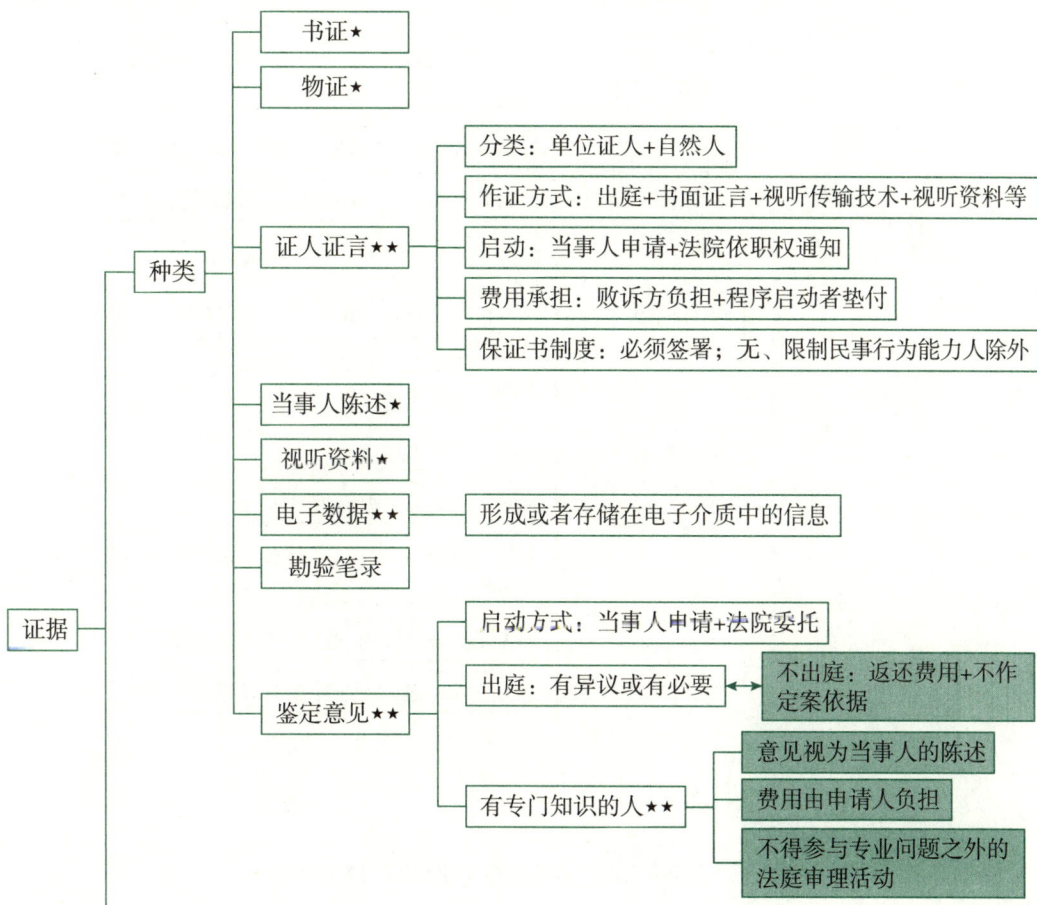

```
证据 ─── 种类 ─┬─ 书证★
              ├─ 物证★
              ├─ 证人证言★★ ─┬─ 分类：单位证人+自然人
              │               ├─ 作证方式：出庭+书面证言+视听传输技术+视听资料等
              │               ├─ 启动：当事人申请+法院依职权通知
              │               ├─ 费用承担：败诉方负担+程序启动者垫付
              │               └─ 保证书制度：必须签署；无、限制民事行为能力人除外
              ├─ 当事人陈述★
              ├─ 视听资料★
              ├─ 电子数据★★ ─── 形成或者存储在电子介质中的信息
              ├─ 勘验笔录
              └─ 鉴定意见★★ ─┬─ 启动方式：当事人申请+法院委托
                             ├─ 出庭：有异议或有必要 ⟷ 不出庭：返还费用+不作定案依据
                             └─ 有专门知识的人★★ ─┬─ 意见视为当事人的陈述
                                                  ├─ 费用由申请人负担
                                                  └─ 不得参与专业问题之外的法庭审理活动
```

```
                   ┌─── 与举证责任的关系：本证与反证★★
              分类 ├─── 证据的来源：原始数据与派生证据★★
                   └─── 与待证事实之间的关系：直接证据与间接证据★★

                   ┌─── 证明对象：需要由证据加以证明的案件事实
                   │
              证明对象│         ┌─── 自然规律和定理 ⇨ 众所周知的事实
                   │         │
                   └─ 免证事实 ├─── 推定        ⇨ 生效文书确认的事实
                      ★★     │
                             │         ┌─── 形式：明示+默示+代理人承认
                             └─ 自认    │
                                ★★    │         ┌─── 涉及国家利益、社会公共利益、
                                      │         │    他人合法权益的事实不自认
                                      └─ 效力 ├─── 调解和解无自认，双方同意除外
                                               │
                                               └─── 身份关系不自认

   证明           ┌─── 合同
       证明责任 ─ 谁主张，│
        ★★   谁举证 └─── 侵权：受害方证明侵权责任构成要件；加害方证
                        明有免责事由

             证明标准 ┌─── 一般：高度盖然性的标准
              ★★   │
                   └─── 特殊：排除合理怀疑（欺诈、胁迫、恶意串通事实+口头遗嘱
                        或者赠与事实）

                   ┌─ 证据的收集 ┌─── 收集方式 ── 当事人收集 ⇨ 法院收集
                   │    ★★    └─── 证据的保全 ── 诉前保全 ⇨ 诉讼保全
                   │
                   │         ┌─── 确定方式：法院指定或当事人协商
                   │  举证期限 │
                   │   ★★   ├─── 效力：申请延长举证期限、申请鉴定、申请
              证明过程│         │    法院调查取证、申请证人出庭作证
                   │         └─── 逾期：不予采纳；采纳但训诫、罚款
                   │
                   │         ┌─── 主体：当事人
                   │  质证★★ ├─── 时间：法庭+审理前的准备阶段
                   │         └─── 不公开质证：涉及国家秘密、商业秘密和个
                   │              人隐私
                   │
                   └─ 认证★ ┌─── 非法证据排除规则 ⇨ 补强证据规则
                           └─── 证明妨碍规则   ⇨ 最佳证据规则
```

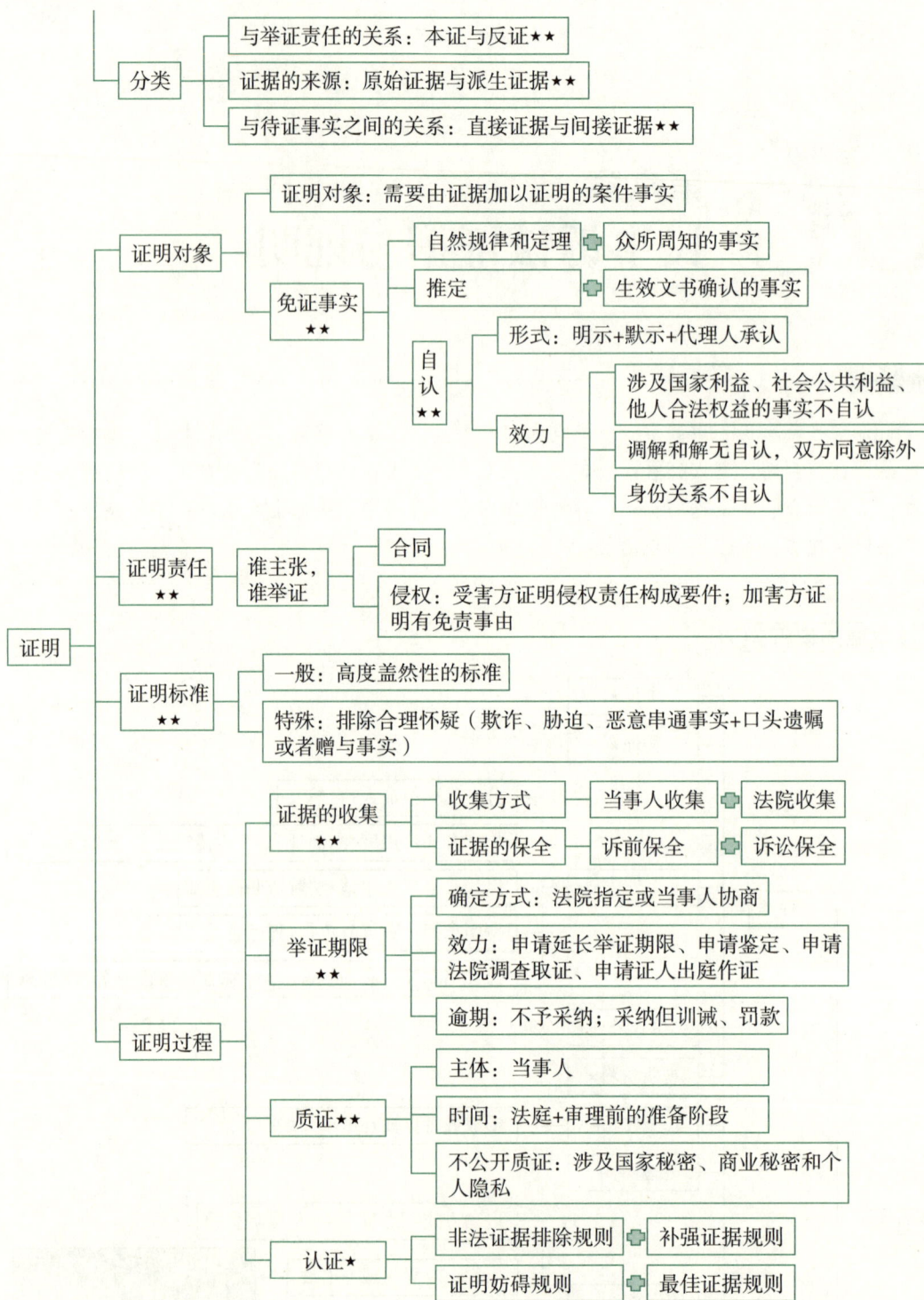

一、民事证据概述

（一）民事证据的概念

民事证据，指在民事诉讼中能够证明案件真实情况的各种资料。

（二）民事诉讼证据的特征

不是所有的证据材料都能够转化为定案根据，证据材料要转化成为定案根据，必须具备以下特征：

1. 客观性，即民事证据必须是客观存在的事实。

2. 关联性，即民事证据必须与待证的案件事实有内在的联系。

3. 合法性，包括两方面的要求，一是证据应按法定要求取得；二是实体法要求某些法律行为必须采用法定形式的，作为证明这些法律行为的事实材料就应当具备这些法律形式。

二、民事证据的种类

（一）当事人陈述

当事人陈述即当事人就案件情况向法院作出的叙述。

1. 可以要求当事人本人到庭，就案件有关事实接受询问。在询问当事人之前，可以要求其签署保证书。保证书应当载明据实陈述、如有虚假陈述愿意接受处罚等内容。当事人应当在保证书上签名或者捺印。

2. 负有举证证明责任的当事人拒绝到庭、拒绝接受询问或者拒绝签署保证书，待证事实又欠缺其他证据证明的，人民法院对其主张的事实不予认定。

3. 如果当事人对自己的主张，只有本人陈述而不能提出其他相关证据的，其主张不予支持，但对方当事人认可的除外。

《民诉解释》第一百一十条　人民法院认为有必要的，可以要求当事人本人到庭，就案件有关事实接受询问。在询问当事人之前，可以要求其签署保证书。

保证书应当载明据实陈述、如有虚假陈述愿意接受处罚等内容。当事人应当在保证书上签名或者捺印。

负有举证证明责任的当事人拒绝到庭、拒绝接受询问或者拒绝签署保证书，待证事实又欠缺其他证据证明的，人民法院对其主张的事实不予认定。

（二）书证

书证，是指以文字、符号、图案所反映出来的思想内容来证明案件事实的材料，即书证的核心是以具体载体上的内容来证明案件事实。

1. 书证的形式与效力。

（1）书证应当提交原件；提交书证原件确有困难，才可以提供复印件。人民法院应当结合其他证据和案件具体情况，审查判断书证复制品等能否作为认定案件事实的根据。

（2）提交书证原件确有困难，包括下列情形：

①书证原件遗失、灭失或者毁损的；

②原件在对方当事人控制之下，经合法通知提交而拒不提交的；

③原件在他人控制之下，而其有权不提交的；

④原件因篇幅或者体积过大而不便提交的；

⑤承担举证证明责任的当事人通过申请人民法院调查收集或者其他方式无法获得书证原件的。

2. 推定书证成立规则。

书证在对方当事人控制之下的，承担举证证明责任的当事人可以在举证期限届满前书面申请人民法院责令对方当事人提交。申请理由成立的，人民法院应当责令对方当事人提交，因提交书证所产生的费用，由申请人负担。对方当事人无正当理由拒不提交的，人民法院可以认定申请人所主张的书证内容为真实。

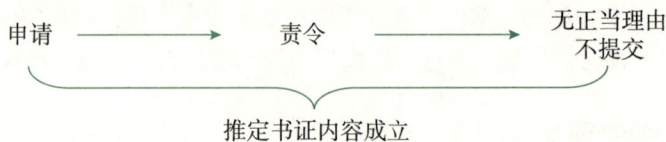

申请 ⟶ 责令 ⟶ 无正当理由
不提交

推定书证内容成立

【例】 叶某诉汪某借款纠纷案，叶某向法院提交了一份内容为汪某向叶某借款 3 万元并收到该 3 万元的借条复印件，上有"本借条原件由汪某保管，借条复印件与借条原件具有同等效力"字样，并有汪某的署名。法院据此要求汪某提供借条原件，汪某以证明责任在原告为由拒不提供，后又称找不到借条原件。证人刘某作证称，他是汪某向叶某借款的中间人，汪某向叶某借款的事实确实存在；另外，汪某还告诉刘某，他在叶某起诉之后把借条原件烧毁，汪某在法院质证中也予以承认。在此情况下，下列哪些选项是正确的？（17 年·卷三·80 题）

A. 法院可根据叶某提交的借条复印件，结合刘某的证言对案涉借款事实进行审查判断

B. 叶某提交给法院的借条复印件是案涉借款事实的传来证据

C. 法院可认定汪某向叶某借款 3 万元的事实

D. 法院可对汪某进行罚款、拘留

［答案］ ABCD

［解析］ 叶某提交的借条复印件和刘某的证言相互印证，且都是合法证据，法院可根据这两项证据对借款事实进行审查判断。A 项正确。

借条复印件经过转手，是第二手证据，也就是传来证据。B 项正确。

《民诉解释》第 112 条规定，书证在对方当事人控制之下的，承担举证证明责任的当事人可以在举证期限届满前书面申请人民法院责令对方当事人提交。申请理由成立的，人民法院应当责令对方当事人提交，因提交书证所产生的费用，由申请人负担。对方当事人无正当理由拒不提交的，人民法院可以认定申请人所主张的书证内容为真实。叶某向法院提交了一份内容为汪某向叶某借款 3 万元并收到该 3 万元的借条复印件，上有"本借条原件由汪某保管，借条复印件与借条原件具有同等效力"字样，并有汪某的署名，说明书证在汪某控制之下，法院要求汪某提供借条原件，汪某以证明责任在原告为由拒不提供，法院就可以推定书证所能证明的内容为真实。C 项正确。

《民事诉讼法》第 111 条规定，诉讼参与人或者其他人有下列行为之一的，人民法院可以根据情节轻重予以罚款、拘留；构成犯罪的，依法追究刑事责任：（一）伪造、毁灭重要证据，妨碍人民法院审理案件的。汪某在叶某起诉之后把借条原件烧毁，构成妨害民事诉讼的行为。针对妨碍民事诉讼的行为，法院可以采取罚款、拘留的强制措施。D 项正确。

【例】 哥哥王文诉弟弟王武遗产继承一案，王文向法院提交了一份其父生前关于遗产分配方案的遗嘱复印件，遗嘱中有"本遗嘱的原件由王武负责保管"字样，并有王武的签名。王文在举证责任期间书面申请法院责令王武提交遗嘱原件，法院通知王武提交，但王武无正当理由拒绝提交。在此情况下，依据相关规定，下列哪些行为是合法的？（16 年·卷三·80 题）

A. 王文可只向法院提交遗嘱的复印件

B. 法院可依法对王武进行拘留

C. 法院可认定王文所主张的该遗嘱能证明的事实为真实

D. 法院可根据王武的行为而判决支持王文的各项诉讼请求

[答案] AC

[解析]《民诉解释》第 112 条规定，书证在对方当事人控制之下的，承担举证证明责任的当事人可以在举证期限届满前书面申请人民法院责令对方当事人提交。申请理由成立的，人民法院应当责令对方当事人提交，因提交书证所产生的费用，由申请人负担。对方当事人无正当理由拒不提交的，人民法院可以认定申请人所主张的书证内容为真实。

本案中遗嘱由王武保管，王文无法提供原件，因此可以只向法院提交遗嘱的复印件。A 项正确。

王武不提交证据的行为并不构成妨害民事诉讼的行为，不能对其采取拘留等强制措施，B 项错误。

王武拒不提交证据，王文申请法院责令其提交，王武无正当理由拒不提交，法院可以推定该书证的内容为真实。C 项正确。

推定遗嘱的这一项证据的内容为真实，并不代表王文的各项诉讼请求均能成立，D 项错误。

3. 公文书效力优先：国家机关或者其他依法具有社会管理职能的组织，在其职权范围内制作的文书所记载的事项推定为真实，但有相反证据足以推翻的除外。

4. 妨碍取证：持有书证的当事人以妨碍对方当事人使用为目的，毁灭有关书证或者实施其他致使书证不能使用行为的，人民法院可以对其处以罚款、拘留。

《民诉解释》第一百一十二条　书证在对方当事人控制之下的，承担举证证明责任的当事人可以在举证期限届满前书面申请人民法院责令对方当事人提交。

申请理由成立的，人民法院应当责令对方当事人提交，因提交书证所产生的费用，由申请人负担。对方当事人无正当理由拒不提交的，人民法院可以认定申请人所主张的书证内容为真实。

《民诉解释》第一百一十三条　持有书证的当事人以妨碍对方当事人使用为目的，毁灭有关书证或者实施其他致使书证不能使用行为的，人民法院可以依照民事诉讼法第一百一十一条规定，对其处以罚款、拘留。

《民诉解释》第一百一十四条　国家机关或者其他依法具有社会管理职能的组织，在其职权范围内制作的文书所记载的事项推定为真实，但有相反证据足以推翻的除外。必要时，人民法院可以要求制作文书的机关或者组织对文书的真实性予以说明。

（三）物证

物证，是指以其存在的外形、特征、质量、性能、所处位置等外部特征证明案件待证事实的物品和痕迹。

【注意】书证和物证的区别：书证是用事实材料表达的思想内容来证明案件事实，物证是用事实材料的物质特征来证明案件事实。

因为证明对象不同，可能会使同一件事实材料在不同情形下表现出不同的证据属性，从而归于不同的类别。

【例】一块手表当用表面上显示的时间来证明事故发生时间时，这块表是书证，当用手表的破损程度来证明损害赔偿请求人所遭受的物质损失时，这块表是物证。在判断某件证据材料究竟是何种法定证据时，首先应明确要证明的对象是什么，然后再根据证据的特性判断。

【例】在一起案件中，同一证据可能既是书证又是物证。例如，甲某持一张借条向法院起诉，要求乙某归还所借的 2 万元，而乙某则称该借条不是自己亲笔书写，而是甲某伪造的。用借条所反映的内容证明借贷法律关系的存在是书证，用字迹特征来证明借条是伪造的是物证。

（四）视听资料

视听资料，是指以录音带、录像带等所储存的信息证明案件事实所形成的证据。视听资料的范围主要限于录音资料和录像资料。

1. 视听资料通常包括：录音带、录像带、唱片、电影胶片等。

2. 视听资料区别于书证：书证和视听资料都是以其内容来证明案件事实，但视听资料的音像、图像或存储资料等，不限于以文字和符号来表达思想内容，而是独立地反映了案件的真实情况和法律事实，书证是静态地反映待证事实，而视听资料则是动态说明了待证事实的现实情景。

视听资料区别于物证：物证是以自己的客观存在来证明待证事实，而视听资料是以音像、图像、储存资料的内容等来证明案件的待证事实。

（五）电子数据

电子数据即电子证据。

典型意义上的电子数据主要有：（1）通过电子邮件、电子数据交换、网上聊天记录、博客、微博客、手机短信、电子签名、域名等形成或者存储在电子介质中的信息。（2）存储在电子介质中的录音资料和影像资料，适用电子数据的规定。

【小结】

1. 电子数据的判断看介质。

2. 与其他证据种类竞合时，电子数据优先。

【如】1. 比如李四向张三借钱，正常情况下打借条，借条是书面的。这叫书证。

现在张三是在两地发短信文字的，跟张三说借 2 万元，张三说没问题，把账号打过来。然后打完了钱张三跟李四说钱已经打到你指定账户了，你查收一下，李四说收到六个月之内还钱，形成和存储在电子介质中，所以不算书证了，算电子数据。

比如上述这段话微信语音方式发送的，交流全部用语音方式来呈现，现在李四不还钱，张三拿着这个微信语音是录音，但它存储在电子介质中不算视听资料，是电子数据。

2. 张三和李四撞车了，然后警察出警了之后就把现场撞的那个情况用数码相机拍了一张照片。现在张三去起诉李四侵权，然后就用 U 盘从警察那里把那个现场的照片给拷贝下来了，向法院提交作为证据使用。请问这个照片是什么证据种类？形成和存储在电子介质中，所以属于电子数据。

【例】张某驾车与李某发生碰撞，交警赶到现场后用数码相机拍摄了碰撞情况，后李某提起诉讼，要求张某赔偿损失，并向法院提交了一张光盘，内附交警拍摄的照片。该照片属于下列哪一种证据？（14 年·卷三·48 题）

A. 书证   B. 鉴定意见

C. 勘验笔录　　　　　　　　　　　　D. 电子数据

[答案] D

[解析] 该照片不是专业人员对案件中的专门性问题所做的说明，因此不属于鉴定意见；也不是特定主体对案件全貌所做的客观描述和记录，因此也不是勘验笔录；书证是以文字、符号等内容来证明案件事实，此案的照片是用来固定李某受损害程度的，不是以照片内容证明案件事实，不属于书证。此案照片的性质比较特殊，是以数码相机拍摄的，其存在和载体是以特定的电子信号为特征的，因此属于电子数据。应选 D 项。

《民诉解释》第一百一十六条　视听资料包括录音资料和影像资料。

电子数据是指通过电子邮件、电子数据交换、网上聊天记录、博客、微博客、手机短信、电子签名、域名等形成或者存储在电子介质中的信息。

存储在电子介质中的录音资料和影像资料，适用电子数据的规定。

（六）证人证言

证人证言，是指当事人之外了解案件有关情况的人向人民法院就自己知道的案件事实所作的陈述。

1. 证人包括单位与个人。

【注意】在民事诉讼中，单位可以作为证人，而刑事诉讼中则不可以。

（1）单位作证的方式：单位向人民法院提出的证明材料，应当由单位负责人及制作证明材料的人员签名或者盖章，并加盖单位印章。

（2）单位作证的效力：人民法院就单位出具的证明材料，可以向单位及制作证明材料的人员进行调查核实。必要时，可以要求制作证明材料的人员出庭作证。单位及制作证明材料的人员拒绝人民法院调查核实，或者制作证明材料的人员无正当理由拒绝出庭作证的，该证明材料不得作为认定案件事实的根据。

【小结】单位作证，需要具备"三章两义务"。

2. 不能正确表达意思的人，不能作为证人。待证事实与其年龄、智力状况或者精神状况相适应的无民事行为能力人和限制民事行为能力人，可以作为证人。

3. 作证方式：出庭作证、书面证言、视听传输技术或者视听资料等方式。

（1）证人必须出庭作证。可以不出庭作证的法定情形：①因健康原因不能出庭的；②因路途遥远，交通不便不能出庭的；③因自然灾害等不可抗力不能出庭的；④其他有正当理由不能出庭的。

（2）证人不出庭时，替代性的作证方式主要有三种：提交书面证言、提交视听资料、通过视听传输技术作证。

（3）证人出庭的程序启动：当事人申请或法院依职权通知。

未经人民法院通知，证人不得出庭作证，但双方当事人同意并经人民法院准许的除外。

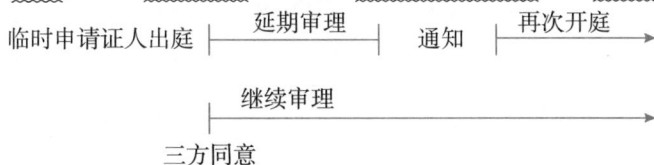

```
临时申请证人出庭 ├── 延期审理 ──┤  通知  ├── 再次开庭 ──→

          ├────────── 继续审理 ──────────────→
             三方同意
```

4. 证人保证书。

（1）证人出庭作证前法院应当告知其如实作证的义务以及作伪证的法律后果，并签署保证书，但无民事行为能力人和限制民事行为能力人除外。

（2）证人拒绝签署保证书的，不得作证，并自行承担相关费用。

【如】三个证人，一男一女两个，然后一个 14 岁的小孩未成年。现在法院要求他们签保证书，这个男证人签了，女证人没有签，14 岁的小孩没有签保证书，请问谁能作证？男证人和 14 岁的小朋友是可以作证的。

5. 证人出庭作证费用的补偿。

证人因履行出庭作证义务而支出的交通、住宿、就餐等必要费用以及误工损失，由败诉一方当事人负担。当事人申请证人作证的，由该当事人先行垫付；当事人没有申请，人民法院通知证人作证的，由人民法院先行垫付。

【例】判断：

1. 限制行为能力的未成年人可以附条件地作为证人。（正确）

分析：限制民事行为能力人所作的与其年龄和智力状况相当的证言，可以作为认定案件事实的依据，也就是限制民事行为能力的未成年人可以作为证人。

2. 证人因出庭作证而支出的合理费用，由提供证人的一方当事人承担。（错误）

分析：证人出庭费用的最终承担人不是提供证人的一方当事人，而是败诉方。

3. 证人在法院组织双方当事人交换证据时出席陈述证言的，可视为出庭作证。（正确）

分析：证人应当出庭作证，接受当事人的质询。证人在人民法院组织双方当事人交换证据时出席陈述证言的，可视为出庭作证。

4. "未成年人所作的与其年龄和智力状况不相当的证言不能单独作为认定案件事实的依据"，是关于证人证言证明力的规定。（正确）

分析："未成年人所作的与其年龄和智力状况不相当的证言不能单独作为认定案件事实的依据"，是指此类证据需要其他证据对其证明力进行补强，其证明力要低于其他证据的证明力，是关于证人证言证明力的规定。

5. 凡是了解案件情况的人都有义务出庭作证。（正确）

分析：凡是知道案件情况的单位和个人，都有义务出庭作证。不能正确表达意思的人，不能作为证人。

6. 当事人申请证人出庭作证应当经人民法院许可。（正确）

分析：当事人申请证人出庭作证，应当在举证期限届满 10 日前提出，并经人民法院许可。

7. 与当事人一方有亲戚关系的人不能作为证人。（错误）

分析：与当事人一方有利害关系的人可以作为证人，只是其所作出的证言不能单独作为定案依据；而且其所作出的有利于当事人的证言，其证明力小于其他证人证言。与当事人一方有亲戚关系的人，就是有利害关系的人，适用上述规定，因此说其不能作为证人是错误的。

8. 无诉讼行为能力的人在一定情况下可以作为证人。（正确）

分析：待证事实与其年龄、智力状况或精神健康状况相适应的无民事行为能力人和限制民事行为能力人可以作为证人。

【例】杨青（15岁）与何翔（14岁）两人经常嬉戏打闹，一次，杨青失手将何翔推倒，致何翔成了植物人。当时在场的还有何翔的弟弟何军（11岁）。法院审理时，何军以证人身份出庭。关于何军作证，下列哪些说法不能成立？（17年·卷三·79题）

A. 何军只有11岁，无诉讼行为能力，不具有证人资格，故不可作为证人

B. 何军是何翔的弟弟，应回避

C. 何军作为未成年人，其所有证言依法都不具有证明力

D. 何军作为何翔的弟弟，证言具有明显的倾向性，其证言不能单独作为认定案件事实的根据

[答案] ABC

[解析]《民事诉讼法》第72条规定，凡是知道案件情况的单位和个人，都有义务出庭作证。有关单位的负责人应当支持证人作证。不能正确表达意思的人，不能作证。只要能够正确表达意思的人，都能够作为证人。何军作为了解案情的人，应该可以作为证人。A项错误。

证人不适用回避制度。B项错误。

《民诉证据规定》第69条规定，下列证据不能单独作为认定案件事实的依据：（一）未成年人所作的与其年龄和智力状况不相当的证言；（二）与一方当事人或者其代理人有利害关系的证人出具的证言；（三）存有疑点的视听资料；（四）无法与原件、原物核对的复印件、复制品；（五）无正当理由未出庭作证的证人证言。作为与当事人有利害关系的证人，何军所做的证言不能单独作为定案依据，证言的证明力较其他证据弱。C项错误，D项正确。

【例】张志军与邻居王昌因琐事发生争吵并相互殴打，之后，张志军诉至法院要求王昌赔偿医药费等损失共计3000元。在举证期限届满前，张志军向法院申请事发时在场的方强（26岁）、路芳（30岁）、蒋勇（13岁）出庭作证，法院准其请求。开庭时，法院要求上列证人签署保证书，方强签署了保证书，路芳拒签保证书，蒋勇未签署保证书。法院因此允许方强、蒋勇出庭作证，未允许路芳出庭作证。张志军在开庭时向法院提供了路芳的书面证言，法院对该证言不同意组织质证。关于本案，法院的下列哪些做法是合法的？（15年·卷三·79题）

A. 批准张志军要求事发时在场人员出庭作证的申请

B. 允许蒋勇出庭作证

C. 不允许路芳出庭作证

D. 对路芳的证言不同意组织质证

[答案] ABCD

[解析] 本案证人路芳年满30岁，其不签署保证书不得作证，因此不允许路芳出庭作证和不进行质证是正确的，C项、D项正确；蒋勇虽未签署保证书，但因其只有13岁，属于限制民事行为能力人，因此不签署保证书也可以作证，B项正确。当事人申请证人出庭作证的，应当在举证期限届满前提出。证人出庭作证可以依当事人申请，也可以由法院依职权决定。本案当事人申请，证人出庭作证在法定期限内提出，法院批准要求证人出庭作证的申请是正确的，A项正确。

《民诉法》第七十二条　凡是知道案件情况的单位和个人，都有义务出庭作证。有关单位的负责人应当支持证人作证。

不能正确表达意思的人，不能作证。

《民诉解释》第一百一十五条　单位向人民法院提出的证明材料，应当由单位负责人及制作证明材料的人员签名或者盖章，并加盖单位印章。人民法院就单位出具的证明材料，可以向单位及制作证明材料的人员进行调查核实。必要时，可以要求制作证明材料的人员出庭作证。

单位及制作证明材料的人员拒绝人民法院调查核实，或者制作证明材料的人员无正当理由拒绝出庭作证的，该证明材料不得作为认定案件事实的根据。

《民诉法》第七十三条　经人民法院通知，证人应当出庭作证。有下列情形之一的，经人民法院许可，可以通过书面证言、视听传输技术或者视听资料等方式作证：

（一）因健康原因不能出庭的；

（二）因路途遥远，交通不便不能出庭的；

（三）因自然灾害等不可抗力不能出庭的；

（四）其他有正当理由不能出庭的。

《民诉法》第七十四条　证人因履行出庭作证义务而支出的交通、住宿、就餐等必要费用以及误工损失，由败诉一方当事人负担。当事人申请证人作证的，由该当事人先行垫付；当事人没有申请，人民法院通知证人作证的，由人民法院先行垫付。

《民诉解释》第一百一十七条　当事人申请证人出庭作证的，应当在举证期限届满前提出。

符合本解释第九十六条第一款规定情形的，人民法院可以依职权通知证人出庭作证。

未经人民法院通知，证人不得出庭作证，但双方当事人同意并经人民法院准许的除外。

《民诉解释》第一百一十八条　民事诉讼法第七十四条规定的证人因履行出庭作证义务而支出的交通、住宿、就餐等必要费用，按照机关事业单位工作人员差旅费用和补贴标准计算；误工损失按照国家上年度职工日平均工资标准计算。

人民法院准许证人出庭作证申请的，应当通知申请人预缴证人出庭作证费用。

《民诉解释》第一百一十九条　人民法院在证人出庭作证前应当告知其如实作证的义务以及作伪证的法律后果，并责令其签署保证书，但无民事行为能力人和限制民事行为能力人除外。

证人签署保证书适用本解释关于当事人签署保证书的规定。

《民诉解释》第一百二十条　证人拒绝签署保证书的，不得作证，并自行承担相关费用。

（七）鉴定意见

鉴定意见是鉴定人运用专门的知识、经验和技能，对民事案件某些专门性问题进行分析、鉴别后所作出的意见。新《民事诉讼法》将"鉴定结论"改为"鉴定意见"，说明鉴定机构作出的意见仅具有参考价值，最终的决定权在法院。

1. 鉴定的启动方式：

（1）当事人申请鉴定。

鉴定人产生方式：①双方当事人协商确定具备资格的鉴定人；②协商不成的，由人民法院指定。

（2）法院委托鉴定：依职权确定鉴定人。

2. 鉴定人出庭。

（1）原因：

①当事人对鉴定意见有异议；

②人民法院认为鉴定人有必要出庭的。

【注意】 鉴定人不是一定要出庭，只在这两种情形下才必须出庭。

（2）不出庭的后果：

①鉴定意见不得作为认定事实的根据；

②支付鉴定费用的当事人可以要求返还鉴定费用。

3. 鉴定人的权利。

鉴定人有权了解进行鉴定所需要的案件材料，必要时可以询问当事人、证人。

4. 有专门知识的人出庭。

鉴定意见是专门性的知识，对于这些专业性很强的问题，当事人要想质证有一定难度，因此需要有专门知识的人——专家辅助人出庭帮助质证。

（1）法院通知：依当事人申请。

（2）人数：1~2人。

（3）性质：就鉴定人作出的鉴定意见或者专业问题提出意见，视为当事人的陈述。

（4）出庭费用承担：由提出申请的当事人负担。

【注意】

1. 有专门知识的人不是证人。证人出庭作证的费用由败诉方负担，而有专门知识的人出庭的费用是谁申请出庭谁负担，与胜诉还是败诉无关。

2. 有专门知识的人出庭只能依申请，但证人和鉴定人可以依申请也可以由法院依职权通知出庭。

【例】 甲公司诉乙公司专利侵权，乙公司是否侵权成为焦点。经法院委托，丙鉴定中心出具了鉴定意见书，认定侵权。乙公司提出异议，并申请某大学燕教授出庭说明专业意见。关于鉴定的说法，下列哪一选项是正确的？（13年·卷三·50题）

A. 丙鉴定中心在鉴定过程中可以询问当事人

B. 丙鉴定中心应当派员出庭，但有正当理由不能出庭的除外

C. 如果燕教授出庭，其诉讼地位是鉴定人

D. 燕教授出庭费用由乙公司垫付，最终由败诉方承担

［答案］A

［解析］鉴定人有权了解进行鉴定所需要的案件材料，必要时可以询问当事人、证人。A项正确。

本案中当事人乙公司对鉴定意见提出异议，鉴定人必须出庭，不存在有正当理由就可以不出庭的例外。B项错误。

燕教授是有专门知识的人，是专家辅助人，是帮助当事人对鉴定人所做的鉴定意见质证的人，其并不是鉴定人。C项错误。证人的出庭费用由申请其出庭的当事人垫付，最终由败诉方负担。燕教授是有专门知识的人，既不是鉴定人，也不是证人，其费用由聘请其出庭的当事人负担，并不是由败诉方负担。D项错误。

（5）限制：不得参与专业问题之外的法庭审理活动。

（八）勘验笔录

勘验笔录，是人民法院指派的勘验人员对案件的诉讼标的物和有关证据，经过现场勘验、调查所作的记录。勘验笔录的制作主体是审判人员，也包括审判人员指导下的人。鉴定意见是鉴定机构提供的意见，二者的主体不同。但是，人民法院可以要求鉴定人参与勘验。必要时，可以要求鉴定人在勘验中进行鉴定。

《民诉法》第七十六条　当事人可以就查明事实的专门性问题向人民法院申请鉴定。当事人申请鉴定的，由双方当事人协商确定具备资格的鉴定人；协商不成的，由人民法院指定。

当事人未申请鉴定，人民法院对专门性问题认为需要鉴定的，应当委托具备资格的鉴定人进行鉴定。

《民诉法》第七十七条　鉴定人有权了解进行鉴定所需要的案件材料，必要时可以询问当事人、证人。

鉴定人应当提出书面鉴定意见，在鉴定书上签名或者盖章。

《民诉解释》第一百二十一条　当事人申请鉴定，可以在举证期限届满前提出。申请鉴定的事项与待证事实无关联，或者对证明待证事实无意义的，人民法院不予准许。

人民法院准许当事人鉴定申请的，应当组织双方当事人协商确定具备相应资格的鉴定人。当事人协商不成的，由人民法院指定。

符合依职权调查收集证据条件的，人民法院应当依职权委托鉴定，在询问当事人的意见后，指定具备相应资格的鉴定人。

《民诉法》第七十八条　当事人对鉴定意见有异议或者人民法院认为鉴定人有必要出庭的，鉴定人应当出庭作证。经人民法院通知，鉴定人拒不出庭作证的，鉴定意见不得作为认定事实的根据；支付鉴定费用的当事人可以要求返还鉴定费用。

《民诉法》第七十九条　当事人可以申请人民法院通知有专门知识的人出庭，就鉴定人作出的鉴定意见或者专业问题提出意见。

《民诉解释》第一百二十二条　当事人可以依照民事诉讼法第七十九条的规定，在举证期限届满前申请一至二名具有专门知识的人出庭，代表当事人对鉴定意见进行质证，或者对案件事实所涉及的专业问题提出意见。

具有专门知识的人在法庭上就专业问题提出的意见，视为当事人的陈述。

人民法院准许当事人申请的，相关费用由提出申请的当事人负担。

《民诉解释》第一百二十三条　人民法院可以对出庭的具有专门知识的人进行询问。经法庭准许，当事人可以对出庭的具有专门知识的人进行询问，当事人各自申请的具有专门知识的人可以就案件中的有关问题进行对质。

具有专门知识的人不得参与专业问题之外的法庭审理活动。

三、民事证据的分类

民事证据的分类是按照一定标准对民事证据在学理上所作的划分。

1. 本证与反证：根据证据与证明责任负担者之间的关系不同，可以分为本证与反证。

（1）对待证事实负有举证责任一方当事人提出支持自己主张的证据为本证；对待证事实

不负有举证责任一方当事人提出反驳对方主张的证据为反证。例如甲诉乙偿还借款 1 万元，甲提供借条一张证明借款事实存在，因为甲对借款事实承担证明责任，则借条是本证；而乙提供一证人证明借条书写的时间乙与该证人在外国旅游，借款事实不存在，因为乙对借款事实不承担证明责任，则该证人证言是反证。

（2）原告、被告都有可能提出本证和反证，区分的关键在于谁对待证事实负有证明责任。（见图1，图2）

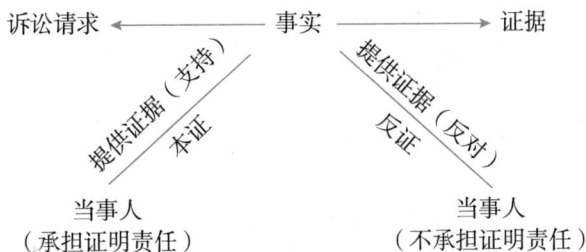

图 1

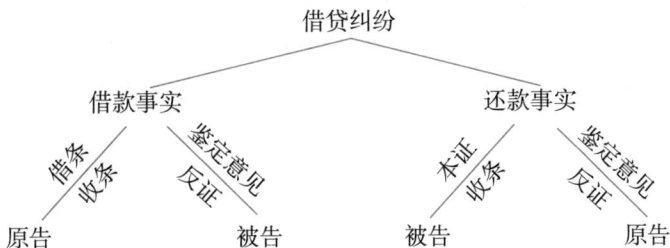

图 2

2. 直接证据与间接证据：根据是否能够单独证明案件主要事实，可以将证据分为直接证据和间接证据。

（1）直接证据是指能够单独、直接证明案件主要事实的证据。间接证据是指不能独立、直接证明案件主要事实的证据。间接证据必须结合其他的证据，使之形成"证据链条"才能对主要事实进行认定。

（2）直接证据的证明力大于间接证据的证明力。

【如】张三和李四的借款纠纷，李四打了借条，借贷的内容是 2 万元，还款期限是六个月。借条是直接证据。

张三借给李四 2 万元没打借条，当时给钱的时候是银行转账的方式过去的，所以提供转账凭条为证，转账凭条是个什么证据？间接证据。转账凭条只能证明张三曾经向李四打了 2 万元，但不能证明这 2 万元就是借款，转账凭条只能证明张三曾经给过李四 2 万元，不能证明他们之间是借贷法律关系。所以它是对借贷纠纷而言，转账凭条就是间接证据。

【例】周某与某书店因十几本工具书损毁发生纠纷，书店向法院起诉，并向法院提交了被损毁图书以证明遭受的损失。关于本案被损毁图书，属于下列哪些类型的证据？（10 年·卷三·83 题）

A. 直接证据　　　　　　　　　　B. 间接证据

C. 书证　　　　　　　　　　　　D. 物证

[答案] AD

[解析] 本题中纠纷，因此被毁损的图书直接证明了工具书损毁的后果这一案件事实，因此是直接证据。故 A 选项正确，B 选项错误。本题中，被损毁图书并不是以其内容证明案件事实的，而是以其破损的外部形态证明案件事实，因此它为物证，故 C 选项错误，D 选项正确。

3. 原始证据与传来证据：根据证据是否源于案件事实，可将证据分为原始证据与传来证据。

（1）原始证据是指直接产生于争议而未经中间环节传播的证据。例如，合同原本、侵权行为中的受损害物品、甲伤害乙的木棍等。传来证据是指不是直接产生于争议过程中，而是经过中间环节辗转得来的证据，是来源于证据的证据。例如，合同的复印件、依据受损害物品所制作的录像带、甲伤害乙木棍的照片等。

（2）原始证据的证明力大于传来证据的证明力。

【例】 关于证据理论分类的表述，下列哪一选项是正确的？（09 年·卷三·40 题）

A. 传来证据有可能是直接证据

B. 诉讼中原告提出的证据都是本证，被告提出的证据都是反证

C. 证人转述他人所见的案件事实都属于间接证据

D. 一个客观与合法的间接证据可以单独作为认定案件事实的依据

[答案] A

[解析] 原始证据是直接来源于案件事实而未经中间环节传播的证据；传来证据是由原始证据派生而来，经过转手传抄等第二手或者第二手以上的材料，如各种物证的复制品、证人转述从别人处听到的情况等。根据证据与案件事实的关系可以将证据分为直接证据和间接证据。直接证据是指能单独、直接证明案件主要事实的证据；间接证据是指不能单独、直接证明案件主要事实的证据。如果是经过了中间环节辗转得来，但是单独可以直接证明案件主要事实的证明，则该证据既是传来证据也是直接证据，所以传来证据有可能是直接证据。A 选项正确。

本证与反证与当事人在诉讼中是原告还是被告没有关系，而与证据是否是承担证明责任的人提出有直接关系。在诉讼中原告和被告都可以提出本证或反证证明自己的事实主张或者推翻对方所主张的事实，B 选项错误。

证人转述他人所见的案件事实属于传来证据，只要证人转述的事实能够独立的证明案件真相就属于直接证据，所以并不是证人转述他人所见的案件事实都属于间接证据，C 选项错误。

间接证据是指不能单独、直接证明案件主要事实的证据，间接证据本身就是不能单独、直接的证明案件主要事实，只有和其他证据配合构成证据链才能证明案件事实真相，即使是客观合法的间接证据也不能单独作为认定案件事实的依据，D 选项错误。

四、证明对象

证明对象是指诉讼中需要由证据加以证明的案件事实。

（一）证明对象与免证事实

1. 需要证明的案件事实：（1）当事人主张的实体法律事实；（2）当事人主张的程序法

律事实；（3）证据材料；（4）地方性法规（主要指非法院本地区的）和外国法律；（5）特别经验规则，主要是指专门性的特殊行业的经验法则。

2. 免证事实：（1）自然规律及定理；（2）众所周知的事实；（3）已经为人民法院发生法律效力的裁判所确认的事实；（4）已经为仲裁机构的生效裁决所证明的事实；（5）已经为有效的公证文书所证明的事实；（6）当事人自认的事实：一方当事人对另一方当事人主张的案件事实，明确表示承认的。但涉及身份关系的案件除外；（7）根据法律规定或已知事实和日常生活经验法则，能够推定出的另一事实。

【注意】前述的第（2）项和第（7）项，如果当事人有相反证据足以反驳的除外，前述的第（3）项~第（5）项，当事人有相反证据足以推翻的除外（详细参考《民诉解释》第93条）。

【如】1. 夫妻二人2000年结婚，现在2019年两个人离婚，孩子是10年出生的，那这孩子是婚姻关系存续期间出生的，那原则上就推定为婚生子女就是男方的孩子。男方可以用反证推翻，用亲子鉴定证明孩子不是男方的。

2. 李四诉张三说，张三欠了他50万，胜诉了，这个债权债务关系是2016年产生的，张三和他的妻子在17年的时候起诉离婚。在离婚案件审理过程当中，张三说了当时李四起诉我说我欠他50万，那个债权债务关系是婚姻关系存续期间的共同债务，因此在离婚案件当中认定我要求免证可不可以？可以。

（二）自认

自认，是指一方当事人对另一方当事人主张的案件事实，明确地表示承认。

【注意】自认不是认诺，自认是对对方当事人提出的事实的承认，认诺是对对方当事人全部或部分诉讼请求的承认。根据当事人的认诺，法院可以直接判决一方当事人胜诉或者败诉。

1. 自认的形式：

（1）明确承认：当事人对另一方当事人陈述的案件事实，明确地表示承认即构成自认，另一方当事人无需举证，但涉及身份关系的案件除外。

（2）默示承认：对对方陈述的事实不置可否，经审判人员充分说明并询问后仍不置可否的，视为自认。

【注意】默示承认一定要经过审判人员的充分说明并询问，否则不构成自认。

（3）委托代理人的承认。但是未经特别授权的代理人对事实的承认直接导致承认对方请求的除外，当事人在场但对其代理人的承认不作否认表示的，视为当事人的承认。

【案例】比如张三要求李四还款2万。自认形式有三种。

第一明示承认：张三说李四借钱了，李四说借了，是自认；李四说还了，也是一种自认。

第二默示承认，必须经过法院追问：张三说李四借钱了，李四不作声，法院说李四你借钱了吗？不说话。借钱了吗？如果你再不说话我们就认定借钱了，还不说话。构成自认。

第三诉讼代理人的承认原则上视为当事人的承认：

李四的特别授权的代理人说李四确实向张三借钱了，构成自认。

李四的一般授权的代理人说李四确实向张三借钱了，不构成自认，因为李四没有承认对方诉讼请求的权限；这种情况下，李四在场不表示反对，构成自认。

2. 自认效力的限制。

（1）对双方当事人无争议但涉及国家利益、社会公共利益或者他人合法权益的事实，人民法院可以责令当事人提供有关证据。即对于这样的事实，即使当事人自认，也需要提供证据证明。

（2）在诉讼中，当事人为达成调解协议或者和解的目的而做出妥协所涉及的对案件事实的认可，不得在其后的诉讼中作为对其不利的证据，但法律另有规定或者当事人均同意的除外。

（3）涉及身份关系的事实不能自认。

3. 自认的撤回。

（1）自认可以在法庭辩论终结前撤回。

（2）必须具备以下两个条件之一：①对方同意撤回。②证明自认是受胁迫或重大误解情况下做出的且与事实不符。

【例】下列哪一情形可以产生自认的法律后果？（15 年·卷三·40 题）

A. 被告在答辩状中对原告主张的事实予以承认

B. 被告在诉讼调解过程中对原告主张的事实予以承认，但该调解最终未能成功

C. 被告认可其与原告存在收养关系

D. 被告承认原告主张的事实，但该事实与法院查明的事实不符

［答案］A

［解析］一方当事人在法庭审理中，或者在起诉状、答辩状、代理词等书面材料中，对于己不利的事实明确表示承认的，另一方当事人无需举证证明。A 项正确。

对于涉及身份关系、国家利益、社会公共利益等应当由人民法院依职权调查的事实，不适用前款自认的规定。收养关系是身份关系的事实，不适用自认的规定，承认存在收养关系不产生自认的效力。C 项不当选。

自认的事实与查明的事实不符的，人民法院不予确认。D 项不能产生自认的效力。

在诉讼中，当事人为达成调解协议或者和解协议作出妥协而认可的事实，不得在后续的诉讼中作为对其不利的根据，但法律另有规定或者当事人均同意的除外。因此调解中所承认的事实不产生自认效力，B 项不当选。

【例】郭某诉张某财产损害一案，法院进行了庭前调解，张某承认对郭某财产造成损害，但在赔偿数额上双方无法达成协议。关于本案，下列哪一选项是正确的？（10 年·卷三·48 题）

A. 张某承认对郭某财产造成损害，已构成自认

B. 张某承认对郭某财产造成损害，可作为对张某不利的证据使用

C. 郭某仍需对张某造成财产损害的事实举证证明

D. 法院无需开庭审理，本案事实清楚可直接作出判决

［答案］C

［解析］在诉讼中，当事人为达成调解协议或者和解的目的作出妥协所涉及的对案件事实的认可，不得在其后的诉讼中作为对其不利的证据。张某在庭前调解中所做的承认，在其后的诉讼中不构成自认，不得作为对张某不利的证据使用。因此，A、B 选项错误，C 选项正确。第一审民事案件，法院未经开庭审理，不得裁判。所以，D 选项错误。

《民诉解释》第九十二条　一方当事人在法庭审理中，或者在起诉状、答辩状、代理词等书面材料中，对于己不利的事实明确表示承认的，另一方当事人无需举证证明。

对于涉及身份关系、国家利益、社会公共利益等应当由人民法院依职权调查的事实，不适用前款自认的规定。

自认的事实与查明的事实不符的，人民法院不予确认。

《民诉解释》第九十三条　下列事实，当事人无须举证证明：

（一）自然规律以及定理、定律；

（二）众所周知的事实；

（三）根据法律规定推定的事实；

（四）根据已知的事实和日常生活经验法则推定出的另一事实；

（五）已为人民法院发生法律效力的裁判所确认的事实；

（六）已为仲裁机构生效裁决所确认的事实；

（七）已为有效公证文书所证明的事实。

前款第二项至第四项规定的事实，当事人有相反证据足以反驳的除外；第五项至第七项规定的事实，当事人有相反证据足以推翻的除外。

《民诉解释》第一百零七条　在诉讼中，当事人为达成调解协议或者和解协议作出妥协而认可的事实，不得在后续的诉讼中作为对其不利的根据，但法律另有规定或者当事人均同意的除外。

五、证明责任

证明责任，又称举证责任，具体是指当作为裁判基础的法律要件事实在诉讼中处于真伪不明的状态时，由负有证明责任的一方承担诉讼上的不利后果。证明责任又分为结果意义上的证明责任和行为意义上的证明责任。

当案件事实处于非常明确（事实为真或事实为假）的情形时，法官依事实判案，不用依证明责任判案。例如甲诉乙欠款1万元的案件，甲拿出真实有效的借条，则借款事实为真，人民法院判甲胜诉；甲诉乙欠款1万元的案件，甲拿出的借条被乙证明是伪造的，则借款事实为假，人民法院判乙胜诉。而在案件真伪不明时，谁承担证明责任，谁就承担诉讼上的不利后果。证明责任的结果责任由哪一方当事人承担是由法律、法规、司法解释预先确定的，因此在诉讼中不存在在原告和被告之间相互转移的问题。

证明责任负担的一般原则——谁主张，谁举证。

这里的"主张"指作为证明对象的主张，如果当事人提出的某一主张不需要作为证明对象，则不产生当事人的举证责任。针对一个证明对象，积极事实的主张者承担证明责任，消极事实的主张者不负证明责任。例如，甲主张乙向甲借钱的事实是积极事实，而乙主张自己没有向甲借钱的事实是消极事实，对于借款事实这一积极事实，由甲承担证明责任。（见图1）

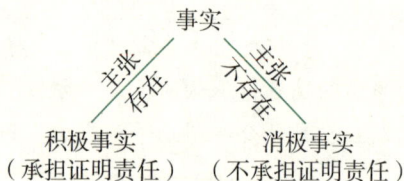

事实

主张存在 / 主张不存在

积极事实　　　　　　消极事实
（承担证明责任）　　（不承担证明责任）

图 1

【例】关于证明责任，下列哪些说法是正确的？（11 年·卷三·84 题）

A. 只有在待证事实处于真伪不明情况下，证明责任的后果才会出现

B. 对案件中的同一事实，只有一方当事人负有证明责任

C. 当事人对其主张的某一事实没有提供证据证明，必将承担败诉的后果

D. 证明责任的结果责任不会在原、被告间相互转移

［答案］　ABD

［解析］证明责任是指在民事诉讼中，应当由当事人对其主张的事实提供证据并予以证明，若诉讼终结时根据全案证据仍不能判明当事人主张的事实真伪，则由该当事人承担不利的诉讼后果。在民事诉讼中证明责任分为主观的证明责任和客观的证明责任：主观的证明责任又称为行为意义上的证明责任，客观的证明责任则称为结果意义上的证明责任。主观的证明责任又包含主张责任和提出证据的责任。结果意义上的证明责任与行为意义上的证明责任在民事诉讼中具有同等重要的作用。结果意义上的证明责任是法院在案件事实真伪不明状态下，根据法律预设的证明责任分配规则进行裁判的法律规范，对事实真伪不明时如何判决具有实质意义。它是由法律预先分配的，是不可转移的，具有指导当事人收集提供证据，为法院在待证事实真伪不明时提供裁判依据的作用。即任何主张争议事实的当事人，不能以充分的证据说服陪审团和法官，或者争执的结果真伪不明，便承担败诉的风险。行为意义上的证明责任是当事人在诉讼过程中，都必须用证据证明其主张的事实的可信性和诉讼行为的正当性。行为意义上的证明责任根据诉讼进行的情况动态分配，在双方当事人之间动态转换。它具有引导案件事实的证明不断深入的功能。所以 A 选项中证明责任的后果只有在案件真伪不明时才会出现，A 选项正确。

对案件的同一事实双方当事人应按照"谁主张，谁举证"的原则分配行为意义上的证明责任，对同一事实只能由一方当事人承担证明责任，B 选项正确。

当事人对其主张的某一事实没有提供证据证明，但如果对方当事人对其承认的，则会免除其举证责任，因此有可能胜诉；另外如果当事人主张的是消极事实，他对该事实不承担证明责任，此时即使他不举证，只要对待证事实承担证明责任的当事人不能证明待证事实，则消极事实主张者也可能会胜诉。C 选项的说法没有考虑到这两种情况是错误的。

证明责任的结果责任在案件开始时已经确定，不能在原被告之间转移，D 选项的说法是正确的。

【例】易某依法院对王某支付其 5 万元损害赔偿金之判决申请执行。执行中，法院扣押了王某的某项财产。案外人谢某提出异议，称该财产是其借与王某使用的，该财产为自己所有。法院经审查，认为谢某异议理由成立，遂裁定中止对该财产的执行。关于本案的表述，下列哪一选项是正确的？（17 年·卷三·41 题）

A. 易某不服该裁定提起异议之诉的，由易某承担对谢某不享有该财产所有权的证明责任

B. 易某不服该裁定提起异议之诉的，由谢某承担对其享有该财产所有权的证明责任

C. 王某不服该裁定提起异议之诉的，由王某承担对谢某不享有该财产所有权的证明责任

D. 王某不服该裁定提起异议之诉的，由王某承担对其享有该财产所有权的证明责任

[答案] B

[考点] 执行异议之诉证明责任的分配

[解析]《民诉解释》第311条规定，案外人或者申请执行人提起执行异议之诉的，案外人应当就其对执行标的享有足以排除强制执行的民事权益承担举证证明责任。

谢某以案外人身份对执行标的提出异议，法院裁定异议成立，则应由申请执行人易某提出异议之诉；法院如果裁定异议不成立，则应由案外人谢某提出异议之诉。但无论申请执行人还是案外人提出的异议之诉，均由案外人谢某承担对其享有该财产所有权的证明责任。B项正确。A项、C项、D项均错误。

（一）证明责任承担的一般情形

合同纠纷案件	（1）主张合同关系成立并生效的一方当事人对合同订立和生效的事实承担举证责任； （2）主张合同关系变更、解除、终止、撤销的一方当事人对引起合同关系变动的事实承担举证责任； （3）对合同是否履行发生争议的，由负有履行义务的当事人承担举证责任； （4）对代理权发生争议的，由主张有代理权的一方当事人承担举证责任。
一般侵权纠纷案件	（1）受害方证明侵权责任构成要件； （2）加害方证明有免责事由。 一般过错：4∶1；过错推定：3∶2；无过错：3∶1。
劳动争议纠纷案件	因用人单位作出开除、除名、辞退、解除劳动合同、减少劳动报酬、计算劳动者工作年限等决定而发生劳动争议的，由用人单位负举证责任。
法律没有明确规定，根据司法解释无法确定举证责任的承担者时，人民法院可以根据公平原则和诚实信用原则，综合当事人的举证能力等因素确定举证责任的承担。	

侵权案件证明责任的承担：

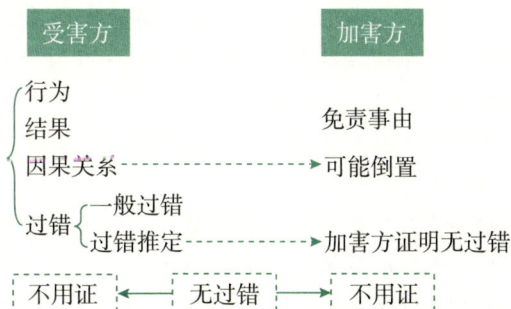

【例】王某诉钱某返还借款案审理中，王某向法院提交了一份有钱某签名、内容为钱某向王某借款5万元的借条，证明借款的事实；钱某向法院提交了一份有王某签名、内容为王

某收到钱某返还借款 5 万元并说明借条因王某过失已丢失的收条。经法院质证，双方当事人确定借条和收条所说的 5 万元是相对应的款项。关于本案，下列哪一选项是错误的？（17 年·卷三·39 题）

    A. 王某承担钱某向其借款事实的证明责任

    B. 钱某自认了向王某借款的事实

    C. 钱某提交的收条是案涉借款事实的反证

    D. 钱某提交的收条是案涉还款事实的本证

［答案］C

［解析］《民事诉讼法》中实行"谁主张，谁举证"的原则，本案中王某主张借款事实存在，其对借款事实承担证明责任，钱某主张还款事实存在，其对还款事实承担证明责任，A 项正确。

钱某向法院提交了一份有王某签名、内容为王某收到钱某返还借款 5 万元并说明借条因王某过失已丢失的收条。钱某提供收条，意味着其承认了其向王某借款的事实存在，同时主张了一项新的事实—还款事实。钱某承认了对方当事人王某主张的事实，构成自认。B 项正确。

本案借款事实由王某承担证明责任，还款事实由钱某承担证明责任。对待证事实承担证明责任的当事人提供的证明该事实的证据为本证，对待证事实不承担证明责任的当事人提供的证明该事实的证据为反证。钱某提供的收条与借款事实没有关系，是用来证明还款事实的，C 项错误。

钱某提交收条是为了证明还款事实，钱某对还款事实承担证明责任，因此收条是还款事实的本证。D 项正确。

【例】 薛某雇杨某料理家务。一天，杨某乘电梯去楼下扔掉厨房垃圾时，袋中的碎玻璃严重划伤电梯中的邻居乔某。乔某诉至法院，要求赔偿其各项损失 3 万元。关于本案，下列哪一说法是正确的？（17 年·卷三·40 题）

    A. 乔某应起诉杨某，并承担杨某主观有过错的证明责任

    B. 乔某应起诉杨某，由杨某承担其主观无过错的证明责任

    C. 乔某应起诉薛某，由薛某承担其主观无过错的证明责任

    D. 乔某应起诉薛某，薛某主观是否有过错不是本案的证明对象

［答案］D

［解析］《侵权责任法》第 35 条规定，个人之间形成劳务关系，提供劳务一方因劳务造成他人损害的，由接受劳务一方承担侵权责任。提供劳务一方因劳务自己受到损害的，根据双方各自的过错承担相应的责任。

根据上述规定，提供劳务一方杨某因劳务造成他人损害，应当起诉接受劳务的薛某，而不是提供劳务的杨某。A 项、B 项错误。

雇主责任，实行的无过错责任归责原则，接受劳务一方是否有过错在所不问，薛某主观是否有过错不是本案的证明对象。C 项错误，D 项正确。

（二）特殊侵权案件证明责任的分配

在特殊侵权案件中，并不是原告不负任何证明责任，原告原则上仍然对侵权责任构成的四个要件事实承担举证责任：（1）被告存在侵权行为的事实；（2）原告存在损害结果的事

实；（3）侵权行为和结果之间有因果关系；（4）被告对侵权行为的发生主观上有过错。原告证明了以上要件事实的情况下，转而由被告证明法律规定由其承担证明责任的事项，即可免责。下列侵权案件，按照以下规定承担证明责任：

1. 专利侵权责任。

由被告证明：产品制造方法不同于专利方法。

2. 高度危险责任。

由加害人就受害人故意造成损害的事实承担证明责任。

【例】县供电局安装的高压线电死了刘某的牛，刘某诉请损害赔偿，县供电局应就其对刘某的牛的死不存在过错承担举证责任，是否正确？

分析：错误。高压线路的经营人承担的是无过错责任，过错问题双方都不需要证明。

3. 环境污染责任。

由污染者证明：（1）法律规定的不承担责任的情形；（2）行为与损害之间不存在因果关系。

4. 物件损害责任。

（1）建筑物、构筑物或者其他设施及其搁置物、悬挂物发生倒塌、脱落、坠落造成他人损害，由所有人、管理人或者使用人证明自己没有过错。

（2）从建筑物中抛掷物品或者从建筑物上坠落的物品造成他人损害，难以确定具体侵权人，由可能加害的建筑物使用人证明自己不是侵权人。

（3）堆放物倒塌造成他人损害，由堆放人证明自己没有过错。

（4）因林木折断造成他人损害，由林木的所有人或者管理人证明自己没有过错。

（5）在公共场所或者道路上挖坑、修缮安装地下设施等造成他人损害，由施工人证明尽到管理职责，例如已设置明显标志和采取安全措施。

（6）窨井等地下设施造成他人损害，由管理人证明尽到管理职责。

5. 饲养动物责任。

（1）饲养的动物造成他人损害。

由动物饲养人或者管理人证明受害人有过错：①受害人故意；②受害人重大过失。

《侵权责任法》改变了《民诉证据规定》关于饲养动物侵权案件中被告的举证责任，过去被告只要能证明受害人或第三人存在过错即可免责，但现在呈现出两点不同：①被告仅仅证明受害人过错，并不能免除责任，必须证明受害人的过错达到重大过失或故意的程度；②在因第三人行为导致动物侵权的案件中，被告不能以第三人过错作为抗辩理由。

（2）动物园的动物造成他人损害，由动物园证明尽到管理职责。

6. 缺陷产品责任。

由产品的生产者就法律规定的免责事由承担举证责任。法律规定的免责事由，即至少存在下述情形之一：（1）未将产品投入流通的；（2）产品投入流通时，引起损害的缺陷尚不存在的；（3）将产品投入流通时的科学技术水平尚不能发现缺陷的存在的。

7. 共同危险责任。

由行为人证明：确定具体侵权人。

《侵权责任法》改变了《人身损害赔偿解释》对共同危险人规定的举证责任。根据《人身损害赔偿解释》，共同危险行为人能够证明损害后果不是由其行为造成的，不承担赔偿责任，但侵权责任法显然提高了共同危险人的举证难度，即单纯证明自己不是行为人已经不足以免责，而必须确切地证明具体侵权人是谁。

【例】一群孩子在一起嬉戏，小刘称自己是超人，能躲过子弹，于是让同伴小赵、小王、小李一起向自己扔石子儿。在躲过"枪林弹雨"之后，忽然被一记"冷枪"击中，小刘挂了彩。小赵称自己都是往旁边扔石子，并未真的往小刘身上扔，并有在场大人作证。小王和小李均称不是自己扔的，但是无法举证。问：小赵能否免责？

分析：小赵未能确定具体侵权人，仍要承担连带责任，不能免责。

8. 医疗损害责任。由医疗机构证明医疗行为与损害结果之间不存在因果关系。

根据《侵权责任法》第54条规定："患者在诊疗活动中受到损害，医疗机构及其医务人员有过错的，由医疗机构承担赔偿责任。"由此可知，医院不再对自己无过错承担举证责任，而患者应就医院存在过错承担举证责任。《侵权责任法》第58条规定："患者有损害，因下列情形之一的，推定医疗机构有过错：（一）违反法律、行政法规、规章以及其他有关诊疗规范的规定；（二）隐匿或者拒绝提供与纠纷有关的病历资料；（三）伪造、篡改或者销毁病历资料。"

9. 校园侵权。

（1）无民事行为能力人在幼儿园、学校或者其他教育机构学习、生活期间受到人身损害，幼儿园、学校或者其他教育机构承担的是过错推定责任，由幼儿园、学校或者其他教育机构证明尽到教育、管理职责。

（2）对于限制民事行为能力人在学校或者其他教育机构学习、生活期间受到人身损害，学校或者其他教育机构承担的是过错责任，原告应就学校或者其他教育机构未尽到教育、管理职责承担举证责任。

【总结】

案件类型	受害方	加害方
专利纠纷	证明侵权要件：①侵权行为②损害结果③侵权行为和结果之间存在因果关系④加害方主观上有过错（高度危险作业、环境污染、动物致害、产品责任案件、建筑物、构筑物或者其他设施倒塌造成他人损害，无需证明加害人主观过错）	产品制造方法不同于专利方法
高度危险作业		受害人有故意
环境污染		（1）无因果关系 （2）有免责事由
建筑物、构筑物、其他设施：搁置物、悬挂物		脱落、坠落：所有人或管理人无过错
抛掷物、坠落物		建筑物使用人证明自己不是侵权人
堆放物		堆放物倒塌：堆放人无过错
动物致害		受害人有过错
产品责任		有免责事由
共同危险		确定侵权人
医疗侵权		无因果关系
无行为能力人的校园侵权		尽到管理职责

【例】甲路过乙家门口，被乙叠放在门口的砖头砸伤，甲起诉要求乙赔偿。关于本案的证明责任分配，下列哪一说法是错误的？(12年·卷三·37题)

A. 乙叠放砖头倒塌的事实，由原告甲承担证明责任

B. 甲受损害的事实，由原告甲承担证明责任

C. 甲所受损害是由于乙叠放砖头倒塌砸伤的事实，由原告甲承担证明责任

D. 乙有主观过错的事实，由原告甲承担证明责任

[答案]　D

[解析]《侵权责任法》第88条规定："堆放物倒塌造成他人损害，堆放人不能证明自己没有过错的，应当承担侵权责任。"可见，堆放物倒塌致人损害的侵权案件采取的是过错推定原则，由被告承担证明自己没有过错的责任，而侵权责任的其他构成要件，包括主体、侵权行为、损害后果及因果关系仍然由原告举证。由此，A、B、C选项正确，D选项错误。

【例】王某承包了20亩鱼塘。某日，王某发现鱼塘里的鱼大量死亡，王某认为鱼的死亡是因为附近的腾达化工厂排污引起，遂起诉腾达化工厂请求赔偿。腾达化工厂辩称，根本没有向王某的鱼塘进行排污。关于化工厂是否向鱼塘排污的事实举证责任，下列哪一选项是正确的？（08年·卷三·33题）

A. 根据"谁主张、谁举证"的原则，应当由主张存在污染事实的王某负举证责任

B. 根据"谁主张、谁举证"的原则，应当由主张自己没有排污行为的腾达化工厂负举证责任

C. 根据"举证责任倒置"的规则，应当由腾达化工厂负举证责任

D. 根据本证与反证的分类，应当由腾达化工厂负举证责任

[答案]　A

[解析]　环境污染案件，根据《民诉证据规定》第4条第1款第（三）项规定，由加害人（被告）就法律规定的免责事由及其行为和损害结果之间不存在因果关系承担举证责任。而原告在环境污染案件中也要承担一定的举证责任，即要对被告排污的行为和自己的损失承担证明责任。因而，化工厂是否向鱼塘排污的行为要由原告承担证明责任，A选项正确，C选项错误。消极事实不是证明的对象，所以不存在证明责任分配的问题，故B选项错误。本证和反证的分类是按照是否承担证明责任来划分的，排污行为的证据，对原告来说属于本证，对于被告来说属于反证。提供反证的一方不负担举证责任，故D选项错误。

【例】三个小孩在公路边玩耍，此时，一辆轿车急速驶过，三小孩捡起石子向轿车扔去，坐在后排座位的刘某被一石子击中。刘某将三小孩起诉至法院。关于本案举证责任分配，下列哪些选项是正确的？（08年·卷三·80题）

A. 刘某应对三被告向轿车投掷石子的事实承担举证责任

B. 刘某应对其所受到损失承担举证责任

C. 三被告应对投掷石子与刘某所受损害之间不存在因果关系承担举证责任

D. 三被告应对其主观没有过错承担举证责任

[答案]　AB（司法部当年公布答案ABC）。

[解析]　此为共同危险行为，《侵权责任法》第10条规定："二人以上实施危及他人人身、财产安全的行为，其中一人或者数人的行为造成他人损害，能够确定具体侵权人的，由侵权人承担责任；不能确定具体侵权人的，行为人承担连带责任。"因此，共同危险人仅证明自己不是侵权人，亦即自己的行为与损害结果之间不存在因果关系已经不能达到免责的效果，必须确切地证明具体侵权人才能免责。《侵权责任法》在本题之后公布，因此正确答案

相应更改。

【例】甲养的宠物狗将乙咬伤，乙起诉甲请求损害赔偿。诉讼过程中，甲认为乙被咬伤是因为乙故意逗狗造成的。关于本案中举证责任的分配，下列哪一选项是正确的？（07 年·卷三·45 题）

A. 甲应当就乙受损害与自己的宠物狗没有因果关系进行举证

B. 甲应当对乙故意逗狗而遭狗咬伤的事实负举证责任

C. 乙应当就自己没有逗狗的故意负举证责任

D. 乙应当就自己受到甲的宠物狗伤害以及自己没有逗狗的故意负举证责任

[答案] B

[解析]《民诉证据规定》第 4 条规定，饲养动物致人损害的侵权诉讼，由动物饲养人或者管理人就受害人有过错或者第三人有过错承担举证责任；有关法律对侵权诉讼的举证责任有特殊规定的，从其规定。《侵权责任法》第 83 条规定："因第三人的过错致使动物造成他人损害的，被侵权人可以向动物饲养人或者管理人请求赔偿，也可以向第三人请求赔偿。动物饲养人或者管理人赔偿后，有权向第三人追偿。"根据上述规定，动物致害案件中，动物饲养人或者管理人只能就受害人有过错免责，而第三人过错不再是动物饲养人或者管理人的免责事由。题目中未涉及到第三人过错，由动物饲养人或者管理人就受害人有过错承担举证责任。其他事由仍由受害人负证明责任。因此，B 选项正确。A 选项的因果关系的证明责任，在于受害人乙，而不是甲。故 A 选项错误。C 选项属于消极事实，乙不负证明责任，按照规定，由甲负证明责任。故 C 选项错误。D 选项中，乙应当就自己受到甲的宠物狗伤害的事实承担举证责任，但就乙没有逗狗的故意，由甲负证明责任。故 D 选项错误。

【例】齐某被宏大公司的汽车撞伤，诉至法院要求赔偿损失。下列关于本案举证责任的哪些说法是正确的？（06 年·卷三·83 题）

A. 原告齐某应当举证证明是被宏大公司的汽车所撞受伤

B. 原告齐某应当对自己受到的损失承担举证责任

C. 被告宏大公司应当对其主张的自己没有过错承担举证责任

D. 被告宏大公司应当对其主张的原告齐某有主观故意承担举证责任

[答案] ABD

[解析] 原告齐某对侵权行为及损害结果承担举证责任，即齐某应当对自己被宏大公司汽车撞伤以及对自己实际受到的损失承担举证责任，A、B 选项正确。

根据《道路交通安全法》第 76 条规定，机动车驾驶人在其与非机动车辆驾驶人、行人之间因交通事故而引起的侵权纠纷中承担的是无过错责任，只有在其能证明交通事故的损失是由非机动车驾驶人、行人故意造成的，机动车一方才能免除责任。因此，结合本题，被告宏大公司应当对其主张的原告齐某有主观故意承担举证责任，对于其主张的自己没有过错不承担举证责任。故 C 选项错误，D 选项正确。

【例】甲工厂的生产污水流入李某承包的鱼塘，致使鱼虾死亡，损失 2 万元。李某起诉，请求甲工厂赔偿。下列哪些事实应当由甲工厂承担举证责任？（05 年·卷三·78 题）

A. 甲工厂的生产污水是否流入李某承包的鱼塘

B. 李某承包的鱼塘鱼虾死亡造成损失的具体数额

C. 鱼虾死亡的原因是否为甲工厂污水所致

D. 是否具有免责事由

[答案] CD

[解析] 因环境污染引起的损害赔偿诉讼，由加害人就法律规定的免责事由及其行为与损害结果之间不存在因果关系承担举证责任。C、D选项的事实由被告甲工厂承担举证责任。特殊侵权案件中，原告李某作为环境污染的受害方，要支持其主张，他至少应证明进入其鱼塘的污水是甲工厂排放的（侵权行为）以及因此给其造成损害的具体数额（损害结果）。所以，A、B选项不当选。

（三）行为意义上的证明责任

提供证据的责任。不管承担结果意义上的证明责任（败诉风险的承担责任）在哪一方当事人，双方当事人都有提供证据的责任，负有证明责任的当事人提供本证，不负有证明责任的当事人提供反证。

【例】主要办事机构在 A 县的五环公司与主要办事机构在 B 县的四海公司于 C 县签订购货合同，约定：货物交付地在 D 县；若合同的履行发生争议，由原告所在地或者合同签订地的基层法院管辖。现五环公司起诉要求四海公司支付货款。四海公司辩称已将货款交给五环公司业务员付某。五环公司承认付某是本公司业务员，但认为其无权代理本公司收取货款，且付某也没有将四海公司声称的货款交给本公司。四海公司向法庭出示了盖有五环公司印章的授权委托书，证明付某有权代理五环公司收取货款，但五环公司对该授权书的真实性不予认可。根据案情，法院依当事人的申请通知付某参加（参与）了诉讼。本案需要由四海公司承担证明责任的事实包括：（15 年·卷三·96 题）

A. 四海公司已经将货款交付给了五环公司业务员付某

B. 付某是五环公司业务员

C. 五环公司授权付某代理收取货款

D. 付某将收取的货款交到五环公司

[答案] AC

[解析] 本案中原告主张和被告四海公司之间存在合同法律关系，并据此要求四海公司支付货款，四海公司主张自己已履行了还款义务，实际上是主张合同法律关系已经消灭，因此应就合同法律关系消灭的事实承担证明责任。四海公司将货款交付给了五环公司的业务员付某、付某是五环公司的业务员、付某有权代理五环公司收取货款，这三项事实均得证，才能证明四海公司履行了支付货款的义务，五环和四海之间的合同法律关系消火，这三项事实结果意义上的证明责任均由四海公司承担，如果证明不了，则承担败诉风险。上述三项事实中，付某是五环公司业务员的事实五环公司已经承认，构成自认，因此四海公司可以免于证明，不再承担行为意义上的证明责任（提供证据的责任），其他两项事实四海公司应当证明，承担行为意义上的证明责任。因此 A、C 两项当选。B 项不当选。

四海公司证明了上述三项事实后，至于付某是否将货款交到五环公司，对四海公司的权利义务没有影响，不是四海公司的证明责任范畴。D 项不当选。

【例】刘月购买甲公司的化肥，使用后农作物生长异常。刘月向法院起诉，要求甲公司退款并赔偿损失。诉讼中甲公司否认刘月的损失是因其出售的化肥质量问题造成的，刘月向法院提供了本村吴某起诉甲公司损害赔偿案件的判决书，以证明甲公司出售的化肥有质量问题且与其所受损害有因果关系。关于本案刘月所受损害与使用甲公司化肥因果关系的证明责

任分配，下列哪一选项是正确的？（16 年·卷三·40 题）

A. 应由刘月负担有因果关系的证明责任

B. 应由甲公司负担无因果关系的证明责任

C. 应由法院依职权裁量分配证明责任

D. 应由双方当事人协商分担证明责任

［答案］B

［解析］本题答案有争议，本题属于产品缺陷造成他人损害的侵权案件。

《民诉证据规定》第 4 条第 1 款第（六）项规定，（六）因缺陷产品致人损害的侵权诉讼，由产品的生产者就法律规定的免责事由承担举证责任。

缺陷产品侵权，因果关系的结果意义上的证明责任并没有倒置，仍然应由刘月承担因果关系的证明责任。从根本上而言，对待证事实的结果意义上的证明责任——败诉风险的承担责任并没有在双方当事人之间转移。

但刘月向法院提供了本村吴某起诉甲公司损害赔偿案件的判决书，生效判决书证明了因果关系的存在，该因果关系对于刘月就属于免证事实，除非甲公司能够提出相反的证据证明不存在因果关系，这时行为意义上的证明责任——提供证据的责任属于甲公司。

从命题者的命题角度而言，题目所考查的不是完整意义上的证明责任，而仅仅考查行为意义上的证明责任。因此，当因果关系已经被生效判决所确认，因此因果关系对于刘月来说为免证事实，甲公司只能提出反证来推翻生效判决所认定的事实，也即由甲公司负担无因果关系的证明责任——行为意义上的证明责任。因此 B 项是正确的。

（三）证明标准

指的是承担证明责任的当事人，对待证事实需要证明到何种程度，才能被法庭认定为待证事实存在。

1. 一般情况下为高度盖然性的标准：按照《民诉解释》第 108 条第 1 款的规定，民事诉讼中的证明标准是高度盖然性的标准：即人民法院经审查并结合相关事实，确信待证事实的存在具有高度可能性的，应当认定该事实存在。

2. 特殊情况下为排除合理怀疑：当事人对欺诈、胁迫、恶意串通事实的证明，以及对口头遗嘱或者赠与事实的证明，人民法院确信该待证事实存在的可能性能够排除合理怀疑的，应当认定该事实存在。

《民诉法》第六十四条 当事人对自己提出的主张，有责任提供证据。

当事人及其诉讼代理人因客观原因不能自行收集的证据，或者人民法院认为审理案件需要的证据，人民法院应当调查收集。

人民法院应当按照法定程序，全面地、客观地审查核实证据。

《民诉解释》第九十条 当事人对自己提出的诉讼请求所依据的事实或者反驳对方诉讼请求所依据的事实，应当提供证据加以证明，但法律另有规定的除外。

在作出判决前，当事人未能提供证据或者证据不足以证明其事实主张的，由负有举证证明责任的当事人承担不利的后果。

《民诉解释》第九十一条 人民法院应当依照下列原则确定举证证明责任的承担，但法律另有规定的除外：

（一）主张法律关系存在的当事人，应当对产生该法律关系的基本事实承担举证证明责任；

（二）主张法律关系变更、消灭或者权利受到妨害的当事人，应当对该法律关系变更、消灭或者权利受到妨害的基本事实承担举证证明责任。

《侵权责任法》第六十八条 因第三人的过错污染环境造成损害的，被侵权人可以向污染者请求赔偿，也可以向第三人请求赔偿。污染者赔偿后，有权向第三人追偿。

《侵权责任法》第七十二条 占有或者使用易燃、易爆、剧毒、放射性等高度危险物造成他人损害的，占有人或者使用人应当承担侵权责任，但能够证明损害是因受害人故意或者不可抗力造成的，不承担责任。被侵权人对损害的发生有重大过失的，可以减轻占有人或者使用人的责任。

《侵权责任法》第七十四条 遗失、抛弃高度危险物造成他人损害的，由所有人承担侵权责任。所有人将高度危险物交由他人管理的，由管理人承担侵权责任；所有人有过错的，与管理人承担连带责任。

《侵权责任法》第七十五条 非法占有高度危险物造成他人损害的，由非法占有人承担侵权责任。所有人、管理人不能证明对防止他人非法占有尽到高度注意义务的，与非法占有人承担连带责任。

《侵权责任法》第八十二条 遗弃、逃逸的动物在遗弃、逃逸期间造成他人损害的，由原动物饲养人或者管理人承担侵权责任。

《侵权责任法》第八十三条 因第三人的过错致使动物造成他人损害的，被侵权人可以向动物饲养人或者管理人请求赔偿，也可以向第三人请求赔偿。动物饲养人或者管理人赔偿后，有权向第三人追偿。

《侵权责任法》第八十五条 建筑物、构筑物或者其他设施及其搁置物、悬挂物发生脱落、坠落造成他人损害，所有人、管理人或者使用人不能证明自己没有过错的，应当承担侵权责任。所有人、管理人或者使用人赔偿后，有其他责任人的，有权向其他责任人追偿。

《侵权责任法》第八十六条 建筑物、构筑物或者其他设施倒塌造成他人损害的，由建设单位与施工单位承担连带责任。建设单位、施工单位赔偿后，有其他责任人的，有权向其他责任人追偿。

因其他责任人的原因，建筑物、构筑物或者其他设施倒塌造成他人损害的，由其他责任人承担侵权责任。

《侵权责任法》第八十七条 从建筑物中抛掷物品或者从建筑物上坠落的物品造成他人损害，难以确定具体侵权人的，除能够证明自己不是侵权人的外，由可能加害的建筑物使用人给予补偿。

《侵权责任法》第八十八条 堆放物倒塌造成他人损害，堆放人不能证明自己没有过错的，应当承担侵权责任。

《侵权责任法》第八十九条 在公共道路上堆放、倾倒、遗撒妨碍通行的物品造成他人损害的，有关单位或者个人应当承担侵权责任。

《侵权责任法》第九十条 因林木折断造成他人损害，林木的所有人或者管理人不能证明自己没有过错的，应当承担侵权责任。

《侵权责任法》第九十一条 在公共场所或者道路上挖坑、修缮安装地下设施等，没有设置明显标志和采取安全措施造成他人损害的，施工人应当承担侵权责任。

窨井等地下设施造成他人损害，管理人不能证明尽到管理职责的，应当承担侵权责任。

《民诉解释》第一百零八条 对负有举证证明责任的当事人提供的证据，人民法院经审查并结合相关事实，确信待证事实的存在具有高度可能性的，应当认定该事实存在。

对一方当事人为反驳负有举证证明责任的当事人所主张事实而提供的证据，人民法院经审查并结合相关事实，认为待证事实真伪不明的，应当认定该事实不存在。

法律对于待证事实所应达到的证明标准另有规定的，从其规定。

《民诉解释》第一百零九条 当事人对欺诈、胁迫、恶意串通事实的证明，以及对口头遗嘱或者赠与事实的证明，人民法院确信该待证事实存在的可能性能够排除合理怀疑的，应当认定该事实存在。

六、证据的收集

（一）当事人收集证据

（二）人民法院主动调查收集的证据

1. 涉及可能损害国家利益、社会公共利益的；
2. 涉及身份关系的；
3. 涉及公益诉讼的；
4. 当事人有恶意串通损害他人合法权益可能的；
5. 涉及依职权追加当事人、中止诉讼、终结诉讼、回避等程序性事项的。

【注意】除上述情形外，人民法院调查收集证据，都只能依照当事人的申请进行。

（三）法院依当事人申请调查收集的证据

1. 可以申请的证据范围：
（1）申请调查收集的证据属于国家有关部门保存并须人民法院依职权调取的档案材料；
（2）涉及国家秘密、商业秘密、个人隐私的材料；
（3）当事人及其诉讼代理人确因客观原因不能自行收集的其他材料。
2. 申请的期限：举证期限届满前书面申请。
3. 对于不予准许的通知书，可以在收到通知书的次日起 3 日内向受理申请的人民法院书面申请复议一次。人民法院应当在收到复议申请书之日起 5 日内作出答复。

【例】关于民事诉讼中的证据收集，下列哪些选项是正确的？（08 年·卷三·90 题）

A. 在王某诉齐某合同纠纷一案中，该合同可能存在损害第三人利益的事实，在此情况下法院可以主动收集证据

B. 在胡某诉黄某侵权一案中，因客观原因胡某未能提供一项关键证据，在此情况下胡某可以申请法院收集证据

C. 在周某诉贺某借款纠纷一案中，周某因自己没有时间收集证据，于是申请法院调查收集证据，在此情况下法院应当进行调查收集

D. 在武某诉赵某一案中，武某申请法院调查收集证据，但未获法院准许，武某可以向受案法院申请复议一次

[答案]　ABD

[解析]　根据上述当事人申请调查取证的案件范围和法院依职权调查取证案件范围的规定，A、B两项正确。C选项中的"没有时间"，属于当事人主观方面的因素，不属于因客观原因不能自行调查收集证据，法院不应调查收集。D选项正确。

《民诉法》第六十四条　当事人对自己提出的主张，有责任提供证据。

当事人及其诉讼代理人因客观原因不能自行收集的证据，或者人民法院认为审理案件需要的证据，人民法院应当调查收集。

人民法院应当按照法定程序，全面地、客观地审查核实证据。

《民诉解释》第九十四条　民事诉讼法第六十四条第二款规定的当事人及其诉讼代理人因客观原因不能自行收集的证据包括：

（一）证据由国家有关部门保存，当事人及其诉讼代理人无权查阅调取的；

（二）涉及国家秘密、商业秘密或者个人隐私的；

（三）当事人及其诉讼代理人因客观原因不能自行收集的其他证据。

当事人及其诉讼代理人因客观原因不能自行收集的证据，可以在举证期限届满前书面申请人民法院调查收集。

《民诉解释》第九十六条　民事诉讼法第六十四条第二款规定的人民法院认为审理案件需要的证据包括：

（一）涉及可能损害国家利益、社会公共利益的；

（二）涉及身份关系的；

（三）涉及民事诉讼法第五十五条规定诉讼的；

（四）当事人有恶意串通损害他人合法权益可能的；

（五）涉及依职权追加当事人、中止诉讼、终结诉讼、回避等程序性事项的。

除前款规定外，人民法院调查收集证据，应当依照当事人的申请进行。

七、证据的保全

证据保全，是指在证据可能毁损、灭失或以后难以取得的情况下，人民法院根据利害关系人、当事人的申请或主动依职权，对证据加以固定和保护的制度。证据保全依据时间的不同可以分为两种：诉前证据保全和诉讼中的证据保全。

	诉前证据保全	诉讼中的证据保全
适用条件	证据可能灭失或者证据以后难以取得。	
启动方式	申请。申请人为争议标的权利人或者其他利害关系人。	当事人申请（可以在举证期限届满前书面提出）；人民法院依职权进行。
担保问题	证据保全可能对他人造成损失的，人民法院可以要求申请人提供担保。	
管辖法院	证据所在地、被申请人住所地或者对案件有管辖权的法院。	受案法院。

【例】甲县吴某与乙县宝丰公司在丙县签订了甜橙的买卖合同，货到后发现甜橙开始腐烂，未达到合同约定的质量标准。吴某退货无果，拟向法院起诉，为了证明甜橙的损坏

状况，向法院申请诉前证据保全。关于诉前保全，下列哪一表述是正确的？（13 年·卷三·46 题）

    A. 吴某可以向甲、乙、丙县法院申请诉前证据保全

    B. 法院应当在收到申请 15 日内裁定是否保全

    C. 法院在保全证据时，可以主动采取行为保全措施，减少吴某的损失

    D. 如果法院采取了证据保全措施，可以免除吴某对甜橙损坏状况提供证据的责任

[答案] D

[解析] 诉前证据保全，只能向证据所在地、被申请人住所地或者对案件有管辖权的人民法院申请保全证据。本案中甲县法院是申请人住所地，对诉前证据保全无管辖权；乙地是被申请人住所地，如果吴某起诉后乙地作为被告住所地对案件有管辖权，也是对案件有管辖权的法院，因此乙地法院对诉前证据保全有管辖权。丙地是合同签订地，在合同案件中也不是对案件有管辖权的法院。因此，对此案件中的诉前证据保全，有管辖权的法院只有乙地——被申请人住所地和对案件有管辖权的法院，甲地和丙地都没有管辖权。A 项错误。诉前证据保全参照保全的一般规定，在诉前保全中，法院应当在 48 小时内裁定是否采取保全错误。B 项错误。诉前证据保全和诉前保全只能因利害关系人申请而启动，不能由法院依职权启动。C 项错误。如果法院采取了证据保全措施，诉讼进行中对该证据就不需要当事人另行提供证据，所以说可以免除吴某对甜橙损坏状况提供证据的责任是正确的。D 项正确。

《民诉法》第八十一条　在证据可能灭失或者以后难以取得的情况下，当事人可以在诉讼过程中向人民法院申请保全证据，人民法院也可以主动采取保全措施。

因情况紧急，在证据可能灭失或者以后难以取得的情况下，利害关系人可以在提起诉讼或者申请仲裁前向证据所在地、被申请人住所地或者对案件有管辖权的人民法院申请保全证据。

证据保全的其他程序，参照适用本法第九章保全的有关规定。

《民诉解释》第九十八条　当事人根据民事诉讼法第八十一条第一款规定申请证据保全的，可以在举证期限届满前书面提出。

证据保全可能对他人造成损失的，人民法院应当责令申请人提供相应的担保。

八、举证期限与证据交换

（一）举证期限

审理前的准备　　　　　　　　　　　　　合议庭评议

起诉　受理　答辩期（15 日）　举证期限（指定或约定）　开庭　　　法庭辩论终结　判决宣告

1. 举证期限的确定方式：人民法院<u>指定</u>或当事人<u>协商并经法院准许</u>。

2. 不同程序的举证期限：

（1）第一审普通程序案件：不得少于十五日。

（2）简易程序：不得超过十五日。

（3）小额诉讼程序：一般不超过七日。

（4）第二审案件：不得少于十日。

3. 举证期限的延长：由当事人申请，人民法院决定是否延长。

4. 举证期限的效力：

（1）增加、变更诉求、反诉、申请延长举证期限、申请鉴定、申请法院调查取证、申请证人出庭作证应当在举证期限内提出。

（2）证据保全：可以在举证期限届满前提出。

5. 逾期提供证据的后果。

（1）当事人逾期提供证据的，人民法院应当责令其说明理由，必要时可以要求其提供相应的证据。

例外：当事人因客观原因逾期提供证据，或者对方当事人对逾期提供证据未提出异议的，视为未逾期。

（2）拒不说明理由或者理由不成立的，人民法院根据不同情形可以不予采纳该证据，或者采纳该证据但予以训诫、罚款。

①当事人因故意或者重大过失逾期提供的证据，人民法院不予采纳。但该证据与案件基本事实有关的，人民法院应当采纳，予以训诫、罚款。

②当事人非因故意或者重大过失逾期提供的证据，人民法院应当采纳，并对当事人予以训诫。

（3）对方可要求逾期方赔偿因逾期提供证据致使其增加的交通、住宿、就餐、误工、证人出庭作证等必要费用。

【例】李某起诉王某要求返还 10 万元借款并支付利息 5000 元，并向法院提交了王某亲笔书写的借条。王某辩称，已还 2 万元，李某还出具了收条，但王某并未在法院要求的时间内提交证据。法院一审判决王某返还李某 10 万元并支付 5000 元利息，王某不服提起上诉，并称一审期间未找到收条，现找到了并提交法院。关于王某迟延提交收条的法律后果，下列哪一选项是正确的？（16 年·卷三·41 题）

A. 因不属于新证据，法院不予采纳

B. 法院应采纳该证据，并对王某进行训诫

C. 如果李某同意，法院可以采纳该证据

D. 法院应当责令王某说明理由，视情况决定是否采纳该证据

[答案] B

[解析]《民诉解释》第 102 条规定当事人因故意或者重大过失逾期提供的证据，人民法院不予采纳。但该证据与案件基本事实有关的，人民法院应当采纳，并依照《民事诉讼法》第 65 条、第 115 条第 1 款的规定予以训诫、罚款。当事人非因故意或者重大过失逾期提供的证据，人民法院应当采纳，并对当事人予以训诫。

本案王某逾期提交的证据是一审中没有找到的证据，属于非因故意或重大过失逾期提交的证据，法院应当采纳，并对当事人予以训诫。B 项正确。其他三项错误。

6. 提供证据收据。

人民法院收到当事人提交的证据材料，应当出具收据，写明证据名称、页数、份数、原

件或者复印件以及收到时间等，并由经办人员签名或者盖章。

7. "新的证据"的界定。

举证期限的设置不排除举证期限届满后新的证据的提出。

（1）不同阶段新证据的比较：

一审程序：①当事人在一审举证期限届满后新发现的证据；②当事人确因客观原因无法在举证期限内提供，经人民法院准许，在延长的期限内仍无法提供的证据。

二审程序：①一审庭审结束后新发现的证据；②当事人在一审举证期限届满前申请人民法院调查取证未获准许，二审法院经审查认为应当准许并依当事人申请调取的证据；③当事人经人民法院准许延期举证，但因客观原因未能在准许的期限内提供，在一审程序中也未能提供，且不审理该证据可能导致裁判明显不公的。

再审程序：①原审庭审结束前已客观存在庭审结束后新发现的证据；②原审庭审结束前已经发现，但因客观原因无法取得或在规定的期限内不能提供的证据；③原审庭审结束后原作出鉴定意见、勘验笔录者重新鉴定、勘验，推翻原结论的证据；④当事人在原审中提供的主要证据，原审未予质证、认证，但足以推翻原判决、裁定的；⑤原审庭审结束后新出现或新形成的证据；⑥在原审庭审结束前已经存在，但再审申请人因客观原因无法知道或无法取得的证据。

（2）"新的证据"提出时间。

一审中，在一审开庭前或开庭审理时提出。二审中，开庭审理的，在二审开庭前或开庭审理时提出；不需要开庭审理的，在人民法院指定的期限内提出。再审中，在申请再审时提出。

（3）对法院的影响。

由于当事人的原因未能在指定期限内举证，致使案件在二审或者再审期间因提出新证据而被法院发回重审或者改判的，原审裁判不属于错误裁判。

（二）证据交换（举证期限届满之日为证据交换开始之日）

1. 交换证据时间的确定有两种方式：当事人协商一致并经人民法院认可；由人民法院指定。

2. 证据交换一般不超过两次。但重大、疑难和案情特别复杂的案件，人民法院认为确有必要再次进行证据交换的除外。

3. 证据交换的适用。

（1）证据较多或者复杂疑难的案件：法院依职权组织。

（2）其余的案件：依当事人申请启动，申请时间为举证期限内。

【注意】不是所有的案件都有证据交换阶段。

4. 证据交换与举证期限的关系：交换证据之日，是举证期限届满之日，举证期限延长的，证据交换日相应顺延。

《民诉法》第六十五条　当事人对自己提出的主张应当及时提供证据。

人民法院根据当事人的主张和案件审理情况，确定当事人应当提供的证据及其期限。当事人在该期限内提供证据确有困难的，可以向人民法院申请延长期限，人民法院根据当事人的申请适当延长。当事人逾期提供证据的，人民法院应当责令其说明理由；拒不说明理由或者理由不成立的，人民法院根据不同情形可以不予采纳该证据，或者采纳该证据但予以训诫、罚款。

《民诉法》第六十六条　人民法院收到当事人提交的证据材料，应当出具收据，写明证据名称、页数、份数、原件或者复印件以及收到时间等，并由经办人员签名或者盖章。

《民诉解释》第九十九条　人民法院应当在审理前的准备阶段确定当事人的举证期限。举证期限可以由当事人协商，并经人民法院准许。

人民法院确定举证期限，第一审普通程序案件不得少于十五日，当事人提供新的证据的第二审案件不得少于十日。

举证期限届满后，当事人对已经提供的证据，申请提供反驳证据或者对证据来源、形式等方面的瑕疵进行补正的，人民法院可以酌情再次确定举证期限，该期限不受前款规定的限制。

《民诉解释》第一百条　当事人申请延长举证期限的，应当在举证期限届满前向人民法院提出书面申请。

申请理由成立的，人民法院应当准许，适当延长举证期限，并通知其他当事人。延长的举证期限适用于其他当事人。

申请理由不成立的，人民法院不予准许，并通知申请人。

《民诉解释》第一百零一条　当事人逾期提供证据的，人民法院应当责令其说明理由，必要时可以要求其提供相应的证据。

当事人因客观原因逾期提供证据，或者对方当事人对逾期提供证据未提出异议的，视为未逾期。

《民诉解释》第一百零二条　当事人因故意或者重大过失逾期提供的证据，人民法院不予采纳。但该证据与案件基本事实有关的，人民法院应当采纳，并依照民事诉讼法第六十五条、第一百一十五条第一款的规定予以训诫、罚款。

当事人非因故意或者重大过失逾期提供的证据，人民法院应当采纳，并对当事人予以训诫。

当事人一方要求另一方赔偿因逾期提供证据致使其增加的交通、住宿、就餐、误工、证人出庭作证等必要费用的，人民法院可予支持。

九、质证

（一）质证的主体
当事人才能质证。法院不是质证的主体，而是证据认定的主体。

（二）质证的对象
所有的证据。

（三）不公开质证
证据应当在法庭上出示，并由当事人互相质证。但涉及国家秘密、商业秘密和个人隐私或者法律规定的其他应当保密的证据，不得在开庭时公开质证。

【注意】不公开质证的案件与不公开审理的案件不同：商业秘密属于相对不公开审理的案件，但是这类案件即使公开审理，也不得公开质证；涉及国家秘密和个人隐私的案件，既不公开审理，也不公开质证。

（四）质证的时间

1. 原则：法庭上出示质证。

2. 例外：当事人在审理前的准备阶段认可的证据，经审判人员在庭审中说明后，视为质证过的证据。

（五）质证的效力

未经质证的证据，不能作为认定案件事实的依据。但当事人在证据交换过程中认可并记录在卷的证据，无需进行质证，可以作为认定案件事实的依据。

【例】高某诉张某合同纠纷案，终审高某败诉。高某向检察院反映，其在一审中提交了偷录双方谈判过程的录音带，其中有张某承认货物存在严重质量问题的陈述，足以推翻原判，但法院从未组织质证。对此，检察院提起抗诉。关于再审程序中证据的表述，下列哪些选项是正确的？（13 年·卷三·85 题）

A. 再审质证应当由高某、张某和检察院共同进行

B. 该录音带属于电子数据，高某应当提交证据原件进行质证

C. 虽然该录音带系高某偷录，但仍可作为质证对象

D. 如再审法院认定该录音带涉及商业秘密，应当依职权决定不公开质证

[答案] CD

[解析] 质证的主体是当事人，检察院虽然抗诉启动再审程序，但其不是当事人，因而不能成为质证主体。再审质证应当由高某、张某共同进行，检察院不能质证。A 项错误。涉及商业秘密的案件不公开质证，无需当事人申请，法院依职权决定，D 项正确。本案中录音带高某应当提供证据原件进行质证是正确的，但录音带属于视听资料，而不是电子证据。B 项错误。偷拍偷录的录音、录像可以作为证据采纳，只要其取得时未损害他人的合法权益或者违反法律的禁止性规定。所以 C 项正确。

【例】在某一民事案件的审理过程中，原告一方因无法获得作为档案材料存放在某单位的证据，申请法院进行调查。庭审中对该证据的质证，应当如何进行？（05 年·卷三·42 题）

A. 应当由原、被告双方进行质证

B. 应当由被告与法院进行质证

C. 应当由被告与保管该证据的某单位进行质证

D. 法院对该证据进行说明，无需质证

[答案] A

[解析] 质证的主体只能是当事人，因此 A 项正确，B、C 项错误。只有法院依职权调取的证据才无需质证，说明后即可作为定案依据，当事人申请法院调查取证得到的证据，仍然作为当事人自己提交的证据，必须经质证方可作为定案依据。D 项错误。

《民诉法》第六十八条　证据应当在法庭上出示，并由当事人互相质证。对涉及国家秘密、商业秘密和个人隐私的证据应当保密，需要在法庭出示的，不得在公开开庭时出示。

《民诉解释》第一百零三条　证据应当在法庭上出示，由当事人互相质证。未经当事人质证的证据，不得作为认定案件事实的根据。

当事人在审理前的准备阶段认可的证据，经审判人员在庭审中说明后，视为质证过的证据。

涉及国家秘密、商业秘密、个人隐私或者法律规定应当保密的证据，不得公开质证。

十、认证

认证是指法院对经过质证或者当事人在证据交换中认可的各种证据材料作出审查判断，确认其能否作为定案的根据。影响法院质证的规则有：

1. 非法证据排除规则。

以下以非法方法形成或取得的证据，不得作为定案依据：

（1）违反法律禁止性规定。

（2）严重违背公序良俗的方法形成或者获取的证据。

（3）严重侵害他人合法权益。

2. 补强证据规则。

补强证据规则是指某些证据由于自身的缺陷，不能单独作为认定案件事实的依据，只有在其他证据加以佐证的情况下，才能作为认定案件的根据。

（1）未成年人所作的与其年龄和智力状况不相当的证言。

（2）与一方当事人或者其代理人有利害关系的证人出具的证言。

（3）无正当理由未出庭作证的证人证言。

（4）存有疑点的视听资料。

（5）无法与原件、原物核对的复印件、复制品。

3. 证明妨碍规则。

有证据证明一方持有证据无正当理由拒不提供，如果对方当事人主张该证据的内容不利于证据持有人，可以推定该主张成立。

4. 最佳证据规则。

（1）国家机关、社会团体依职权制作的公文书证的证明力一般大于其他书证。

（2）物证、档案、鉴定结论、勘验笔录或者经过公证、登记的书证，其证明力一般大于其他书证、视听资料和证人证言。

（3）原始证据的证明力一般大于传来证据。

（4）直接证据的证明力一般大于间接证据。

（5）证人提供的对与其有亲属或者其他密切关系的当事人有利的证言，其证明力一般小于其他证人证言。

【注意】这种比较是"一般"性的，而不是一种绝对的比较。由于证据分类有不同的标准，因此同一个证据按照不同的标准可能属于不同的证据种类，如果把以上内容绝对化就是错误的。

【如】比如说张三诉李四人身侵权，张三的母亲作证，只有张三的母亲的证言能不能定案？不能，因为和张三有利害关系。

张三的母亲作证说，我看到李四打我儿子张三了。这是所做的有利证言，证明力和案件当中的其他证人证言相比较小。

张三的母亲说了，"李四根本没打我儿子，他自己摔了一跤，然后他讹人家李四"。这就是所做的不利证言，证明力与其他证人的证明力相当。

【例】判断：

1. 原始证据的证明力大于间接证据。（错误）

分析：原始证据的证明力只有和传来证据才有可比性，直接证据的证明力只有和间接证据才有可比性，原始证据和间接证据的证明力不在同一标准下，没有可比性。

2. 证明夫妻感情破裂的证据是间接证据。（正确）

分析：作为离婚案件的判断标准，夫妻感情破裂是一个很主观的标准，没有哪一个证据能够一拿出来就能够单一的、直接证明夫妻感情破裂这种事情，所以证明夫妻感情破裂的证据都是间接证据。

真题演练

1. 甲对乙提起的返还借款的诉讼，就乙向甲借款事实的证明，根据民事诉讼理论，下列哪一选项属于直接证据？(08 年四川·卷三·41 题)①

A. 甲向法院提交的乙向其借款时出具的借据的复印件

B. 甲向法院提交的其向乙的银行卡转款的银行凭条

C. 甲的朋友丙向法院提供的曾听甲说乙要向甲借钱的证词

D. 甲的同事丁向法院提供的曾见到甲交给过乙钱的证词

2. 关于证人的表述，下列哪一选项是正确的？②（08 年·卷三·45 题）

A. 王某是未成年人，因此，王某没有证人资格，不能作为证人

B. 原告如果要在诉讼中申请证人出庭作证，应当在举证期限届满前提出，并经法院许可

C. 甲公司的诉讼代理人乙律师是目击案件情况发生的人，对方当事人丙可以向法院申请乙作为证人出庭作证，如法院准许，则乙不得再作为甲公司的诉讼代理人

D. 李某在法庭上宣读未到庭的证人的书面证言，该书面证言能够代替证人出庭作证

3. 在一起侵权诉讼中，原告申请由其弟袁某（某大学计算机系教授）作为专家辅助人出庭对专业技术问题予以说明。下列哪一表述是正确的？③（14 年·卷三·38 题）

A. 被告以袁某是原告的近亲属为由申请其回避，法院应批准

B. 袁某在庭上的陈述是一种法定证据

C. 被告可对袁某进行询问

D. 袁某出庭的费用，由败诉方当事人承担

4. 关于自认的说法，下列哪一选项是错误的？④（09 年·卷三·42 题）

A. 自认的事实允许用相反的证据加以推翻

B. 身份关系诉讼中不涉及身份关系的案件事实可以适用自认

---

① A
② C
③ C
④ D

C. 调解中的让步不构成诉讼上的自认

D. 当事人一般授权的委托代理人一律不得进行自认

5. 下列关于证明的哪一表述是正确的?① （14年·卷三·45题）

A. 经过公证的书证，其证明力一般大于传来证据和间接证据

B. 经验法则可验证的事实都不需要当事人证明

C. 在法国居住的雷诺委托赵律师代理在我国的民事诉讼，其授权委托书需要经法国公证机关证明，并经我国驻法国使领馆认证后，方发生效力

D. 证明责任是一种不利的后果，会随着诉讼的进行，在当事人之间来回移转

6. 赵某与江某路经一栋居民楼时，六楼黄某家阳台上的花盆坠落砸中赵某，致其重伤，共花费医疗费3万元。赵某将黄某告至法院要求赔偿，而黄某否认赵某受伤系自家花盆坠落所致。对此争议事实的举证责任，下列哪一选项是正确的?② （08年四川·卷三·45题）

A. 赵某　　　　　　　　　　　B. 黄某

C. 赵某和黄某　　　　　　　　D. 赵某和江某

7. 关于举证责任分配，下列哪些选项是正确的?③ （08年四川·卷三·81题）

A. 县供电局安装的高压线电死了刘某的牛，刘某诉请损害赔偿，县供电局应就其对刘某的牛的死不存在过错承担举证责任

B. 张某因被李某养的狗咬伤诉至法院，要求李某赔偿。李某应就其对张某被狗咬伤不存在过错承担举证责任

C. 陈某委托黄某去广州购买一批牛仔裤，后因牛仔裤滞销，陈某不承认黄某是代理自己去购买牛仔裤。黄某应就自己是否有代理权的事实承担举证责任

D. 王某因被 A 公司辞退不服而诉至法院，A 公司应对辞退王某的事实承担举证责任

8. 关于证据的种类，下列哪些选项是正确的?④ （08年四川·卷三·83题）

A. 患者王某以误诊为由起诉某医院。王某提交的医院病历和 X 光片均属于鉴定意见

B. 李某在某杂志上发表了一篇披露黄某隐私的文章。黄某诉至法院并提交了该杂志，该杂志属于书证

C. 张某认为徐某伪造遗嘱侵犯其继承权，向法院起诉徐某。张某提供了该份遗嘱，该遗嘱属于书证

D. 周某驾车回家途中将行人吴某撞伤，交警冯某当时正处在事故现场，于是按照双方责任开具了事故认定书。吴某诉至法院要求周某赔偿，并提供了事故认定书，该事故认定书属于勘验笔录

9. 关于证人与鉴定人的区别，下列哪些选项是正确的?⑤ （08年四川·卷三·89题）

---

① C

② A

③ CD

④ BC

⑤ ABCD

A. 证人只能就其所见所闻如实陈述，不能发表对案件的意见；而鉴定人则要对其所鉴定的事项发表意见

B. 证人无须具备专业知识；而鉴定人要具备一定的专业知识

C. 证人是不可替代的；而鉴定人是可以替代的

D. 证人不属于回避的对象；而鉴定人属于回避的对象

10. 原告诉请被告返还借款 5 万元，为证明这一事实，原告向法院提交了被告书写的"借据"；被告则主张"借款已经清偿"，并向法院出示了原告交给他的"收据"。关于原、被告双方的证据，下列哪些选项是正确的？① （07 年·卷三·81 题）

A. "借据"是本证，"收据"是反证

B. "借据"是本证，"收据"也是本证

C. "借据"是直接证据，"收据"是间接证据

D. "借据"是直接证据，"收据"也是直接证据

11. 下列关于民事诉讼自认及其法律后果的说法，哪些是错误的？② （05 年·卷三·70 题）

A. 老张诉小张的赡养纠纷案件中，小张对老张陈述的收养事实明确表示承认，老张对形成收养关系的事实无需举证

B. 对原告甲陈述的事实，被告乙不置可否，法官充分说明并询问后，乙仍不予回答，视为对该项事实的承认

C. 未经当事人特别授权的代理律师在诉讼中对案件事实的承认，视为当事人的承认，但因此而导致承认对方诉讼请求的除外

D. 被告只要在法庭辩论终结前声明撤回承认，其在庭审过程中的承认即无效

---

① BD
② AD

07 第七章 诉讼保障制度

特别提示

　　本章在司法考试中所占分值一般为 1~2 分。保全和先予执行是本章重点；其他相对重要的知识点是：期间的计算；留置送达和电子送达。

本章知识框架

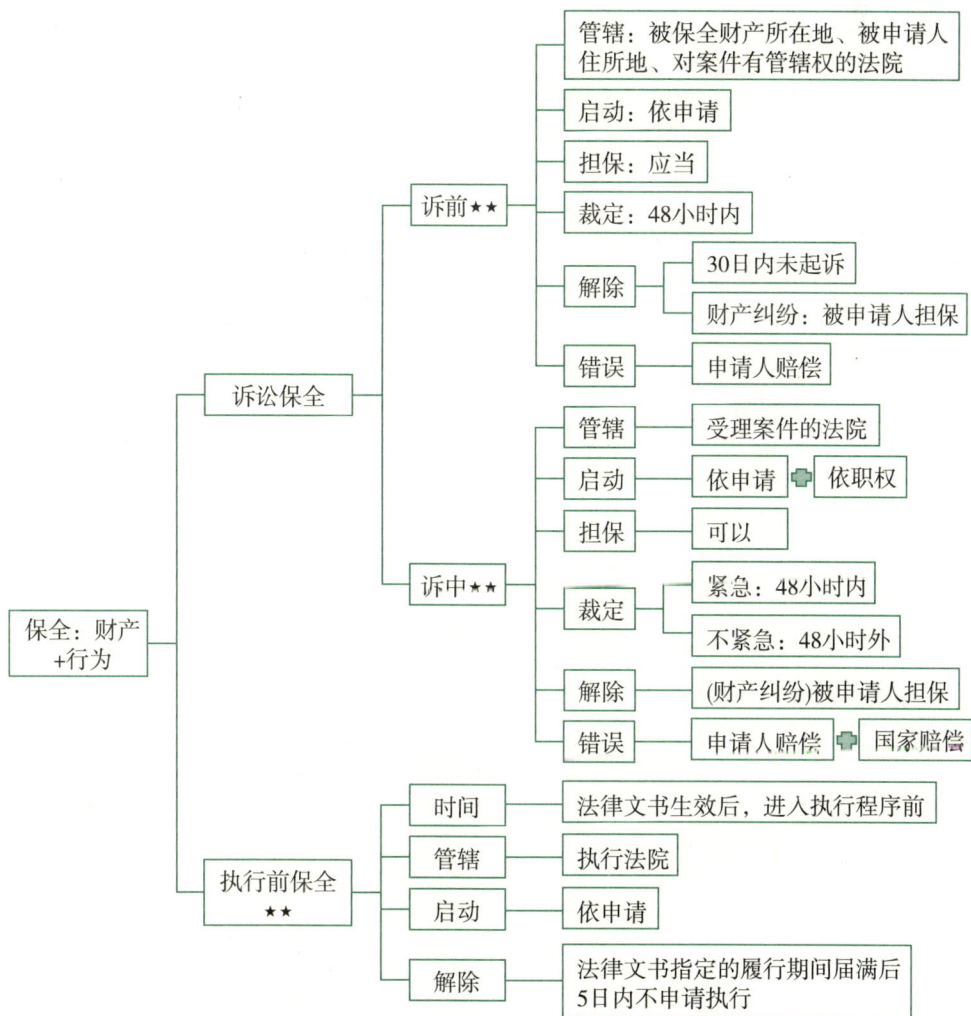

保全：财产＋行为
- 诉讼保全
  - 诉前★★
    - 管辖：被保全财产所在地、被申请人住所地、对案件有管辖权的法院
    - 启动：依申请
    - 担保：应当
    - 裁定：48小时内
    - 解除
      - 30日内未起诉
      - 财产纠纷：被申请人担保
    - 错误 —— 申请人赔偿
  - 诉中★★
    - 管辖 —— 受理案件的法院
    - 启动 —— 依申请 ➕ 依职权
    - 担保 —— 可以
    - 裁定
      - 紧急：48小时内
      - 不紧急：48小时外
    - 解除 —— (财产纠纷)被申请人担保
    - 错误 —— 申请人赔偿 ➕ 国家赔偿
- 执行前保全★★
  - 时间 —— 法律文书生效后，进入执行程序前
  - 管辖 —— 执行法院
  - 启动 —— 依申请
  - 解除 —— 法律文书指定的履行期间届满后5日内不申请执行

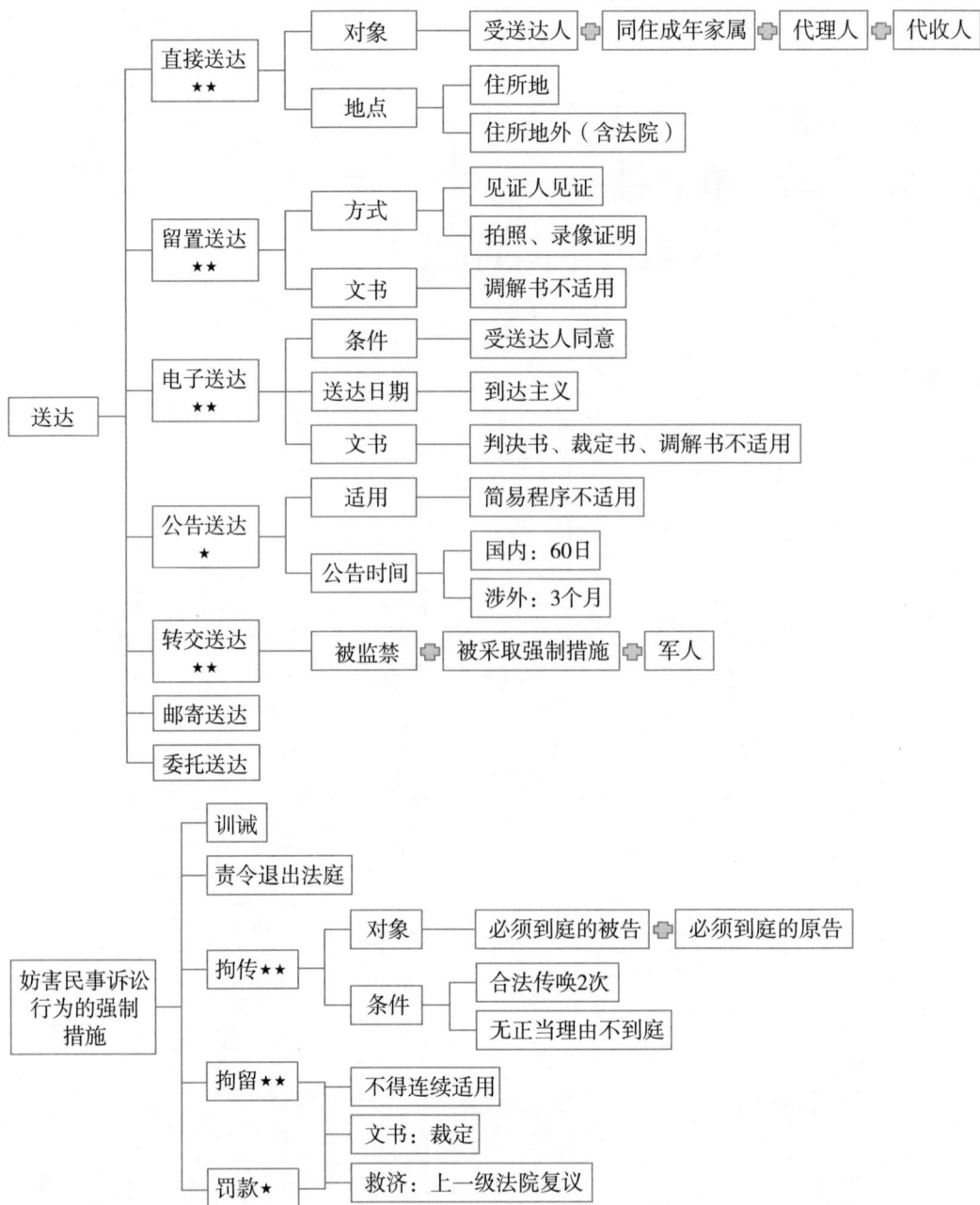

送达
- 直接送达 ★★
  - 对象 — 受送达人 ⊕ 同住成年家属 ⊕ 代理人 ⊕ 代收人
  - 地点
    - 住所地
    - 住所地外（含法院）
- 留置送达 ★★
  - 方式
    - 见证人见证
    - 拍照、录像证明
  - 文书 — 调解书不适用
- 电子送达 ★★
  - 条件 — 受送达人同意
  - 送达日期 — 到达主义
  - 文书 — 判决书、裁定书、调解书不适用
- 公告送达 ★
  - 适用 — 简易程序不适用
  - 公告时间
    - 国内：60日
    - 涉外：3个月
- 转交送达 ★★ — 被监禁 ⊕ 被采取强制措施 ⊕ 军人
- 邮寄送达
- 委托送达

妨害民事诉讼行为的强制措施
- 训诫
- 责令退出法庭
- 拘传 ★★
  - 对象 — 必须到庭的被告 ⊕ 必须到庭的原告
  - 条件
    - 合法传唤2次
    - 无正当理由不到庭
- 拘留 ★★
  - 不得连续适用
  - 文书：裁定
- 罚款 ★ — 救济：上一级法院复议

一、保全

广义而言，保全是指人民法院采取法定措施对证据、财产、行为等特定事物的法律特性和法律价值予以保存和保护的制度。狭义上的民事诉讼保全制度包括财产保全和行为保全，本章所谓"保全"是指狭义上的保全。

（一）保全的种类

1. 诉前保全与诉讼中保全、执行前保全、仲裁保全的区别：

区别	诉前保全	诉讼中保全	执行前保全	仲裁
提起的时间	必须在诉讼开始之前。	在诉讼进行之中。	法律文书生效后，进入执行程序前。	仲裁前：直接向法院。 仲裁中：仲裁委员会转交给法院。
管辖法院	被保全财产所在地、被申请人住所地或者对案件有管辖权的法院。	受理案件的法院。 上诉案件，二审法院接到报送案件前，由一审法院保全。	执行法院。	被申请人住所地或者财产所在地的人民法院。 （国内：基层；涉外：中院）
提起的主体	只能由利害关系人提出。	由当事人申请或者人民法院依照职权采取。		依申请。
是否要提供担保	应当提供担保。	可以提供担保。〔注意：根据《合同法解释（一）》的规定，债权人申请人民法院对次债务人的财产采取保全措施的，应当提供相应的财产担保〕		涉外仲裁必须提供担保。
法院作出财产保全裁定的时限	必须在48小时内作出裁定。	只有对情况紧急的，才必须在48小时内作出裁定，其他情况则可在48小时之外，5日以内作出裁定。		
解除	（1）诉前保全措施采取后，利害关系人在30日内未起诉的； （2）被申请人提供担保的（财产纠纷案件：应当解除）。	被申请人向人民法院提供担保的（财产纠纷案件：应当解除）。	债权人在法律文书指定的履行期间届满后5日内不申请执行的。	
错误的赔偿	申请人赔偿。	申请人赔偿或国家赔偿。		

【注意】诉前保全、诉中保全和执行前的保全可以在前一程序进入到后一程序时自动转化。

【例】甲公司生产的"晴天牌"空气清新器销量占据市场第一，乙公司见状，将自己生产的同类型产品注册成"清天牌"，并全面仿照甲公司产品，使消费者难以区分。为此，甲公司欲起诉乙公司侵权，同时拟申请诉前禁令，禁止乙公司销售该产品。关于诉前保全，下列哪些选项是正确的？（15年·卷三·81题）

A. 甲公司可向有管辖权的法院申请采取保全措施，并应当提供担保

B. 甲公司可向被申请人住所地法院申请采取保全措施，法院受理后，须在48小时内作出裁定

C. 甲公司可向有管辖权的法院申请采取保全措施，并应当在30天内起诉

D. 甲公司如未在规定期限内起诉，保全措施自动解除

［答案］ABC

［解析］利害关系人申请诉前保全的，应当提供担保。申请诉前财产保全的，应当提供相当于请求保全数额的担保；情况特殊的，人民法院可以酌情处理。申请诉前行为保全的，担保的数额由人民法院根据案件的具体情况决定。诉前保全必须提供担保，A项正确。

利害关系人因情况紧急，不立即申请保全将会使其合法权益受到难以弥补的损害的，可以在提起诉讼或者申请仲裁前向被保全财产所在地、被申请人住所地或者对案件有管辖权的人民法院申请采取保全措施。申请人应当提供担保，不提供担保的，裁定驳回申请。人民法院接受申请后，必须在48小时内作出裁定；裁定采取保全措施的，应当立即开始执行。申请人在人民法院采取保全措施后30日内不依法提起诉讼或者申请仲裁的，人民法院应当解除保全。BC两项正确。

甲公司如未在规定期限内起诉，法院裁定解除保全措施，而不是保全措施自动解除，D项错误。

【例】李某与温某之间债权债务纠纷经甲市M区法院审理作出一审判决，要求温某在判决生效后15日内偿还对李某的欠款。双方均未提起上诉。判决履行期内，李某发现温某正在转移财产，温某位于甲市N区有可供执行的房屋一套，故欲申请法院对该房屋采取保全措施。关于本案，下列哪一选项是正确的？（16年·卷三·43题）

A. 此时案件已经审理结束且未进入执行阶段，李某不能申请法院采取保全措施

B. 李某只能向作出判决的甲市M区法院申请保全

C. 李某可向甲市M区法院或甲市N区法院申请保全

D. 李某申请保全后，其在生效判决书指定的履行期间届满后15日内不申请执行的，法院应当解除保全措施

［答案］C

［解析］《民诉解释》第163条规定，法律文书生效后，进入执行程序前，债权人因对方当事人转移财产等紧急情况，不申请保全将可能导致生效法律文书不能执行或者难以执行的，可以向执行法院申请采取保全措施。债权人在法律文书指定的履行期间届满后5日内不申请执行的，人民法院应当解除保全。

《民事诉讼法》第224条规定，发生法律效力的民事判决、裁定，以及刑事判决、裁定中的财产部分，由第一审人民法院或者与第一审人民法院同级的被执行的财产所在地人民法院执行。

此案是执行前的保全，案件审理结束且未进入执行阶段，李某可以申请执行前的保全。A项错误。

执行前的保全的管辖法院是执行法院，此案执行依据是法院的生效法律文书，执行法院

是一审法院甲市 M 区法院或被执行财产所在地法院甲市 N 区法院，因此李某可向上述两个法院申请保全。B 项错误，C 项正确。

李某申请保全后，其在生效判决书指定的履行期间届满后 5 日内不申请执行的，法院应当解除保全措施。李某申请执行的期间是 5 日，而不是 15 日。D 项错误。

（二）保全的对象

1. 行为和财产。限于请求的范围，或者与本案有关的财物：可以保全抵押物、质押物、留置物，但抵押权人、质权人、留置权人有优先受偿权；可以保全被申请人已到期的债权。

【例】李根诉刘江借款纠纷一案在法院审理，李根申请财产保全，要求法院扣押刘江向某小额贷款公司贷款时质押给该公司的两块名表。法院批准了该申请，并在没有征得该公司同意的情况下采取保全措施。对此，下列哪些选项是错误的？（15 年·卷三·80 题）

A. 一般情况下，某小额贷款公司保管的两块名表应交由法院保管

B. 某小额贷款公司因法院采取保全措施而丧失了对两块名表的质权

C. 某小额贷款公司因法院采取保全措施而丧失了对两块名表的优先受偿权

D. 法院可以不经某小额贷款公司同意对其保管的两块名表采取保全措施

[答案] ABC

[解析]《民诉解释》第 157 条规定，人民法院对抵押物、质押物、留置物可以采取财产保全措施，但不影响抵押权人、质权人、留置权人的优先受偿权。B、C 项错误，当选。

《民诉解释》第 154 条规定，人民法院在财产保全中采取查封、扣押、冻结财产措施时，应当妥善保管被查封、扣押、冻结的财产。不宜由人民法院保管的，人民法院可以指定被保全人负责保管；不宜由被保全人保管的，可以委托他人或者申请保全人保管。查封、扣押、冻结担保物权人占有的担保财产，一般由担保物权人保管；由人民法院保管的，质权、留置权不因采取保全措施而消灭。因此原则上，某小额贷款公司保管的两块名表应由小额贷款公司保管，不能交由法院保管。A 项错误，当选。

法院对抵押物、留置物、担保物采取保全措施，不用经担保物权人同意，D 项正确。

【例】根据法律规定，权利人或利害关系人有证据证明他人正在实施或者即将实施侵犯其权利的行为，可以在起诉前向法院申请采取责令停止有关行为和财产保全的措施。下列哪些行为可以申请采取该措施？（06 年·卷三·82 题）

A. 著作权人或者与著作权有关的权利人对于侵犯著作权的行为

B. 专利权人或者利害关系人对于侵犯其专利权的行为

C. 商标注册人或者利害关系人对于侵犯其注册商标专用权的行为

D. 继承人对于侵犯其应继承财产的行为

[答案] ABCD。

[解析] 该题主要考查保全的对象不仅包括财产，还包括行为，四项全部是行为保全，均当选。

【例】甲公司以乙公司为被告向法院提起诉讼，要求乙公司支付拖欠的货款 100 万元。在诉讼中，甲公司申请对乙公司一处价值 90 万元的房产采取保全措施，并提供担保。一审法院在作出财产保全裁定之后发现，乙公司在向丙银行贷款 100 万时已将该房产和一辆小轿车抵押给丙银行。关于本案，下列哪一说法是正确的？（08 年·卷三·43 题）

A. 一审法院不能对该房产采取保全措施，因为该房产已抵押给丙银行

B. 一审法院可以对该房产采取保全措施，但是需要征得丙银行的同意

C. 一审法院可以对该房产采取保全措施，但是丙银行仍然享有优先受偿权

D. 一审法院可以对该房产采取保全措施，同时丙银行的优先受偿权丧失

［答案］ C

［解析］ 人民法院对抵押物、留置物可以采取财产保全措施，但抵押权人、留置权人有优先受偿权。据此，可以确定 C 选项正确。

（三）救济

1. 对保全的裁定不服的，可以申请复议一次，复议期间不停止裁定的执行；裁定有错误的，可以由法院主动决定启动再审程序纠正。

2. 申请保全人、被保全人、利害关系人认为保全裁定实施过程中的执行行为违反法律规定提出书面异议的，人民法院应当依照《民事诉讼法》第 225 条规定审查处理。

人民法院对诉讼争议标的以外的财产进行保全，案外人对保全裁定或者保全裁定实施过程中的执行行为不服，基于实体权利对被保全财产提出书面异议的，人民法院应当依照《民事诉讼法》第 227 条规定审查处理并作出裁定。案外人、申请保全人对该裁定不服的，可以自裁定送达之日起 15 日内向人民法院提起执行异议之诉。

人民法院裁定案外人异议成立后，申请保全人在法律规定的期间内未提起执行异议之诉的，人民法院应当自起诉期限届满之日起 7 日内对该被保全财产解除保全。

（四）上诉期间内的财产保全

1. 上诉期间内的财产保全裁定应由第一审法院作出，并及时报送二审法院。

2. 作出解除财产保全裁定的法院不一定是作出财产保全裁定的法院，可能是二审法院。

【例】 某法院对齐某诉黄某借款一案作出判决，黄某提起上诉。在一审法院将诉讼材料报送二审法院前，齐某发现黄某转移财产。下列关于本案财产保全的哪种说法是正确的？（06 年·卷三·45 题）

A. 齐某向二审法院提出申请，由二审法院裁定财产保全

B. 齐某向二审法院提出申请，二审法院可以指令一审法院裁定财产保全

C. 齐某向一审法院提出申请，一审法院将申请报送二审法院裁定财产保全

D. 齐某向一审法院提出申请，由一审法院裁定财产保全

［答案］ D

［解析］ 在一审法院将诉讼材料报送二审法院前，齐某发现黄某转移财产，说明是上诉期间的财产保全，应由当事人向一审法院提出，并由一审法院裁定财产保全。二审法院此时对案件尚不了解，当事人向二审法院提出保全申请，并由二审法院裁定保全既不现实，也不有利于及时保护申请人权益。D 项正确。

（五）再审保全的特殊规定

再审审查期间，债务人申请保全生效法律文书确定给付的财产的，人民法院不予受理。

再审审理期间，原生效法律文书中止执行，当事人申请财产保全的，人民法院应当受理。

《民诉法》第一百条 人民法院对于可能因当事人一方的行为或者其他原因，使判决难以执行或者造成当事人其他损害的案件，根据对方当事人的申请，可以裁定对其财产进行保

全、责令其作出一定行为或者禁止其作出一定行为；当事人没有提出申请的，人民法院在必要时也可以裁定采取保全措施。

人民法院采取保全措施，可以责令申请人提供担保，申请人不提供担保的，裁定驳回申请。

人民法院接受申请后，对情况紧急的，必须在四十八小时内作出裁定；裁定采取保全措施的，应当立即开始执行。

《民诉法》第一百零一条　利害关系人因情况紧急，不立即申请保全将会使其合法权益受到难以弥补的损害的，可以在提起诉讼或者申请仲裁前向被保全财产所在地、被申请人住所地或者对案件有管辖权的人民法院申请采取保全措施。申请人应当提供担保，不提供担保的，裁定驳回申请。

人民法院接受申请后，必须在四十八小时内作出裁定；裁定采取保全措施的，应当立即开始执行。

申请人在人民法院采取保全措施后三十日内不依法提起诉讼或者申请仲裁的，人民法院应当解除保全。

《民诉法》第一百零二条　保全限于请求的范围，或者与本案有关的财物。

《民诉法》第一百零四条　财产纠纷案件，被申请人提供担保的，人民法院应当裁定解除保全。

《民诉法》第一百零五条　申请有错误的，申请人应当赔偿被申请人因保全所遭受的损失。

《民诉解释》第一百六十三条　法律文书生效后，进入执行程序前，债权人因对方当事人转移财产等紧急情况，不申请保全将可能导致生效法律文书不能执行或者难以执行的，可以向执行法院申请采取保全措施。债权人在法律文书指定的履行期间届满后五日内不申请执行的，人民法院应当解除保全。

二、先予执行

先予执行，是指人民法院受理案件后、终审判决作出前，为解决权利人生活或生产经营的紧急需求，根据权利人的申请，依法裁定义务人预先履行义务的制度。

（一）先予执行的适用范围

1. 追索赡养费、扶养费、抚育费、抚恤金、医疗费用的案件。

2. 追索劳动报酬的案件。

3. 因情况紧急需要先予执行的案件。其中紧急情况是指：

（1）需要立即停止侵害，排除妨碍的。

（2）需要立即停止某项行为的。

（3）追索恢复生产、经营急需的保险理赔费的。

（4）需要立即返还社会保险金、社会救助资金的。

（5）不立即返还款项，将严重影响权利人生活和生产经营的。

（二）先予执行的适用条件

1. 当事人之间权利义务关系明确。

2. 申请人有实现权利的迫切需要，具有先予执行的必要性。即不先予执行将严重影响申请人的生活或者生产经营的。

3. 被申请人有履行的能力。

4. 当事人向法院提出了申请。

【注意】　先予执行的提起只能依申请，不能依职权。

（三）先予执行的程序要求

1. 当事人向法院提出了申请，法院不能在没有权利人提出申请的情况下主动依职权裁定采取先予执行的措施。

2. 先予执行的适用时间为受理案件后、终审判决作出前。

3. 对方当事人提出管辖权异议的，在管辖权尚未确定的情况下，人民法院不得先裁定先予执行。

4. 当事人申请先予执行，人民法院认为有必要让申请人提供担保的，可以责令申请人提供担保，申请人不提供担保的，驳回申请。

5. 申请人败诉的，应当赔偿被申请人因先予执行而遭受的财产损失。

6. 对先予执行的裁定不服的，可以申请复议一次，复议期间不停止裁定的执行；裁定有错误的，可以由法院主动决定启动再审程序纠正。

（四）先予执行和保全

1. 先予执行与保全的区别：

（1）先予执行只能在诉讼中，而行为保全包括诉前和诉讼中。

（2）先予执行有严格的条件，须当事人之间权利义务关系明确，而行为保全没有该项要求。

（3）先予执行有适用案件范围的限制，保全没有案件范围限制。

（4）先予执行只能依申请，保全既可以依申请，也可以依职权采取。

2. 先予执行与保全的相同点：文书都为裁定，对裁定不服均可申请复议（5 日内申请，法院 10 日审查），裁定错误只能由法院主动决定再审。

三、期　间

期间，是人民法院或者诉讼参与人进行或者完成某种诉讼行为应当遵守的期限和日期。

（一）期间的种类

1. 法定期间，是指由法律明文规定的诉讼期间。法定期间也并非绝对不允许变更。

2. 指定期间，是指人民法院根据案件审理时遇到的具体情况和案件审理的需要，依职权指定当事人及其他诉讼参与人进行或完成某项诉讼行为的期间。指定期间一般具有可变动的特点。

3. 约定期间，是指根据法律或司法解释所确立的约定机制，由各方当事人协商一致，并经受诉人民法院认可的诉讼期间。

（二）期间的计算

1. 计算单位：期间以时、日、月、年作为计算单位。

2. 期间的计算。

（1）期间开始的时和日不计算在内。期间以月、年为计算单位，期间届满日为开始日的对应日，没有对应日的，以最后一个月的最后一天为期间届满日。

（2）期间届满后的最后一日为法定节假日的，以节假日后的第一日为期间届满日。

（3）诉讼文书的在途期间不包括在期间内。诉讼文书在期满前交邮的，无论人民法院收到诉讼文书是在原定的期间内还是超过了原定的期间届满日，不算过期。例如，诉讼文书通过邮局邮寄的，以该文书交邮时邮局在该文书邮件所盖的邮戳上的日期为准。

（三）期间的耽误及其补救

1. 概念。

指当事人、其他诉讼参与人因故不能在法定期间或指定的期间内完成应为的诉讼行为时，依法申请补救，法院采取的顺延措施。

2. 条件。

（1）因不可抗拒的事由或者其他正当理由耽误期间。

（2）申请顺延的时间，应在障碍消除后 10 日内提出。期间的补救只能依申请采取，不能依职权。

（3）顺延的天数：法定期间，将实际耽误的期间补足；指定期间，由法院根据具体情况决定，可以不补足。

【例】张兄与张弟因遗产纠纷诉至法院，一审判决张兄胜诉。张弟不服，却在赴法院提交上诉状的路上被撞昏迷，待其经抢救苏醒时已超过上诉期限一天。对此，下列哪一说法是正确的？（15 年·卷三·41 题）

A. 法律上没有途径可对张弟上诉权予以补救

B. 因意外事故耽误上诉期限，法院应依职权决定顺延期限

C. 张弟可在清醒后 10 日内，申请顺延期限，是否准许，由法院决定

D. 上诉期限为法定期间，张弟提出顺延期限，法院不应准许

［答案］C

［解析］张弟被撞昏迷导致错过上诉期限，属于不可抗拒的事由耽误了期间，可以申请补救，A 项称不能补救是错误的。C 项正确。

根据上述规定，期间的补救只能依申请，不能依职权进行，因此法院不能依职权决定顺延期限，B 项错误。

不管是法定期间还是指定期间，只有符合期间的补救规定都可以申请顺延补救，上诉期间也可以申请顺延，法院可以决定是否顺延。D 项错误。

【例】关于《民事诉讼法》对期间的规定，下列哪些选项是正确的？（09 年·卷三·83 题）

A. 当事人申请再审的期间不适用中止、中断和延长的规定

B. 当事人提出证据的期间不适用中止、中断和延长的规定

C. 当事人申请执行的期间适用中止、中断和延长的规定

D. 当事人提起上诉的期间适用中止、中断和延长的规定

［答案］A（司法部当年公布答案为 AC）。

［解析］《关于审判监督程序若干问题的解释》第 2 条规定："民事诉讼法第一百八十四条（现修正为第二百零五条）规定的申请再审期间不适用中止、中断和延长的规定。"《民事诉讼法》第 205 条规定："当事人申请再审，应当在判决、裁定发生法律效力后六个月内提

出；有本法第二百条第一项、第三项、第十二项、第十三项规定情形的，自知道或者应当知道之日起六个月内提出。"据此，A 选项正确。

《民诉证据规定》第 36 条规定："当事人在举证期限内提交证据材料确有困难的，应当在举证期限内向人民法院申请延期举证，经人民法院准许，可以适当延长举证期限。当事人在延长的举证期限内提交证据材料仍有困难的，可以再次提出延期申请，是否准许由人民法院决定。"据此可知，举证期限不适用中止、中断规定，但可以适用延长的规定，B 选项错误。

《民事诉讼法》第 239 条第 1 款规定："申请执行的期间为二年。申请执行时效的中止、中断，适用法律有关诉讼时效中止、中断的规定。"《关于执行程序若干问题的解释》第 27 条规定："在申请执行时效期间的最后六个月内，因不可抗力或者其他障碍不能行使请求权的，申请执行时效中止。从中止时效的原因消除之日起，申请执行时效期间继续计算。"《关于执行程序若干问题的解释》第 28 条规定："申请执行时效因申请执行、当事人双方达成和解协议、当事人一方提出履行要求或者同意履行义务而中断。从中断时起，申请执行时效期间重新计算。"申请执行的期间可以中止、中断，不能延长，C 项错误。

《民事诉讼法》第 164 条规定："当事人不服地方人民法院第一审判决的，有权在判决书送达之日起十五日内向上一级人民法院提起上诉。当事人不服地方人民法院第一审裁定的，有权在裁定书送达之日起十日内向上一级人民法院提起上诉。"虽然法律并未明确规定上诉期间不得中止、中断和延长，但是理论上一致认为上诉期间是绝对不变的法定期间。否则，一审法院的裁判久久无法发生效力，既不利于及时的解决纠纷，也有损法院裁判的权威性、严肃性。所以，D 选项错误。

四、送达

送达是人民法院依照法定程序和方式，向当事人及其他诉讼参与人送交诉讼文书和法律文书的行为。

（一）送达的主体：人民法院

送达是人民法院的职权行为，例如，人民法院向原告送达开庭传票的行为，向证人送达出庭作证通知书的行为等。而当事人向人民法院递交诉讼文书的行为不是送达，例如，当事人向人民法院递交答辩状、授权委托书等行为不能视为送达。

（二）送达的方式

1. 直接送达。

受送达人是公民的，可由本人、其同住成年家属、诉讼代理人或指定的代收人签收；受送达人是法人或者其他组织的，应当由法人的法定代表人、其他组织的主要负责人、该法人、组织负责收件的人、诉讼代理人或指定的代收人签收。

特殊的直接送达情形：

（1）可以通知当事人到人民法院领取。当事人到达人民法院，拒绝签署送达回证的，视为送达。

（2）可以在当事人住所地以外向当事人直接送达诉讼文书。当事人拒绝签署送达回证的，采用拍照、录像等方式记录送达过程即视为送达。

【注意】在住所地以外向当事人送达诉讼文书，如果其签署了送达回证，则是直接送达；如果此时其拒绝签署送达回证，采用拍照、录像等方式记录送达过程，此时视为送达，产生的是留置送达的效果。

（3）在定期宣判时，当事人拒不签收判决书、裁定书的，应视为送达，并在宣判笔录中记明即可。

《民诉法》第八十五条　送达诉讼文书，应当直接送交受送达人。受送达人是公民的，本人不在交他的同住成年家属签收；受送达人是法人或者其他组织的，应当由法人的法定代表人、其他组织的主要负责人或者该法人、组织负责收件的人签收；受送达人有诉讼代理人的，可以送交其代理人签收；受送达人已向人民法院指定代收人的，送交代收人签收。

受送达人的同住成年家属，法人或者其他组织的负责收件的人，诉讼代理人或者代收人在送达回证上签收的日期为送达日期。

《民诉解释》第一百三十一条　人民法院直接送达诉讼文书的，可以通知当事人到人民法院领取。当事人到达人民法院，拒绝签署送达回证的，视为送达。审判人员、书记员应当在送达回证上注明送达情况并签名。

人民法院可以在当事人住所地以外向当事人直接送达诉讼文书。当事人拒绝签署送达回证的，采用拍照、录像等方式记录送达过程即视为送达。审判人员、书记员应当在送达回证上注明送达情况并签名。

《民诉解释》第一百四十一条　人民法院在定期宣判时，当事人拒不签收判决书、裁定书的，应视为送达，并在宣判笔录中记明。

2. 留置送达。

留置送达是人民法院在受送达人或他的同住成年家属无正当理由拒收诉讼文书的情况下，依照法定程序将诉讼文书放置于送达人的住所并产生送达法律效力的送达方式。

具体而言，留置送达可以通过两种形式完成：

（1）见证人证明，即送达人把诉讼文书留在受送达人的住所，并邀请有关基层组织或者受送达人所在单位的代表到场，法院的送达人员应当向见证人说明情况，在送达回证上记明受送达人拒收事由和送达的日期，由送达人、见证人签名或者盖章；

（2）通过拍照、录像等证明，即送达人把诉讼文书留在受送达人的住所，并采用拍照、录像等方式记录送达过程。

【小结】

1. 直接送达和留置送达都可以在住所地以外进行。

2. 直接送达通常必须由当事人签署送达回证后方可产生送达效力，但如果是在法院向当事人直接送达（通知当事人到法院领取文书和当庭宣判两种情况），则即使当事人不签署送达回证，也可以产生直接送达的效力。

《民诉法》第八十六条　受送达人或者他的同住成年家属拒绝接收诉讼文书的，送达人可以邀请有关基层组织或者所在单位的代表到场，说明情况，在送达回证上记明拒收事由和日期，由送达人、见证人签名或者盖章，把诉讼文书留在受送达人的住所；也可以把诉讼文书留在受送达人的住所，并采用拍照、录像等方式记录送达过程，即视为送达。

《民诉解释》第一百三十二条　受送达人有诉讼代理人的，人民法院既可以向受送达人送达，也可以向其诉讼代理人送达。受送达人指定诉讼代理人为代收人的，向诉讼代理人送达时，适用留置送达。

《民诉解释》第一百三十三条　调解书应当直接送达当事人本人，不适用留置送达。当事人本人因故不能签收的，可由其指定的代收人签收。

3. 电子送达。

电子送达是人民法院在受送达人同意的前提下，采用传真、电子邮件等能够确认其收悉的方式送达除判决书、裁定书、调解书以外的诉讼文书，以传真、电子邮件、移动通信等即时收悉的特定系统作为送达媒介，以到达受送达人特定系统的日期为送达日期的送达方式。

【注意】①电子送达以受送达人同意为前提；②判决书、裁定书和调解书不适用电子送达方式。

【例】张某诉美国人海斯买卖合同一案，由于海斯在我国无住所，法院无法与其联系，遂要求张某提供双方的电子邮件地址，电子送达了诉讼文书，并在电子邮件中告知双方当事人在收到诉讼文书后予以回复，但开庭之前法院只收到张某的回复，一直未收到海斯的回复。后法院在海斯缺席的情况下，对案件作出判决，驳回张某的诉讼请求，并同样以电子送达的方式送达判决书。关于本案诉讼文书的电子送达，下列哪一做法是合法的？（14 年·卷三·42 题）

A. 向张某送达举证通知书　　　　　　B. 向张某送达缺席判决书
C. 向海斯送达举证通知书　　　　　　D. 向海斯送达缺席判决书

[答案]　A

[解析]　电子送达必须征得受送达人的同意方可适用。本案中原告张某下落明确，被告海斯下落不明，法院从原告处获取两人的电子邮件，可见原告同意对其适用电子送达，且原告受到电子邮件后进行了回复，法院能够确认其收悉。因此对原告张某送达举证通知书符合法律规定。A 项当选。被告海斯下落不明，法院对海斯进行电子送达不可能取得其同意，因此向海斯送达举证通知书违法。C 项不合法。判决书、调解书、裁定书三种法律文书不能适用电子送达。B 项、D 项不合法。

《民诉法》第八十七条　经受送达人同意，人民法院可以采用传真、电子邮件等能够确认其收悉的方式送达诉讼文书，但判决书、裁定书、调解书除外。

采用前款方式送达的，以传真、电子邮件等到达受送达人特定系统的日期为送达日期。

《民诉解释》第一百三十五条　电子送达可以采用传真、电子邮件、移动通信等即时收悉的特定系统作为送达媒介。

民事诉讼法第八十七条第二款规定的到达受送达人特定系统的日期，为人民法院对应系统显示发送成功的日期，但受送达人证明到达其特定系统的日期与人民法院对应系统显示发送成功的日期不一致的，以受送达人证明到达其特定系统的日期为准。

《民诉解释》第一百三十六条　受送达人同意采用电子方式送达的，应当在送达地址确认书中予以确认。

4. 委托送达。

委托送达是指受诉法院直接送达诉讼文书有困难时（例如路途遥远），委托其他人民法院将需送达的诉讼文书、法律文书代为送达的送达方式。

5. 邮寄送达。

邮寄送达是指受诉人民法院在直接送达有困难的情况下，将需要送达的诉讼文书通过邮局以挂号信形式邮寄给受送达人的送达方式。邮寄送达应当附有送达回证。挂号信回执上注明的收件日期与送达回证上注明的收件日期不相符的，或者送达回证没有寄回的，以挂号信回执上注明的收件日期为送达日期。

6. 转交送达。

转交送达是指人民法院基于受送达人的有关情况而将诉讼文书、法律文书交受送达人所在部队或有关机关、单位代收后转交给受送达人的送达方式。转交送达只能适用于受送达人是军人、被监禁人或者被采取强制性教育措施的人。负责转交的机关、单位在收到诉讼文书、法律文书后，必须立即交受送达人签收，受送达人在送达回证上注明的签收日期为送达日期。

7. 公告送达。

公告送达是指在受送达人下落不明或者用上述方法无法送达的情况下所采取的一种特殊的送达方式。自公告发出次日起，经过 60 日，即视为送达。但是，对在中华人民共和国领域内没有住所的当事人公告送达，自公告之日起满 3 个月，即视为送达。

【注意】

①人民法院在受送达人住所地张贴公告的，应当采取拍照、录像等方式记录张贴过程。

②简易程序的案件，不适用公告送达。

【例】关于法院的送达行为，下列哪一选项是正确的？（13 年·卷三·39 题）

A. 陈某以马某不具有选民资格向法院提起诉讼，由于马某拒不签收判决书，法院向其留置送达

B. 法院通过邮寄方式向葛某送达开庭传票，葛某未寄回送达回证，送达无效，应当重新送达

C. 法院在审理张某和赵某借款纠纷时，委托赵某所在学校代为送达起诉状副本和应诉通知

D. 经许某同意，法院用电子邮件方式向其送达证据保全裁定书

[答案] A

[解析] 选民资格案件中，选民本人是法院送达判决书的对象，即受送达人，其不接受判决书，法院可以留置送达。A 项正确。邮寄送达应当附有送达回证，挂号信回执上注明的收件日期与送达回证上注明的收件日期不相符的，或者送达回证没有寄回的，以挂号回执上注明的收件日期为送达日期。因此，受送达人只要在挂号回执上签收即视为送达，未寄回送达回证的，也产生送达的效力，不必重新送达。B 项错误。能够转交送达的对象只能是军人、被监禁的人和被采取强制性教育措施的人。不能通过学校对当事人转交送达，C 项错误。电子送达是指受送达人同意的前提下，法院采用传真、电子邮件等能够确认其收悉的方式送达诉讼文书，送达日期为到达受送达人特定系统的日期，但是判决书、裁定书、调解书，不能适用电子送达。D 项中的证据保全的裁定书不能电子送达，D 项错误。

【例】甲起诉要求与妻子乙离婚，法院经审理判决不予准许。书记员两次到甲住所送达判决书，甲均拒绝签收。书记员的下列哪一做法是正确的？（09 年·卷三·43 题）

A. 将判决书交给甲的妻子乙转交

B. 将判决书交给甲住所地居委会转交

C. 请甲住所地居委会主任到场见证并将判决书留在甲住所

D. 将判决书交给甲住所地派出所转交

［答案］C

［解析］转交送达仅适用于受送达人是军人、被监禁或被采取强制性教育措施的情形，本案不适用，故 B、D 选项错误。一般情况下，可以向当事人的同住成年家属送达文书，视为向当事人送达，本案乙虽然是甲的同住成年家属，但甲和乙是离婚案件的双方当事人，作为一方当事人的乙不能替另一方当事人甲接受文书，A 项错误。

【例】甲与乙系夫妻关系，四年前乙下落不明。甲提起离婚之诉。对于该起诉，法院应如何处理？（07 年·卷三·44 题）

A. 法院应不予受理，并告知甲应当依照特别程序申请宣告乙死亡

B. 法院应不予受理，并告知甲应先依照特别程序申请宣告乙为失踪人

C. 法院应当受理，但在受理后应当裁定中止诉讼，并依照特别程序认定乙为失踪人后，再对离婚之诉作出判决

D. 法院应当受理，并向乙公告送达有关的诉讼文书

［答案］D

［解析］夫妻一方下落不明，另一方诉至人民法院，只要求离婚，不申请宣告下落不明人失踪或死亡的案件，人民法院应当受理，对下落不明人用公告送达诉讼文书。所以 D 选项正确。

离婚案件中，被告方下落不明的，不影响案件的受理和审理，并且宣告失踪或死亡并不是此类案件的先行程序，所以 A、B、C 选项认为法院应当不予受理或受理后中止诉讼是错误的。

《民诉法》第九十二条 受送达人下落不明，或者用本节规定的其他方式无法送达的，公告送达。自发出公告之日起，经过六十日，即视为送达。

公告送达，应当在案卷中记明原因和经过。

《民诉解释》第一百三十八条 公告送达可以在法院的公告栏和受送达人住所地张贴公告，也可以在报纸、信息网络等媒体上刊登公告，发出公告日期以最后张贴或者刊登的日期为准。对公告送达方式有特殊要求的，应当按要求的方式进行。公告期满，即视为送达。

人民法院在受送达人住所地张贴公告的，应当采取拍照、录像等方式记录张贴过程。

《民诉解释》第一百四十条 适用简易程序的案件，不适用公告送达。

五、对妨害民事诉讼行为的强制措施

（一）妨害民事诉讼行为的构成要件

1. 主体条件：实施妨害民事诉讼行为的人，既可以是案件的当事人，也可以是其他诉讼参与人，还可以是案外人。

2. 行为条件：必须实施了具体的妨害民事诉讼秩序的行为。既可以表现为作为，也可以

表现为不作为。

3. 主观条件：必须是出于行为人的主观故意，即行为人明知自己的行为有可能造成妨害民事诉讼秩序的结果且追求或放任这种结果的发生。

4. 结果条件：必须是足以妨害民事诉讼进行，但尚未构成犯罪的行为。

5. 时间条件：必须是在诉讼过程中实施的行为，不包括起诉前，也不包括执行后。也就是说在执行过程中的行为妨碍了民事诉讼的正常进行，也是妨害民事诉讼的行为。

例外：在人民法院执行完毕后，被执行人或者其他人对已执行的标的有妨害行为的，人民法院应当采取措施，排除妨害，并可以依照《民事诉讼法》第111条的规定处理。因妨害行为给申请执行人或者其他人造成损失的，受害人可以另行起诉。

（二）妨害民事诉讼行为的种类

1. 必须到庭的被告及给国家、集体或他人造成损害的未成年人的法定代理人，经两次传票传唤，无正当理由拒不到庭的行为。必须到庭的被告，一般是指给付赡养费、抚育费、扶养费等案件中的被告和离婚案件中的被告以及被告不到庭就无法查清案件的被告。

2. 违反法庭规则，扰乱法庭秩序的行为。包括但不限于以下情形：

（1）未经准许进行录音、录像、摄影的；

（2）未经准许以移动通信等方式现场传播审判活动的；

（3）其他扰乱法庭秩序，妨害审判活动进行的。

【注意】有以上情形的，人民法院可以暂扣诉讼参与人或者其他人进行录音、录像、摄影、传播审判活动的器材，并责令其删除有关内容；拒不删除的，人民法院可以采取必要手段强制删除。

3. 妨害诉讼证据的收集、调查、阻拦法院依法执行职务、干扰诉讼的行为。

（1）伪造、毁灭重要证据，妨碍人民法院审理案件的。

（2）以暴力、威胁、贿买方法阻止证人作证或者指使、贿买、胁迫他人作伪证的。

（3）隐藏、转移、变卖、毁损已被查封、扣押的财产，或者已被清点并责令其保管的财产，转移已被冻结的财产的。

（4）对司法工作人员、诉讼参与人、证人、翻译人员、鉴定人、勘验人、协助执行的人，进行侮辱、诽谤、诬陷、殴打或者打击报复的。

（5）以暴力、威胁或者其他方法阻碍司法工作人员执行职务的。

（6）拒不履行人民法院已经发生法律效力的判决、裁定的。这些行为包括：①在法律文书发生法律效力后隐藏、转移、变卖、毁损财产，造成人民法院无法执行的；②以暴力、威胁或者其他方法妨碍或抗拒人民法院执行的；③有履行能力而拒不执行人民法院发生法律效力的判决书、裁定书、调解书和支付令的。

4. 诉讼欺诈和执行欺诈行为。

（1）当事人之间恶意串通，企图通过诉讼、调解等方式侵害他人合法权益的，人民法院应当驳回其请求，并根据情节轻重予以罚款、拘留；构成犯罪的，依法追究刑事责任。

（2）被执行人与他人恶意串通，通过诉讼、仲裁、调解等方式逃避履行法律文书确定的义务的，人民法院应当根据情节轻重予以罚款、拘留；构成犯罪的，依法追究刑事责任。

5. 有义务协助调查、执行的单位或组织拒不履行协助义务的行为，包括下列行为：

（1）有关单位拒绝或者妨碍人民法院调查取证的。

（2）有关单位接到人民法院协助执行通知书后，拒不协助查询、扣押、冻结、划拨、变价财产的。

（3）有关单位接到人民法院协助执行通知书后，拒不协助扣留被执行人的收入、办理有关财产权证照转移手续、转交有关票证、证照或者其他财产的。

（4）其他拒绝协助执行的。包括：①擅自转移已被人民法院冻结的存款，或擅自解冻的；②以暴力、威胁或者其他方法阻碍司法工作人员查询、冻结、划拨银行存款的；③接到人民法院协助执行通知后，给当事人通风报信，协助其转移、隐匿财产的。④允许被执行人高消费的；⑤允许被执行人出境的；⑥拒不停止办理有关财产权证照转移手续、权属变更登记、规划审批等手续的；⑦以需要内部请示、内部审批，有内部规定等为由拖延办理的。

6. 采取非法拘禁他人或者私自扣押他人财产的方式追索债务的行为。

（三）强制措施的种类与适用

1. 拘传。

拘传是对于必须到庭的被告、原告及给国家、集体或他人造成损害而作为被告的未成年人的法定代理人，经法院两次传票传唤，无正当理由拒绝出庭的，人民法院派出司法警察，强制被传唤人到庭参加诉讼活动的一种措施。

【注意】拘传适用的主体包括：①负有赡养、抚育、扶养义务的被告。②不到庭就无法查清案情的被告，如离婚案件的被告。③给国家、集体或他人造成损害的未成年人的法定代理人。④不到庭无法查明案情的原告。

2. 训诫。

训诫是人民法院对妨害民事诉讼秩序行为较轻的人，以口头方式予以严肃的批评教育，并指出其行为的违法性和危害性，令其以后不可再犯的一种强制措施。

3. 责令退出法庭。

责令退出法庭是指人民法院对于违反法庭规则的人，强制其离开法庭的措施。

4. 罚款。

罚款是人民法院对实施妨害民事诉讼行为情节较重的人，责令其在规定的时间内，交纳一定数额金钱的强制措施。关于罚款数额，个人是人民币 10 万元以下，单位是人民币 5 万元以上 100 万元以下。

5. 拘留。

拘留是人民法院对实施妨害民事诉讼行为情节严重的人，将其留置在特定的场所，在一定期限内限制其人身自由的强制措施。拘留的期限为 15 日以下。被拘留的人，由人民法院交公安机关看管。被拘留人在拘留期间认错悔改的，可以责令其具结悔过，提前解除拘留。提前解除拘留，应报经院长批准，并作出提前解除拘留决定书，交负责看管的公安机关执行。

【注意】对被拘留人采取拘留措施后，应当在 24 小时内通知其家属；确实无法按时通知或者通知不到的，应当记录在案。

【小结】

1. 只有在拘传问题上有"两次传票传唤"的要求，其他如按撤诉处理、缺席判决没有次数要求，一次即可。

2. 拘传可以适用于被告，也可以适用于原告。

3. 强制措施中，须经法院院长批准的事项包括：①拘传；②罚款；③拘留；④提前解除拘留。

4. 罚款、拘留应当用决定书。对决定不服的，可以向上一级人民法院申请复议一次。复议期间不停止决定的执行。

5. 对同一行为罚款和拘留不能连续适用，但是可以单独适用，也可以合并适用。

《民诉法》第一百零九条　人民法院对必须到庭的被告，经两次传票传唤，无正当理由拒不到庭的，可以拘传。

《民诉解释》第一百七十四条　民事诉讼法第一百零九条规定的必须到庭的被告，是指负有赡养、抚育、扶养义务和不到庭就无法查清案情的被告。

人民法院对必须到庭才能查清案件基本事实的原告，经两次传票传唤，无正当理由拒不到庭的，可以拘传。

《民诉法》第一百一十二条　当事人之间恶意串通，企图通过诉讼、调解等方式侵害他人合法权益的，人民法院应当驳回其请求，并根据情节轻重予以罚款、拘留；构成犯罪的，依法追究刑事责任。

《民诉法》第一百一十三条　被执行人与他人恶意串通，通过诉讼、仲裁、调解等方式逃避履行法律文书确定的义务的，人民法院应当根据情节轻重予以罚款、拘留；构成犯罪的，依法追究刑事责任。

《民诉法》第一百一十六条　拘传、罚款、拘留必须经院长批准。

拘传应当发拘传票。

罚款、拘留应当用决定书。对决定不服的，可以向上一级人民法院申请复议一次。复议期间不停止执行。

《民诉解释》第一百七十六条　诉讼参与人或者其他人有下列行为之一的，人民法院可以适用民事诉讼法第一百一十条规定处理：

（一）未经准许进行录音、录像、摄影的；

（二）未经准许以移动通信等方式现场传播审判活动的；

（三）其他扰乱法庭秩序，妨害审判活动进行的。

有前款规定情形的，人民法院可以暂扣诉讼参与人或者其他人进行录音、录像、摄影、传播审判活动的器材，并责令其删除有关内容；拒不删除的，人民法院可以采取必要手段强制删除。

▌▌▌真题演练▷

1. 关于财产保全和先予执行，下列哪些选项是正确的？①（12年·卷三·82题）

A. 二者的裁定都可以根据当事人的申请或法院依职权作出

B. 二者适用的案件范围相同

C. 当事人提出财产保全或先予执行的申请时，法院可以责令其提供担保，当事人拒绝提供担保的，驳回申请

D. 对财产保全和先予执行的裁定，当事人不可以上诉，但可以申请复议一次

———————————

① CD

2. 常年居住在 Y 省 A 县的王某早年丧妻，独自一人将两个儿子和一个女儿养大成人。大儿子王甲居住在 Y 省 B 县，二儿子王乙居住在 Y 省 C 县，女儿王丙居住在 W 省 D 县。2000 年以来，王某的日常生活费用主要来自大儿子王甲每月给的 800 元生活费。2003 年 12 月，由于物价上涨，王某要求二儿子王乙每月也给一些生活费，但王乙以自己没有固定的工作、收入不稳定为由拒绝。于是，王某将王乙告到法院，要求王乙每月支付给自己赡养费 500 元。根据上述事实，请回答。

诉讼过程中，Y 省适逢十年不遇的冰雪天气，王某急需生煤炉取暖，但已无钱买煤。王某听说王乙准备把自己存折上 3000 多元钱转到一个朋友的账户上。对此，王某可以向法院申请采取的措施是：① (09 年·卷三·99 题)

    A. 对妨害民事诉讼的强制措施　　　　B. 诉讼保全措施

    C. 证据保全措施　　　　　　　　　　D. 先予执行措施

3. A 地甲公司与 B 地乙公司签订买卖合同，约定合同履行地在 C 地，乙到期未能交货。甲多次催货未果，便向 B 地基层法院起诉，要求判令乙按照合同约定交付货物，并支付违约金。法院受理后，甲得知乙将货物放置于其设在 D 地的仓库，并且随时可能转移。下列哪些选项是错误的?② (08 年·卷三·87 题)

    A. 甲如果想申请财产保全，必须向货物所在地的 D 地基层法院提出

    B. 甲如果要向法院申请财产保全，必须提供担保

    C. 受诉法院如果认为确有必要，可以直接作出财产保全裁定

    D. 法院受理甲的财产保全申请后，应当在 48 小时内作出财产保全裁定

4. 关于民事诉讼财产保全制度，下列哪些说法是正确的?③ (03 年·卷三·71 题)

    A. 诉前保全必须由当事人提出申请并提供担保，人民法院方可作出保全裁定

    B. 财产保全申请确有错误的，申请人应当赔偿被申请人因财产保全所遭受的损失

    C. 财产保全限于请求的范围，或者与本案有关的财物

    D. 当事人对财产保全裁定不服的，可以申请复议一次

5. 关于《民事诉讼法》规定的期间制度，下列哪一选项是正确的?④ (12 年·卷三·38 题)

    A. 法定期间都属于绝对不可变期间

    B. 涉外案件的审理不受案件审结期限的限制

    C. 当事人从外地到法院参加诉讼的在途期间不包括在期间内

    D. 当事人有正当理由耽误了期间，法院应当依职权为其延展期间

6. 根据《民事诉讼法》和民事诉讼理论，关于期间，下列哪一选项是正确的?⑤ (11 年·卷三·41 题)

---

① BD
② ABD
③ ABCD
④ B
⑤ D

A. 法定期间都是不可变期间，指定期间都是可变期间

B. 法定期间的开始日及期间中遇有节假日的，应当在计算期间时予以扣除

C. 当事人参加诉讼的在途期间不包括在期间内

D. 遇有特殊情况，法院可依职权变更原确定的指定期间

7. 郑飞诉万雷侵权纠纷一案，虽不属于事实清楚、权利义务关系明确、争议不大的案件，但双方当事人约定适用简易程序进行审理，法院同意并以电子邮件的方式向双方当事人通知了开庭时间（双方当事人均未回复）。开庭时被告万雷无正当理由不到庭，法院作出了缺席判决。送达判决书时法院通过各种方式均未联系上万雷，遂采取了公告送达方式送达了判决书。对此，法院下列的哪些行为是违法的？①（15 年·卷三·83 题）

A. 同意双方当事人的约定，适用简易程序对案件进行审理

B. 以电子邮件的方式向双方当事人通知开庭时间

C. 作出缺席判决

D. 采取公告方式送达判决书

8. 李某与赵某是夫妻。1999 年 7 月，李某向某县人民法院起诉要求离婚，法院经审理判决不准离婚。审理该案的书记员两次到李某家送达判决书李某均拒绝接收。对此，应当如何处理？②（04 年·卷三·44 题）

A. 书记员将该判决书交给李的邻居王某转交

B. 书记员将该判决书留置在李某的住所

C. 书记员将该判决书交给李某所在地居委会转交

D. 书记员将该判决书交给李某所在地派出所转交

9. 在民事诉讼中，可以适用留置送达的诉讼文书和法律文书包括哪些？③（02 年·卷三·70 题）

A. 人民法院的判决书
B. 人民法院的裁定书

C. 人民法院的调解书
D. 出庭通知书

10. 某省电视剧制作中心摄制的作品《星空》正式播出前，邻省的某音像公司制作了盗版光盘。制作中心发现后即向音像公司所在地的某区法院起诉，并在法院立案后，请求法院裁定音像公司停止生产光盘。音像公司在接到应诉通知书及停止生产光盘的裁定后，认为自己根本不是盗版，故继续生产光盘。被告在法院作出停止生产光盘的裁定后仍继续生产，法院可如何处理？④（04 年·卷三·100 题）

A. 尽快判决被告败诉并开始执行

B. 采取强制执行措施

C. 对主要负责人或直接责任人员实施拘留

D. 对音像公司处以罚款

---

① CD

② B

③ ABD

④ BCD

11. 当事人对法院作出的下列哪些民事决定有权申请复议？① （06 年·卷三·77 题）

　　A. 关于再审的决定　　　　　　　　　　B. 关于回避的决定

　　C. 关于罚款的决定　　　　　　　　　　D. 关于拘留的决定

---

① 　BCD

08 第八章
一审普通程序

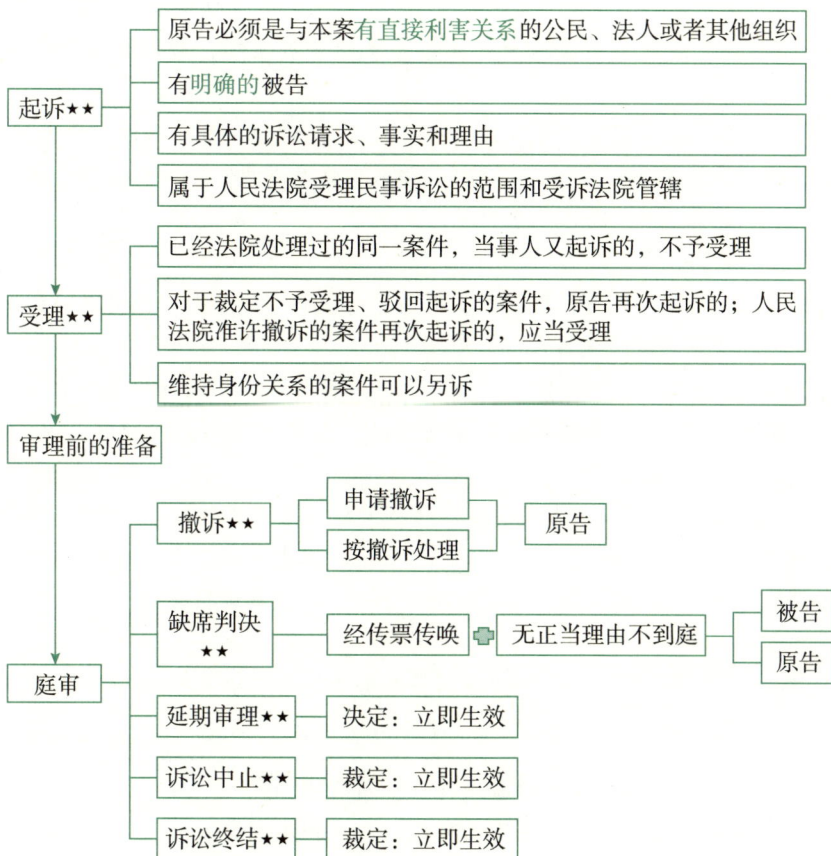

特别提示

　　本章是司法考试中的重点。重要的知识点为：起诉的条件；案件受理的具体情形；不予受理、驳回起诉与驳回诉讼请求的比较；撤诉与缺席判决的适用；延期审理、诉讼中止与诉讼终结的法定情形；判决、裁定、决定的适用情形和区别；公益诉讼、第三人撤销之诉和执行异议之诉是2015年《民事诉讼解释》全新规定的制度，已连续考查多次，是考查的重点和难点。

本章知识框架

一审普通程序

- 起诉★★
  - 原告必须是与本案有直接利害关系的公民、法人或者其他组织
  - 有明确的被告
  - 有具体的诉讼请求、事实和理由
  - 属于人民法院受理民事诉讼的范围和受诉法院管辖

- 受理★★
  - 已经法院处理过的同一案件，当事人又起诉的，不予受理
  - 对于裁定不予受理、驳回起诉的案件，原告再次起诉的；人民法院准许撤诉的案件再次起诉的，应当受理
  - 维持身份关系的案件可以另诉

- 审理前的准备

- 庭审
  - 撤诉★★
    - 申请撤诉 —— 原告
    - 按撤诉处理 —— 原告
  - 缺席判决★★
    - 经传票传唤 ＋ 无正当理由不到庭 —— 被告 / 原告
  - 延期审理★★ —— 决定：立即生效
  - 诉讼中止★★ —— 裁定：立即生效
  - 诉讼终结★★ —— 裁定：立即生效

一、起诉与受理

（一）起诉的条件

1. 起诉的实质条件。

（1）原告必须是与本案有直接利害关系的公民、法人或者其他组织。

但在有的情况下，非实体当事人可以作为正当当事人，如失踪人的财产代管人；死亡人的近亲属；遗产管理人、遗嘱执行人；著作权集体管理组织等。该部分内容已在当事人部分讲过。

（2）有明确的被告。

【注意】对被告的要求是明确即可，而不是正确。正确与否，是在诉讼审理过程中由法院认定的。原告不正确，法院裁定不予受理；被告不明确，法院裁定不予受理，而被告不正确，在案件审理过程中查明后，法院判决驳回诉讼请求。

（3）有具体的诉讼请求、事实和理由。

（4）属于人民法院受理民事诉讼的范围和受诉法院管辖。

参见本书第三章主管与管辖部分，兹不赘述。

【如】比如说张三诉李四人身损害赔偿，起诉状上面写的是原告"张三，后面没了"。原告明确吗？不明确，世界上叫张三的人那么多，我知道是哪个张三，所以法院不受理。

原告张三，男，现年 20 岁，住西北政法男生宿舍楼一门 101，联系电话手机啊 13 几几，然后这个通讯方式写得很清楚，这个原告是不是明确的？是，而且张三确实是被李四打的，这原告也是正确的，它是发生争议的侵权法律关系的权利主体，所以原告是明确并且正确的，法院受理。

张三如果被打晕了去住院了，张三的母亲张美丽以自己的名义起诉，原告张美丽，女，现年 50 岁，住西北政法教师公寓。一门 101，联系电话是多少？写的很清楚，请问原告明确吧？但原告资格不正确，该受理吗？不受理。

2. 起诉的形式条件。

（1）起诉应当向人民法院提出起诉状，书写起诉状确有困难的，也可以口头起诉。

（2）提供起诉状应当按照被告人数提供副本。

【注意】起诉状应当记明下列事项：①原告的基本信息；②被告的基本信息；③诉讼请求和所根据的事实与理由；④证据和证据来源，证人姓名和住所；⑤受诉人民法院的名称，起诉的时间、起诉人签名或盖章。

【例】关于民事起诉状应当包括的内容，下列哪些选项是正确的？（11 年·卷三·79 题）

A. 双方当事人的基本情况　　　　　　　B. 案由

C. 诉讼请求　　　　　　　　　　　　　D. 证据和证据来源

[答案] ACD

[解析] 案由是法院为了区分案件性质所做的分类标注，在起诉状中不体现，故 B 选项错误。

《民诉法》第一百一十九条　起诉必须符合下列条件：

（一）原告是与本案有直接利害关系的公民、法人和其他组织；

（二）有明确的被告；

（三）有具体的诉讼请求和事实、理由；

（四）属于人民法院受理民事诉讼的范围和受诉人民法院管辖。

《民诉法》第一百二十条　起诉应当向人民法院递交起诉状，并按照被告人数提出副本。书写起诉状确有困难的，可以口头起诉，由人民法院记入笔录，并告知对方当事人。

（二）立案登记

1. 人民法院接到当事人提交的民事起诉状时，对符合起诉条件，但又不属于不予受理情形的，一律应当登记立案。

【注意】立案不再实行审查制，最大限度保护当事人诉权。

2. 除了法律明确规定可以不予受理的案件以外，其他的案件，只要符合起诉条件，一律要登记在册。

3. 对当场不能判定是否符合起诉条件的，应当接收起诉材料，并出具注明收到日期的书面凭证。

《民诉解释》第二百零八条　人民法院接到当事人提交的民事起诉状时，对符合民事诉讼法第一百一十九条的规定，且不属于第一百二十四条规定情形的，应当登记立案；对当场不能判定是否符合起诉条件的，应当接收起诉材料，并出具注明收到日期的书面凭证。

需要补充必要相关材料的，人民法院应当及时告知当事人。在补齐相关材料后，应当在七日内决定是否立案。

立案后发现不符合起诉条件或者属于民事诉讼法第一百二十四条规定情形的，裁定驳回起诉。

（三）受理

对于当事人的起诉，符合起诉条件，法院裁定受理；不符合起诉条件的：受理前裁定不予受理，受理后裁定驳回起诉。

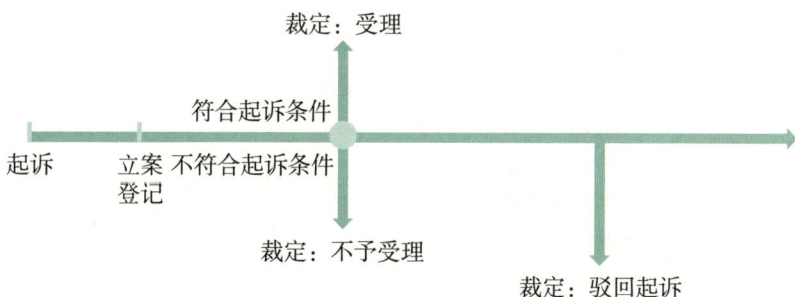

1. 受理案件时特殊情形的处理。

有仲裁协议的情形	（1）有仲裁协议的，一方向人民法院起诉的，不予受理。 （2）仲裁协议无效，一方向人民法院起诉的，人民法院有权受理。 （3）起诉时未声明有仲裁协议，人民法院受理后，如果对方应诉答辩的，视为该人民法院有管辖权。 （4）一方起诉时未声明有仲裁协议，法院受理后，对方当事人在首次开庭前提出仲裁协议的，应当驳回起诉。（见下图）

续表

管辖权	(1) 对不属于本院管辖的案件，告知原告向有管辖权的人民法院起诉。 (2) 案件受理后，人民法院发现自己受理的案件不属于本院管辖的，应当移送有管辖权的法院管辖。
一事不再理	(1) 一般原则： 已经法院处理过的同一案件，当事人又起诉的，不予受理。 (2) 不属于一事不再理的情形： ①对于裁定不予受理、驳回起诉的案件，原告再次起诉的，应予受理。 ②人民法院准许撤诉的案件再次起诉的，人民法院应当受理。 (3) 一事不再理的例外： ①对于离婚案件，判决不准离婚或调解和好的，判决、调解维持收养关系的案件，被告可以随时起诉；原告有新情况、新理由，或原告在 6 个月之后起诉的，应予受理。 ②赡养费、扶养费、抚育费案件，裁判发生法律效力后，因新情况、新理由，一方当事人再行起诉要求增加或减少费用的，人民法院应作为新案受理。 (4) 重复起诉的判断标准： ①后诉与前诉的当事人相同。 ②后诉与前诉的诉讼标的相同。 ③后诉与前诉的诉讼请求相同，或者后诉的诉讼请求实质上否定前诉裁判结果。
离婚、收养案件的特殊规定	(1) 女方在怀孕期间、分娩后一年内或中止妊娠后 6 个月内，男方不得提出离婚。女方提出离婚的，或人民法院认为确有必要受理男方离婚请求的，人民法院应当受理。 (2) 判决不准离婚、调解和好的离婚案件，原告撤诉或者按撤诉处理的离婚案件，以及判决、调解维持收养关系的案件，没有新情况、新理由，原告在 6 个月内又起诉的，不予受理。 (3) 在婚姻关系存续期间，当事人不起诉离婚而单独要求过错方赔偿精神损害赔偿的，人民法院不予受理。 (4) 夫妻一方下落不明，另一方只要求离婚，不申请宣告失踪或死亡的，人民法院应当受理，对下落不明人用公告送达诉讼文书。 (5) 人民法院作出的生效的离婚判决中未涉及探望权，当事人就探望权问题单独提起诉讼的，人民法院应予受理。 (6) 男女双方协议离婚后 1 年内就财产分割问题反悔，请求变更或者撤销财产分割协议的，人民法院应当受理。 (7) 当事人起诉请求解除同居关系的，人民法院不予受理。但当事人请求解除的同居关系，属于"有配偶者与他人同居"的，人民法院应当受理并依法予以解除。当事人因同居期间财产分割或者子女抚养纠纷提起诉讼的，人民法院应当受理。

【注意1】裁定驳回起诉解决的是程序问题，判决驳回诉讼请求解决的是实体问题；被裁定驳回起诉后还可以就同一纠纷向法院起诉，判决驳回诉讼请求后，不能就同一纠纷再向法院起诉。

【注意2】对于不予受理的案件，法院必须作出裁定书，也就是书面的裁定，这有利于保护当事人的上诉权。

【如】张三起诉李四要求给付合同货款 200 万，胜诉了。现在李四诉至法院，诉张三要求确认他和张三的那个合同是无效的，算不算重复起诉？算。后诉的诉讼请求实质上否定了前诉的裁判结果。

张三诉李四还款本金 100 万元胜诉了，又起诉要求给付利息 5 万元。算不算重复起诉？不算。本金和利息是两个不同的诉讼请求。

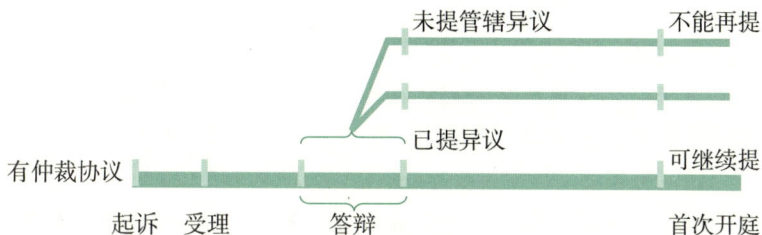

2. 人民法院对受理的案件，分别情形，予以处理：

（1）当事人没有争议，符合督促程序规定条件的，可以转入督促程序；

（2）开庭前可以调解的，采取调解方式及时解决纠纷；

（3）根据案件情况，确定适用简易程序或者普通程序；

（4）需要开庭审理的，通过要求当事人交换证据等方式，明确争议焦点。

3. 诉讼时效：

（1）期间：3 年；有特殊规定的从规定。

（2）起算点：

①当事人约定同一债务分期履行的，诉讼时效期间自最后一期履行期限届满之日起计算。

②无民事行为能力人或者限制民事行为能力人对其法定代理人的请求权的诉讼时效期间，自该法定代理终止之日起计算。

③未成年人遭受性侵害的损害赔偿请求权的诉讼时效期间，自受害人年满 18 周岁之日起计算。

（3）中止、中断、延长

①中止：诉讼时效期间的最后 6 个月内；自中止时效的原因消除之日起满 6 个月，诉讼时效期间届满。

事由：不可抗力；无民事行为能力人或者限制民事行为能力人没有法定代理人，或者法定代理人死亡、丧失民事行为能力、丧失代理权；继承开始后未确定继承人或者遗产管理人；权利人被义务人或者其他人控制；其他导致权利人不能行使请求权的障碍。

②中断：有下列情形之一的，诉讼时效中断，从中断、有关程序终结时起，诉讼时效期间重新计算：权利人向义务人提出履行请求；义务人同意履行义务；权利人提起诉讼或者申请仲裁；与提起诉讼或者申请仲裁具有同等效力的其他情形。

③延长：最长 20 年的除斥期间；根据权利人的申请，可以延长。

（4）下列请求权不适用诉讼时效的规定：

①请求停止侵害、排除妨碍、消除危险；

②不动产物权和登记的动产物权的权利人请求返还财产；

③请求支付抚养费、赡养费或者扶养费。

（5）适用：

诉讼时效的期间、计算方法以及中止、中断的事由由法律规定，当事人约定无效；当事人对诉讼时效利益的预先放弃无效。

当事人超过诉讼时效期间起诉的，人民法院应予受理。受理后对方当事人提出诉讼时效抗辩，人民法院经审理认为抗辩事由成立的，判决驳回原告的诉讼请求。

【例】判断：

1. 法院裁定驳回起诉的，原告再次起诉符合条件的，法院应予受理。（正确）

分析：裁定不予受理、驳回起诉的案件，原告再次起诉的，如果符合起诉条件，人民法院应予受理。

2. 在一审、二审、再审程序中，原告撤诉后，当事人以同一诉讼请求再次起诉的，人民法院应予受理。（错误）

分析：一审程序中，原告撤诉后又起诉的，其诉权不丧失，法院应予受理；二审程序和再审程序中，原告撤诉后，诉权丧失，再次起诉人民法院不予受理。也就是一审原告撤诉和二审、再审程序中原告撤诉的后果是不同的，前者诉权不丧失，后者诉权丧失。

3. 判决不准离婚的案件，当事人没有新事实和新理由再次起诉的，法院一律不予受理。（错误）

分析：判决不准离婚和调解和好的离婚案件，判决、调解维持收养关系的案件，没有新情况、新理由，原告在六个月内又起诉的，不予受理。不是一律不能再次起诉，而是有期限限制。

4. 当事人超过诉讼时效起诉的，法院应当受理，受理后通过审理判决驳回诉讼请求。（正确）

分析：当事人超过诉讼时效起诉，只是丧失了胜诉权，其起诉权并不受影响，所以法院应当受理。受理后，如果被告提起诉讼时效的抗辩，经法院查明无中止、中断、延长的事由，判决驳回原告诉讼请求。

5. 追索赡养费案件的判决生效后，有新情况、新理由，当事人起诉要求增加赡养费的，法院应当受理。（正确）

分析：赡养费、扶养费、抚育费案件，裁判发生法律效力后，因新情况、新理由，一方当事人再行起诉要求增加或减少费用的，人民法院应作为新案受理。

【例】何某因被田某打伤，向甲县法院提起人身损害赔偿之诉，法院予以受理。关于何某起诉行为将产生的法律后果，下列哪一选项是正确的？（13 年·卷三·44 题）

A. 何某的诉讼时效中断　　　　　　B. 田某的答辩期开始起算
C. 甲县法院取得排他的管辖权　　　D. 田某成为适格被告

［答案］A

［解析］诉讼时效因当事人向法院起诉而中断。A 项正确。人民法院应当在立案之日起五日内将起诉状副本发送被告，被告应当在收到之日起十五日内提出答辩状。被告的答辩期自法院送达起诉状副本之日开始起算，而不是自原告起诉之日开始起算。B 项错误。法院的管辖权自立案受理之日起取得，而不是原告一起诉，应诉法院就取得排他的管辖权。C 项错误。原告的起诉确定的是形式上的当事人，不一定就是适格的当事人。被告如果不适格，法

院可以经过审理后判决驳回原告的诉讼请求,因此,原告起诉并不会使被告成为适格的被告。D 项错误。

(四) 庭前会议

人民法院受理案件后,在开庭审理之前,为保证开庭审理的顺利进行,需要做好以下准备工作,重点内容如下:

1. 明确原告的诉讼请求和被告的答辩意见。

2. 审查处理当事人增加、变更诉讼请求的申请和提出的反诉,以及第三人提出的与本案有关的诉讼请求。

3. 根据当事人的申请决定调查收集证据,委托鉴定,要求当事人提供证据,进行勘验,进行证据保全。

4. 组织交换证据。

5. 归纳争议焦点,并就归纳的争议焦点征求当事人的意见。

6. 进行调解。

(五) 开庭审理

1. 开庭审理时,由审判长核对当事人身份,宣布案由和审判人员、书记员名单。

2. 开庭审理分为审理前的准备、法庭调查、法庭辩论、合议与评议四个阶段。当事人同意的,法庭调查和法庭辩论可以合并进行。

【注意】核对当事人身份是由审判长进行,不是由书记员核对。

《民诉法》第一百二十三条 人民法院应当保障当事人依照法律规定享有的起诉权利。对符合本法第一百一十九条的起诉,必须受理。符合起诉条件的,应当在七日内立案,并通知当事人;不符合起诉条件的,应当在七日内作出裁定书,不予受理;原告对裁定不服的,可以提起上诉。

《民诉法》第一百二十四条 人民法院对下列起诉,分别情形,予以处理:

(一) 依照行政诉讼法的规定,属于行政诉讼受案范围的,告知原告提起行政诉讼;

(二) 依照法律规定,双方当事人达成书面仲裁协议申请仲裁、不得向人民法院起诉的,告知原告向仲裁机构申请仲裁;

(三) 依照法律规定,应当由其他机关处理的争议,告知原告向有关机关申请解决;

(四) 对不属于本院管辖的案件,告知原告向有管辖权的人民法院起诉;

(五) 对判决、裁定、调解书已经发生法律效力的案件,当事人又起诉的,告知原告申请再审,但人民法院准许撤诉的裁定除外;

(六) 依照法律规定,在一定期限内不得起诉的案件,在不得起诉的期限内起诉的,不予受理;

(七) 判决不准离婚和调解和好的离婚案件,判决、调解维持收养关系的案件,没有新情况、新理由,原告在六个月内又起诉的,不予受理。

《民诉法》第一百三十三条 人民法院对受理的案件,分别情形,予以处理:

(一) 当事人没有争议,符合督促程序规定条件的,可以转入督促程序;

(二) 开庭前可以调解的,采取调解方式及时解决纠纷;

(三) 根据案件情况,确定适用简易程序或者普通程序;

（四）需要开庭审理的，通过要求当事人交换证据等方式，明确争议焦点。

《民法总则》第一百八十八条　向人民法院请求保护民事权利的诉讼时效期间为三年。法律另有规定的，依照其规定。

诉讼时效期间自权利人知道或者应当知道权利受到损害以及义务人之日起计算。法律另有规定的，依照其规定。但是自权利受到损害之日起超过二十年的，人民法院不予保护；有特殊情况的，人民法院可以根据权利人的申请决定延长。

第一百八十九条　当事人约定同一债务分期履行的，诉讼时效期间自最后一期履行期限届满之日起计算。

第一百九十条　无民事行为能力人或者限制民事行为能力人对其法定代理人的请求权的诉讼时效期间，自该法定代理终止之日起计算。

第一百九十一条　未成年人遭受性侵害的损害赔偿请求权的诉讼时效期间，自受害人年满十八周岁之日起计算。

第一百九十二条　诉讼时效期间届满的，义务人可以提出不履行义务的抗辩。

诉讼时效期间届满后，义务人同意履行的，不得以诉讼时效期间届满为由抗辩；义务人已自愿履行的，不得请求返还。

第一百九十三条　人民法院不得主动适用诉讼时效的规定。

第一百九十四条　在诉讼时效期间的最后六个月内，因下列障碍，不能行使请求权的，诉讼时效中止：

（一）不可抗力；

（二）无民事行为能力人或者限制民事行为能力人没有法定代理人，或者法定代理人死亡、丧失民事行为能力、丧失代理权；

（三）继承开始后未确定继承人或者遗产管理人；

（四）权利人被义务人或者其他人控制；

（五）其他导致权利人不能行使请求权的障碍。

自中止时效的原因消除之日起满六个月，诉讼时效期间届满。

第一百九十五条　有下列情形之一的，诉讼时效中断，从中断、有关程序终结时起，诉讼时效期间重新计算：

（一）权利人向义务人提出履行请求；

（二）义务人同意履行义务；

（三）权利人提起诉讼或者申请仲裁；

（四）与提起诉讼或者申请仲裁具有同等效力的其他情形。

第一百九十六条　下列请求权不适用诉讼时效的规定：

（一）请求停止侵害、排除妨碍、消除危险；

（二）不动产物权和登记的动产物权的权利人请求返还财产；

（三）请求支付抚养费、赡养费或者扶养费；

（四）依法不适用诉讼时效的其他请求权。

第一百九十七条　诉讼时效的期间、计算方法以及中止、中断的事由由法律规定，当事人约定无效。

当事人对诉讼时效利益的预先放弃无效。

第一百九十八条 法律对仲裁时效有规定的，依照其规定；没有规定的，适用诉讼时效的规定。

第一百九十九条 法律规定或者当事人约定的撤销权、解除权等权利的存续期间，除法律另有规定外，自权利人知道或者应当知道权利产生之日起计算，不适用有关诉讼时效中止、中断和延长的规定。存续期间届满，撤销权、解除权等权利消灭。

二、撤诉与缺席判决

（一）撤诉

撤诉是人民法院受理争议案件后、宣告判决前，当事人撤回诉讼的行为。撤诉可以分为申请撤诉与按撤诉处理。

1. 申请撤诉。

申请撤诉是原告主动要求撤回诉讼的行为，是指当事人在人民法院对案件作出实体判决以前，以积极明确的意思表示，向人民法院提出撤诉申请的诉讼行为，申请撤诉需要符合以下法定条件：

（1）申请撤诉的主体是原告及其法定代理人，其他人无权申请撤诉。包括本诉的原告、提出反诉的被告、有独立请求权第三人。也就是说有独立请求权的第三人也可以提出撤诉申请，但有独立请求权的第三人申请撤诉不影响原告和被告之间本诉的进行。

（2）申请撤诉应当在人民法院受理案件后，宣告判决之前。

（3）申请撤诉是否准许，由人民法院作出裁定。

①申请符合条件的，裁定准许；申请不符合条件的，裁定驳回申请，案件继续审理。

②法庭辩论终结后原告申请撤诉，被告不同意的，人民法院可以不予准许。

【注意1】 只要在判决宣告前，原告均可撤诉。但如果是法庭辩论终结后，原告申请撤诉，为了防止原告恶意提起诉讼，然后恶意撤诉，损害被告的合法权益，此时原告撤诉，要征得被告同意。这说明原告的撤诉在特定时间段要受到被告的制约。

【注意2】 被告如果同意撤诉，则法院应当准许；被告如果不同意撤诉，法院享有裁量权，可以准许撤诉，也可以不予准许撤诉。

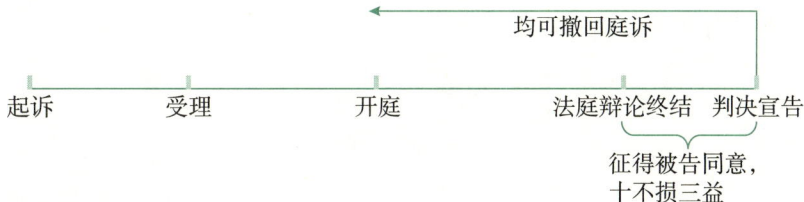

2. 按撤诉处理。

按撤诉处理是人民法院根据当事人所实施的行为作出的法律上的推断，即只要当事人实施了法律所规定的某些行为，法院就视同当事人撤诉，而不论当事人主观上是否愿意。按撤诉处理的情形有以下两种：

（1）原告、有独立请求权的第三人、法定代理人经人民法院传票传唤，无正当理由拒不到庭或者未经法庭许可中途退庭的。

（2）原告接到人民法院预交案件受理费的通知后，既不预交费用，也不申请缓交、减交或者免交诉讼费用，以及申请缓交、减交或者免交未获准许后仍不交费的。

【例】下列哪些民事诉讼案件法院不可以按撤诉处理？（04 年·卷三·77 题）

A. 王某是有独立请求权的第三人，开庭审理过程中未经法庭许可中途退庭

B. 韩律师是原告的委托代理人，无正当理由拒不到庭

C. 张某是无独立请求权的第三人，无正当理由拒不到庭

D. 李某是被告的法定代理人，无正当理由拒不到庭

［答案］BCD

［解析］独立请求权的第三人就是参加之诉的原告，开庭审理过程中未经法庭许可中途退庭，按撤诉处理。原告的委托代理人，无正当理由拒不到庭，不影响案件的审理，不能按撤诉处理。无独立请求权的第三人相当于被告，无正当理由拒不到庭，可以缺席判决，不是按撤诉处理。被告的法定代理人地位相当于被告，无正当理由拒不到庭，可以缺席判决，不是按撤诉处理。此题选不可以按撤诉处理的，BCD 当选。

3. 撤诉的效果。

一审撤诉的，当事人向法院再起诉的，法院应当受理。

二审程序和再审程序中一审原告在审理程序中撤回起诉后重复起诉的，人民法院不予受理。

起诉是一切程序的源泉：

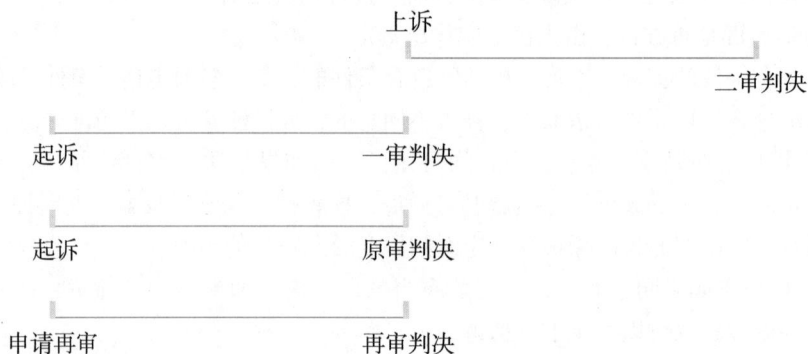

原告在不同程序中不到庭的处理：

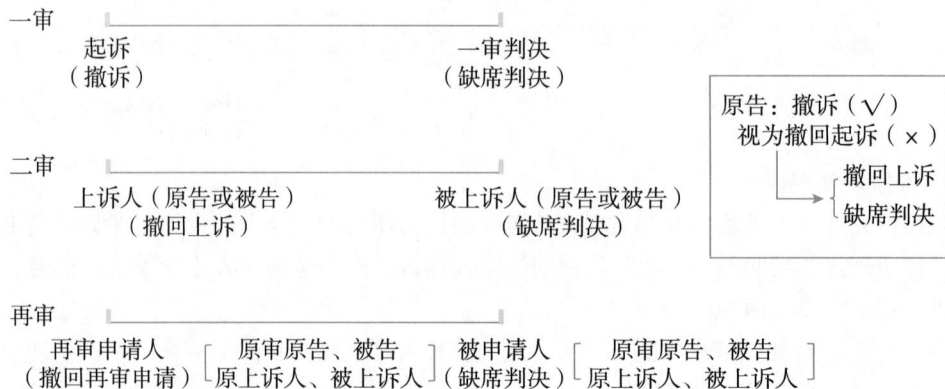

【如】张三诉李四，人身损害赔偿 1 万元。在一审当中，张三想明白了，说我不要这个钱了，申请撤回起诉。法院如果准许的，将来张三向法院再次起诉，法院是应当受理的。因为你申请撤回起诉之后，法院对这个案件没有进行实体处理，所以你将来还想保护这个权利起诉的，法院应当受理。

张三要求赔 1 万，一审法院判赔 8000 元，有没有可能张三李四都不服？张三认为判太少，李四认为判太多。一审当中张三叫原告，李四是被告。现在一审判决做出来了，如果谁对一审裁判不服，谁上诉他就成为上诉人。对方当事人就是被上诉人。现在张三、李四都有可能上诉，我们先讲李四上诉。如果李四上诉，张三就是被上诉人。李四认为赔太多，所以他上诉，然后张三是被上诉人。在二审案件审理过程当中，李四如果说"算了，不就 8000 元，我撤回上诉"。二审撤回了，一审裁判生效。这是第一种情况。

第二种情况在二审案件审理过程中，张三想明白了，说算了，不就 8000 元，我不要了，刚才是李四愿意给 8000 元。在张三不要 8000 元了，张三说我要申请撤回起诉。张三是二审的被上诉人，但是他是一审的原告起诉人。所以张三在二审当中申请撤回起诉可以。没有起诉就没有一审，没有一审就没有二审，所以上诉是二审程序的直接源泉，起诉是二审程序的终极源泉。所以二审中一审原告张三申请撤回起诉，法院如果准许的话，要一并撤销一审裁判。因为没有起诉就没有裁判。所以二审中原告张三申请撤回起诉，法院如果准许要一并撤销一审裁判，同时张三的诉权丧失。

再审则是这样的：现在是张三人身损害赔偿 1 万，生效法律文书判赔 8000 元，现在已经生效了，李四不服申请再审，认为赔太多，那么在再审程序中李四就叫再审申请人，而张三就叫被申请人。在再审案件审理过程中，要撤回再审申请可不可以？可以，你不想再审了，那你撤回再审申请，法院如果准许的话，原审裁判本身就是生效的，就肯定它不受影响。再审案件审理过程中有没有可能一审原告张三想清楚了，说我不要钱了，有可能他申请撤回起诉。再审中一审原告张三申请撤回起诉，法院如果准许要一并撤销原审，诉权丧失。

（二）缺席判决

缺席判决实际上是对未到庭一方当事人的惩罚，在以下法定情形时才能作出：

1. 被告、反诉中的被告、被上诉人、无独立请求权的第三人及其法定代理人经传票传唤无正当理由拒不到庭或者未经法庭许可中途退庭的。

【注意】这里的被告包括非必须到庭的被告和必须到庭的被告。

对于非必须到庭的被告，传唤一次后，可以直接缺席判决。

必须到庭的被告是一个相对的概念，对其完全可以一次传票传唤后就缺席判决（传唤一次后，发现被告不来案情其实也可以查明，根本不用给被告拘传的机会让其亲自到庭，可以直接缺席判决）。也可以经过两次传票传唤，其无正当理由拒不到庭的，应当对其拘传。但拘传不一定能把人拘来，如果拘传都拘不来，此时案情可以查明的，可以缺席判决，案情此时无法查清，则只能诉讼中止。

因此，对所有的被告，无论是必须到庭的被告，还是非必须到庭的被告，缺席判决都是可以适用的，只是适用的条件和前提不同。

例如离婚案件，通常认为被告是必须到庭的被告，如果其不到庭，似乎只能适用拘传而不能适用缺席判决。但实际上夫妻一方下落不明，另一方诉至人民法院，只要求离婚，不申请宣告下落不明人失踪或死亡的案件，人民法院应当受理，对下落不明的人用公告送达诉讼文书。公告期限届满，被告仍不应诉的，可以缺席判决。

再如在借贷纠纷案件，分两种情况：①债权人起诉时，债务人下落不明的，法院受理后公告传唤债务人应诉。公告期限届满，债务人仍不应诉，借贷关系明确的，经审理后可缺席判决；借贷关系无法查明的，裁定中止诉讼。②在审理中债务人出走，下落不明，借贷关系明确的，可以缺席判决；事实难以查清的，裁定中止诉讼。说明在被告不到庭的情况下，不是只能缺席判决，也可以中止诉讼。

2. 原告申请撤诉，人民法院裁定不准许撤诉的，原告经传票传唤，无正当理由拒不到庭的，可以缺席判决。

【小结】在原告、被告、有独立请求权的第三人、无独立请求权的第三人中，可以按撤诉处理的是原告、有独立请求权的第三人及其法定代理人；可以缺席判决的是被告、无独三及其法定代理人，我国还有唯一一个能对原告采取缺席判决的情形，那就是原告申请撤诉法院不准，而原告不来参加庭审。

《民诉法》第一百四十三条　原告经传票传唤，无正当理由拒不到庭的，或者未经法庭许可中途退庭的，可以按撤诉处理；被告反诉的，可以缺席判决。

《民诉法》第一百四十四条　被告经传票传唤，无正当理由拒不到庭的，或者未经法庭许可中途退庭的，可以缺席判决。

《民诉法》第一百四十五条　宣判前，原告申请撤诉的，是否准许，由人民法院裁定。

人民法院裁定不准许撤诉的，原告经传票传唤，无正当理由拒不到庭的，可以缺席判决。

《民诉解释》第二百三十八条　当事人申请撤诉或者依法可以按撤诉处理的案件，如果当事人有违反法律的行为需要依法处理的，人民法院可以不准许撤诉或者不按撤诉处理。

法庭辩论终结后原告申请撤诉，被告不同意的，人民法院可以不予准许。

三、延期审理、诉讼中止与诉讼终结

（一）延期审理

延期审理，是人民法院确定开庭审理期日后或者在进行开庭审理的过程中，由于发生某种特殊情况，使开庭审理无法按期或者继续进行，从而将开庭审理顺延到下一时间进行审理的诉讼制度。

1. 延期审理的情形：

（1）必须到庭的当事人和其他诉讼参与人有正当理由没有到庭的。如无正当理由没有到庭，则对原告按撤诉处理，对被告缺席判决；

诉讼中当事人不到庭的处理方法：

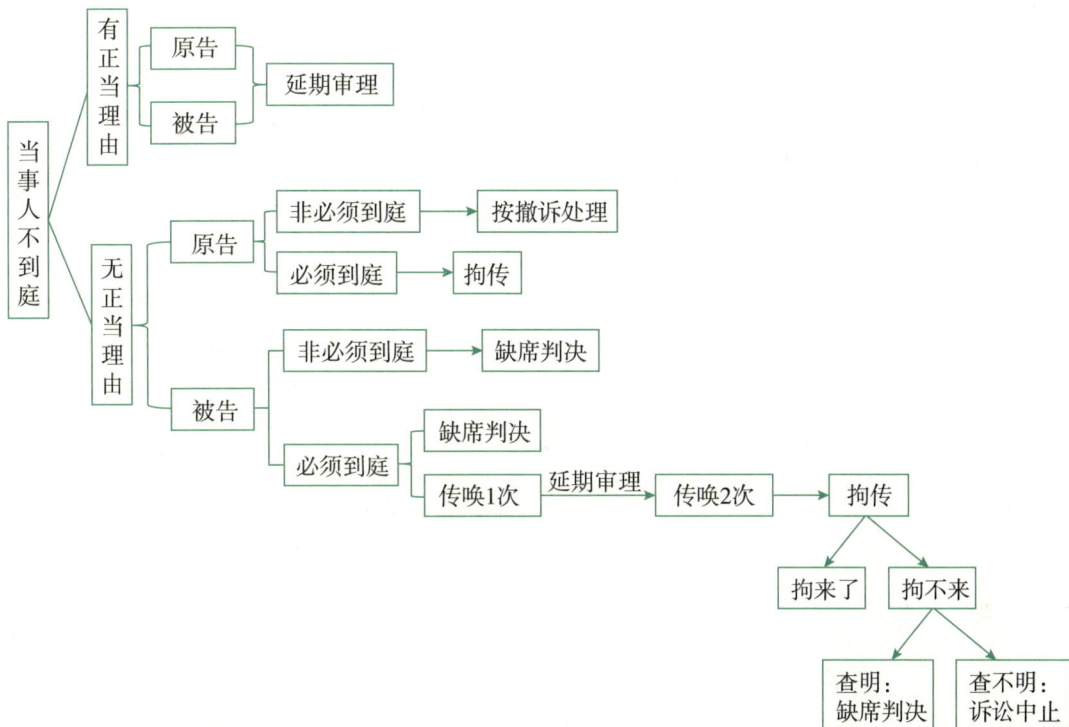

```
                    ┌─原告─┐
         ┌─有正当理由─┤      ├─延期审理
         │           └─被告─┘
         │
当事人    │           ┌─原告─┬─非必须到庭──按撤诉处理
不到庭────┤           │      └─必须到庭───拘传
         │           │
         └─无正当理由─┤
                     │      ┌─非必须到庭──缺席判决
                     └─被告─┤
                            └─必须到庭─┬─缺席判决
                                      └─传唤1次──延期审理──传唤2次──拘传
```

传唤2次 → 拘传 → 拘来了 / 拘不来

拘不来 → 查明：缺席判决 / 查不明：诉讼中止

（2）当事人临时提出回避申请的；

（3）需要通知新的证人到庭，调取新的证据，重新鉴定、勘验，或者需要补充调查的；

（4）其他应当延期审理的情形。如必须到庭的当事人经一次传票传唤而未到庭的。

2. 文书及效力。

延期审理用决定作出。再次开庭后，延期审理前已进行的诉讼行为仍然有效，但延期的时间不计入审限。

（二）诉讼中止

诉讼中止是诉讼进行过程中，出现一些法定特殊原因，使诉讼程序无法继续进行或不宜进行时，法院裁定暂停诉讼程序，等特殊原因消失以后再行恢复诉讼程序的法律制度。

1. 诉讼中止的情形：

（1）一方当事人死亡，需要等待继承人表明是否参加诉讼的；

（2）一方当事人丧失诉讼行为能力，尚未确定法定代理人的；

（3）作为一方当事人的法人或者其他组织终止，尚未确定权利义务承受人的。如法人合并或分立则诉讼继续进行，无需中止；

（4）一方当事人因不可抗拒的事由，不能参加诉讼的。如洪水、地震、成为植物人等，若当事人身体受伤或生病则应延期审理；

（5）本案必须以另一案的审理结果为依据，而另一案尚未审结的；

（6）其他应当中止诉讼的情形。

【如】1. 比如上午9点开庭，八点钟当事人遇车祸了，他打电话跟法官说了，我遇到车祸了，我现在到不了法庭了。算不算因不可抗拒的事由不能参加诉讼？算不算当事人有正当理由没有到庭？都算，那这个时候就出现了法条竞合，此事应该优先适用哪个？延期审理。

上午9点开庭，八点钟当事人遇车祸死亡，如何处理？诉讼中止。

离婚案件上午9点开庭，八点钟当事人遇车祸死亡，如何处理？诉讼终结。

2. 必须以另案审理结果为依据，最常见的李四拿刀捅张三，既构成故意伤害罪又构成侵权。现在张三诉李四人身损害赔偿案件，结果李四因故意伤害罪被追诉了，那这个时候要先刑后民。所以民事案件应当诉讼中止。

3. 张三和李四的合同纠纷案件审理中，张三的父母申请认定张三为无民事行为能力案件。这是一个合同纠纷争讼，其中又有一个非讼程序，这两个程序能不能同时进行？不能。

谁是前提？非讼是前提。因为如果认定她是无民事行为能力是会影响合同效力的，所以应当先行审理，合同纠纷要诉讼中止。

4. 另一种考法张三李四的借贷纠纷，案件审理过程中说李四借了他2万元，结果李四因盗窃罪被刑事追诉了，张三诉李四要求还款2万元的民事借贷纠纷案件当中李四因为盗窃罪被刑事追诉了，请问民事案件要不要诉讼中止？不用，两个案件之间没有关联，不是互为前提的关系。

【例】张某因孙某欠款不还向法院起诉。在案件审理中，孙某因盗窃被刑事拘留。关于本案，下列哪一选项是正确的？(08年·卷三·37题)

A. 法院应当裁定中止诉讼，待对孙某的刑事审判结束后再恢复诉讼程序

B. 法院应当裁定终结诉讼，并告知张某提起刑事附带民事诉讼

C. 法院应当继续审理此案

D. 法院应当将此案与孙某盗窃案合并审理

[答案] C

[解析] 虽然刑事诉讼优先，但是本案中，孙某的刑事诉讼和正在进行的民事诉讼毫无关系，其在民事诉讼中，如果借款事实属实，就要承担偿还责任。因而C选项正确，A选项错误。因为提起刑事附带民事诉讼的前提条件是因刑事犯罪而遭受物质损失，但是本题中，孙某欠款不还与其因盗窃被刑事拘留无直接关系。故B选项错误。刑事案件和民事案件的合并审理，只存在于刑事附带民事诉讼的情况下，但本题的民事诉讼和刑事诉讼毫无关系。因此，两个不能合并审理，故D选项错误。

2. 延期审理与诉讼中止的比较区别：

(1) 适用的文书不同：延期审理用决定；诉讼中止用裁定。

(2) 适用范围：延期审理只能适用于开庭审理阶段；诉讼中止发生在整个审判程序中，从诉讼开始到判决作出。

(3) 适用效果：延期审理只是开庭日期推迟，有关诉讼活动还在进行；诉讼中止后，诉讼程序的中途搁置，法院与当事人的诉讼活动都应当停止进行。

(4) 恢复审理：延期审理法定情形来自诉讼之中，因此一般法院直接确定恢复审理的日期，诉讼程序确定重新开始。诉讼中止的法定情形来自诉讼之外，何时能恢复诉讼，法院难以确定，诉讼程序也许会恢复，也许会终结，具有不确定性。

【例】甲县法院受理居住在乙县的成某诉居住在甲县的罗某借款纠纷案。诉讼过程中，成某出差归途所乘航班失踪，经全力寻找仍无成某生存的任何信息，主管方宣布机上乘客不可能生还，成妻遂向乙县法院申请宣告成某死亡。对此，下列哪一说法是正确的？（15 年·卷三·43 题）

A. 乙县法院应当将宣告死亡案移送至甲县法院审理

B. 借款纠纷案与宣告死亡案应当合并审理

C. 甲县法院应当裁定中止诉讼

D. 甲县法院应当裁定终结诉讼

[答案] C

[解析] 宣告死亡和借款纠纷是两个分属于不同法院管辖的案件。乙县法院的宣告死亡案件的结果，会影响到甲县法院的借款纠纷案，后者必须以前者的审理结果为依据，因此，应该先由乙县审理宣告死亡案件，在此期间，甲县法院的借款纠纷案中止诉讼。C 项正确。A、B、D 项错误。

【例】法院对于诉讼中有关情况的处理，下列哪些做法是正确的？（09 年·卷三·85 题）

A. 甲起诉其子乙请求给付赡养费。开庭审理前，法院依法对甲、乙进行了传唤，但开庭时乙未到庭，也未向法院说明理由。法院裁定延期审理

B. 甲、乙人身损害赔偿一案，甲在前往法院的路上，胃病发作住院治疗。法院决定延期审理

C. 甲诉乙离婚案件，在案件审理中甲死亡。法院裁定按甲撤诉处理

D. 原告在诉讼中因车祸成为植物人，在原告法定代理人没有确定的期间，法院裁定中止诉讼

[答案] BD

[解析] A 选项情形中，乙属于必须到庭的被告，法院不能缺席判决，应先延期审理，然后再传唤一次，仍不到庭的，可以拘传。但是法院对于延期审理应当适用"决定"，而不是"裁定"。故 A 选项错误。B 选项中甲因胃病发作而没有到庭，属于当事人有正当理由没有到庭的情形，法院应决定延期审理，B 选项正确。C 选项中因为是离婚案件，任何一方当事人死亡，法院都应当裁定诉讼终结。原告甲死亡，法院应当裁定终结诉讼，而不是按甲撤诉处理，C 选项错误。一方当事人丧失诉讼行为能力，尚未确定法定代理人的，中止诉讼，D 选项正确。

（三）诉讼终结

诉讼终结是在诉讼进行过程中，因发生某种法定的特殊原因，使诉讼程序无法继续进行或者继续进行已无必要时，由人民法院裁定终结诉讼程序的法律制度。

1. 诉讼终结的情形：

（1）原告死亡，没有继承人，或者继承人放弃诉讼权利的。

（2）被告死亡，没有遗产，也没有应当承担义务的人的。

（3）离婚案件一方当事人死亡的。无论在一审还是二审中死亡，均诉讼终结。

（4）追索赡养费、扶养费、抚育费以及解除收养关系案件的一方当事人死亡的。

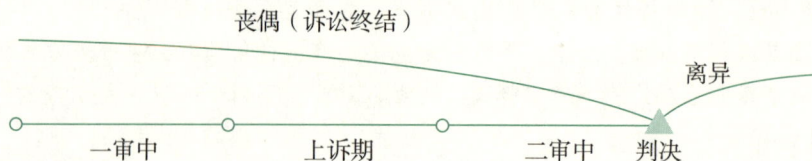

【例】 对张男诉刘女离婚案（两人无子女，刘父已去世），因刘女为无行为能力人，法院准许其母李某以法定代理人身份代其诉讼。2017 年 7 月 3 日，法院判决二人离婚，并对双方共有财产进行了分割。该判决同日送达双方当事人，李某对解除其女儿与张男的婚姻关系无异议，但对共有财产分割有意见，拟提起上诉。2017 年 7 月 10 日，刘女身亡。在此情况下，本案将产生哪些法律后果？（17 年·卷三·81 题）

A. 本案诉讼中止，视李某是否就一审判决提起上诉而确定案件是否终结

B. 本案诉讼终结

C. 一审判决生效，二人的夫妻关系根据判决解除，李某继承判决分配给刘女的财产

D. 一审判决未生效，二人的共有财产应依法分割，张男与李某对刘女的遗产均有继承权

[答案] BD

[解析]《民事诉讼法》第 151 条规定，有下列情形之一的，终结诉讼：（一）原告死亡，没有继承人，或者继承人放弃诉讼权利的；（二）被告死亡，没有遗产，也没有应当承担义务的人的；（三）离婚案件一方当事人死亡的；（四）追索赡养费、扶养费、抚育费以及解除收养关系案件的一方当事人死亡的。

离婚案件的一方当事人死亡，身份关系自然终结，法定代理人李某不能就案件再行上诉，没有诉的利益。A 项错误。

本案中，一审判决作出后，离婚案件的一方当事人死亡，当事人之间的婚姻关系自然中止，一审判决不生效，法院应该裁定诉讼终结。B 项正确。

一审判决不生效，二人的夫妻关系不是根据一审判决终结的，而是因为一方当事人死亡自然终结，李某不能继承判决分配给刘女的财产，张男与李某对刘女的遗产均有继承权。C 项错误，D 项正确。

【例】 甲、乙为夫妻，育有一女丙。甲向法院起诉要求与乙离婚，一审法院判决准予离婚，乙不服提起上诉。在二审中，乙因病去世。下列关于本案后续程序的哪一表述是正确的？（06 年·卷三·38 题）

A. 因上诉人死亡无法到庭参加审理，应当视为撤回上诉

B. 法院可以根据上诉材料缺席判决

C. 法院应当通知其女儿丙参加诉讼

D. 法院应当裁定终结诉讼程序

[答案] D

[解析] 本题中易出错的地方在于是二审中当事人去世，但其实这种情形和当事人在一审中死亡的后果并无不同，因为离婚案件任何一方当事人死亡，婚姻关系即终结，无论是一审还是二审，都应当裁定诉讼终结。

2. 诉讼终结的法律后果。

（1）诉讼终结后，当事人不得以同一事实和理由，就同一诉讼标的再行起诉，法院也不

得再行受理此案。

（2）诉讼终结并没有解决当事人之间的实体权益问题，因此人民法院是以裁定的方式终结诉讼的，而不是判决。对诉讼终结的裁定一经作出即发生法律效力，当事人不能上诉，也不能申请复议。诉讼终结的裁定既可以是书面的也可以是口头的。

【注意】①发生延期审理情形时，诉讼程序确定会重新启动；发生诉讼终结情形时，诉讼程序确定会结束；发生诉讼中止情形时，程序的发展具有不确定性，也许会重新开始，也许会终结。②延期审理用决定，诉讼中止和诉讼终结用裁定。对此三种裁判文书，都不可以上诉或复议。

《民诉法》第一百五十条 有下列情形之一的，中止诉讼：

（一）一方当事人死亡，需要等待继承人表明是否参加诉讼的；

（二）一方当事人丧失诉讼行为能力，尚未确定法定代理人的；

（三）作为一方当事人的法人或者其他组织终止，尚未确定权利义务承受人的；

（四）一方当事人因不可抗拒的事由，不能参加诉讼的；

（五）本案必须以另一案的审理结果为依据，而另一案尚未审结的；

（六）其他应当中止诉讼的情形。

中止诉讼的原因消除后，恢复诉讼。

《民诉法》第一百五十一条 有下列情形之一的，终结诉讼：

（一）原告死亡，没有继承人，或者继承人放弃诉讼权利的；

（二）被告死亡，没有遗产，也没有应当承担义务的人的；

（三）离婚案件一方当事人死亡的；

（四）追索赡养费、扶养费、抚育费以及解除收养关系案件的一方当事人死亡的。

四、民事裁判

（一）民事判决

1. 对判决的救济。

一审上诉的判决：按二审程序处理。

一审不上诉的判决和二审判决：按审判监督程序处理。

2. 判决书的补正。

判决书中的文字误写、误算、诉讼费用漏写和其他笔误的，用裁定书补正，而不能上诉或申请再审。

【例】某法院对甲乙之间的租赁合同纠纷案件作出了判决，当事人在上诉期内均未上诉。后该法院发现判决书将支付房租数额10000元误写成了1000元。法院对此应当如何处理？（05年·卷三·35题）

A. 作出补正错误的裁定书并送达双方当事人

B. 通知收回判决书，重新制作判决书

C. 由院长提交审判委员会讨论决定重审

D. 裁定撤销判决书，重新制作

［答案］A

[解析] 判决书将支付房租数额 10000 元误写成了 1000 元属于误写，法院应以裁定方式补正。A 项当选。程序一旦进行，如果出现错误，必须通过法定途径进行纠正，而不能随意将程序重新进行，因此 B 项和 D 项都是错误的。此时的错误，要看是形式错误还是实质错误。如果是形式错误，比如误写漏写，用裁定补正；如果实质错误，法定的纠正途径就是二审和再审，如果一审裁判未生效，通过二审程序纠正，如果裁判已经生效，再通过再审程序纠正。此案中误写属于形式错误，不能通过再审纠错，C 项错误。

（二）民事裁定

1. 民事裁定的适用范围。

（1）不予受理；（2）管辖权异议；（3）驳回起诉；（4）财产保全和先予执行；（5）准许或者不准许撤诉；（6）中止或者终结诉讼；（7）补正判决书中的笔误；（8）中止或者终结执行；（9）撤销或者不予执行仲裁裁决；（10）不予执行公证机关赋予强制执行效力的债权文书；（11）裁定再审或裁定驳回再审申请；（12）裁定驳回对执行管辖权的异议；（13）裁定驳回对违法执行行为的异议；（14）其他需要裁定解决的事项。

2. 对裁定的救济：

（1）可以上诉的裁定：不予受理、驳回起诉、管辖权异议、驳回破产申请。

（2）可以申请再审的裁定：不予受理、驳回起诉。

（3）可以申请复议的裁定：①向作出裁定的法院申请复议：财产保全裁定、先予执行裁定；②向上一级法院申请复议：执行管辖权异议的裁定、执行行为异议的裁定。

（三）民事决定

1. 民事决定的适用范围。

（1）处理有关回避和妨害民事诉讼行为的强制措施方面的问题。

（2）处理法院内部工作关系方面的问题。例如，延期审理、审判组织的决定、诉讼费用的缓减免、人民法院对已经生效的裁判认为应当再审等，对此类决定不可申请复议。

2. 对决定的救济。

（1）重要的决定可以复议：回避决定，向作出决定的法院申请复议；罚款和拘留的决定，向上一级法院申请复议。

（2）绝大多数决定作出即生效，无救济方式。

【例】关于民事诉讼程序中的裁判，下列哪些表述是正确的？（14 年·卷三·82 题）

A. 判决解决民事实体问题，而裁定主要处理案件的程序问题，少数涉及实体问题

B. 判决都必须以书面形式作出，某些裁定可以口头方式作出

C. 一审判决都允许上诉，一审裁定有的允许上诉，有的不能上诉

D. 财产案件的生效判决都有执行力，大多数裁定都没有执行力

[答案] AB

[解析] 判决解决实体问题，裁定和决定处理程序问题，但少数裁定涉及实体问题，A 项正确。《民事诉讼法》第 152 条规定，判决书应当写明判决结果和作出该判决的理由。第 154 条第 3 款规定，裁定书应当写明裁定结果和作出该裁定的理由。裁定书由审判人员、书记员署名，加盖人民法院印章。口头裁定的，记入笔录。根据上述规定，裁定可以是书面和口头的，而判决必须是书面的。B 项正确。不予受理、驳回起诉、管辖权异议的裁定可以上

诉，其他的裁定原则不能上诉，不能上诉的裁定中部分裁定可以复议，部分裁定一经作出立即生效。一审裁定有的允许上诉，有的不能上诉的说法正确。最高人民法院的判决、小额诉讼程序的判决、特别程序、公示催告程序的判决作为一审判决，是不能上诉的，一审判决都允许上诉的说法错误。C 项错误。具有给付内容的财产案件的判决才具有强制执行力，因此财产案件的生效判决都有执行力的说法错误；大多数裁定涉及到的是程序问题，没有强制执行力是正确的。D 项整体错误。本题选择正确选项，A 项、B 项当选。

【例】对于人民法院作出的下列哪一种民事裁定、决定，当事人不可以申请复议？（05年·卷三·38 题）

A. 关于先予执行的裁定

B. 关于回避问题的决定

C. 关于管辖权异议的裁定

D. 关于罚款的决定

[答案] C

[解析] 先予执行的裁定，当事人不服的，可以向作出裁定的法院申请复议；回避决定不服的，向作出决定的法院申请复议；罚款决定不服的，向上一级法院申请复议；ABD 项都是可以复议的文书。管辖权异议的裁定不服，当事人的救济途径是上诉，C 项当选。

五、公益诉讼

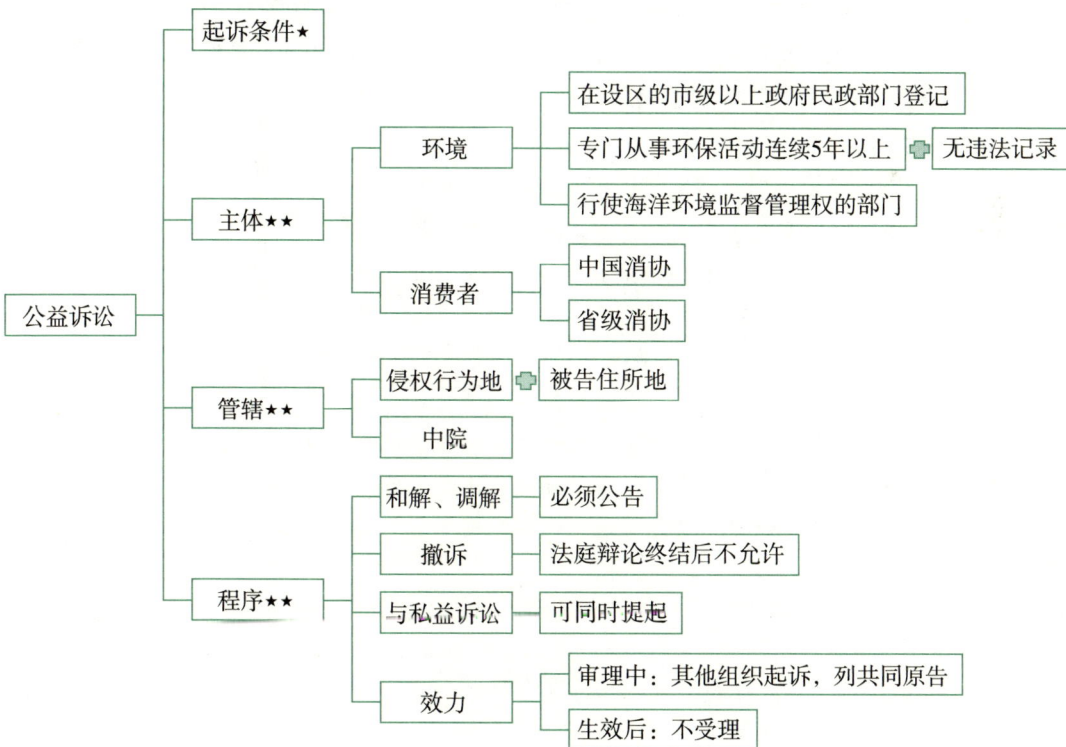

公益诉讼
- 起诉条件★
- 主体★★
  - 环境
    - 在设区的市级以上政府民政部门登记
    - 专门从事环保活动连续5年以上 ✛ 无违法记录
    - 行使海洋环境监督管理权的部门
  - 消费者
    - 中国消协
    - 省级消协
- 管辖★★
  - 侵权行为地 ✛ 被告住所地
  - 中院
- 程序★★
  - 和解、调解 — 必须公告
  - 撤诉 — 法庭辩论终结后不允许
  - 与私益诉讼 — 可同时提起
  - 效力
    - 审理中：其他组织起诉，列共同原告
    - 生效后：不受理

（一）起诉条件

1. 有明确的被告；
2. 有具体的诉讼请求；
3. 有社会公共利益受到损害的初步证据；
4. 属于人民法院受理民事诉讼的范围和受诉人民法院管辖。

（二）管辖

1. 由侵权行为地或者被告住所地中级人民法院管辖。
2. 因污染海洋环境提起的公益诉讼，由污染发生地、损害结果地或者采取预防污染措施地海事法院管辖。
3. 对同一侵权行为分别向两个以上人民法院提起公益诉讼的，由最先立案的人民法院管辖，必要时由它们的共同上级人民法院指定管辖。

（三）和解与调解

1. 可以和解，人民法院可以调解。应当将和解或者调解协议进行公告。公告期间不得少于 30 日。
2. 公告期满后，人民法院经审查，和解或者调解协议不违反社会公共利益的，应当出具调解书；和解或者调解协议违反社会公共利益的，不予出具调解书，继续对案件进行审理并依法作出裁判。

（四）撤诉限制：原告在法庭辩论终结后申请撤诉的，人民法院不予准许

（五）与私益诉讼的关系：法院受理公益诉讼案件，不影响同一侵权行为的受害人根据民事诉讼法第一百一十九条规定提起诉讼

（六）效力

1. 受理公益诉讼案件后，依法可以提起诉讼的其他机关和有关组织，可以在开庭前向人民法院申请参加诉讼。人民法院准许参加诉讼的，列为共同原告。
2. 裁判发生法律效力后，其他依法具有原告资格的机关和有关组织就同一侵权行为另行提起公益诉讼的，人民法院裁定不予受理，但法律、司法解释另有规定的除外。

【如】比如四川的某企业排污导致水污染，水顺流而下流经贵州和云南。按照法律规定，四川、贵州和云南的环保组织都可以提起公益诉讼都是适合的原告。现在四川的环保组织先起诉，法院受理案件了。受理案件之后，贵州和云南的环保组织在开庭前向四川的法院申请参加诉讼，可不可以？可以，多原告力量更强大，法院把他列为共同诉讼的原告。那这个时候他们是必要共同诉讼的原告，还是普通共同诉讼的原告？公共利益是不可分割的，因此它是必要共同诉讼的原告。

四川的环保组织诉环境污染已经审完了，赔十个亿，结果这个时候贵州和云南的环保组织发现除了水污染，因为这个水变成地下水了，造成了土壤污染，还有对土壤污染要求赔偿损失 20 个亿，这个时候他可不可以另行起诉？可以，因为它不是一个损害，是两个损害了。

（七）环境民事公益诉讼

1. 管辖。

第一审环境民事公益诉讼案件由污染环境、破坏生态行为发生地、损害结果地或者被告住所地的中级以上人民法院管辖。

中级人民法院认为确有必要的，可以在报请高级人民法院批准后，裁定将本院管辖的第一审环境民事公益诉讼案件交由基层人民法院审理。

2. 当事人追加。

有权提起诉讼的其他机关和社会组织在公告之日起三十日内申请参加诉讼，经审查符合法定条件的，人民法院应当将其列为共同原告；逾期申请的，不予准许。

公民、法人和其他组织以人身、财产受到损害为由申请参加诉讼的，告知其另行起诉。

3. 被告不得反诉。

4. 撤诉：负有环境保护监督管理职责的部门依法履行监管职责而使原告诉讼请求全部实现，原告申请撤诉的，人民法院应予准许。

【注意】一般情况下，达成和解和调解后，当事人可以申请撤回起诉或制作调解书；但环境民事公益诉讼案件中，达成和解或调解后，只能制作调解书，不能撤回起诉。

【例】大洲公司超标排污导致河流污染，公益环保组织甲向 A 市中级法院提起公益诉讼，请求判令大洲公司停止侵害并赔偿损失。法院受理后，在公告期间，公益环保组织乙也向 A 市中级法院提起公益诉讼，请求判令大洲公司停止侵害、赔偿损失和赔礼道歉。公益案件审理终结后，渔民梁某以大洲公司排放的污水污染了其承包的鱼塘为由提起诉讼，请求判令赔偿其损失。（17 年·卷三·98—100 题）

请回答第 98—100 题。

98. 对乙组织的起诉，法院的正确处理方式是：

A. 予以受理，与甲组织提起的公益诉讼合并审理

B. 予以受理，作为另案单独审理

C. 属重复诉讼，不予受理

D. 允许其参加诉讼，与甲组织列为共同原告

[答案] D

[解析]《最高人民法院关于审理环境民事公益诉讼案件适用法律若干问题的解释》第 10 条第 1 款规定，人民法院受理环境民事公益诉讼后，应当在立案之日起五日内将起诉状副本发送被告，并公告案件受理情况。有权提起诉讼的其他机关和社会组织在公告之日起三十日内申请参加诉讼，经审查符合法定条件的，人民法院应当将其列为共同原告；逾期申请的，不予准许。乙组织和甲组织提起的是同一个公益诉讼，不属于两个诉讼，不能合并审理，也不能作为另案单独审理。A 项、B 项错误。

乙组织和甲组织是同一个诉讼的适格当事人，对乙组织提起的诉讼，法院不能不予受理。C 项错误，D 项正确。

99. 公益环保组织因与大洲公司在诉讼中达成和解协议申请撤诉，法院的正确处理方式是：

A. 应将和解协议记入笔录，准许公益环保组织的撤诉申请

B. 不准许公益环保组织的撤诉申请

C. 应将双方的和解协议内容予以公告

D. 应依职权根据和解协议内容制作调解书

［答案］BCD

［解析］《最高人民法院关于审理环境民事公益诉讼案件适用法律若干问题的解释》第25条规定，环境民事公益诉讼当事人达成调解协议或者自行达成和解协议后，人民法院应当将协议内容公告，公告期间不少于三十日。公告期满后，人民法院审查认为调解协议或者和解协议的内容不损害社会公共利益的，应当出具调解书。当事人以达成和解协议为由申请撤诉的，不予准许。

根据上述规定，环境民事公益诉讼中，当事人达成和解协议的，和解协议必须公告。C项正确。

环境民事公益诉讼中，当事人达成和解协议，结案方式必须是制作调解书，不允许撤诉。B项、D项正确，A项错误。

100. 对梁某的起诉，法院的正确处理方式是：

A. 属重复诉讼，裁定不予受理

B. 不予受理，告知其向公益环保组织请求给付

C. 应予受理，但公益诉讼中已提出的诉讼请求不得再次提出

D. 应予受理，其诉讼请求不受公益诉讼影响

［答案］D

［解析］《民事诉讼法》第288条规定，人民法院受理公益诉讼案件，不影响同一侵权行为的受害人根据《民事诉讼法》第119条规定提起诉讼。《最高人民法院关于审理环境民事公益诉讼案件适用法律若干问题的解释》第10条第2款规定，公民、法人和其他组织以人身、财产受到损害为由申请参加诉讼的，告知其另行起诉。

上述规定说明，同一行为可能既损害公共利益，又损害个人利益，公益诉讼和私益诉讼是独立的两个诉讼，可以同时提起，但不得合并审理。梁某的起诉属于私益诉讼，和公益诉讼不是重复诉讼，法院应该受理。A项错误。

本案中侵犯梁某个人权利的是大洲公司，环保组织起诉维护的是公共利益而不是梁某的个人利益，梁某不得向环保组织请求给付，只能向大洲公司请求损害赔偿。B项错误。

梁某的私益诉讼和公益诉讼是两个不同的诉讼，公益诉讼中已提出的诉讼请求不影响梁某再次提出类似诉讼请求，梁某的诉讼请求不受公益诉讼影响。C项错误，D项正确。

【例】某品牌手机生产商在手机出厂前预装众多程序，大幅侵占标明内存，某省消费者保护协会以侵害消费者知情权为由提起公益诉讼，法院受理了该案。下列哪一说法是正确的？（15年·卷三·35题）

A. 本案应当由侵权行为地或者被告住所地中级法院管辖

B. 本案原告没有撤诉权

C. 本案当事人不可以和解，法院也不可以调解

D. 因该案已受理，购买该品牌手机的消费者甲若以前述理由诉请赔偿，法院不予受理

［答案］A

（八）消费者公益诉讼

1. 反诉：被告不得反诉。

2. 公益诉讼提起后，因同一行为提起的私益诉讼可以诉讼中止。

3. 举证责任：公益诉讼认定的事实，私益诉讼中双方均无需举证证明，但有异议并有相反证据足以推翻的除外。

公益诉讼认定的不法行为，私益诉讼中原告可以主张适用，被告有反证推翻的除外；被告主张对其有利的认定，法院不予支持。

【如】比如说消协诉苹果公司说苹果公司的这款手机有设计缺陷，导致使用的时候会爆炸。法院在公益诉讼案件审理过程当中认定了这款手机确实有设计缺陷，同时还认定如果消费者不当使用，比如充电时拨打电话也可能会导致手机爆炸。公益诉讼的案件审完了，现在消费者甲提起私益诉讼，甲用这个手机时手机爆炸了导致的人身损害，要求赔偿。公益诉讼当中所做的对消费者有利的事实认定是什么？设计缺陷对吧？设计缺陷这个问题，消费者在私益诉讼当中可不可以免证？可以，不需要提供证据证明，但对方可以用反证推翻。

经营者主张说消费者不当使用手机也会导致爆炸，这是公益诉讼当中认定的事实，是对消费者不利的事实认定，那这个时候经营者直接主张适用法院支持吗？不支持，得继续举证证明。

《民诉解释》第二百八十四条　环境保护法、消费者权益保护法等法律规定的机关和有关组织对污染环境、侵害众多消费者合法权益等损害社会公共利益的行为，根据民事诉讼法第五十五条规定提起公益诉讼，符合下列条件的，人民法院应当受理：

（一）有明确的被告；

（二）有具体的诉讼请求；

（三）有社会公共利益受到损害的初步证据；

（四）属于人民法院受理民事诉讼的范围和受诉人民法院管辖。

《民诉解释》第二百八十五条　公益诉讼案件由侵权行为地或者被告住所地中级人民法院管辖，但法律、司法解释另有规定的除外。

因污染海洋环境提起的公益诉讼，由污染发生地、损害结果地或者采取预防污染措施地海事法院管辖。

对同一侵权行为分别向两个以上人民法院提起公益诉讼的，由最先立案的人民法院管辖，必要时由它们的共同上级人民法院指定管辖。

《民诉解释》第二百八十六条　人民法院受理公益诉讼案件后，应当在十日内书面告知相关行政主管部门。

《民诉解释》第二百八十七条　人民法院受理公益诉讼案件后，依法可以提起诉讼的其他机关和有关组织，可以在开庭前向人民法院申请参加诉讼。人民法院准许参加诉讼的，列为共同原告。

《民诉解释》第二百八十八条　人民法院受理公益诉讼案件，不影响同一侵权行为的受害人根据民事诉讼法第一百一十九条规定提起诉讼。

《民诉解释》第二百八十九条　对公益诉讼案件，当事人可以和解，人民法院可以调解。

当事人达成和解或者调解协议后，人民法院应当将和解或者调解协议进行公告。公告期间不得少于三十日。

公告期满后，人民法院经审查，和解或者调解协议不违反社会公共利益的，应当出具调解书；和解或者调解协议违反社会公共利益的，不予出具调解书，继续对案件进行审理并依法作出裁判。

《民诉解释》第二百九十条 公益诉讼案件的原告在法庭辩论终结后申请撤诉的，人民法院不予准许。

《民诉解释》第二百九十一条 公益诉讼案件的裁判发生法律效力后，其他依法具有原告资格的机关和有关组织就同一侵权行为另行提起公益诉讼的，人民法院裁定不予受理，但法律、司法解释另有规定的除外。

《最高人民法院关于审理环境民事公益诉讼案件适用法律若干问题的解释》
《最高人民法院关于审理消费民事公益诉讼案件适用法律若干问题的解释》

六、第三人撤销之诉

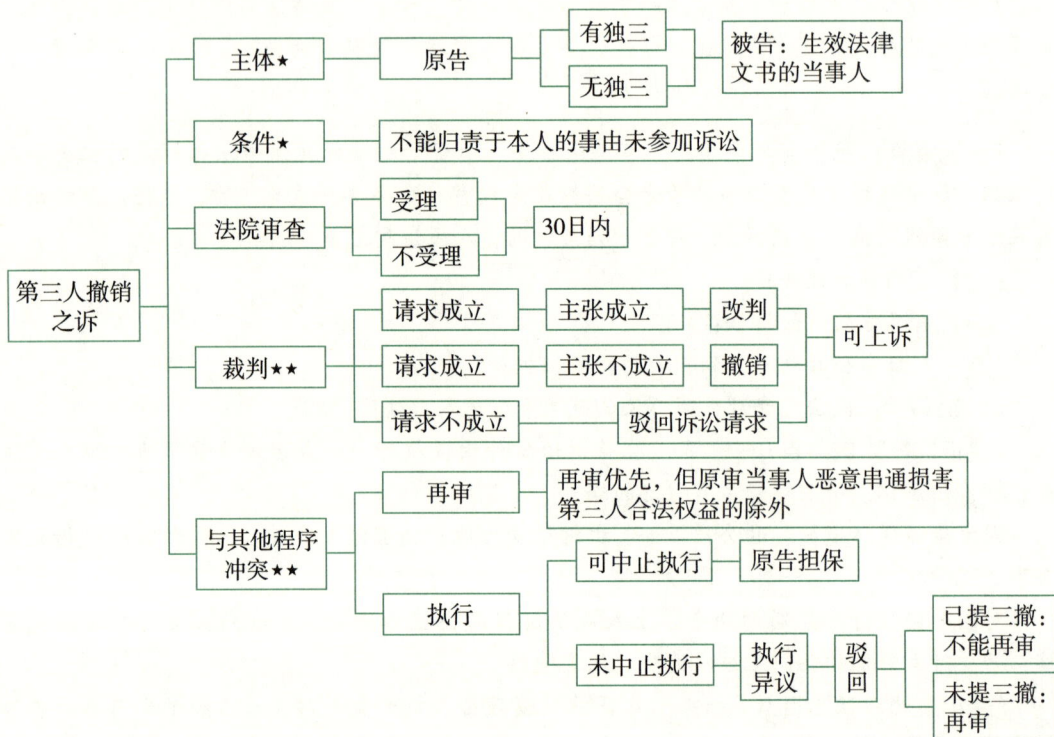

```
                          ┌── 主体★ ── 原告 ──┬── 有独三 ──┐ 被告：生效法律
                          │                    └── 无独三 ──┘ 文书的当事人
                          │
                          ├── 条件★ ──── 不能归责于本人的事由未参加诉讼
                          │
                          ├── 法院审查 ──┬── 受理 ──┐
                          │              └── 不受理 ─┘ 30日内
                          │
第三人撤销 ──────────────┤              ┌── 请求成立 ── 主张成立 ── 改判 ──┐
之诉                      ├── 裁判★★ ──┼── 请求成立 ── 主张不成立 ── 撤销 ─┤ 可上诉
                          │              └── 请求不成立 ──── 驳回诉讼请求
                          │
                          └── 与其他程序 ──┬── 再审 ── 再审优先，但原审当事人恶意串通损害
                             冲突★★        │           第三人合法权益的除外
                                            │
                                            └── 执行 ──┬── 可中止执行 ── 原告担保
                                                        │                          ┌ 已提三撤：
                                                        └── 未中止执行 ── 执行 ── 驳回 ┤ 不能再审
                                                                          异议          │ 未提三撤：
                                                                                        └ 再审
```

第三人因不能归责于本人的事由未参加诉讼，发现已经发生法律效力的判决、裁定、调解书全部或者部分内容错误并损害其民事权益，自知道或者应当知道其民事权益受到损害之日起 6 个月内，向作出生效判决、裁定、调解书的人民法院提出的诉讼。

王五（真正的所有权人）

张三（胜诉）	李四（争夺自行车所有权）

诉中

1.诉讼中	有独立请求权的第三人（王五）

诉后

2.诉后	再审	法院
		检察院
		当事人（李四）
		案外人（赵六，共同共有人）

再审优先，原当事人恶意串通损害第三人合法权益除外

3.诉后	第三人撤销之诉（王五）

有关 → 再审

成立：裁定执行中止 → 裁定前后提三撤均可

不成立：裁定驳回 → 案外人再审：王五

裁定前：已提三撤，不能再审，继续三撤

裁定前：未提三撤，申请再审，不能三撤

谁在前谁优先

4.执行中	案外人执行异议（王五）	裁定

无关 → 执行异议之诉

成立：申请执行人（许可执行之诉）

不诉：

法院：解除对标的物的执行措施

被执行人：对案外人提所有权确权之诉

不成立：案外人（案外人执行异议之诉）

张三（胜诉）	李四（欠款200万元）	执行李四200万的古董自行车

王五：真正的所有权人

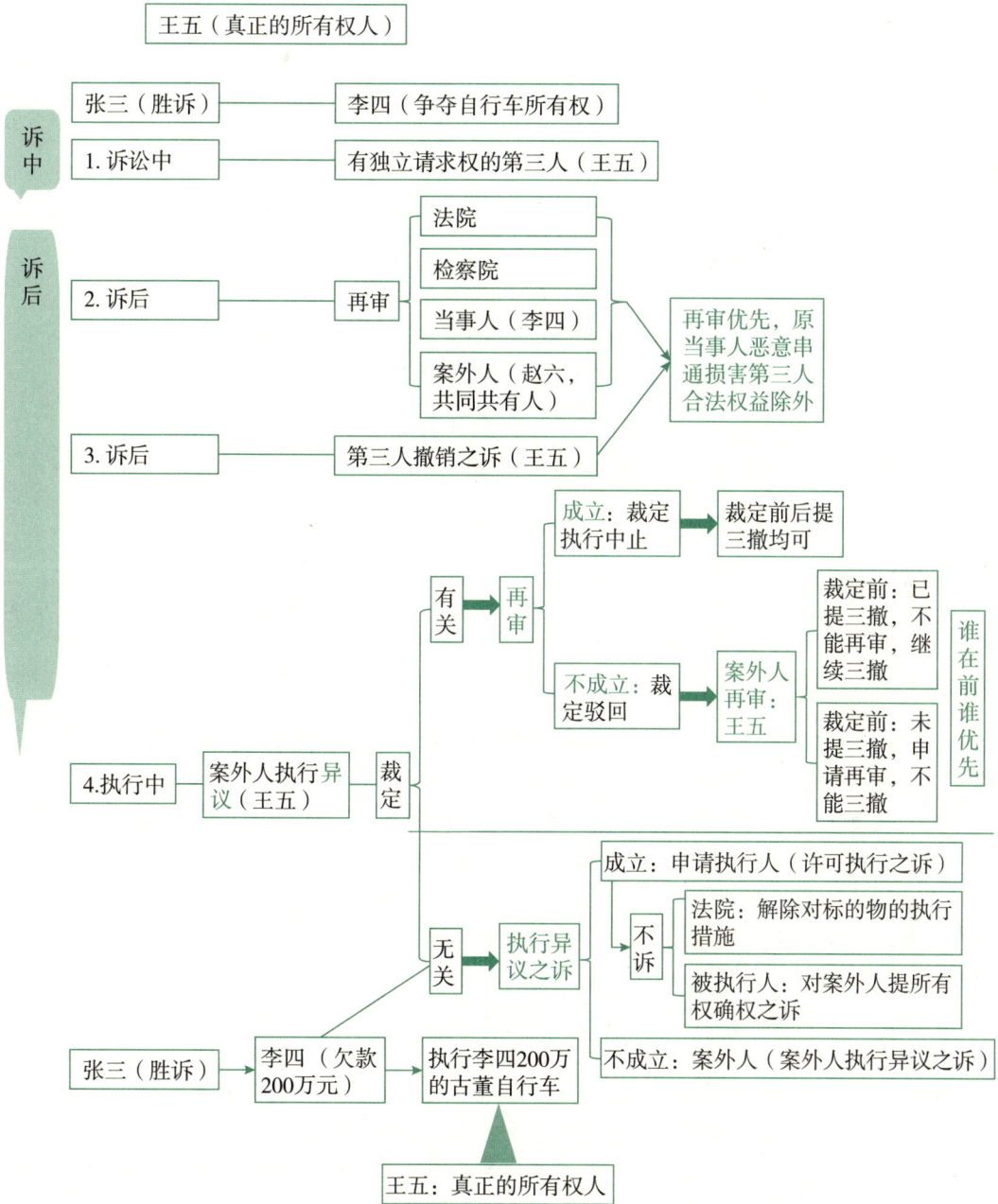

小结	第三人的4条救济途径	1. 在本诉进行中，以有独立请求权的第三人身份参加本诉； 2. 任何主体启动再审； 3. 提第三人撤销之诉； 4. 在执行程序中：以案外人身份对执行标的提异议，法院做裁定，对裁定不服，以案外人身份申请再审。
	再审和三撤的关系	二选一	1. 未进入执行：再审优先，原审当事人恶意串通损害第三人合法权益除外。

续表

小结	再审和三撤的关系	二选一	2. 进入执行，和案外人执行异议中的案外人申请再审竞合：谁在前，谁优先（以案外人执行异议的裁定为标准）。
	案外人执行异议（对执行标的）	法院做裁定	对裁定不服，执行标的与生效法律文书有关：再审。 异议成立：执行中止。 异议不成立：案外人申请再审。
			对裁定不服，执行标的与生效法律文书无关：执行异议之诉。 异议成立：申请执行人提执行异议之诉。 异议不成立：案外人提执行异议之诉。
	三撤和执行程序的关系	执行停下来等三撤	第三人提三撤＋提供担保。
			第三人提三撤＋提出异议。
	案外人申请再审	必要共同诉讼人	直接提。
		非必要共同诉讼人	有前置程序：案外人执行异议—裁定—（有关）案外人申请再审。

【例】15 年·卷四·四题

［题干］杨之元开设古玩店，因收购藏品等所需巨额周转资金，即以号称"镇店之宝"的一块雕有观音图像的翡翠（下称翡翠观音）作为抵押物，向胜洋小额贷款公司（简称胜洋公司）贷款 200 万元，但翡翠观音仍然置于杨之元店里。后古玩店经营不佳，进入亏损状态，无力如期偿还贷款。胜洋公司遂向法院起诉杨之元。

法院经过审理，确认抵押贷款合同有效，杨之元确实无力还贷，遂判决翡翠观音归胜洋公司所有，以抵偿 200 万元贷款及利息。判决生效后，杨之元未在期限内履行该判决。胜洋公司遂向法院申请强制执行。

在执行过程中，案外人商玉良向法院提出执行异议，声称该翡翠观音属于自己，杨之元无权抵押。并称：当初杨之元开设古玩店，需要有"镇店之宝"装点门面，经杨之元再三请求，商玉良才将自己的翡翠观音借其使用半年（杨之元为此还支付了 6 万元的借用费），并约定杨之元不得处分该翡翠观音，如造成损失，商玉良有权索赔。

法院经审查，认为商玉良提出的执行异议所提出的事实没有充分的证据，遂裁定驳回商玉良的异议。

［问题］

1. 执行异议被裁定驳回后，商玉良是否可以提出执行异议之诉？为什么？

2. 如商玉良认为作为法院执行根据的判决有错，可以采取哪两种途径保护自己的合法权益？

3. 与第 2 问"两种途径"相关的两种民事诉讼制度（或程序）在适用程序上有何特点？

4. 商玉良可否同时采用上述两种制度（或程序）维护自己的权益？为什么？

［答案］1. 商玉良不可以提出执行异议之诉。因为，商玉良主张被抵押的翡翠观音属自己所有，即法院将翡翠观音用以抵偿杨之元的债务的判决是错误的，该执行异议与原判决有

关，不能提起执行异议之诉。

[答案] 2. 商玉良可以根据《民事诉讼法》第56条第3款规定，提起第三人撤销之诉；或根据《民事诉讼法》第227条规定，以案外人身份申请再审。

[答案] 3. (1) 第三人撤销之诉在适用上的特点：

①诉讼主体：有权提起第三人撤销之诉的须是当事人以外的第三人，该第三人应当具备诉的利益，即其民事权益受到了原案判决书的损害。商玉良是原告，杨之元和胜洋公司是被告。

②诉讼客体：损害了第三人民事权益的发生法律效力的判决书。

③提起诉讼的期限、条件与受理法院：期限是自知道或应当知道其民事权益受到损害之日起6个月内。条件为：因不能归责于本人的事由未参加诉讼；发生法律效力的判决的全部或者部分内容错误；判决书内容错误，损害其民事权益。受诉法院为作出生效判决的人民法院。

(2) 案外人申请再审程序特点：

①适用一审程序进行再审的，得追加案外人为当事人；适用二审程序进行再审的，可以进行调解，调解不成的，应撤销原判决，发回重审，并在重审中追加案外人为当事人。

②其它程序内容与通常的再审程序基本相同。

[答案] 4. 商玉良不可以同时适用上述两种制度（或程序）。

根据《民诉解释》第303条，第三人提起撤销之诉后，未中止生效判决、裁定、调解书执行的，执行法院对第三人依照《民事诉讼法》第227条规定提出的执行异议，应审查。第三人不服驳回执行异议裁定，申请对原判决、裁定、调解书再审的，人民法院不予受理。

案外人对人民法院驳回其执行异议裁定不服，认为原判决、裁定、调解书内容错误损害其合法权益的，应当根据《民事诉讼法》第227条规定申请再审，提起第三人撤销之诉的，人民法院不予受理。

【例】汤某设宴为母祝寿，向成某借了一尊清代玉瓶装饰房间。毛某来祝寿时，看上了玉瓶，提出购买。汤某以30万元将玉瓶卖给了毛某，并要其先付钱，寿典后15日内交付玉瓶。毛某依约履行，汤某以种种理由拒绝交付。毛某诉至甲县法院，要求汤某交付玉瓶，得到判决支持。汤某未上诉，判决生效。在该判决执行时，成某知晓了上述情况。对此，成某依法可采取哪些救济措施？(17年·卷三·77题)

A. 以案外人身份向甲县法院直接申请再审

B. 向甲县法院提出执行异议

C. 向甲县法院提出第三人撤销之诉

D. 向甲县法院申诉，要求甲县法院依职权对案件启动再审

[答案] BCD

[解析] 本案中，毛某和汤某的诉讼，如果成某参加诉讼，因为其是争议的玉瓶的真正所有权人，所以其应是有全部独立请求权的第三人。

《民诉解释》第422条规定，必须共同进行诉讼的当事人因不能归责于本人或者其诉讼代理人的事由未参加诉讼的，可以根据《民事诉讼法》第二百条第八项规定，自知道或者应当知道之日起六个月内申请再审，但符合本解释第四百二十三条规定情形的除外。第423条规定，根据《民事诉讼法》第二百二十七条规定，案外人对驳回其执行异议的裁定不服，认

为原判决、裁定、调解书内容错误损害其民事权益的，可以自执行异议裁定送达之日起六个月内，向作出原判决、裁定、调解书的人民法院申请再审。我国再审中的案外人申请再审有两种情况，一种是必要共同诉讼人，一种是有独立请求权的第三人。根据上述规定，案外人申请再审，如果是共同诉讼人，可以直接申请再审；如果是有独立请求权的第三人，必须先在执行程序中提出执行异议，被驳回后不服的，才可以申请再审，不能不提执行异议而直接申请再审。本案中成某作为有独立请求权的第三人，其不能在生效法律文书作出后直接申请再审，而应该在提出执行异议并被驳回后才能申请再审。A 项错误。

《民事诉讼法》第 227 条规定，执行过程中，案外人对执行标的提出书面异议的，人民法院应当自收到书面异议之日起十五日内审查，理由成立的，裁定中止对该标的的执行；理由不成立的，裁定驳回。案外人、当事人对裁定不服，认为原判决、裁定错误的，依照审判监督程序办理；与原判决、裁定无关的，可以自裁定送达之日起十五日内向人民法院提起诉讼。成某作为案外人，认为执行标的属于自己所有，可以对执行标的提出异议，法院作出裁定后不服的，因为执行标的与生效法律文书有关，所以可以申请再审。B 项正确。

《民事诉讼法》第 56 条第 2 款规定，前两款规定的第三人，因不能归责于本人的事由未参加诉讼，但有证据证明发生法律效力的判决、裁定、调解书的部分或者全部内容错误，损害其民事权益的，可以自知道或者应当知道其民事权益受到损害之日起六个月内，向作出该判决、裁定、调解书的人民法院提起诉讼。人民法院经审理，诉讼请求成立的，应当改变或者撤销原判决、裁定、调解书；诉讼请求不成立的，驳回诉讼请求。成某如果参加诉讼，属于有独立请求权的第三人，其因不能归责于自己的原因没有参加诉讼，在生效法律文书作出后，可以提起第三人撤销之诉。C 项正确。

作为公民，认为法院生效法律文书错误，可以向法院申诉，要求法院依职权对案件启动再审，这是公民宪法权利的体现。D 项正确。

（一）因不能归责于本人的事由未参加诉讼

是指没有被列为生效判决、裁定、调解书当事人，且无过错或者无明显过错的情形。包括：

1. 不知道诉讼而未参加的；
2. 申请参加未获准许的；
3. 知道诉讼，但因客观原因无法参加的；
4. 因其他不能归责于本人的事由未参加诉讼的。

（二）法院审查期间：30 日内立案或裁定不予受理

（三）审判组织形式：合议庭

（四）不予受理的案件范围

1. 适用特别程序、督促程序、公示催告程序、破产程序等非讼程序处理的案件；
2. 婚姻无效、撤销或者解除婚姻关系等判决、裁定、调解书中涉及身份关系的内容；
3. 《民事诉讼法》第 54 条规定的未参加登记的权利人对代表人诉讼案件的生效裁判；
4. 《民事诉讼法》第 55 条规定的损害社会公共利益行为的受害人对公益诉讼案件的生效裁判。

（五）当事人

1. 原告：第三人。

2. 被告：生效判决、裁定、调解书的当事人。

3. 第三人：生效判决、裁定、调解书中没有承担责任的无独立请求权的第三人，可以列为第三人。

（六）法院裁判及效力

1. 法院裁判：

（1）请求成立且确认其民事权利的主张全部或部分成立的，改变原判决、裁定、调解书内容的错误部分。

（2）请求成立，但确认其全部或部分民事权利的主张不成立，或者未提出确认其民事权利请求的，撤销原判决、裁定、调解书内容的错误部分。

（3）请求不成立的，驳回诉讼请求。

2. 裁判效力：

当事人可以上诉：当事人对第三人撤销之诉的裁判不服的，可以上诉。

（七）与其他程序的关系

1. 与再审程序。

（1）再审优先，第三人撤销之诉并入再审：第三人撤销之诉案件审理期间，人民法院对生效判决、裁定、调解书裁定再审的，受理第三人撤销之诉的人民法院应当裁定将第三人的诉讼请求并入再审程序。

并入再审后的处理方式：

①按照第一审程序审理的，人民法院应当对第三人的诉讼请求一并审理，所作的判决可以上诉；

②按照第二审程序审理的，人民法院可以调解，调解达不成协议的，应当裁定撤销原判决、裁定、调解书，发回一审法院重审，重审时应当列明第三人。

（2）第三人撤销之诉优先，中止再审：第三人撤销之诉案件审理期间，人民法院对生效判决、裁定、调解书裁定再审，但有证据证明原审当事人之间恶意串通损害第三人合法权益的，人民法院应当先行审理第三人撤销之诉案件，裁定中止再审诉讼。

【例】丙公司因法院对甲公司诉乙公司工程施工合同案的一审判决（未提起上诉）损害其合法权益，向 A 市 B 县法院提起撤销诉讼。案件审理中，检察院提起抗诉，A 市中级法院对该案进行再审，B 县法院裁定将撤销诉讼并入再审程序。关于中级法院对丙公司提出的撤销诉讼请求的处理，下列哪一表述是正确的？（17 年·卷三·38 题）

A. 将丙公司提出的诉讼请求一并审理，作出判决

B. 根据自愿原则进行调解，调解不成的，告知丙公司另行起诉

C. 根据自愿原则进行调解，调解不成的，裁定撤销原判发回重审

D. 根据自愿原则进行调解，调解不成的，恢复第三人撤销诉讼程序

［答案］C

［解析］《民诉解释》第 301 条规定，第三人撤销之诉案件审理期间，人民法院对生效判决、裁定、调解书裁定再审的，受理第三人撤销之诉的人民法院应当裁定将第三人的诉讼请

求并入再审程序。但有证据证明原审当事人之间恶意串通损害第三人合法权益的，人民法院应当先行审理第三人撤销之诉案件，裁定中止再审诉讼。《民诉解释》第 302 条规定，第三人诉讼请求并入再审程序审理的，按照下列情形分别处理：（一）按照第一审程序审理的，人民法院应当对第三人的诉讼请求一并审理，所作的判决可以上诉；（二）按照第二审程序审理的，人民法院可以调解，调解达不成协议的，应当裁定撤销原判决、裁定、调解书，发回一审法院重审，重审时应当列明第三人。

本案中第三人撤销之诉和检察院抗诉引起的再审竞合，法院应当先行审理再审，将第三人的诉讼请求并入再审。该案生效法律文书是基层人民法院，检察院提起抗诉，A 市中级法院对该案进行再审，构成提审，适用二审程序审理。按照二审程序审理的，法院对第三人的诉讼请求，法院应该先行调解，调解不成的，发回一审法院重审。C 项正确，ABD 三项错误。

2. 与执行程序。

（1）可中止原裁判执行：受理第三人撤销之诉案件后，<u>原告提供相应担保，请求中止执行的，人民法院可以准许</u>。

（2）未中止生效判决、裁定、调解书执行的：第三人不服驳回执行异议裁定，则已提起第三人撤销之诉的，<u>不得申请再审</u>；未提起第三人撤销之诉的，<u>可以申请再审</u>。即：

①第三人提起撤销之诉后，未中止生效判决、裁定、调解书执行的，执行法院对第三人提出的执行异议，应予审查。第三人不服驳回执行异议裁定，申请对原判决、裁定、调解书再审的，人民法院不予受理。

②案外人对人民法院驳回其执行异议裁定不服，认为原判决、裁定、调解书内容错误损害其合法权益的，应当根据《民事诉讼法》第 227 条规定申请再审，提起第三人撤销之诉的，人民法院不予受理。

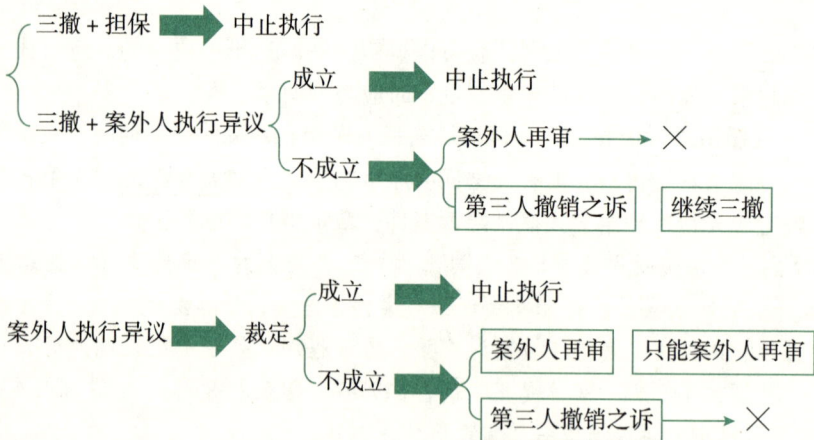

【总结】

因不能归责于本人的事由未参加诉讼	（1）不知道诉讼而未参加的； （2）申请参加未获准许的； （3）知道诉讼，但因客观原因无法参加的； （4）因其他不能归责于本人的事由未参加诉讼的。

审查期间	30 日内立案或裁定不予受理。	
审判组织形式	合议庭。	
不予受理的案件范围	(1) 适用特别程序、督促程序、公示催告程序、破产程序等非讼程序处理的案件； (2) 婚姻无效、撤销或者解除婚姻关系等判决、裁定、调解书中涉及身份关系的内容； (3)《民事诉讼法》第 54 条规定的未参加登记的权利人对代表人诉讼案件的生效裁判； (4)《民事诉讼法》第 55 条规定的损害社会公共利益行为的受害人对公益诉讼案件的生效裁判。	
当事人	(1) 原告：第三人。 (2) 被告：生效判决、裁定、调解书的当事人。 (3) 第三人：生效判决、裁定、调解书中没有承担责任的无独立请求权的第三人，可以列为第三人。	
法院裁判	(1) 请求成立且确认其民事权利的主张全部或部分成立的，改变原判决、裁定、调解书内容的错误部分； (2) 请求成立，但确认其全部或部分民事权利的主张不成立，或者未提出确认其民事权利请求的，撤销原判决、裁定、调解书内容的错误部分； (3) 请求不成立的，驳回诉讼请求。	
	裁判效力：当事人对第三人撤销之诉的裁判不服的，可以上诉。	
与再审程序的关系	再审优先，原审当事人恶意串通损害第三人合法权益的除外。	
	再审优先，第三人撤销之诉并入再审	第三人撤销之诉案件审理期间，人民法院对生效判决、裁定、调解书裁定再审的，受理第三人撤销之诉的人民法院应当裁定将第三人的诉讼请求并入再审程序。 并入再审后的处理方式： A. 按照第一审程序审理的，人民法院应当对第三人的诉讼请求一并审理，所作的判决可以上诉； B. 按照第二审程序审理的，人民法院可以调解，调解达不成协议的，应当裁定撤销原判决、裁定、调解书，发回一审法院重审，重审时应当列明第三人。
	第二人撤销之诉优先，中止再审	第三人撤销之诉案件审理期间，人民法院对生效判决、裁定、调解书裁定再审，但有证据证明原审当事人之间恶意串通损害第三人合法权益的，人民法院应当先行审理第三人撤销之诉案件，裁定中止再审诉讼。
与执行程序的关系	可中止原裁判执行：受理第三人撤销之诉案件后，原告提供相应担保，请求中止执行的，人民法院可以准许。	

续表

| | 未中止生效判决、裁定、调解书执行的：第三人不服驳回执行异议裁定，则已提起第三人撤销之诉的，不得申请再审；未提起第三人撤销之诉的，可以申请再审。即：谁在前，谁优先。 | A. 第三人提起撤销之诉后，未中止生效判决、裁定、调解书执行的，执行法院对第三人提出的执行异议，应予审查。第三人不服驳回执行异议裁定，申请对原判决、裁定、调解书再审的，人民法院不予受理。 |
| 与执行程序的关系 | | B. 案外人对人民法院驳回其执行异议裁定不服，认为原判决、裁定、调解书内容错误损害其合法权益的，应当根据《民事诉讼法》第227条规定申请再审，提起第三人撤销之诉的，人民法院不予受理。 |

《民诉解释》第二百九十二条　第三人对已经发生法律效力的判决、裁定、调解书提起撤销之诉的，应当自知道或者应当知道其民事权益受到损害之日起六个月内，向作出生效判决、裁定、调解书的人民法院提出，并应当提供存在下列情形的证据材料：

（一）因不能归责于本人的事由未参加诉讼；

（二）发生法律效力的判决、裁定、调解书的全部或者部分内容错误；

（三）发生法律效力的判决、裁定、调解书内容错误损害其民事权益。

《民诉解释》第二百九十三条　人民法院应当在收到起诉状和证据材料之日起五日内送交对方当事人，对方当事人可以自收到起诉状之日起十日内提出书面意见。

人民法院应当对第三人提交的起诉状、证据材料以及对方当事人的书面意见进行审查。必要时，可以询问双方当事人。

经审查，符合起诉条件的，人民法院应当在收到起诉状之日起三十日内立案。不符合起诉条件的，应当在收到起诉状之日起三十日内裁定不予受理。

《民诉解释》第二百九十四条　人民法院对第三人撤销之诉案件，应当组成合议庭开庭审理。

《民诉解释》第二百九十五条　民事诉讼法第五十六条第三款规定的因不能归责于本人的事由未参加诉讼，是指没有被列为生效判决、裁定、调解书当事人，且无过错或者无明显过错的情形。包括：

（一）不知道诉讼而未参加的；

（二）申请参加未获准许的；

（三）知道诉讼，但因客观原因无法参加的；

（四）因其他不能归责于本人的事由未参加诉讼的。

《民诉解释》第二百九十六条　民事诉讼法第五十六条第三款规定的判决、裁定、调解书的部分或者全部内容，是指判决、裁定的主文，调解书中处理当事人民事权利义务的结果。

《民诉解释》第二百九十七条　对下列情形提起第三人撤销之诉的，人民法院不予受理：

（一）适用特别程序、督促程序、公示催告程序、破产程序等非讼程序处理的案件；

（二）婚姻无效、撤销或者解除婚姻关系等判决、裁定、调解书中涉及身份关系的内容；

（三）民事诉讼法第五十四条规定的未参加登记的权利人对代表人诉讼案件的生效裁判；

（四）民事诉讼法第五十五条规定的损害社会公共利益行为的受害人对公益诉讼案件的生效裁判。

《民诉解释》第二百九十八条　第三人提起撤销之诉，人民法院应当将该第三人列为原告，生效判决、裁定、调解书的当事人列为被告，但生效判决、裁定、调解书中没有承担责任的无独立请求权的第三人列为第三人。

《民诉解释》第二百九十九条　受理第三人撤销之诉案件后，原告提供相应担保，请求中止执行的，人民法院可以准许。

《民诉解释》第三百条　对第三人撤销或者部分撤销发生法律效力的判决、裁定、调解书内容的请求，人民法院经审理，按下列情形分别处理：

（一）请求成立且确认其民事权利的主张全部或部分成立的，改变原判决、裁定、调解书内容的错误部分；

（二）请求成立，但确认其全部或部分民事权利的主张不成立，或者未提出确认其民事权利请求的，撤销原判决、裁定、调解书内容的错误部分；

（三）请求不成立的，驳回诉讼请求。

对前款规定裁判不服的，当事人可以上诉。

原判决、裁定、调解书的内容未改变或者未撤销的部分继续有效。

《民诉解释》第三百零一条　第三人撤销之诉案件审理期间，人民法院对生效判决、裁定、调解书裁定再审的，受理第三人撤销之诉的人民法院应当裁定将第三人的诉讼请求并入再审程序。但有证据证明原审当事人之间恶意串通损害第三人合法权益的，人民法院应当先行审理第三人撤销之诉案件，裁定中止再审诉讼。

《民诉解释》第三百零二条　第三人诉讼请求并入再审程序审理的，按照下列情形分别处理：

（一）按照第一审程序审理的，人民法院应当对第三人的诉讼请求一并审理，所作的判决可以上诉；

（二）按照第二审程序审理的，人民法院可以调解，调解达不成协议的，应当裁定撤销原判决、裁定、调解书，发回一审法院重审，重审时应当列明第三人。

《民诉解释》第三百零三条　第三人提起撤销之诉后，未中止生效判决、裁定、调解书执行的，执行法院对第三人依照民事诉讼法第二百二十七条规定提出的执行异议，应予审查。第三人不服驳回执行异议裁定，申请对原判决、裁定、调解书再审的，人民法院不予受理。

案外人对人民法院驳回其执行异议裁定不服，认为原判决、裁定、调解书内容错误损害其合法权益的，应当根据民事诉讼法第二百二十七条规定申请再审，提起第三人撤销之诉的，人民法院不予受理。

七、执行异议之诉

```
                              ┌─ 符合一般起诉条件
                              │
                              ├─ 案外人执行异议申请被驳回或支持
                     条件★ ──┤
                              ├─ 诉讼请求与原裁判无关
                              │
                              └─ 15日内提起

                              ┌─ 审查 ── 15日内立案
                     程序 ───┤
                              └─ 普通程序审理★

  执行异议                    ┌─ 原告 ── 案外人 ←→ 被告 ── 申请执行人
  之诉 ──────── 当事人★★ ──┤
                              └─ 原告 ── 申请执行人 ←→ 被告 ── 案外人

                              ┌─ 案外人 ──┬─ 不得执行
                              │            └─ 驳回诉讼请求
                     裁判★★ ─┤
                              └─ 申请执行人 ┬─ 准许执行
                                            └─ 驳回诉讼请求
```

（一）提起条件

1. 符合一般的起诉条件；

2. 案外人的执行异议申请已经被人民法院裁定驳回（案外人提起执行异议之诉的条件）；或依案外人执行异议申请，人民法院裁定中止执行（申请执行人提起执行异议之诉的条件）；

3. 有明确的排除对执行标的执行的诉讼请求，且诉讼请求与原判决、裁定无关；

4. 自执行异议裁定送达之日起 15 日内提起。

（二）程序

1. 法院应当在收到起诉状之日起 15 日内决定是否立案。

2. 适用普通程序。

（三）当事人

1. 被执行人反对：原告：案外人 ——→ 被告：申请执行人+被执行人

或： 　　　　　　原告：申请执行人 ——→ 被告：案外人+被执行人

2. 被执行人不反对：原告：案外人 ——→ 被告：申请执行人

　　　　　　　　　第三人：被执行人

或 　　　　　　　原告：申请执行人 ——→ 被告：案外人

　　　　　　　　　第三人：被执行人

（四）法院的裁判

1. 案外人提起的执行异议之诉。

（1）案外人就执行标的享有足以排除强制执行的民事权益的，判决不得执行该执行标的；

（2）案外人就执行标的不享有足以排除强制执行的民事权益的，判决驳回诉讼请求；

（3）案外人同时提出确认其权利的诉讼请求的，人民法院可以在判决中一并作出裁判；

【注意】案外人执行异议之诉审理期间，人民法院不得对执行标的进行处分。申请执行人请求人民法院继续执行并提供相应担保的，人民法院可以准许。

2. 申请执行人提起的执行异议之诉。

（1）案外人就执行标的不享有足以排除强制执行的民事权益的，判决准许执行该执行标的的；

（2）案外人就执行标的享有足以排除强制执行的民事权益的，判决驳回诉讼请求。

【注意】人民法院对执行标的裁定中止执行后，申请执行人在法律规定的期间内未提起执行异议之诉的，人民法院应当自起诉期限届满之日起 7 日内解除对该执行标的采取的执行措施。

【例】张山承租林海的商铺经营饭店，因拖欠房租被诉至饭店所在地甲法院，法院判决张山偿付林海房租及利息，张山未履行判决。经律师调查发现，张山除所居住房以外，其名下另有一套房屋，林海遂向该房屋所在地乙法院申请执行。乙法院对该套房屋进行查封拍卖。执行过程中，张山前妻宁虹向乙法院提出书面异议，称两人离婚后该房屋已由丙法院判决归其所有，目前尚未办理房屋变更登记手续。请回答。

1. 对于宁虹的异议，乙法院的正确处理是：（15 年·卷三·98 题）

A. 应当自收到异议之日起 15 日内审查

B. 若异议理由成立，裁定撤销对该房屋的执行

C. 若异议理由不成立，裁定驳回

D. 应当告知宁虹直接另案起诉

［答案］AC

［解析］本案中宁虹的异议是案外人对执行标的的异议。

案外人对执行标的提出书面异议的，人民法院应当自收到书面异议之日起 15 日内审查，理由成立的，裁定中止对该标的的执行；理由不成立的，裁定驳回。案外人、当事人对裁定不服，认为原判决、裁定错误的，依照审判监督程序办理；与原判决、裁定无关的，可以自裁定送达之日起 15 日内向人民法院提起诉讼。因此 A 项正确，C 项正确。

若异议理由成立，应当裁定中止对该房屋的执行，而不是最终撤销对该房屋的执行。因为对该裁定不服的，案外人或当事人还可以申请再审或另诉，因此不能直接撤销执行。B 项错误。

案外人对执行标的提出异议后，法院经审查异议后应做裁定。异议可能成立，也可能不成立，执行标的与生效法律文书如果有关，救济途径是再审，如果无关，救济途径是另诉，另诉时可能是案外人宁虹起诉，也可能是申请执行人林海起诉。此案中执行标的与原生效法律文书无关，因此案外人宁虹提出异议后法院应做裁定，然后视情况可能是宁虹另诉，也可能是林海另诉，而不是直接告知案外人宁虹起诉。D 项错误。

2. 如乙法院裁定支持宁虹的请求，林海不服提出执行异议之诉，有关当事人的诉讼地位是：（15 年·卷三·99 题）

A. 林海是原告，张山是被告，宁虹是第三人

B. 林海和张山是共同原告，宁虹是被告

C. 林海是原告，张山和宁虹是共同被告

D. 林海是原告，宁虹是被告，张山视其态度而定

［答案］D

［解析］申请执行人提起执行异议之诉的，以案外人为被告。被执行人反对申请执行人主张的，以案外人和被执行人为共同被告；被执行人不反对申请执行人主张的，可以列被执行人为第三人。因此 D 项正确。

3. 乙法院裁定支持宁虹的请求，林海提出执行异议之诉，下列说法可成立的是：（15 年·卷三·100 题）

A. 林海可向甲法院提起执行异议之诉

B. 如乙法院审理该案，应适用普通程序

C. 宁虹应对自己享有涉案房屋所有权承担证明责任

D. 如林海未对执行异议裁定提出诉讼，张山可以提出执行异议之诉

［答案］BC

［解析］案外人、当事人对执行异议裁定不服，自裁定送达之日起 15 日内向人民法院提起执行异议之诉的，由执行法院管辖。因此林海要提出执行异议之诉，应向执行法院乙法院提出，而不是向生效法律文书的作出法院甲法院。A 项错误。

人民法院审理执行异议之诉案件，适用普通程序。B 项正确。

《民诉解释》第 311 条规定，案外人或者申请执行人提起执行异议之诉的，案外人应当就其对执行标的享有足以排除强制执行的民事权益承担举证证明责任。C 项正确。

《民诉解释》第 309 条规定，申请执行人对中止执行裁定未提起执行异议之诉，被执行人提起执行异议之诉的，人民法院告知其另行起诉。如林海未对执行异议裁定提出诉讼，张山可以另行起诉，而不是提出执行异议之诉。D 项错误。

《民诉解释》第三百零四条 根据民事诉讼法第二百二十七条规定，案外人、当事人对执行异议裁定不服，自裁定送达之日起十五日内向人民法院提起执行异议之诉的，由执行法院管辖。

《民诉解释》第三百零五条 案外人提起执行异议之诉，除符合民事诉讼法第一百一十九条规定外，还应当具备下列条件：

（一）案外人的执行异议申请已经被人民法院裁定驳回；

（二）有明确的排除对执行标的的执行的诉讼请求，且诉讼请求与原判决、裁定无关；

（三）自执行异议裁定送达之日起十五日内提起。

人民法院应当在收到起诉状之日起十五日内决定是否立案。

《民诉解释》第三百零六条 申请执行人提起执行异议之诉，除符合民事诉讼法第一百一十九条规定外，还应当具备下列条件：

（一）依案外人执行异议申请，人民法院裁定中止执行；

（二）有明确的对执行标的的继续执行的诉讼请求，且诉讼请求与原判决、裁定无关；

（三）自执行异议裁定送达之日起十五日内提起。

人民法院应当在收到起诉状之日起十五日内决定是否立案。

《民诉解释》第三百零七条 案外人提起执行异议之诉的，以申请执行人为被告。被执

行人反对案外人异议的，被执行人为共同被告；被执行人不反对案外人异议的，可以列被执行人为第三人。

《民诉解释》**第三百零八条**　申请执行人提起执行异议之诉的，以案外人为被告。被执行人反对申请执行人主张的，以案外人和被执行人为共同被告；被执行人不反对申请执行人主张的，可以列被执行人为第三人。

《民诉解释》**第三百零九条**　申请执行人对中止执行裁定未提起执行异议之诉，被执行人提起执行异议之诉的，人民法院告知其另行起诉。

《民诉解释》**第三百一十条**　人民法院审理执行异议之诉案件，适用普通程序。

《民诉解释》**第三百一十一条**　案外人或者申请执行人提起执行异议之诉的，案外人应当就其对执行标的享有足以排除强制执行的民事权益承担举证证明责任。

《民诉解释》**第三百一十二条**　对案外人提起的执行异议之诉，人民法院经审理，按照下列情形分别处理：

（一）案外人就执行标的享有足以排除强制执行的民事权益的，判决不得执行该执行标的；

（二）案外人就执行标的不享有足以排除强制执行的民事权益的，判决驳回诉讼请求。

案外人同时提出确认其权利的诉讼请求的，人民法院可以在判决中一并作出裁判。

《民诉解释》**第三百一十三条**　对申请执行人提起的执行异议之诉，人民法院经审理，按照下列情形分别处理：

（一）案外人就执行标的不享有足以排除强制执行的民事权益的，判决准许执行该执行标的；

（二）案外人就执行标的享有足以排除强制执行的民事权益的，判决驳回诉讼请求。

《民诉解释》**第三百一十四条**　对案外人执行异议之诉，人民法院判决不得对执行标的执行的，执行异议裁定失效。

对申请执行人执行异议之诉，人民法院判决准许对该执行标的的执行的，执行异议裁定失效，执行法院可以根据申请执行人的申请或者依职权恢复执行。

《民诉解释》**第三百一十五条**　案外人执行异议之诉审理期间，人民法院不得对执行标的进行处分。申请执行人请求人民法院继续执行并提供相应担保的，人民法院可以准许。

被执行人与案外人恶意串通，通过执行异议、执行异议之诉妨害执行的，人民法院应当依照民事诉讼法第一百一十三条规定处理。申请执行人因此受到损害的，可以提起诉讼要求被执行人、案外人赔偿。

《民诉解释》**第三百一十六条**　人民法院对执行标的的裁定中止执行后，申请执行人在法律规定的期间内未提起执行异议之诉的，人民法院应当自起诉期限届满之日起七日内解除对该执行标的的采取的执行措施。

┃┃ 真题演练 ▸

1. 当事人可对某些诉讼事项进行约定，法院应尊重合法有效的约定。关于当事人的约定及其效力，下列哪些表述是错误的？① （14年·卷三·79题）

---

① ABCD

A. 当事人约定"合同是否履行无法证明时,应以甲方主张的事实为准",法院应根据该约定分配证明责任

B. 当事人在诉讼和解中约定"原告撤诉后不得以相同的事由再次提起诉讼",法院根据该约定不能再受理原告的起诉

C. 当事人约定"如果起诉,只能适用普通程序",法院根据该约定不能适用简易程序审理

D. 当事人约定"双方必须亲自参加开庭审理,不得无故缺席",如果被告委托了代理人参加开庭,自己不参加开庭,法院应根据该约定在对被告两次传唤后对其拘传

2. 执法为民是社会主义法治的本质要求,据此,法院和法官应在民事审判中遵守诉讼程序,履行释明义务。下列哪一审判行为符合执法为民的要求?① (13 年·卷三·36 题)

A. 在李某诉赵某的欠款纠纷中,法官向赵某释明诉讼时效,建议赵某提出诉讼时效抗辩

B. 在张某追索赡养费的案件中,法官依职权作出先予执行裁定

C. 在杜某诉阎某的离婚案件中,法官向当事人释明可以同时提出离婚损害赔偿

D. 在罗某诉华兴公司房屋买卖合同纠纷中,法官主动走访现场,进行勘察,并据此支持了罗某的请求

3. 下列哪一选项中法院的审判行为,只能发生在开庭审理阶段?② (13 年·卷三·43 题)

A. 送达法律文书　　　　　　　　　B. 组织当事人进行质证
C. 调解纠纷,促进当事人达成和解　　D. 追加必须参加诉讼的当事人

4. 关于民事案件的开庭审理,下列哪一选项是正确的?③ (12 年·卷三·40 题)

A. 开庭时由书记员核对当事人身份和宣布案由

B. 法院收集的证据是否需要进行质证,由法院决定

C. 合议庭评议实行少数服从多数,形成不了多数意见时,以审判长意见为准

D. 法院定期宣判的,法院应当在宣判后立即将判决书发给当事人

5. 甲公司诉乙公司货款纠纷一案,A 市 B 区法院在审理中查明甲公司的权利主张已超过诉讼时效(乙公司并未提出时效抗辩),遂判决驳回甲公司的诉讼请求。判决作出后上诉期间届满之前,B 区法院发现其依职权适用诉讼时效规则是错误的。关于本案的处理,下列哪一说法是正确的?④ (12 年·卷三·41 题)

A. 因判决尚未发生效力,B 区法院可以将判决书予以收回,重新作出新的判决

B. B 区法院可以将判决书予以收回,恢复庭审并向当事人释明时效问题,视具体情

---

① C
② 无。当年答案为 B,但根据 2015 年《民诉解释》的规定,当事人在庭前阶段认可的证据,视为质证过的证据,这说明质证可以发生在开庭审理阶段,也可以发生在庭前。因此 B 项也错误。
③ D
④ D

况重新作出判决

C. B 区法院可以作出裁定，纠正原判决中的错误

D. 如上诉期间届满当事人未上诉的，B 区法院可以决定再审，纠正原判决中的错误

6. 关于民事诉讼的裁定，下列哪一选项是正确的？① （12 年·卷三·47 题）

A. 裁定可以适用于不予受理、管辖权异议和驳回诉讼请求

B. 当事人有正当理由没有到庭的，法院应当裁定延期审理

C. 裁定的拘束力通常只及于当事人、诉讼参与人和审判人员

D. 当事人不服一审法院作出的裁定，可以向上一级法院提出上诉

7. 关于法院依职权调查事项的范围，下列哪些选项是正确的？② （12 年·卷三·83 题）

A. 本院是否享有对起诉至本院案件的管辖权

B. 委托诉讼代理人的代理权限范围

C. 当事人是否具有诉讼权利能力

D. 合议庭成员是否存在回避的法定事由

8. 根据《民事诉讼法》以及相关司法解释，关于离婚诉讼，下列哪些选项是正确的？③ （11 年·卷三·77 题）

A. 被告下落不明的，案件由原告住所地法院管辖

B. 一方当事人死亡的，诉讼终结

C. 判决生效后，不允许当事人申请再审

D. 原则上不公开审理，因其属于法定不公开审理案件范围

9. 关于普通程序的重要性，下列哪些选项是正确的？④ （11 年·卷三·78 题）

A. 普通程序是一审诉讼案件的审理程序

B. 民事诉讼法的基本原则和基本制度在普通程序中有集中体现

C. 普通程序是民事审判程序中体系最完整、内容最丰富的程序

D. 其它审判程序审理案件时遇有本程序没有特别规定的，应当适用普通程序的相关规定进行审理

10. 法院开庭审理时一方当事人未到庭，关于可能出现的法律后果，下列哪些选项是正确的？⑤ （11 年·卷三·81 题）

A. 延期审理

B. 按原告撤诉处理

C. 缺席判决

D. 采取强制措施拘传未到庭的当事人到庭

---

① C
② ABCD
③ AB
④ BCD
⑤ ABCD

11. 齐某起诉宋某要求返还借款八万元，法院适用普通程序审理并向双方当事人送达出庭传票，因被告宋某不在家，宋某的妻子代其签收了传票。开庭时，被告宋某未到庭。经查，宋某已离家出走，下落不明。关于法院对本案的处理，下列哪一选项是正确的？① （09 年·卷三·46 题）

    A. 法院对本案可以进行缺席判决

    B. 法院应当对被告宋某重新适用公告方式送达传票

    C. 法院应当通知宋某的妻子以诉讼代理人的身份参加诉讼

    D. 法院应当裁定中止诉讼

12. 居民甲与金山房地产公司签订了购买商品房一套的合同，后因甲未按约定付款。金山公司起诉至法院，要求甲付清房款并承担违约责任。在诉讼中，甲的妻子乙向法院主张甲患有精神病，没有辨别行为的能力，要求法院认定购房合同无效。关于本案的说法，下列哪一选项是正确的？② （08 年·卷三·34 题）

    A. 法院应当通知甲的妻子作为法定诉讼代理人出庭进行诉讼

    B. 由乙或金山公司申请对甲进行鉴定，鉴定过程中，诉讼继续进行

    C. 法院可以依职权决定对甲进行鉴定

    D. 乙或金山公司可以向法院申请认定甲为无民事行为能力人，法院应裁定诉讼中止

13. 张丽因与王旭感情不和，长期分居，向法院起诉要求离婚。法院向王旭送达应诉通知书，发现王旭已于张丽起诉前因意外事故死亡。关于本案，法院应作出下列哪一裁判？③ （15 年·卷三·48 题）

    A. 诉讼终结的裁定   B. 驳回起诉的裁定

    C. 不予受理的裁定   D. 驳回诉讼请求的判决

14. 依据《民事诉讼法》的规定，下列哪些案件法院应当受理？④ （08 年四川·卷三·85 题）

    A. 王某认为他的养子未尽赡养义务，于 2005 年 2 月向法院起诉，要求解除收养关系。法院经过调解，王某与其养子达成了维持收养关系的调解协议。2005 年 6 月，王某又以同样的理由向法院起诉，要求解除收养关系

    B. 何某 1999 年向陈某借款 5 万元，约定 2001 年 8 月还清，何某到期未还，陈某碍于情面也未向何某主张过归欠款。2005 年 3 月，陈某受重伤，需大笔医疗费，于是向何某主张归还欠款，何某拒不归还。陈某于是向法院提起诉讼，要求何某归还欠款

    C. 居住在甲省 H 县的李某与居住在甲省 L 县的张某因合同履行问题发生纠纷。双方在合同中订有仲裁条款，约定合同履行发生争议由甲省 L 县的 L 仲裁委员会仲裁，现李某向甲省 L 县法院起诉要求解决合同纠纷

    D. 2004 年 11 月，吴某向法院起诉要求解除与孟某的婚姻关系，法院经过审理，判

---

① A
② D
③ B
④ BCD

决不准离婚。双方均未上诉。2005 年月 2 月，孟某向法院提起诉讼，要求跟吴某离婚

15. 在民事诉讼中，下列哪些选项属于法院应当依职权进行审查的事项?① (08 年四川·卷三·86 题)

A. 本院对当事人起诉的案件是否享有管辖权

B. 当事人是否具有诉讼权利能力

C. 当事人是否具有诉讼行为能力

D. 诉讼代理人是否有代理权以及代理权限的范围

16. 甲与乙系夫妻关系，四年前乙下落不明。甲提起离婚之诉。对于该起诉，法院应如何处理?② (07 年·卷三·44 题)

A. 法院应不予受理，并告知甲应当依照特别程序申请宣告乙死亡

B. 法院应不予受理，并告知甲应先依照特别程序申请宣告乙为失踪人

C. 法院应当受理，但在受理后应当裁定中止诉讼，并依照特别程序认定乙为失踪人后，再对离婚之诉作出判决

D. 法院应当受理，并向乙公告送达有关的诉讼文书

17. 根据民事诉讼法和有关司法解释，当事人可以约定下列哪些事项?③ (06 年·卷三·84 题)

A. 约定合同案件的管辖法院　　　　　B. 约定离婚案件的管辖法院

C. 约定举证时限　　　　　　　　　　D. 约定合议庭的组成人员

18. 在民事诉讼中，法院对下列哪些事项可以不经当事人申请而作出处理?④ (06 年·卷三·90 题)

A. 诉讼中裁定财产保全　　　　　　　B. 决定回避

C. 裁定移送管辖　　　　　　　　　　D. 裁定先予执行

---

① ABCD

② D

③ AC

④ ABC

09 第九章
简易程序

特别提示

　　本章考查分值不是很多，主要考查的知识点有：简易程序的适用范围、简易程序的特点、简易程序和普通程序的转化、裁判文书的制作、小额诉讼程序。尤其是对修改后简易程序的特点和小额诉讼程序，应特别加以重视。

本章知识框架

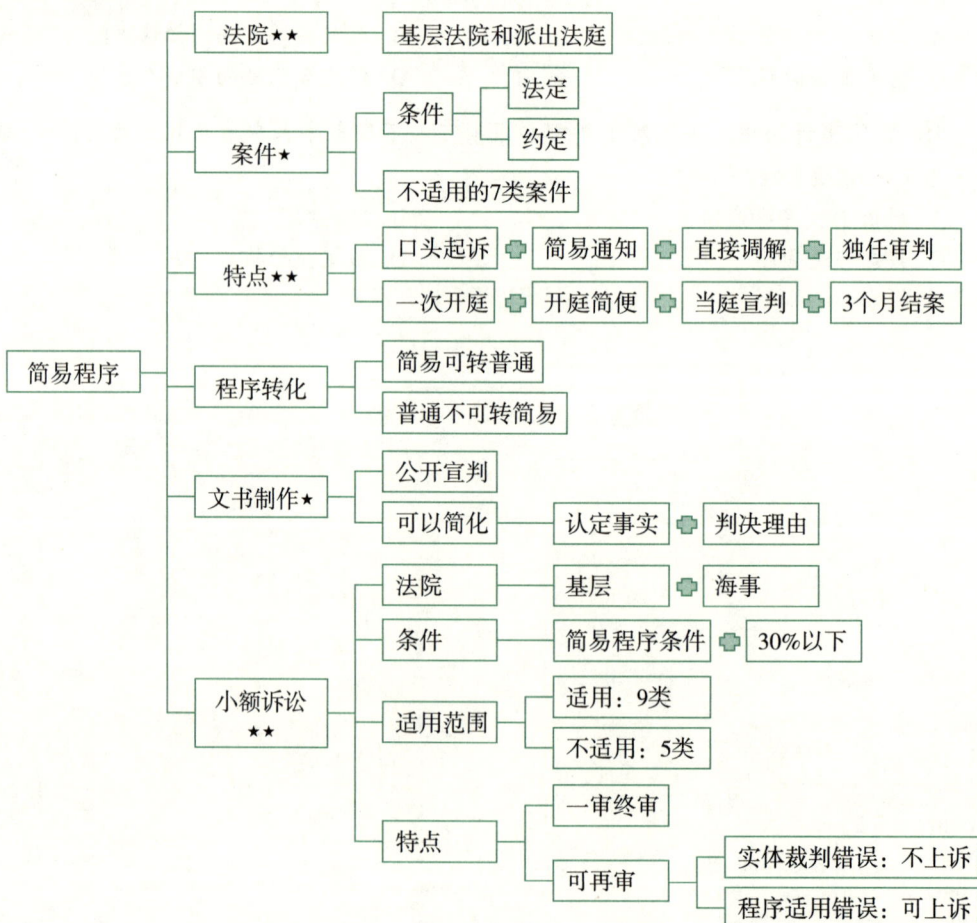

```
                      ┌── 法院★★ ──── 基层法院和派出法庭
                      │
                      │                  ┌── 法定
                      ├── 案件★ ──── 条件 ┤
                      │                  └── 约定
                      │              └── 不适用的7类案件
                      │
                      ├── 特点★★ ─── 口头起诉 ➕ 简易通知 ➕ 直接调解 ➕ 独任审判
                      │              一次开庭 ➕ 开庭简便 ➕ 当庭宣判 ➕ 3个月结案
                      │
                      ├── 程序转化 ── 简易可转普通
简易程序 ──────────────┤              普通不可转简易
                      │
                      ├── 文书制作★ ── 公开宣判
                      │              可以简化 ── 认定事实 ➕ 判决理由
                      │
                      │              ┌── 法院 ──── 基层 ➕ 海事
                      │              │
                      │              ├── 条件 ──── 简易程序条件 ➕ 30%以下
                      │              │
                      └── 小额诉讼 ──┤              ┌── 适用：9类
                          ★★        ├── 适用范围 ──┤
                                     │              └── 不适用：5类
                                     │
                                     │              ┌── 一审终审
                                     └── 特点 ──────┤
                                                    └── 可再审 ── 实体裁判错误：不上诉
                                                                  程序适用错误：可上诉
```

一、简易程序的适用范围

简易程序是相对于普通程序而言的，是基层人民法院和它的派出法庭审理事实清楚、权利义务关系明确、争议不大的简单的民事案件所适用的一种独立的第一审诉讼程序。

（一）适用简易程序的人民法院：基层人民法院及其派出法庭

派出法庭所做的判决的效力与人民法院是相同的。

（二）适用简易程序的审级：一审程序

（三）适用简易程序的案件

1. 事实清楚、权利义务关系明确、争议不大的简单的民事案件。

（1）事实清楚，是指当事人双方对争议的事实陈述基本一致，并能提供可靠的证据，无须人民法院调查收集证据即可判明事实、分清是非。

（2）权利义务关系明确，是指谁是责任的承担者，谁是权利的享有者，关系明确。

（3）争议不大，是指当事人对案件的是非、责任以及诉讼标的争执无原则分歧。

2. 当事人约定适用简易程序的。

当事人双方约定适用简易程序的，应当在开庭前提出。口头提出的，记入笔录，由双方当事人签名或者捺印确认。

【注意】当事人可以约定适用简易程序，但不能约定不适用简易程序，即不能约定适用普通程序，普通程序的适用只能由法院决定。

（四）不适用简易程序的案件

1. 起诉时被告下落不明的；
2. 发回重审的；
3. 当事人一方人数众多的；
4. 适用审判监督程序的；
5. 涉及国家利益、社会公共利益的；
6. 第三人起诉请求改变或者撤销生效判决、裁定、调解书的；
7. 其他不宜适用简易程序的案件，如：适用特别程序、督促程序、公示催告程序、企业法人破产还债程序的案件。

《民诉法》第一百五十七条　基层人民法院和它派出的法庭审理事实清楚、权利义务关系明确、争议不大的简单的民事案件，适用本章规定。

基层人民法院和它派出的法庭审理前款规定以外的民事案件，当事人双方也可以约定适用简易程序。

《民诉解释》第二百五十八条　适用简易程序审理的案件，审理期限到期后，双方当事人同意继续适用简易程序的，由本院院长批准，可以延长审理期限。延长后的审理期限累计不得超过六个月。

二、简易程序的特点

1. 起诉方式简便：可以口头起诉，普通程序以书面为原则，以口头为例外。

2. 受理方式简便：当事人双方同时到法院要求解决纠纷的，可以当即受理，当即审理，也可以另择日期审理。

3. 传唤、送达方式简便：可以捎口信、电话、短信、传真、电子邮件等简便方式通知、传唤当事人、证人，送达裁判文书以外的诉讼文书。

【注意】和电子送达的相同点：送达方式相同；都需要确认收到；不能送达判决和裁定。

和电子送达的区别：电子送达需要受送达人同意才能采用，简易送达不需要；电子送达在任何程序中都可以适用，简易送达只在简易程序中适用。

4. 审判组织简便：审判员一人独任审理。

5. 审理程序简便：可以不必像普通程序那样严格按照程序进行法庭调查、辩论等。

6. 审限短：应当在立案之日起 3 个月内审结；审理期限到期后，双方当事人同意继续适用简易程序的，由本院院长批准，可以延长审理期限，延长后的审理期限累计不得超过 6 个月。

7. 开庭方式简便：经当事人双方同意，可以采用视听传输技术等方式开庭。

《民诉法》第一百五十八条　对简单的民事案件，原告可以口头起诉。

当事人双方可以同时到基层人民法院或者它派出的法庭，请求解决纠纷。基层人民法院或者它派出的法庭可以当即审理，也可以另定日期审理。

《民诉法》第一百五十九条　基层人民法院和它派出的法庭审理简单的民事案件，可以用简便方式传唤当事人和证人、送达诉讼文书、审理案件，但应当保障当事人陈述意见的权利。

《民诉法》第一百六十条　简单的民事案件由审判员一人独任审理，并不受本法第一百三十六条、第一百三十八条、第一百四十一条规定的限制。

《民诉法》第一百六十一条　人民法院适用简易程序审理案件，应当在立案之日起三个月内审结。

《民诉解释》第二百五十八条　适用简易程序审理的案件，审理期限到期后，双方当事人同意继续适用简易程序的，由本院院长批准，可以延长审理期限。延长后的审理期限累计不得超过六个月。

人民法院发现案情复杂，需要转为普通程序审理的，应当在审理期限届满前作出裁定并将合议庭组成人员及相关事项书面通知双方当事人。

案件转为普通程序审理的，审理期限自人民法院立案之日计算。

《民诉解释》第二百五十九条　当事人双方可就开庭方式向人民法院提出申请，由人民法院决定是否准许。经当事人双方同意，可以采用视听传输技术等方式开庭。

《民诉解释》第二百六十一条　适用简易程序审理案件，人民法院可以采取捎口信、电话、短信、传真、电子邮件等简便方式传唤双方当事人、通知证人和送达裁判文书以外的诉讼文书。

以简便方式送达的开庭通知，未经当事人确认或者没有其他证据证明当事人已经收到的，人民法院不得缺席判决。

适用简易程序审理案件，由审判员独任审判，书记员担任记录。

《民诉解释》第二百六十二条　人民法庭制作的判决书、裁定书、调解书，必须加盖基层人民法院印章，不得用人民法庭的印章代替基层人民法院的印章。

三、简易程序和普通程序的转化

基层人民法院在审理第一审民事案件时，可以自行决定适用普通程序还是适用简易程序。这两种程序在一定条件下可以互相转化。

（一）简易程序转化为普通程序

1. 原因：审理过程中发现案情复杂。

2. 具体情形：

（1）当事人就适用简易程序提出异议，人民法院认为异议成立的。

（2）人民法院在审理过程中发现不宜适用简易程序的。

（3）原告提供了被告的准确送达地址，人民法院无法向被告直接送达或留置送达的。

【注意】原告不能提供被告准确的送达地址，人民法院经查证后仍不能确定被告送达地址的，可以被告不明确为由裁定驳回原告起诉。

3. 审理期限。

转入普通程序审理的民事案件的审理期限自人民法院立案的次日起开始计算，而不是从程序转化之日开始重新计算。法院应用书面形式告知合议庭成员及相关事项。

（二）普通程序转化为简易程序

1. 原则上已经按照普通程序审理的案件，在审理过程中无论是否发生了情况变化，都不得改用简易程序审理。法院不得违反当事人自愿原则自行将普通程序转为简易程序。

2. 例外，基层人民法院适用第一审普通程序审理的民事案件，当事人各方自愿选择适用简易程序，经人民法院审查同意的可以适用简易程序进行审理。

四、简易程序的裁判

1. 裁判文书的制作，必须加盖基层人民法院的印章。

2. 简易程序的宣判：

（1）当庭宣判；

（2）不宜当庭宣判的，可以定期宣判。

3. 适用简易程序审理的民事案件，有下列情形之一的，人民法院在制作裁判文书时对认定事实或者判决理由部分可以适当简化：

（1）达成调解，即当事人达成调解协议并需要制作民事调解书的。

（2）明确承认，即一方当事人在诉讼过程中明确表示承认对方全部诉讼请求或者部分诉讼请求的。

（3）涉及秘密，即涉及个人隐私或者商业秘密的案件，当事人一方要求简化裁判文书中的相关内容，人民法院认为理由正当的。

（4）双方同意：即双方同意简化的。

【注意】仲裁程序中，经当事人同意，可以在裁决书中完全不写明争议事实和裁决理由；简易程序中能够简化的内容仅限于认定事实和判决理由，其他部分不得简化。

【例】夏某因借款纠纷起诉陈某，法院决定适用简易程序审理。法院依夏某提供的被告

地址送达时，发现有误，经多方了解和查证也无法确定准确地址。对此，法院下列哪一处理是正确的？（17 年·卷三·43 题）

A. 将案件转为普通程序审理　　　　　B. 采取公告方式送达

C. 裁定中止诉讼　　　　　　　　　　D. 裁定驳回起诉

［答案］D

［解析］《民事诉讼法》第 119 条规定，起诉必须符合下列条件：（一）原告是与本案有直接利害关系的公民、法人和其他组织；（二）有明确的被告；（三）有具体的诉讼请求和事实、理由；（四）属于人民法院受理民事诉讼的范围和受诉人民法院管辖。《民诉解释》第 208 条第 3 款规定，立案后发现不符合起诉条件或者属于《民事诉讼法》第一百二十四条规定情形的，裁定驳回起诉。

本案中被告无法确定准确地址，属于被告不明确的情况，原告的起诉不符合起诉条件。不符合起诉条件，法院受理前发现的，应该裁定不予受理；受理后发现的，应该裁定驳回起诉。因此 D 项正确。

本案的关键在于判断被告的准确地址无法确定，如果将其认定为属于被告下落不明，则应该公告送达，而简易程序的案件不能公告送达，则案件就应该由简易程序转为普通程序审理。就会选择 A 项。但被告没有准确的地址，属于被告不明确，被告如果有准确的地址，只是找不到人，才属于下落不明。本案中被告的情形属于被告不明确，而不属于下落不明，因此 A 项不当选。

《民诉解释》第 140 条规定，适用简易程序的案件，不适用公告送达。简易程序的案件不能公告送达，B 项错误。

本案不属于诉讼中止的情形，C 项不当选。

【例】关于简易程序的简便性，下列哪一表述是不正确的？（13 年·卷三·41 题）

A. 受理程序简便，可以当即受理，当即审理

B. 审判程序简便，可以不按法庭调查、法庭辩论的顺序进行

C. 庭审笔录简便，可以不记录诉讼权利义务的告知、原被告的诉辩意见等通常性程序内容

D. 裁判文书简便，可以简化裁判文书的事实认定或判决理由部分

［答案］C

《民诉解释》第二百七十条　适用简易程序审理的案件，有下列情形之一的，人民法院在制作判决书、裁定书、调解书时，对认定事实或者裁判理由部分可以适当简化：

（一）当事人达成调解协议并需要制作民事调解书的；

（二）一方当事人明确表示承认对方全部或者部分诉讼请求的；

（三）涉及商业秘密、个人隐私的案件，当事人一方要求简化裁判文书中的相关内容，人民法院认为理由正当的；

（四）当事人双方同意简化的。

五、小额诉讼程序

（一）适用主体

1. 适用小额诉讼程序的法院只能是基层人民法院和它派出的法庭。

2. 海事法院可以审理海事、海商小额诉讼案件。案件标的额应当以实际受理案件的海事法院或者其派出法庭所在的省、自治区、直辖市上年度就业人员年平均工资 30% 为限。

（二）适用条件

1. 小额诉讼程序适用于事实清楚、权利义务关系明确、争议不大的简单的民事案件。

2. 适用小额诉讼程序标的额为各省、自治区、直辖市上年度城镇单位就业人员年平均工资 30% 以下的简单的民事案件。

（三）适用案件范围

1. 下列金钱给付的案件，适用小额诉讼程序审理：

（1）买卖合同、借款合同、租赁合同纠纷；

（2）身份关系清楚，仅在给付的数额、时间、方式上存在争议的赡养费、抚育费、扶养费纠纷；

（3）责任明确，仅在给付的数额、时间、方式上存在争议的交通事故损害赔偿和其他人身损害赔偿纠纷；

（4）供用水、电、气、热力合同纠纷；

（5）银行卡纠纷；

（6）劳动关系清楚，仅在劳动报酬、工伤医疗费、经济补偿金或者赔偿金给付数额、时间、方式上存在争议的劳动合同纠纷；

（7）劳务关系清楚，仅在劳务报酬给付数额、时间、方式上存在争议的劳务合同纠纷；

（8）物业、电信等服务合同纠纷；

（9）其他金钱给付纠纷。

2. 下列案件，不适用小额诉讼程序审理：

（1）人身关系、财产确权纠纷；

（2）涉外民事纠纷；

（3）知识产权纠纷；

（4）需要评估、鉴定或者对诉前评估、鉴定结果有异议的纠纷；

（5）其他不宜适用一审终审的纠纷。

（四）特点

1. 一审终审：小额诉讼中的判决和驳回起诉、管辖权异议的裁定都是一审终审。

这既是小额诉讼的最大特点，也是小额诉讼与简易程序的最大区别，简易程序的案件实行的是两审终审。

【注意】《民事诉讼法》将小额诉讼程序放在简易程序一章，对小额诉讼程序相对于简易程序更为方便快捷的程序特点未具体规定。据此，从法律适用角度讲，简易程序一章中的一些规定，如可以口头起诉、当即审理、用简便方式传唤当事人和证人、送达诉讼文书、审理案件，由审判员一人独任审理等，在小额诉讼程序中应同样适用。

2. 可以再审。

（1）小额诉讼裁判存在错误，当事人不服一审判决、裁定的，可以向原审人民法院申请再审。申请再审事由成立的，应当裁定再审，组成合议庭进行审理。作出的再审判决、裁定，当事人不得上诉。

（2）当事人以不应按小额诉讼案件审理为由向原审人民法院申请再审的，人民法院应当受理。理由成立的，应当裁定再审，组成合议庭审理。作出的再审判决、裁定，当事人可以上诉。

【小结】

1. 一般案件申请再审是向原审法院的上一级法院，小额诉讼是向原审法院。

2. 小额原审是独任制，小额的再审是合议制。

3. 一般案件的再审事由是裁判错误（《民事诉讼法》第 200 条的 13 项事由），小额诉讼除此之外还多了一个事由：适用程序错误（维护两审终审的审级利益）。

4. 以实体裁判错误为由申请再审，再审后不得上诉；以适用程序错误为由申请再审，再审后可以上诉。

《民诉法》第一百六十二条　基层人民法院和它派出的法庭审理符合本法第一百五十七条第一款规定的简单的民事案件，标的额为各省、自治区、直辖市上年度就业人员年平均工资百分之三十以下的，实行一审终审。

《民诉解释》第二百七十三条　海事法院可以审理海事、海商小额诉讼案件。案件标的额应当以实际受理案件的海事法院或者其派出法庭所在的省、自治区、直辖市上年度就业人员年平均工资百分之三十为限。

《民诉解释》第二百七十七条　小额诉讼案件的举证期限由人民法院确定，也可以由当事人协商一致并经人民法院准许，但一般不超过七日。

被告要求书面答辩的，人民法院可以在征得其同意的基础上合理确定答辩期间，但最长不得超过十五日。

《民诉解释》第二百七十九条　人民法院受理小额诉讼案件后，发现起诉不符合民事诉讼法第一百一十九条规定的起诉条件的，裁定驳回起诉。裁定一经作出即生效。

《民诉解释》第二百八十一条　当事人对按照小额诉讼案件审理有异议的，应当在开庭前提出。人民法院经审查，异议成立的，适用简易程序的其他规定审理；异议不成立的，告知当事人，并记入笔录。

《民诉解释》第二百八十二条　小额诉讼案件的裁判文书可以简化，主要记载当事人基本信息、诉讼请求、裁判主文等内容。

▌▌真题演练▷

1. 周立诉孙华人身损害赔偿案，一审法院适用简易程序审理，电话通知双方当事人开庭，孙华无故未到庭，法院缺席判决孙华承担赔偿周立医疗费。判决书生效后，周立申请强制执行，执行程序开始，孙华向一审法院提出再审申请。法院裁定再审，未裁定中止原判决的执行。关于本案，下列哪一说法是正确的？① （15 年·卷三·46 题）

　　A. 法院电话通知当事人开庭是错误的

　　B. 孙华以法院未传票通知其开庭即缺席判决为由，提出再审申请是符合法律规定的

　　C. 孙华应向二审法院提出再审申请，而不可向原一审法院申请再审

　　D. 法院裁定再审，未裁定中止原判决的执行是错误的

---

① B

2. 章俊诉李泳借款纠纷案在某县法院适用简易程序审理。县法院判决后，章俊上诉，二审法院以事实不清为由发回重审。县法院征得当事人同意后，适用简易程序重审此案。在答辩期间，李泳提出管辖权异议，县法院不予审查。案件开庭前，章俊增加了诉讼请求，李泳提出反诉，县法院受理了章俊提出的增加诉讼请求，但以重审不可提出反诉为由拒绝受理李泳的反诉。关于本案，该县法院的下列哪些做法是正确的？① （15年·卷三·82题）

　　A. 征得当事人同意后，适用简易程序重审此案

　　B. 对李泳提出的管辖权异议不予审查

　　C. 受理章俊提出的增加诉讼请求

　　D. 拒绝受理李泳的反诉

3. 下列哪一选项属于《民事诉讼法》直接规定、具有简易程序特点的内容？② （11年·卷三·43题）

　　A. 原告起诉或被告答辩时要向法院提供明确的送达地址

　　B. 适用简易程序审理的劳动合同纠纷在开庭审理时应先行调解

　　C. 在简易程序中，法院指定举证期限可以少于30天

　　D. 适用简易程序审理民事案件时，审判组织一律采用独任制

4. 关于适用简易程序的表述，下列哪些选项是正确的？③ （10年·卷三·87题）

　　A. 基层法院适用普通程序审理的民事案件，当事人双方可协议并经法院同意适用简易程序审理

　　B. 经双方当事人一致同意，法院制作判决书时可对认定事实或者判决理由部分适当简化

　　C. 法院可口头方式传唤当事人出庭

　　D. 当事人对案件事实无争议的，法院可不开庭径行判决

5. 下列哪种民事诉讼案件不能适用简易程序审理？④ （06年·卷三·48题）

　　A. 当事人协议不适用简易程序的案件

　　B. 起诉时被告被监禁的案件

　　C. 发回重审的案件

　　D. 共同诉讼案件

---

① BC

② D

③ ABC

④ C

10 第十章 二审程序

二审程序是重要考查部分，主要考点有：上诉的实质要件与形式要件；是上诉人与被上诉人的地位确定；二审法院审理上诉案件的范围；上诉的撤回和二审中起诉的撤回；上诉案件的审理方式；二审调解的适用情形；二审裁判。

▌ 本章知识框架 ▶

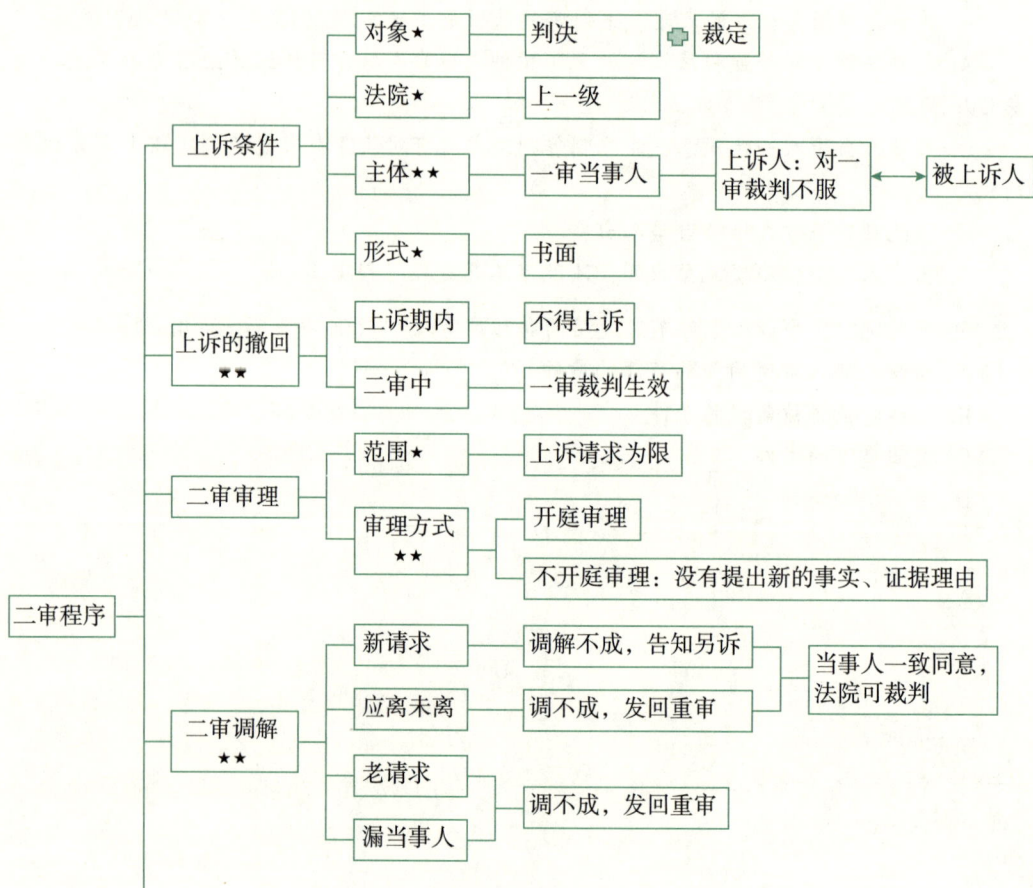

```
                    ┌─ 对象★ ──── 判决 ╺┣ 裁定
                    │
                    ├─ 法院★ ──── 上一级
          上诉条件 ─┤
                    ├─ 主体★★ ── 一审当事人 ── 上诉人：对一 ◄─► 被上诉人
                    │                            审裁判不服
                    └─ 形式★ ──── 书面

          上诉的撤回 ┌─ 上诉期内 ── 不得上诉
            ★★    └─ 二审中 ──── 一审裁判生效

二审程序 ─┤
          二审审理 ┌─ 范围★ ──── 上诉请求为限
                    │
                    └─ 审理方式 ┌─ 开庭审理
                         ★★    └─ 不开庭审理：没有提出新的事实、证据理由

          二审调解 ┌─ 新请求 ── 调解不成，告知另诉 ┐
            ★★   │                              ├─ 当事人一致同意，
                  ├─ 应离未离 ── 调不成，发回重审 ┘    法院可裁判
                  │
                  ├─ 老请求 ┐
                  │         ├─ 调不成，发回重审
                  └─ 漏当事人 ┘
```

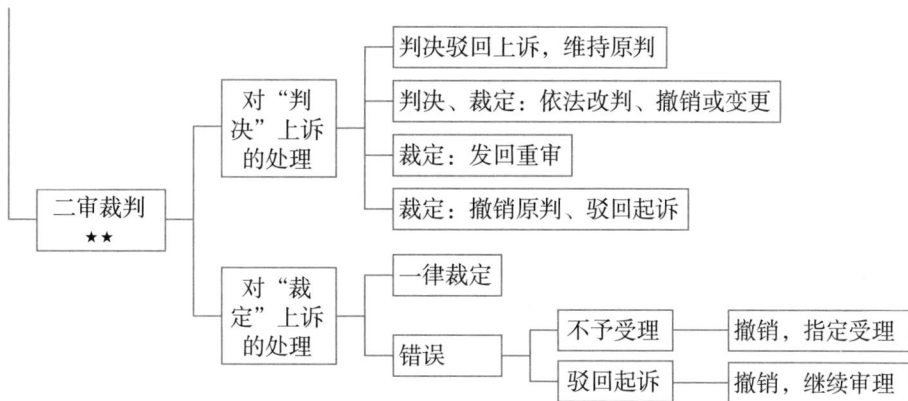

```
                           ┌─ 判决驳回上诉，维持原判
              ┌─ 对"判 ────┤
              │  决"上诉  ├─ 判决、裁定：依法改判、撤销或变更
              │  的处理  │
              │          ├─ 裁定：发回重审
  二审裁判 ───┤          └─ 裁定：撤销原判、驳回起诉
     ★★       │
              │          ┌─ 一律裁定
              └─ 对"裁 ──┤                    ┌─ 不予受理 ── 撤销，指定受理
                 定"上诉  └─ 错误 ──────────┤
                 的处理                       └─ 驳回起诉 ── 撤销，继续审理
```

一、上诉

上诉是指当事人对第一审法院的判决、裁定，在法定期间内声明不服，依法请求上一级法院对上诉请求事项重新进行审理并撤销原判决、裁定的诉讼行为。提起上诉必须具备法定的条件和遵守相应的程序。

（一）上诉的提起条件

1. 上诉的对象。

（1）允许上诉的判决，即地方各级人民法院适用普通程序与简易程序审理后作出的第一审判决，以及人民法院对发回重审与按照一审程序对案件进行再审后作出的判决。

以下两类判决不能上诉：一是最高人民法院作出的一审判决；二是法院适用特别程序、督促程序、公示催告程序作出的判决。

（2）允许上诉的裁定，即不予受理、驳回起诉、管辖权异议、驳回破产申请的裁定。

【注意】调解书不能上诉，调解结案的案件实行一审终审，当事人丧失上诉权。按非诉程序审理后作出的裁判，第二审法院的终审裁判以及最高人民法院的一审裁判，当事人都不能提起上诉。

2. 上诉的主体：一审当事人。

（1）上诉人必须是本案的当事人，包括依法享有上诉权的原告、被告、共同诉讼人、诉讼代表人和被代表的成员、有独立请求权的第三人、法院判决承担民事责任的无独立请求权的第三人；无民事行为能力人、限制民事行为能力人的法定代理人，可以代理当事人提起上诉。

（2）上诉人、被上诉人的确定：谁不服，谁就是上诉人，对谁不服，谁就是被上诉人。

①通常的案件：提起上诉的人是上诉人，没有提起上诉是被上诉人。双方当事人和第三人都提出上诉的，均为上诉人。

②必要共同诉讼：上诉的是上诉人，针对的是被上诉人，不涉及的依原审诉讼地位列明。

其一，该上诉是对与对方当事人之间权利义务分担有意见，不涉及其他共同诉讼人利益的，对方当事人为被上诉人，未上诉的同一方当事人依原审诉讼地位列明。

其二，该上诉仅对共同诉讼人之间权利义务分担有意见，不涉及对方当事人利益的，未上诉的同一方当事人为被上诉人，对方当事人依原审诉讼地位列明。

其三，该上诉对双方当事人之间以及共同诉讼人之间权利义务承担有意见的，未提出上诉的其他当事人均为被上诉人。

③普通共同诉讼人之间没有共同利害关系，其中一人的上诉行为不对其他人发生拘束力，每个普通共同诉讼人有独立的上诉权，未提起上诉的，均不能追加为上诉人。

【如】1. 张三、李四、王五三个人共同共有一套房子，赵六放火给烧了。张三、李四、王五共同共有的房子被赵六给烧了，三人起诉赵六要求赔偿损失 600 万元。一审法院判赔 500 万元，三人均分 500 万元。赔偿 500 万元是对外关系，三人均分是对内关系。

张三不服上诉说：不应当赔 500 万元应当赔 600 万元。这是对外不服，则张三是上诉人，赵六是被上诉人，李四、王五依原审地位列明叫原审原告。

张三上诉说：不应当均分，我应当多分。对内不服，张三是上诉人，李四、王五是被上诉人，赵六在二审中叫原审被告。

张三上诉说：不应当赔 500 万元，应当赔 600 万元；不应当均分，我应当多分。对内对外都不服，张三是上诉人，李四、王五、赵六是被上诉人。

【例】甲、乙、丙三人共同致丁身体损害，丁起诉三人要求赔偿 3 万元。一审法院经审理判决甲、乙、丙分别赔偿 2 万元、8000 元和 2000 元，三人承担连带责任。甲认为丙赔偿 2000 元的数额过低，提起上诉。关于本案二审当事人诉讼地位的确定，下列哪一选项是正确的？(17 年·卷三·44 题)

A. 甲为上诉人，丙为被上诉人，乙为原审被告，丁为原审原告

B. 甲为上诉人，丙、丁被上诉人，乙为原审被告

C. 甲、乙为上诉人，丙为被上诉人，丁为原审原告

D. 甲、乙、丙为上诉人，丁为被上诉人

［答案］A

［解析］《民诉解释》第 319 条 必要共同诉讼人的一人或者部分人提起上诉的，按下列情形分别处理：(一) 上诉仅对与对方当事人之间权利义务分担有意见，不涉及其他共同诉讼人利益的，对方当事人为被上诉人，未上诉的同一方当事人依原审诉讼地位列明；(二) 上诉仅对共同诉讼人之间权利义务分担有意见，不涉及对方当事人利益的，未上诉的同一方当事人为被上诉人，对方当事人依原审诉讼地位列明；(三) 上诉对双方当事人之间以及共同诉讼人之间权利义务承担有意见的，未提起上诉的其他当事人均为被上诉人。

甲、乙、丙共同侵权，是一审中必要共同诉讼的被告。甲认为丙赔偿 2000 元的数额过低，提起上诉，甲是上诉人。甲对共同诉讼人中的丙不服，认为丙赔偿数额过低，是仅对共同诉讼人之间权利义务分担有意见，不涉及对方当事人利益的，未上诉的同一方当事人丙为被上诉人；对方当事人丁依原审诉讼地位列明，为原审原告；甲对共同诉讼人乙也没有不同意见，乙也依原审诉讼地位列明。A 项正确。BCD 三项错误。

【例】甲、乙、丙诉丁遗产继承纠纷一案，甲不服法院作出的一审判决，认为分配给丙和丁的遗产份额过多，提起上诉。关于本案二审当事人诉讼地位的确定，下列哪一选项是正确的？(16 年·卷三·44 题)

A. 甲是上诉人，乙、丙、丁是被上诉人

B. 甲、乙是上诉人，丙、丁是被上诉人

C. 甲、乙、丙是上诉人，丁是被上诉人

D. 甲是上诉人，乙为原审原告，丙、丁为被上诉人

[答案] D

[解析] 甲、乙、丙是必要共同诉讼的原告，甲不服法院作出的一审判决，认为分配给丙和丁的遗产份额过多，提起上诉，是对对方当事人不服，丁为被上诉人；同时甲对共同诉讼人中的丙不服，对乙没有意见，因此丙也是被上诉人，乙依原审诉讼地位列明。因此，甲为被上诉人，丙丁为被上诉人，乙为原审原告。D 项正确。其他三项错误。

【例】甲对乙享有 10 万元到期债权，乙无力清偿，且怠于行使对丙的 15 万元债权，甲遂对丙提起代位权诉讼，法院依法追加乙为第三人。一审判决甲胜诉，丙应向甲给付 10 万元。乙、丙均提起上诉，乙请求法院判令丙向其支付剩余 5 万元债务，丙请求法院判令甲对乙的债权不成立。关于二审当事人地位的表述，下列哪一选项是正确的？（13 年·卷三·48 题）

A. 丙是上诉人，甲是被上诉人

B. 乙、丙是上诉人，甲是被上诉人

C. 乙是上诉人，甲、丙是被上诉人

D. 丙是上诉人，甲、乙是被上诉人

[答案] A

[解析] 代位权诉讼中，可以将债务人追加为第三人，此时债务人是无独立请求权的第三人。对于无独立请求权的第三人，法院不判决其承担实体义务的，其不享有上诉权，因而，乙不能成为上诉人。B 项、C 项错误。

无独立请求权的第三人，法院未判决其承担实体义务，其不能成为上诉人，但可以成为被上诉人。此案中，丙提出的甲对乙的债权不成立，并不是主张乙对丙的债权不成立，因而，乙也不能成为被上诉人。D 项错误。A 项正确。

3. 上诉的期间。

（1）当事人不服地方人民法院第一审判决的，有权在判决书送达之日起 15 日内向上一级人民法院提起上诉。

（2）裁定则是在裁定书送达之日起 10 日内向上一级人民法院提起上诉。上诉期间的计算，是从送达后的第二日开始计算。当事人分别收到的，以各自收到的时间计算。

（3）在中华人民共和国领域内没有住所的当事人，不服第一审人民法院判决、裁定的，有权在判决书、裁定书送达之日起 30 日内提起上诉。被上诉人在收到上诉状副本后，应当在 30 日内提出答辩状。当事人不能在法定期间提起上诉或者提出答辩状，申请延期的，是否准许，由人民法院决定。

【注意】此种情形的判断标准是当事人的住所，而不是当事人的国籍。

4. 上诉的形式：应当提交上诉状（书面）。

一审宣判时或判决书、裁定书送达时，当事人口头表示上诉的，人民法院应告知其必须在法定上诉期间内提出上诉状。未在法定上诉期间内递交上诉状的，视为未提起上诉。

【注意】当事人起诉以书面为原则，以口头为例外；但上诉必须采用书面方式，不允许口头上诉。

（二）上诉的受理

1. 二审案件的管辖法院：一审法院的上一级法院。

2. 诉讼文书的接收与送达。

（1）当事人上诉，原则上应将上诉状交给原审法院，也可以将上诉状交给上一级人民法院。

（2）原审人民法院收到上诉状后，应当在 5 日内将上诉状副本送达对方当事人，对方当事人在收到之日起 15 日内提出答辩状。人民法院应当在收到答辩状之日起 5 日内将副本送达上诉人。对方当事人不提出答辩状的，不影响人民法院审理。原审人民法院收到上诉状、答辩状后，应当在 5 日内连同全部案卷和证据，报送到第二审人民法院。当事人直接向第二审人民法院上诉的，第二审人民法院应当在 5 日内将上诉状移交原审人民法院。

（三）上诉的撤回

撤回上诉，是指上诉人在二审法院受理案件后、判决宣告前，放弃其上诉请求的一种诉讼行为。

1. 在上诉期内上诉人撤回上诉后，不得再次上诉；但判决是否生效需取决于其他当事人在上诉期内是否上诉。

2. 在二审审理过程中，上诉人撤回上诉，法院裁定准许后，一审判决即生效。

3. 经审查认为一审判决确有错误，或者双方当事人串通损害国家和集体利益、社会公共利益及他人合法权益的，不应准许。

【小结】未经二审法院判决，而一审判决生效只有两种情况：要么是上诉期满无人上诉；要么是上诉后上诉人撤回上诉，获得法院准许。

【例】张某诉新立公司买卖合同纠纷案，新立公司不服一审判决提起上诉。二审中，新立公司与张某达成协议，双方同意撤回起诉和上诉。关于本案，下列哪一选项是正确的？（17 年·卷三·45 题）

A. 起诉应在一审中撤回，二审中撤回起诉的，法院不应准许

B. 因双方达成合意撤回起诉和上诉的，法院可准许张某二审中撤回起诉

C. 二审法院应裁定撤销一审判决并发回重审，一审法院重审时准许张某撤回起诉

D. 二审法院可裁定新立公司撤回上诉，而不许张某撤回起诉

［答案］ B

［解析］《民诉解释》第 337 条规定，在第二审程序中，当事人申请撤回上诉，人民法院经审查认为一审判决确有错误，或者当事人之间恶意串通损害国家利益、社会公共利益、他人合法权益的，不应准许。《民诉解释》第 338 条规定，在第二审程序中，原审原告申请撤回起诉，经其他当事人同意，且不损害国家利益、社会公共利益、他人合法权益的，人民法院可以准许。准许撤诉的，应当一并裁定撤销一审裁判。原审原告在第二审程序中撤回起诉后重复起诉的，人民法院不予受理。

根据上述规定，二审审理中，上诉人可以撤回上诉，一审原告也可以撤回起诉。产生的后果是不同的：上诉人撤回上诉，一审裁判生效；一审原告申请撤回起诉，法院同意的，会一并撤销一审裁判。B 项正确。

二审中允许一审原告撤回起诉，A 项、D 项错误。

二审中二审法院可以审查后直接允许撤回起诉，而不用发回一审法院重审。C 项错误。

【例】石山公司起诉建安公司请求返还 86 万元借款及支付 5 万元利息，一审判决石山公司胜诉，建安公司不服提起上诉。二审中，双方达成和解协议：石山公司放弃 5 万元利息主

张，建安公司在撤回上诉后 15 日内一次性付清 86 万元本金。建安公司向二审法院申请撤回上诉后，并未履行还款义务。关于石山公司的做法，下列哪一表述是正确的？（17 年·卷三·46 题）

A. 可依和解协议申请强制执行

B. 可依一审判决申请强制执行

C. 可依和解协议另行起诉

D. 可依和解协议申请司法确认

[答案] B

[解析]《民诉解释》第 339 条规定，当事人在第二审程序中达成和解协议的，人民法院可以根据当事人的请求，对双方达成的和解协议进行审查并制作调解书送达当事人；因和解而申请撤诉，经审查符合撤诉条件的，人民法院应予准许。

二审中当事人达成和解协议，可以制作调解书结案，也可以由上诉人撤回上诉，原告申请撤回起诉。所产生的后果是不同的。制作调解书结案，当事人的实体权利义务已经确定，当事人不能就所涉及的纠纷另行起诉，调解书具有强制执行力；上诉人撤回上诉，一审裁判生效，和解协议不具有任何法律效力，不产生强制执行力，有强制执行力的是一审判决；一审原告撤回起诉，法院会一并撤销一审裁判，原告诉权丧失，和解协议也不具有任何法律效力，不产生强制执行力。

本案中，在二审当事人达成和解协议后，当事人选择的结案方式是上诉人建安公司向二审法院申请撤回上诉，则此时一审判决生效，和解协议不具有法律效力，只能依赖于当事人的自愿履行。如果双方不履行，则只能申请执行一审判决，而不能执行和解协议。A 项错误。

上诉人撤回上诉，一审判决生效，不能就和解协议再另行起诉。B 项正确，C 项错误。

当事人在法院审理案件时达成和解协议，最后的结案方式产生的后果一审判决生效，该和解协议不是诉讼外的和解协议或调解协议，不能依照诉讼外调解协议的效力走确认调解协议程序。D 项错误。

《民诉法》第一百六十四条 当事人不服地方人民法院第一审判决的，有权在判决书送达之日起十五日内向上一级人民法院提起上诉。

当事人不服地方人民法院第一审裁定的，有权在裁定书送达之日起十日内向上一级人民法院提起上诉。

《民诉法》第一百六十五条 上诉应当递交上诉状。上诉状的内容，应当包括当事人的姓名，法人的名称及其法定代表人的姓名或者其他组织的名称及其主要负责人的姓名；原审人民法院名称、案件的编号和案由；上诉的请求和理由。

《民诉法》第一百六十六条 上诉状应当通过原审人民法院提出，并按照对方当事人或者代表人的人数提出副本。

当事人直接向第二审人民法院上诉的，第二审人民法院应当在五日内将上诉状移交原审人民法院。

《民诉法》第一百七十三条 第二审人民法院判决宣告前，上诉人申请撤回上诉的，是否准许，由第二审人民法院裁定。

二、上诉的审理

（一）二审法院对上诉案件的审理范围

1. 审理范围。第二审人民法院审理问题，应限定在上诉人的上诉请求范围内。即要受当事人上诉请求范围的限制，体现了法院对当事人处分权的尊重。

例外：如果发现在上诉请求以外原判决违反法律禁止性规定、侵害社会公共利益或者他人利益的，也应予以纠正。

2. 不予审查的范围。

被上诉人在答辩中要求变更或者补充第一审判决内容的，第二审人民法院可以不予审查。

【例】朱某诉力胜公司商品房买卖合同纠纷案，朱某要求判令被告支付违约金 5 万元；因房屋质量问题，请求被告修缮，费用由被告支付。一审法院判决被告败诉，认可了原告全部诉讼请求。力胜公司不服令其支付 5 万元违约金的判决，提起上诉。二审法院发现一审法院关于房屋有质量问题的事实认定，证据不充分。关于二审法院对本案的处理，下列哪些说法是正确的？（17 年·卷三·82 题）

A. 应针对上诉人不服违约金判决的请求进行审理

B. 可对房屋修缮问题在查明事实的情况下依法改判

C. 应针对上诉人上诉请求所涉及的事实认定和法律适用进行审理

D. 应全面审查一审法院对案件的事实认定和法律适用

［答案］AC

［解析］《民事诉讼法》第 168 条规定，第二审人民法院应当对上诉请求的有关事实和适用法律进行审查。二审审理范围以上诉为限，当事人不服什么，审理什么。上诉人仅对违约金不服，对房屋质量和修缮问题并没有表达不满，因此应针对上诉人不服违约金判决的请求进行审理，不能对一审法院对案件的事实认定和法律适用进行全面审查。A 项、C 项正确，D 项错误。

《民事诉讼法》第 170 条规定，第二审人民法院对上诉案件，经过审理，按照下列情形，分别处理：（一）原判决、裁定认定事实清楚，适用法律正确的，以判决、裁定方式驳回上诉，维持原判决、裁定；（二）原判决、裁定认定事实错误或者适用法律错误的，以判决、裁定方式依法改判、撤销或者变更；（三）原判决认定基本事实不清的，裁定撤销原判决，发回原审人民法院重审，或者查清事实后改判；（四）原判决遗漏当事人或者违法缺席判决等严重违反法定程序的，裁定撤销原判决，发回原审人民法院重审。原审人民法院对发回重审的案件作出判决后，当事人提起上诉的，第二审人民法院不得再次发回重审。二审认为一审的房屋有质量问题的事实认定，证据不充分，属于一审判决事实不清，如果当事人上诉，可以在查清事实后改判，也可以发回重审。但问题在于当事人对房屋修缮问题没有上诉，二审就不能就该问题进行审理。B 项错误。

（二）二审审理方式

1. 开庭审理。即第二审人民法院对上诉案件，应当组成合议庭，开庭审理。

2. 不开庭审理。对符合下列三类条件的案件，可以不开庭审理：（1）经过阅卷、调查和询问当事人；（2）对没有提出新的事实、证据或者理由；（3）合议庭认为不需要开庭审理的。

具体情形：

（1）不服不予受理、管辖权异议和驳回起诉裁定的；

（2）当事人提出的上诉请求明显不能成立的；

（3）原判决、裁定认定事实清楚，但适用法律错误的；

（4）原判决严重违反法定程序，需要发回重审的。

【注意1】不开庭审理不是书面审理。不开庭审理即使不开庭，也应当询问当事人，而书面审理不询问当事人。

【注意2】当事人提出新的事实、证据或者理由的，应当开庭审理；对没有提出新的事实、证据或理由，是可以不开庭审理，而不是必须不开庭审理。

《民诉法》第一百六十九条　第二审人民法院对上诉案件，应当组成合议庭，开庭审理。经过阅卷、调查和询问当事人，对没有提出新的事实、证据或者理由，合议庭认为不需要开庭审理的，可以不开庭审理。

第二审人民法院审理上诉案件，可以在本院进行，也可以到案件发生地或者原审人民法院所在地进行。

《民诉解释》第三百三十三条　第二审人民法院对下列上诉案件，依照民事诉讼法第一百六十九条规定可以不开庭审理：

（一）不服不予受理、管辖权异议和驳回起诉裁定的；

（二）当事人提出的上诉请求明显不能成立的；

（三）原判决、裁定认定事实清楚，但适用法律错误的；

（四）原判决严重违反法定程序，需要发回重审的。

（三）二审中的调解与和解

1. 二审中的调解。

（1）调解不成的，发回重审——针对的是漏事、漏人。

①对当事人在一审中已经提出的诉讼请求，原审人民法院未作审理、判决的，第二审人民法院可以根据当事人自愿的原则进行调解，调解不成的，发回重审。

②必须参加诉讼的当事人在一审中未参加诉讼，第二审人民法院可以根据当事人自愿的原则予以调解，调解不成的，发回重审。发回重审的裁定书不列应当追加的当事人。

③一审判决不准离婚的案件，上诉后，第二审人民法院认为应当判决离婚的，可以根据当事人自愿的原则，与子女抚养、财产问题一并调解，调解不成的，发回重审。双方当事人同意由第二审人民法院一并审理的，第二审人民法院可以一并裁判。

【例】二审法院审理继承纠纷上诉案时，发现一审判决遗漏另一继承人甲。关于本案，下列哪一说法是正确的？（10年·卷三·80题）

A. 为避免诉讼拖延，二审法院可依职权直接改判

B. 二审法院可根据自愿原则进行调解，调解不成的裁定撤销原判决发回重审

C. 甲应列为本案的有独立请求权第三人

D. 甲应是本案的共同原告

［答案］BD

［解析］二审案件发现一审继承案件中遗漏继承人，属于必须参加诉讼的当事人未参加诉讼，为了维护未参加诉讼当事人两审终审的审级利益，二审法院应当先调解，调解不成的发回一审法院重审。应选 BD 项。

【例】甲起诉乙请求离婚，一审判决不准离婚，甲不服提起上诉。二审法院审理后认为应当判决离婚。本案诉讼程序应当如何进行？（06 年·卷三·42 题）

A. 对离婚、子女抚养和财产问题一并进行调解，调解不成的，发回重审

B. 直接改判离婚，并对子女抚养和财产问题进行调解，调解不成的，将子女抚养和财产问题发回重审

C. 直接改判离婚，并对子女抚养和财产问题进行调解，调解不成的，子女抚养和财产问题另案处理

D. 直接改判离婚，子女抚养和财产问题一并判决

［答案］A

［解析］本题的关键信息就是：一审判决不准离婚，二审法院认为应当判决离婚。依据《民诉解释》第 329 条规定："一审判决不准离婚的案件，上诉后，第二审人民法院认为应当判决离婚的，可以根据当事人自愿的原则，与子女抚养、财产问题一并调解；调解不成的，发回重审。双方当事人同意由第二审人民法院一并审理的，第二审人民法院可以一并裁判。"故 A 选项正确。B、C 选项将婚姻关系的解除与财产分割和子女抚养问题分案处理，显然不妥，是错误答案。D 选项中，对一审未作处理的财产分割及子女抚养问题与婚姻关系的解除一并审理作出判决，导致当事人对法院关于财产分割及子女抚养问题的判决丧失上诉权，违反审级制度，所以是错误选项。

（2）调解不成的，告知另行起诉——针对的是新事。

在二审中原审原告增加诉讼请求或原审被告提出反诉的，二审能调则调，调不成，告知其另行起诉。

双方当事人同意由第二审人民法院一并审理的，第二审人民法院可以一并裁判。

【注意】二审中先调解，调解不成则发回重审或告知当事人另行起诉的案件，目的在于保障当事人两审终审的审级利益。否则，二审法院若直接改判，就导致此类案件中的某些诉讼请求只经过一级法院审理，违反了两审终审制度。二审中的调解不成功的话：即凡是属于法院过错的，撤销原判发回重审，如一审漏掉了当事人的诉讼请求或漏掉了必须参加诉讼的当事人；凡是不属于法院过错的，调解不成，告知其另行起诉，但双方当事人同意由第二审人民法院一并审理的，第二审人民法院可以一并裁判，如二审增加新的诉讼请求和一审没有判决离婚，二审认为应当离婚的案件（这是一个新规定，应特别注意）。

【例】甲起诉乙支付货款。一审判决后，乙提起上诉，并提出产品质量存在问题，要求甲赔偿损失。下列关于二审法院处理本案方式的哪一表述是正确的？（06 年·卷三·39 题）

A. 应当将双方的请求合并审理一并作出判决

B. 应当将双方的请求合并进行调解，调解不成的，发回重审

C. 应当将双方的请求合并进行调解，调解不成的，对赔偿损失的请求发回重审

D. 应当将双方的请求合并进行调解，调解不成的，告知乙对赔偿损失的请求另行起诉

[答案] D

[解析] 在本题中，乙在二审中提出的"产品质量存在问题，要求甲赔偿损失"旨在抵销、吞并一审原告的诉讼请求的反请求，是反诉，对二审中提出的反诉，法院不能直接和一审诉讼请求一并判决，应当先调解，调解不成的，告知当事人另行起诉。故 D 选项正确。

【例】 齐远、张红是夫妻，因感情破裂诉至法院离婚，提出解除婚姻关系、子女抚养、住房分割等诉讼请求。一审判决准予离婚并对子女抚养问题作出判决。齐远不同意离婚提出上诉。二审中，张红增加诉讼请求，要求分割诉讼期间齐远继承其父的遗产。下列哪一说法是正确的？(15 年·卷三·44 题)

A. 一审漏判的住房分割诉讼请求，二审可调解，调解不成，发回重审

B. 二审增加的遗产分割诉讼请求，二审可调解，调解不成，发回重审

C. 住房和遗产分割的两个诉讼请求，二审可合并调解，也可一并发回重审

D. 住房和遗产分割的两个诉讼请求，经当事人同意，二审法院可一并裁判

[答案] A

[解析]《民诉解释》第 326 条规定，对当事人在第一审程序中已经提出的诉讼请求，原审人民法院未作审理、判决的，第二审人民法院可以根据当事人自愿的原则进行调解；调解不成的，发回重审。

《民诉解释》第 328 条规定，在第二审程序中，原审原告增加独立的诉讼请求或者原审被告提出反诉的，第二审人民法院可以根据当事人自愿的原则就新增加的诉讼请求或者反诉进行调解；调解不成的，告知当事人另行起诉。双方当事人同意由第二审人民法院一并审理的，第二审人民法院可以一并裁判。

二审中对于漏掉的诉讼请求，调不成，发回重审，A 项正确。

对于二审中新增加的诉讼请求，调解不成，应当告知当事人另行起诉，而不是发回重审，B 项错误，C 项错误。

只有新增加的遗产分割请求，当事人同意的，二审法院可以一并裁判；对于漏掉的住房请求，调解不成必须发回重审，即使当事人同意，也不允许二审法院一并裁判。D 项错误。

(3) 调解不成的，应当及时判决——针对一般情形。

当然，除了以上两种特殊的调解，二审案件审理中，还有很多案件都是可以调解的，此时调解不成，应当及时判决，不需要发回重审或告知当事人另行起诉。如合同纠纷的上诉案件，既不存在漏掉一审诉讼请求，也没有漏掉共同诉讼人，更没有提出新的诉讼请求，此时调解不成，判决即可。

【注意】 二审调解结案的，必须制作调解书。调解书送达后，原审人民法院的判决即视为撤销。

【例】 某借款纠纷案二审中，双方达成调解协议，被上诉人当场将欠款付清。关于被上诉人请求二审法院制作调解书，下列哪一选项是正确的？(09 年·卷三·45 题)

A. 可以不制作调解书，因为当事人之间的权利义务已经实现

B. 可以不制作调解书，因为本案属于法律规定可以不制作调解书的情形

C. 应当制作调解书，因为二审法院的调解结果除解决纠纷外，还具有对一审法院的判决效力发生影响的功能

D. 应当制作调解书，因为被上诉人已经提出请求，法院应当予以尊重

［答案］ C

［解析］ 二审调解结案和一审调解结案存在较大区别：一审调解结案的，对于调解维持身份关系的案件、能够即时履行的案件和人民法院认为可以不制作调解书的案件，可以不制作调解书；但二审中达成调解协议的都应当制作调解书，因为一审裁判的效力有待在二审审理程序中确定。认为不制作调解书的情形可以适用于二审程序和一审调解，就会导致错误的选择 B 项。

《民诉法》第一百七十二条　第二审人民法院审理上诉案件，可以进行调解。调解达成协议，应当制作调解书，由审判人员、书记员署名，加盖人民法院印章。调解书送达后，原审人民法院的判决即视为撤销。

《民诉解释》第三百二十六条　对当事人在第一审程序中已经提出的诉讼请求，原审人民法院未作审理、判决的，第二审人民法院可以根据当事人自愿的原则进行调解；调解不成的，发回重审。

《民诉解释》第三百二十七条　必须参加诉讼的当事人或者有独立请求权的第三人，在第一审程序中未参加诉讼，第二审人民法院可以根据当事人自愿的原则予以调解；调解不成的，发回重审。

《民诉解释》第三百二十八条　在第二审程序中，原审原告增加独立的诉讼请求或者原审被告提出反诉的，第二审人民法院可以根据当事人自愿的原则就新增加的诉讼请求或者反诉进行调解；调解不成的，告知当事人另行起诉。

双方当事人同意由第二审人民法院一并审理的，第二审人民法院可以一并裁判。

《民诉解释》第三百二十九条　一审判决不准离婚的案件，上诉后，第二审人民法院认为应当判决离婚的，可以根据当事人自愿的原则，与子女抚养、财产问题一并调解；调解不成的，发回重审。

双方当事人同意由第二审人民法院一并审理的，第二审人民法院可以一并裁判。

---

2. 二审的和解。

二审中当事人可以和解，达成和解协议的，有三种选择：

（1）请求法院对双方达成的和解协议进行审查并制作调解书；

（2）申请撤诉，经审查符合撤诉条件的，人民法院应予准许，应当一并裁定撤销一审裁判；

（3）可以撤回上诉，此时一审判决生效。

【如】比如张三诉李四人身损害赔偿 1 万元，一审法院判赔 8000 元。当事人不服上诉，有李四不服，在二审案件审理过程当中，达成和解协议达成和解，就是说赔 5000 元，大家一定要知道这个和解协议有没有强制执行力。结案方式有三种：

第一，我根据和解协议制作调解书。可以根据调解书强制执行 5000 元。

第二，他们达成和解协议了，张三撤回起诉。法院一并撤销一审判决，并且张三诉权丧失。

第三，两个人达成了和解协议，给 5000 元然后李四撤回上诉，一审裁判生效。李四应赔偿 8000 元。

【注意】在二审中，因和解而撤诉，可以撤回上诉，也可以撤回起诉两者的后果不同。撤回上诉，一审判决直接生效，此种情况一般发生在当事人和解的内容与一审判决的内容一致的情况下。撤回起诉，指的是一审原告撤回起诉，因为整个一、二审程序都是在原告起诉的前提下启动的，如果原审原告在二审程序中撤回起诉获得法院准许，之后又重复起诉的，人民法院不予受理。

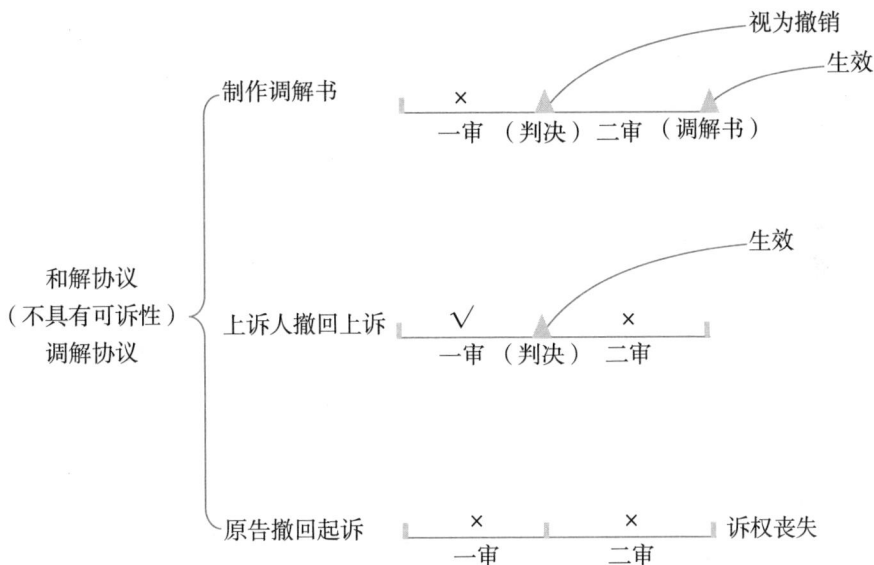

【例】李某诉赵某解除收养关系，一审判决解除收养关系，赵某不服提起上诉。二审中双方和解，维持收养关系，向法院申请撤诉。关于本案下列哪一表述是正确的？（06 年·卷三·50 题）

A. 二审法院应当准许当事人的撤诉申请

B. 二审法院可以依当事人和解协议制作调解书，送达双方当事人

C. 二审法院可以直接改判

D. 二审法院可以裁定撤销原判

[答案] A

[解析] 此题考查的就是二审中当事人可以撤回起诉，也可以撤回上诉，但后果不同。当事人申请撤回起诉，收养关系得以维持，法院同意当事人撤回起诉就可以满足当事人诉求，不必制作调解书（多此一举），更不能改判或撤销原判（原审法院无错误）。

【例】王某诉赵某借款纠纷一案，法院一审判决赵某偿还王某债务，赵某不服，提出上诉。二审期间，案外人李某表示，愿以自己的轿车为赵某偿还债务提供担保。三人就此达成书面和解协议后，赵某撤回上诉，法院准许。一个月后，赵某反悔并不履行和解协议。关于王某实现债权，下列哪一选项是正确的？（16 年·卷三·47 题）

A. 依和解协议对赵某向法院申请强制执行

B. 依和解协议对赵某、李某向法院申请强制执行

C. 依一审判决对赵某向法院申请强制执行

D. 依一审判决与和解协议对赵某、李某向法院申请强制执行

［答案］C

［解析］上诉人在二审中撤回上诉，法院准许后，一审判决生效。二审中的和解协议并不生效，不具有强制执行力，因此不能依和解协议向法院申请强制执行。A、B、D 三项错误。

一审判决生效，王某只能依一审判决对判决中的义务人赵某申请强制执行。C 项正确。

【例】甲公司诉乙公司买卖合同纠纷一案，法院判决乙公司败诉并承担违约责任，乙公司不服提起上诉。在二审中，甲公司与乙公司达成和解协议，并约定双方均将提起之诉予以撤回。关于两个公司的撤诉申请，下列哪一说法是正确的？（16 年·卷三·45 题）

A. 应当裁定准许双方当事人的撤诉申请，并裁定撤销一审判决

B. 应当裁定准许乙公司撤回上诉，不准许甲公司撤回起诉

C. 不应准许双方撤诉，应依双方和解协议制作调解书

D. 不应准许双方撤诉，应依双方和解协议制作判决书

［答案］A

［解析］《民诉解释》第 338 条规定，在第二审程序中，原审原告申请撤回起诉，经其他当事人同意，且不损害国家利益、社会公共利益、他人合法权益的，人民法院可以准许。准许撤诉的，应当一并裁定撤销一审裁判。《民诉解释》第 339 条规定，当事人在第二审程序中达成和解协议的，人民法院可以根据当事人的请求，对双方达成的和解协议进行审查并制作调解书送达当事人；因和解而申请撤诉，经审查符合撤诉条件的，人民法院应予准许。

本案中甲乙两公司达成和解协议，约定的是撤回起诉，而不是上诉，撤回上诉和撤回起诉的后果是不同的，B 项错误。

二审中一审原告撤回起诉的，法院准许的，应一并撤销一审判决，A 项正确。

二审中准许一审原告撤回起诉，撤回起诉的后果是一并撤销一审判决，而不能再制作判决书或调解书，C、D 项错误。

《民诉解释》第三百三十八条　在第二审程序中，原审原告申请撤回起诉，经其他当事人同意，且不损害国家利益、社会公共利益、他人合法权益的，人民法院可以准许。准许撤诉的，应当一并裁定撤销一审裁判。

原审原告在第二审程序中撤回起诉后重复起诉的，人民法院不予受理。

三、上诉案件的裁判

1. 对一审判决提起上诉案件的处理。

判决驳回上诉，维持原判	原判决认定事实清楚，适用法律正确的。 （注：原判决、裁定认定事实或者适用法律虽有瑕疵，但裁判结果正确的，第二审人民法院可以在判决、裁定中纠正瑕疵后，予以维持。）

依法改判、撤销或变更	原判决适用法律错误的。	
	原判决认定事实错误的。	
	原判决认定基本事实不清的。（可以改判，也可以发回重审）	
发回重审	直接发回重审： 违法缺席判决等严重违反法定程序的：（1）审判组织的组成不合法的；（2）应当回避的审判人员未回避的；（3）无诉讼行为能力人未经法定代理人代为诉讼的；（4）违法剥夺当事人辩论权利的。	
	调解不成再发回重审	（1）对当事人在一审中已经提出的诉讼请求，原审人民法院未作审理、判决，调解达不成调解协议的。 （2）必须参加诉讼的当事人在一审中未参加诉讼，调解达不成调解协议的。 （3）一审判决不准离婚的案件，上诉后，第二审人民法院认为应当判决离婚的，进行调解达不成调解协议的。
裁定撤销原判，驳回起诉	第二审程序审理的案件，认为依法不应由人民法院审理的，可以由第二审人民法院直接裁定撤销原判，驳回起诉。	

注：原审人民法院对发回重审的案件作出判决后，当事人提起上诉的，第二审人民法院不得再次发回重审。也就是发回重审以一次为限，但这里应理解为因实体问题发回重审的以一次为限，如果因为一审的程序错误发回重审的，不受该限制，可以多次发回重审，因为程序的错误只能在程序的重新进行中纠正，不可能通过改判对一审的程序错误进行纠正。

【例】甲诉乙人身损害赔偿一案，一审法院根据甲的申请，冻结了乙的银行账户，并由李法官独任审理。后甲胜诉，乙提出上诉。二审法院认为一审事实不清，裁定撤销原判，发回重审。关于重审，下列哪一表述是正确的？（14年·卷三·47题）

A. 由于原判已被撤销，一审中的审判行为无效，保全措施也应解除

B. 由于原判已被撤销，一审中的诉讼行为无效，法院必须重新指定举证时限

C. 重审时不能再适用简易程序，应组成合议庭，李法官可作为合议庭成员参加重审

D. 若重审法院判决甲胜诉，乙再次上诉，二审法院认为重审认定的事实依然错误，则只能在查清事实后改判

[答案] D

[解析] 保全措施一旦采取，其效力会延续至生效法律文书作出时，因此，一审作出的保全裁定，在二审或发回重审程序中，只要生效的二审判决没有作出，保全措施都不应被解除。A项错误。发回重审的案件，可以重新指定举证期限，也可以不指定举证期限。B项错误。

发回重审和按照审判监督程序再审的案件，不得适用简易程序审理。发回重审的案件，应当另行组成合议庭，原来的审判人员不得进入新的审理组织，李法官不得参加重审。C项错误。原审人民法院对发回重审的案件作出判决后，当事人提起上诉的，第二审人民法院不得再次发回重审。若重审法院判决甲胜诉，乙再次上诉，二审法院认为重审认定的事实依然错误，其不得发回重审，则只能在查清事实后改判。D项正确。

2. 对一审裁定提起上诉案件的处理。

（1）第二审人民法院对不服第一审人民法院裁定的上诉案件的处理，一律适用裁定。

①原裁定认定事实清楚，适用法律正确的，裁定驳回上诉，维持原裁定。

②原裁定认定事实错误或者适用法律错误的，以裁定方式撤销或变更。

（2）第二审人民法院查明第一审人民法院作出的不予受理、驳回起诉的裁定有错误，应在撤销原裁定的同时，指令第一审人民法院立案受理或继续审理。

【总结】

（1）对判决不服提起上诉，法院若进行实体处理（驳回、改判），应用判决方式。

（2）对判决不服提起上诉，法院若进行程序处理（撤销原判发回重审），应用裁定方式。

（3）对裁定不服提起上诉，法院无论是维持，还是撤销、变更，一律使用裁定。

【例】二审法院根据当事人上诉和案件审理情况，对上诉案件作出相应裁判。下列哪一选项是正确的？（11 年·卷三·44 题）

A. 二审法院认为原判对上诉请求的有关事实认定清楚、适用法律正确，裁定驳回上诉，维持原判

B. 二审法院认为原判对上诉请求的有关事实认定清楚，但适用法律有错误，裁定发回重审

C. 二审法院认为一审判决是在案件未经开庭审理而作出的，裁定撤销原判，发回重审

D. 原审原告增加独立的诉讼请求，二审法院合并审理，一并作出判决

［答案］C

［解析］二审法院认为原判对上诉请求的有关事实认定清楚、适用法律正确，应当适用判决驳回上诉，维持原判，而不是适用裁定。故 A 选项错误在于适用的法律文书不当，不选。原判决、裁定认定事实错误或者适用法律错误的，以判决、裁定方式依法改判、撤销或者变更，而不能裁定发回重审。故 B 选项错误，不选。因此，二审法院认为一审判决是在案件未经开庭审理而作出的，属于发回重审中严重违反法定程序的情形，应当裁定撤销原判，发回重审。故 C 选项正确。原告增加独立的诉讼请求，二审法院合并审理，一并作出判决，对新增加的诉讼请求而言，就是一审终审，损害了当事人的审级利益，二审法院应当先行调解，调解不成的，应当告知当事人另行起诉，但当事人一致同意由二审法院一并审理的，可以由二审法院一并审理。故 D 选项错误。

《民诉法》第一百七十条　第二审人民法院对上诉案件，经过审理，按照下列情形，分别处理：

（一）原判决、裁定认定事实清楚，适用法律正确的，以判决、裁定方式驳回上诉，维持原判决、裁定；

（二）原判决、裁定认定事实错误或者适用法律错误的，以判决、裁定方式依法改判、撤销或者变更；

（三）原判决认定基本事实不清的，裁定撤销原判决，发回原审人民法院重审，或者查清事实后改判；

（四）原判决遗漏当事人或者违法缺席判决等严重违反法定程序的，裁定撤销原判决，发回原审人民法院重审。

原审人民法院对发回重审的案件作出判决后，当事人提起上诉的，第二审人民法院不得再次发回重审。

《民诉解释》第三百二十五条　下列情形，可以认定为民事诉讼法第一百七十条第一款第四项规定的严重违反法定程序：

（一）审判组织的组成不合法的；

（二）应当回避的审判人员未回避的；

（三）无诉讼行为能力人未经法定代理人代为诉讼的；

（四）违法剥夺当事人辩论权利的。

《民诉解释》第三百三十四条　原判决、裁定认定事实或者适用法律虽有瑕疵，但裁判结果正确的，第二审人民法院可以在判决、裁定中纠正瑕疵后，依照民事诉讼法第一百七十条第一款第一项规定予以维持。

《民诉法》第一百七十一条　第二审人民法院对不服第一审人民法院裁定的上诉案件的处理，一律使用裁定。

《民诉解释》第三百四十二条　当事人在第一审程序中实施的诉讼行为，在第二审程序中对该当事人仍具有拘束力。

当事人推翻其在第一审程序中实施的诉讼行为时，人民法院应当责令其说明理由。理由不成立的，不予支持。

▌真题演练▶

1. 章俊诉李泳借款纠纷案在某县法院适用简易程序审理。县法院判决后，章俊上诉，二审法院以事实不清为由发回重审。县法院征得当事人同意后，适用简易程序重审此案。在答辩期间，李泳提出管辖权异议，县法院不予审查。案件开庭前，章俊增加了诉讼请求，李泳提出反诉，县法院受理了章俊提出的增加诉讼请求，但以重审不可提出反诉为由拒绝受理李泳的反诉。关于本案，该县法院的下列哪些做法是正确的？①（15年·卷三·82题）

A. 征得当事人同意后，适用简易程序重审此案

B. 对李泳提出的管辖权异议不予审查

C. 受理章俊提出的增加诉讼请求

D. 拒绝受理李泳的反诉

2. 关于民事诉讼二审程序的表述，下列哪些选项是正确的？②（14年·卷三·83题）

A. 二审既可能因为当事人上诉而发生，也可能因为检察院的抗诉而发生

B. 二审既是事实审，又是法律审

C. 二审调解书应写明撤销原判

D. 二审原则上应开庭审理，特殊情况下可不开庭审理

3. 经审理，一审法院判决被告王某支付原告刘某欠款本息共计22万元，王某不服提起上诉。二审中，双方当事人达成和解协议，约定：王某在3个月内向刘某分期偿付

---

① BC

② BD

20 万元，刘某放弃利息请求。案件经王某申请撤回上诉而终结。约定的期限届满后，王某只支付了 15 万元。刘某欲寻求法律救济。下列哪一说法是正确的？① （12 年·卷三·42 题）

    A. 只能向一审法院重新起诉

    B. 只能向一审法院申请执行一审判决

    C. 可向一审法院申请执行和解协议

    D. 可向二审法院提出上诉

4. 关于民事诉讼二审程序的表述，下列哪一选项是错误的？② （12 年·卷三·43 题）

    A. 二审案件的审理，遇有二审程序没有规定的情形，应当适用一审普通程序的相关规定

    B. 二审案件的审理，以开庭审理为原则

    C. 二审案件调解的结果变更了一审判决内容的，应当在调解书中写明"撤销原判"

    D. 二审案件的审理，应当由法官组成的合议庭进行审理

5. 吴某被王某打伤后诉至法院，王某败诉。一审判决书送达王某时，其当即向送达人郑某表示上诉，但因其不识字，未提交上诉状。关于王某行为的法律效力，下列哪一选项是正确的？③ （11 年·卷三·40 题）

    A. 王某已经表明上诉，产生上诉效力

    B. 郑某将王某的上诉要求告知法院后，产生上诉效力

    C. 王某未提交上诉状，不产生上诉效力

    D. 王某口头上诉经二审法院同意后，产生上诉效力

6. 丙承租了甲、乙共有的房屋，因未付租金被甲、乙起诉。一审法院判决丙支付甲、乙租金及利息共计 10，000 元，分五个月履行，每月给付 2，000 元。甲、乙和丙均不服该判决，提出上诉：乙请求改判丙一次性支付所欠的租金 10，000 元。甲请求法院判决解除与丙之间租赁关系。丙认为租赁合同中没有约定利息，甲、乙也没有要求给付利息，一审法院不应当判决自己给付利息，请求判决变更一审判决的相关内容。丙还提出，为修缮甲、乙的出租房自己花费了 3，000 元，请求抵销部分租金。根据上述事实，请回答 （1） ～ （4） 题。

    （1） 关于一审法院判决丙给付甲、乙利息的做法，下列说法正确的是：④ （10 年·卷三·97 题）

    A. 违背了民事诉讼的处分原则

    B. 违背了民事诉讼的辩论原则

    C. 违背了民事诉讼的当事人诉讼权利平等原则

    D. 违背了民事诉讼的同等原则

---

① B
② C
③ C
④ A

（2）关于二审中当事人地位的确定，下列选项正确的是：① （10 年·卷三·98 题）

A. 丙是上诉人，甲、乙是被上诉人

B. 甲、乙是上诉人，丙是被上诉人

C. 乙、丙是上诉人，甲是被上诉人

D. 甲、乙、丙都是上诉人

（3）关于甲上诉请求解除与丙的租赁关系，下列选项正确的是：② （10 年·卷三·99 题）

A. 二审法院查明事实后直接判决

B. 二审法院直接裁定发回重审

C. 二审法院经当事人同意进行调解解决

D. 甲在上诉中要求解除租赁关系的请求，须经乙同意

（4）关于丙提出用房屋修缮款抵销租金的请求，二审法院正确的处理办法是：③ （10 年·卷三·100 题）

A. 查明事实后直接判决

B. 不予审理

C. 经当事人同意进行调解解决，调解不成的，发回重审

D. 经当事人同意进行调解解决，调解不成的，告知丙另行起诉

7. 甲公司与乙公司因合同纠纷向 A 市 B 区法院起诉，乙公司应诉。经开庭审理，法院判决甲公司胜诉。乙不服 B 区法院的一审判决，以双方签订了仲裁协议为由向 A 市中级法院提起上诉，要求据此撤销一审判决，驳回甲公司的起诉。A 市中级法院应当如何处理？④ （08 年·卷三·36 题）

A. 裁定撤销一审判决，驳回甲公司的起诉

B. 应当首先审查仲裁协议是否有效，如果有效，则裁定撤销一审判决，驳回甲公司的起诉

C. 应当裁定撤销一审判决，发回原审法院重审

D. 应当裁定驳回乙公司的上诉，维持原判决

---

① D

② CD

③ D

④ 无。司法部当年公布答案为 D，D 项错在驳回上诉，维持原判决应当用判决，而不能用裁定。

11 第十一章
审判监督程序

本章知识框架 ▷

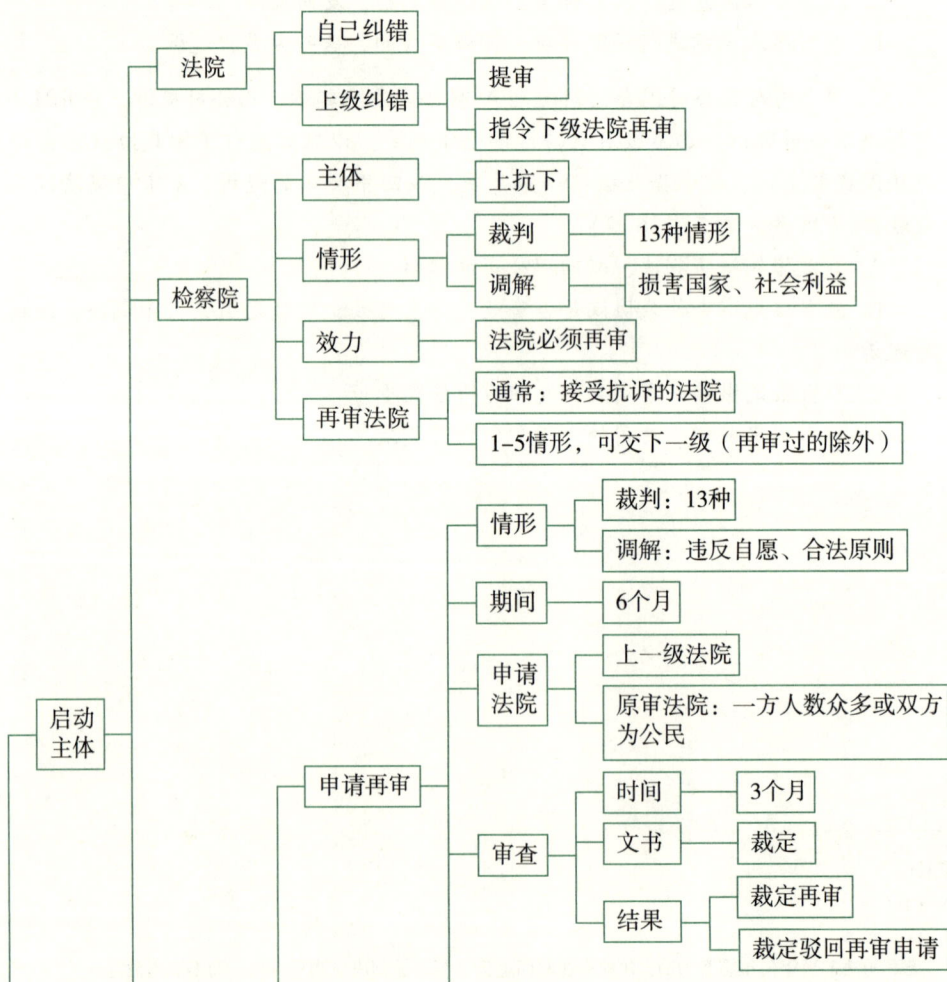

```
                     ┌─ 自己纠错
            ┌─ 法院 ─┤                    ┌─ 提审
            │        └─ 上级纠错 ─────────┤
            │                              └─ 指令下级法院再审
            │
            │        ┌─ 主体 ──── 上抗下
            │        │
            │        │            ┌─ 裁判 ──── 13种情形
            │        ├─ 情形 ─────┤
            │        │            └─ 调解 ──── 损害国家、社会利益
            ├─ 检察院┤
            │        ├─ 效力 ──── 法院必须再审
            │        │
            │        │              ┌─ 通常：接受抗诉的法院
            │        └─ 再审法院 ───┤
            │                       └─ 1-5情形，可交下一级（再审过的除外）
 启动
 主体 ─────┤
            │                                    ┌─ 裁判：13种
            │                        ┌─ 情形 ────┤
            │                        │           └─ 调解：违反自愿、合法原则
            │                        │
            │                        ├─ 期间 ──── 6个月
            │                        │
            │                        │           ┌─ 上一级法院
            │                        ├─ 申请 ────┤
            │                        │   法院    └─ 原审法院：一方人数众多或双方
            └─ 申请再审 ─────────────┤                          为公民
                                     │
                                     │           ┌─ 时间 ──── 3个月
                                     │           │
                                     └─ 审查 ────┼─ 文书 ──── 裁定
                                                 │
                                                 │           ┌─ 裁定再审
                                                 └─ 结果 ────┤
                                                             └─ 裁定驳回再审申请
```

再审程序
- 当事人
  - 审理法院
    - 原则 —— 中级以上法院
    - 例外 —— 向基层法院申请的可由其再审
  - 申请检察建议或抗诉
    - 情形
      - 法院驳回再审申请
      - 法院逾期未裁定
      - 再审裁判有错误
    - 次数 —— 1次
  - 案外人
- 再审审理
  - 分别用一审、二审程序；提审一律用二审程序
  - 另行组成合议庭

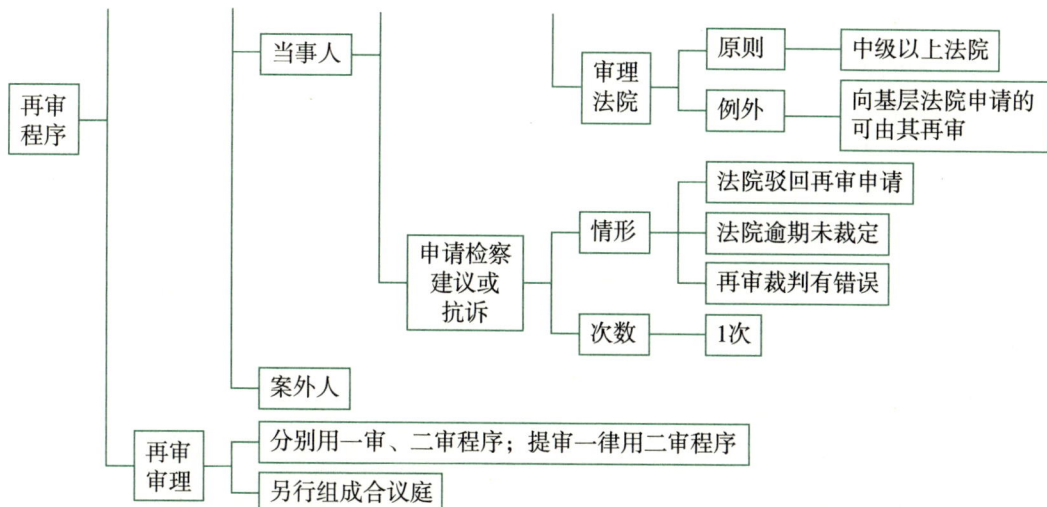

一、审判监督程序概述

审判监督程序即再审程序，是指对已经发生法律效力的判决、裁定、调解书，人民法院认为确有错误，对案件再行审理的程序。审判监督程序只是纠正生效裁判错误的法定程序，不是案件审理的必经程序，也不是诉讼的独立审级。

【例】根据民事诉讼法的规定，第二审程序与审判监督程序具有下列哪些区别？（06年·卷三·89题）

A. 第二审程序与审判监督程序合议庭的组成形式不尽相同

B. 适用第二审程序以开庭审理为原则，而适用审判监督程序以书面审理为原则

C. 第二审程序中法院可以以调解方式结案，而适用审判监督程序不适用调解

D. 适用第二审程序作出的裁判是终审裁判，适用审判监督程序作出的裁判却未必是终审裁判

［答案］AD

［解析］二审程序一律由审判员组成合议庭，审判监督程序因原程序不同，可能适用一审程序，由审判员和陪审员组成合议庭，也可能适用二审程序，由审判员组成合议庭，A项正确。一审、二审和审判监督程序都以开庭审理为原则，B项错误。调解原则贯穿于争讼程序的始终，二审和审判监督程序都适用调解，C项错误。适用第二审程序作出的裁判是终审裁判，适用审判监督程序作出的裁判可能是适用一审程序作出的，是未生效裁判，未必是终审裁判，D项正确。

二、审判监督程序的启动

（一）人民法院决定再审

1. 人民法院决定再审的条件。

（1）提起再审的客体必须是人民法院已经发生法律效力的判决、裁定、调解书。

（2）已经发生法律效力的判决、裁定、调解书确有错误。确有错误，是指原审裁判在事实认定、法律适用和程序运行中有重大缺陷，导致裁判结果的不公正。

【注意】可以提起再审的民事裁定，仅限于不予受理的裁定、驳回起诉的裁定和按自动撤回上诉处理的裁定。

2. 人民法院提起再审的主体。

（1）本院提起再审。

各级人民法院院长对本院已经发生法律效力的判决、裁定、调解书，发现确有错误，认为需要再审的，应当提交审判委员会讨论决定。

【注意】最终是由审判委员会讨论决定是否再审，而不是院长；同时没有院长提交，审判委员会也不能直接决定。院长和审判委员会共同启动再审程序，缺一不可。

（2）最高人民法院和上级人民法院提起再审。

最高人民法院对地方各级人民法院已经发生法律效力的判决、裁定、调解书，上级人民法院对下级人民法院已经发生法律效力的判决、裁定、调解书，发现确有错误的，有权提审或者指令下级人民法院再审。

此时指令下级法院再审也必须提审。也就是只能指令比原审法院级别高的法院再审，不能指令原审法院或与其同级的法院再审，因为指令原审法院或与原审法院同级的法院再审就不构成提审。

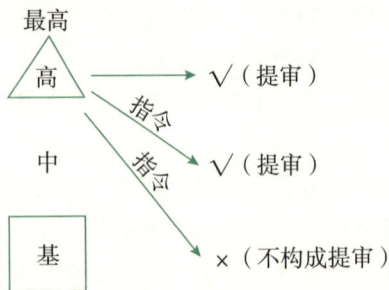

【例】甲公司诉乙公司货款纠纷一案，A 市 B 区法院在审理中查明甲公司的权利主张已超过诉讼时效（乙公司并未提出时效抗辩），遂判决驳回甲公司的诉讼请求。判决作出后上诉期间届满之前，B 区法院发现其依职权适用诉讼时效规则是错误的。关于本案的处理，下列哪一说法是正确的？（12 年·卷三·41 题）

A. 因判决尚未发生效力，B 区法院可以将判决书予以收回，重新作出新的判决

B. B 区法院可以将判决书予以收回，恢复庭审并向当事人释明时效问题，视具体情况重新作出判决

C. B 区法院可以作出裁定，纠正原判决中的错误

D. 如上诉期间届满当事人未上诉的，B 区法院可以决定再审，纠正原判决中的错误

［答案］D

［解析］根据《关于审理民事案件适用诉讼时效制度若干问题的规定》第 3 条规定："当事人未提出诉讼时效抗辩，人民法院不应对诉讼时效问题进行释明及主动适用诉讼时效的规定进行裁判。"因此，本案中法院主动依职权适用诉讼时效规则是错误的，属于法律适用错误，即实体错误。对于实体性错误的判决，法院只能依照法定程序解决，即等待当事人上诉、申请再审或主动启动再审程序，而不能如程序性错误那样，直接裁定补正。因此，本题中仅 D 选项是正确的。人民法院无权收回其已经公示的判决书。如果认为判决书有错误可

以启动审判监督程序，选项 A 错误。对已生效的错误裁判，应当按照审判监督程序处理，而非恢复审理并重新作出判决，选项 B 错误。根据《民事诉讼法》第 154 条第 7 项规定，对补正判决书中的笔误，可以裁定补正，而此案中属于法院适用法律的错误，是实质性错误，不能通过裁定补正的方式进行纠错，只能再审，选项 C 错误。

《民诉法》第一百九十八条　各级人民法院院长对本院已经发生法律效力的判决、裁定、调解书，发现确有错误，认为需要再审的，应当提交审判委员会讨论决定。

最高人民法院对地方各级人民法院已经发生法律效力的判决、裁定、调解书，上级人民法院对下级人民法院已经发生法律效力的判决、裁定、调解书，发现确有错误的，有权提审或者指令下级人民法院再审。

《最高人民法院关于民事审判监督程序严格依法适用指令再审和发回重审若干问题的规定》第二条第三款　人民法院依据民事诉讼法第一百九十八条第二款裁定再审的，应当提审。

（二）人民检察院抗诉引起的再审

1. 再审事由。

（1）判决、裁定的再审事由：

①有新的证据，足以推翻原判决、裁定的。

"新的证据"包括：原审庭审结束前已客观存在但庭审结束后新发现的证据；原审庭审结束前已经发现，但因客观原因无法取得或者在规定的期限内不能提供的证据；原审庭审结束后原作出鉴定意见、勘验笔录者重新鉴定、勘验，推翻原意见的证据；当事人在原审中提供的，原审未予质证、认证，但足以推翻原判决、裁定的主要证据。

②原判决、裁定认定的基本事实缺乏证据证明的。

"认定的基本事实缺乏证据证明"包括：认定的基本事实没有证据支持，或者认定的基本事实所依据的证据虚假、缺乏证明力的；认定的基本事实所依据的证据不合法的；对基本事实的认定违反逻辑推理或者日常生活法则的；认定的基本事实缺乏证据证明的其他情形。

③原判决、裁定认定事实的主要证据是伪造的。

④原判决、裁定认定事实的主要证据未经质证的。

⑤对审理案件需要的主要证据，当事人因客观原因不能自行收集，书面申请人民法院调查收集，人民法院未调查收集的。

⑥原判决、裁定适用法律确有错误的。

"适用法律确有错误"包括：适用的法律与案件性质明显不符的；认定法律关系主体、性质或者法律行为效力错误的；确定民事责任明显违背当事人有效约定或者法律规定的；适用的法律已经失效或者尚未施行的；违反法律溯及力规定的；违反法律适用规则的；适用法律明显违背立法本意的；适用诉讼时效规定错误的；适用法律错误的其他情形。

⑦审判组织的组成不合法或者依法应当回避的审判人员没有回避的。

"审判组织的组成不合法"包括：应当组成合议庭审理的案件独任审判的；人民陪审员参与第二审案件审理的；再审、发回重审的案件没有另行组成合议庭的；审理案件的人员不具有审判资格的；审判组织或者人员不合法的其他情形。

⑧无诉讼行为能力人未经法定代理人代为诉讼或者应当参加诉讼的当事人，因不能归责于本人或者其诉讼代理人的事由，未参加诉讼的。

⑨违反法律规定，剥夺当事人辩论权利的。

"违反法律规定，剥夺当事人辩论权利"包含：不允许或者严重限制当事人行使辩论权利的；应当开庭审理而未开庭审理的；违反法律规定送达起诉状副本或者上诉状副本，致使当事人无法行使辩论权利的；违法剥夺当事人辩论权利的其他情形。

⑩未经传票传唤，缺席判决的。

⑪原判决、裁定遗漏或者超出诉讼请求的。

⑫据以作出原判决、裁定的法律文书被撤销或者变更的。

⑬审判人员审理该案件时有贪污受贿，徇私舞弊，枉法裁判行为的。

审判人员在审理该案件时有贪污受贿，徇私舞弊，枉法裁判行为，是指该行为已经相关刑事法律文书或者纪律处分决定确认的情形。

【注意】上述法定 13 种情形中，属于第 6 种和第 13 种情形的，检察院必须抗诉，不得提出检察建议；属于其他 11 种情形的，检察院可以抗诉，可以提出检察建议，但如果判决、裁定是经同级人民法院再审后作出的或判决、裁定是经同级人民法院审判委员会讨论作出的，则应当抗诉。

（2）调解书的再审事由：损害国家利益、社会公共利益。

2. 提出抗诉的主体。

除最高人民检察院可以直接针对最高人民法院的生效裁判直接抗诉外，只能由上级检察院针对下级法院的生效裁判提出抗诉。

地方各级人民检察院针对自己同级法院的生效裁判，只能提请自己的上级检察院提出抗诉，或向同级法院提出检察建议。

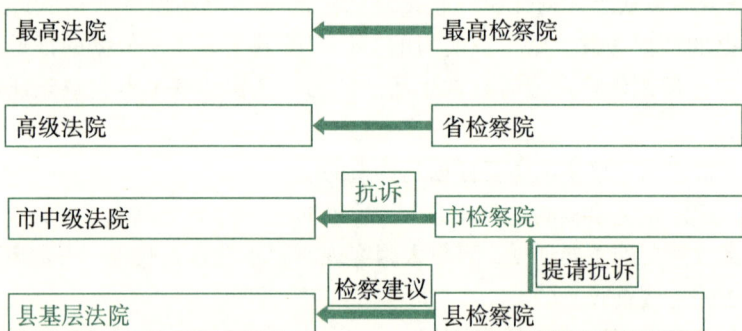

3. 抗诉的效力。

检察院应当制作抗诉书。

检察院提出抗诉的案件，法院应当受理，应当自收到抗诉书之日起 30 日内作出提起再审的裁定。

【例】张某诉季某人身损害赔偿一案判决生效后，张某以法院剥夺其辩论权为由申请再审，在法院审查张某再审申请期间，检察院对该案提出抗诉。关于法院的处理方式，下列哪一选项是正确的？（10 年·卷三·47 题）

A. 法院继续对当事人的再审申请进行审查，并裁定是否再审

B. 法院应当审查检察院的抗诉是否成立，并裁定是否再审

C. 法院应当审查检察院的抗诉是否成立，如不成立，再继续审查当事人的再审申请

D. 法院直接裁定再审

［答案］D

［解析］本题中当事人申请再审和检察院抗诉发生了重合，对检察院的抗诉，法院是应当再审的。所以，本题法院应该直接裁定再审，D选项正确，A选项错误，对于本题而言，无论当事人的再审申请是否成立，法院都是应当再审的。所以，法院没有必要再对当事人的再审申请进行审查。B、C选项错误，因为法院对检察院的抗诉，应当再审，而不需要审查抗诉理由。

4. 抗诉案件的审理法院。

（1）通常为接受抗诉的法院。

（2）接受抗诉的人民法院在下列5种情况下可以交下一级人民法院再审，但经该下一级人民法院再审过的除外。

①有新的证据，足以推翻原判决、裁定的。

②原判决、裁定认定的基本事实缺乏证据证明的。

③原判决、裁定认定事实的主要证据是伪造的。

④原判决、裁定认定事实的主要证据未经质证的。

⑤对审理案件需要的主要证据，当事人因客观原因不能自行收集，书面申请人民法院调查收集，人民法院未调查收集的。

【注意】上述5种情况全部与证据有关，属于实体错误。

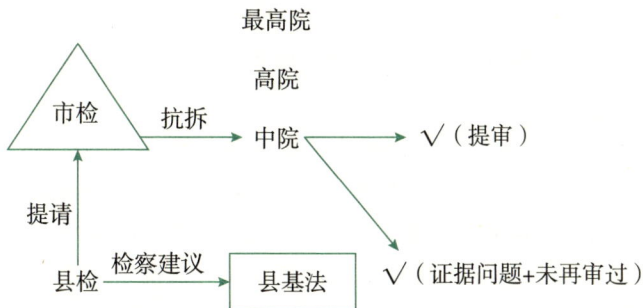

【如】广州市白云区法院作出的一审生效裁判，发现错误后法院自己已经再审过，广州市检察院仍然认为该再审判决错误，以原判决缺乏证据证明为由向广州市中级人民法院提起抗诉。则广州中院则能自己审理，不能交由白云区法院审理。因为此案虽有符合可以交下一级法院再审的情形，但下一级法院的白云区法院已经对此案再审过，不能由白云区法院再审。但可以交给与白云区法院同级的其他基层法院审理。

5. 抗诉案件的审理：再审时，应当通知检察院派员出席法庭。

6. 检察院的调查取证权：检察院因履行法律监督职责提出检察建议或者抗诉的需要，可以向当事人或者案外人调查核实有关情况。

【例】周某因合同纠纷起诉，甲省乙市的两级法院均驳回其诉讼请求。周某申请再审，但被驳回。周某又向检察院申请抗诉，检察院以原审主要证据系伪造为由提出抗诉，法院裁定再审。关于启动再审的表述，下列哪些说法是不正确的？（13年·卷三·81题）

A. 周某只应向甲省高院申请再审

B. 检察院抗诉后，应当由接受抗诉的法院审查后，作出是否再审的裁定

C. 法院应当在裁定再审的同时，裁定撤销原判

D. 法院应当在裁定再审的同时，裁定中止执行

［答案］ABC

［解析］《民事诉讼法》第 199 条规定，当事人对已经发生法律效力的判决、裁定，认为有错误的，可以向上一级人民法院申请再审；当事人一方人数众多或者当事人双方为公民的案件，也可以向原审人民法院申请再审。当事人申请再审的，不停止判决、裁定的执行。此案中，原则上周某应向上一级人民法院——最高人民法院申请再审，如果另一方当事人人数众多或也为公民的案件，也可以向原审人民法院——甲省高院申请再审。故认为周某只应向甲省高院申请再审是错误的。A 项错误。检察院抗诉的案件，人民法院必须裁定再审，而不能对是否再审行使自由裁量权，决定"是否"再审。B 项错误。检察院抗诉的案件，法院在裁定再审的同时，应当裁定中止原判决书的执行，但是否撤销原判，应经过审理之后才能裁定。因此，C 项错误，D 项正确。

《民诉法》第二百零八条　最高人民检察院对各级人民法院已经发生法律效力的判决、裁定，上级人民检察院对下级人民法院已经发生法律效力的判决、裁定，发现有本法第二百条规定情形之一的，或者发现调解书损害国家利益、社会公共利益的，应当提出抗诉。

地方各级人民检察院对同级人民法院已经发生法律效力的判决、裁定，发现有本法第二百条规定情形之一的，或者发现调解书损害国家利益、社会公共利益的，可以向同级人民法院提出检察建议，并报上级人民检察院备案；也可以提请上级人民检察院向同级人民法院提出抗诉。

各级人民检察院对审判监督程序以外的其他审判程序中审判人员的违法行为，有权向同级人民法院提出检察建议。

《民诉法》第二百一十一条　人民检察院提出抗诉的案件，接受抗诉的人民法院应当自收到抗诉书之日起三十日内作出再审的裁定；有本法第二百条第一项至第五项规定情形之一的，可以交下一级人民法院再审，但经该下一级人民法院再审的除外。

《民诉法》第二百一十二条　人民检察院决定对人民法院的判决、裁定、调解书提出抗诉的，应当制作抗诉书。

《民诉法》第二百一十三条　人民检察院提出抗诉的案件，人民法院再审时，应当通知人民检察院派员出席法庭。

（三）当事人申请再审

1. 申请再审的对象：判决、裁定、调解书。

2. 申请再审的事由：针对判决和裁定的事由与检察院抗诉的法定事由相同，针对调解书的事由是调解违反自愿原则或者调解协议的内容违反法律。

3. 申请再审的法定期间。

（1）当事人申请再审，应当在判决、裁定、调解书发生法律效力后 6 个月内提出。

（2）有下述情形之一的，自知道或者应当知道之日起 6 个月内提出：

①有新的证据，足以推翻原判决、裁定的；

②原判决、裁定认定事实的主要证据是伪造的；

③据以作出原判决、裁定的法律文书被撤销或者变更的；

④审判人员审理该案件时有贪污受贿，徇私舞弊，枉法裁判行为的。

【注意】法院决定再审和检察院抗诉，没有期限的限制，任何时候发现均可启动再审程序。

4. 法院对再审申请的审查。

（1）时间：3 个月。

人民法院应当自收到再审申请书之日起 3 个月内审查，公告期间、当事人和解期间等不计入审查期限，有特殊情况需要延长的，由本院院长批准。

（2）文书：裁定。

①对于再审申请，法院用裁定处理。符合法定情形的，裁定再审；不符合法定情形的，裁定驳回申请。

【注意】不符合法定情形的，是裁定驳回再审申请，而不是裁定驳回起诉。裁定驳回再审申请，原裁判效力未被否定；在再审程序审理中，如果发现原审法院受理案件错误，则可以撤销原一、二审裁判，驳回起诉，此时，原裁判的效力是被否定了。

②法院裁定不予受理：法院准许撤回再审申请或者按撤回再审申请处理后，再审申请人再次申请再审的；再审申请被驳回后再次提出申请的；对再审判决、裁定提出申请的；在人民检察院对当事人的申请作出不予提出再审检察建议或者抗诉决定后又提出申请的。

（3）组织形式：合议庭审查。

对当事人的再审申请，人民法院应当组成合议庭进行审查。

5. 申请再审的法院。

（1）通常为上一级人民法院。

（2）当事人一方人数众多或者当事人双方为公民的案件：可以向上一级和原审人民法院申请。

（3）当事人一方人数众多或者当事人双方为公民的案件，当事人分别向原审人民法院和上一级人民法院申请再审且不能协商一致的，由原审人民法院受理。

【注意1】原告、被告或者第三人一方为三人以上的案件可以作为当事人一方人数众多的案件。

【注意2】如果不属于"当事人一方人数众多或者当事人双方为公民"的案件，只能向生效法律文书作出法院的上一级法院申请再审。

6. 审理法院：由中级以上法院审理，但当事人一方人数众多或双方是公民，向原审法院（基层法院）申请再审的除外。

（1）最高人民法院、高级人民法院裁定再审的案件，由本院再审或者交由其他人民法院再审，也可以交原审人民法院再审。

①因当事人申请裁定再审的案件一般应当由裁定再审的人民法院审理。有下列情形之一的，最高人民法院、高级人民法院可以指令原审人民法院再审：依据《民事诉讼法》第 200条第 4 项、第 5 项或者第 9 项裁定再审的；发生法律效力的判决、裁定、调解书是由第一审法院作出的；当事人一方人数众多或者当事人双方为公民的；经审判委员会讨论决定的其他情形。

②虽然符合可以指令再审的条件，但有下列情形之一的，应当提审：原判决、裁定系经原审人民法院再审审理后作出的；原判决、裁定系经原审人民法院审判委员会讨论作出的；原审审判人员在审理该案件时有贪污受贿，徇私舞弊，枉法裁判行为的；原审人民法院对该案无再审管辖权的；需要统一法律适用或裁量权行使标准的；其他不宜指令原审人民法院再审的情形。

（2）中级人民法院和基层人民法院裁定再审的案件，只能由其本院审理。如图：

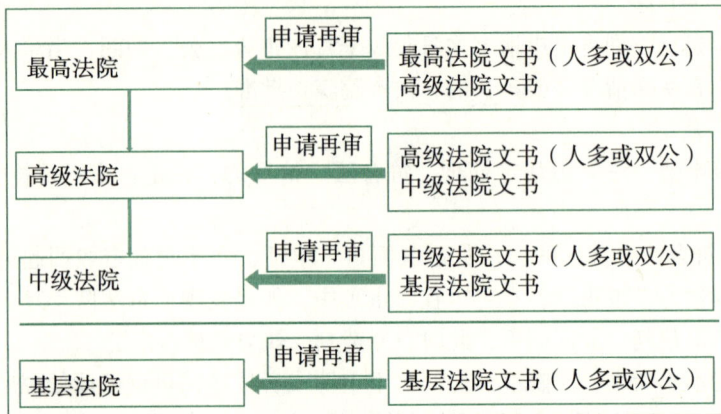

【如】1. 张三李四的合同案件，经基层人民法院作出生效法律文书。现在张三想申请再审，因为双方是公民，既可以向基层法院申请，也可以向中院申请。

甲公司和乙公司的合同纠纷，基层法院作出生效法律文书，只能向中院申请再审。因为它不符合人多，也不符合双公。只能向中院申请再审。

张三和甲公司的合同纠纷，经基层法院作出生效法律文书，向谁申请再审？上一级的中院，因为不符合人多和双公。

2. 曹某的合同纠纷经中级人民法院作出生效法律文书，两审终审。现在曹某欲申请再审。说只能向高院申请再审，对不对？不对。因为你不知道另一方是谁，如果另一方是李某，自然人，那双方是公民，就可以向原审法院中院申请再审；如果另一方是公司，则不属于双方是公民或一方人数众多的情况，只能向上一级法院高级法院申请再审。

3. （1）张三李四的合同案件经基层法院作出生效法律文书，张三想要申请再审。

当事人申请基层人民法院再审，只能由基层法院审理。

当事人就此案向中级法院申请再审，则只能由中院适用二审程序审理。

（2）张三李四的合同纠纷经中级人民法院作出二审生效法律文书，现在张三想申请再审。

首先他可以向中院申请再审，只能由中院适用二审程序审理；向原审法院申请再审，由原审法院适用原审二审程序。

此时如果他向高院申请再审，则可以由高院适用二审程序审理；因为高院提审是二审。高院也可以发回中院适用原审程序——二审程序审理。

（3）张三李四的合同纠纷经中级人民法院作出一审生效法律文书，如果张三想申请再审。

可以向中院申请再审，中院用一审程序审；

可以向高院申请再审，高院审理此案可以适用二审程序审理，也可以发回中院适用一审程序审理。

7. 不能申请再审的案件：

（1）已经发生法律效力的解除婚姻关系的判决书、调解书；

（2）就离婚案件中的财产分割问题申请再审的，如涉及判决中已分割的财产，可以申请再审；如涉及判决中未作处理的夫妻共同财产，应告知当事人另行起诉；

（3）按照特别程序、督促程序、公示催告程序、破产程序审理的案件。

《民诉法》第二百条　当事人的申请符合下列情形之一的，人民法院应当再审：

（一）有新的证据，足以推翻原判决、裁定的；

（二）原判决、裁定认定的基本事实缺乏证据证明的；

（三）原判决、裁定认定事实的主要证据是伪造的；

（四）原判决、裁定认定事实的主要证据未经质证的；

（五）对审理案件需要的主要证据，当事人因客观原因不能自行收集，书面申请人民法院调查收集，人民法院未调查收集的；

（六）原判决、裁定适用法律确有错误的；

（七）审判组织的组成不合法或者依法应当回避的审判人员没有回避的；

（八）无诉讼行为能力人未经法定代理人代为诉讼或者应当参加诉讼的当事人，因不能归责于本人或者其诉讼代理人的事由，未参加诉讼的；

（九）违反法律规定，剥夺当事人辩论权利的；

（十）未经传票传唤，缺席判决的；

（十一）原判决、裁定遗漏或者超出诉讼请求的；

（十二）据以作出原判决、裁定的法律文书被撤销或者变更的；

（十三）审判人员审理该案件时有贪污受贿，徇私舞弊，枉法裁判行为的。

《民诉法》第二百零一条　当事人对已经发生法律效力的调解书，提出证据证明调解违反自愿原则或者调解协议的内容违反法律的，可以申请再审。经人民法院审查属实的，应当再审。

《民诉法》第二百零五条　当事人申请再审，应当在判决、裁定发生法律效力后六个月内提出；有本法第二百条第一项、第三项、第十二项、第十三项规定情形的，自知道或者应当知道之日起六个月内提出。

《民诉法》第一百九十九条　当事人对已经发生法律效力的判决、裁定，认为有错误的，可以向上一级人民法院申请再审；当事人一方人数众多或者当事人双方为公民的案件，也可以向原审人民法院申请再审。当事人申请再审的，不停止判决、裁定的执行。

《民诉解释》第三百七十九条　当事人一方人数众多或者当事人双方为公民的案件，当事人分别向原审人民法院和上一级人民法院申请再审且不能协商一致的，由原审人民法院受理。

《民诉法》第二百零四条　人民法院应当自收到再审申请书之日起三个月内审查，符合本法规定的，裁定再审；不符合本法规定的，裁定驳回申请。有特殊情况需要延长的，由本院院长批准。

因当事人申请裁定再审的案件由中级人民法院以上的人民法院审理，但当事人依照本法第一百九十九条的规定选择向基层人民法院申请再审的除外。最高人民法院、高级人民法院裁定再审的案件，由本院再审或者交其他人民法院再审，也可以交原审人民法院再审。

《民诉解释》第三百八十三条　当事人申请再审，有下列情形之一的，人民法院不予受理：

（一）再审申请被驳回后再次提出申请的；

（二）对再审判决、裁定提出申请的；

（三）在人民检察院对当事人的申请作出不予提出再审检察建议或者抗诉决定后又提出申请的。

前款第一项、第二项规定情形，人民法院应当告知当事人可以向人民检察院申请再审检察建议或者抗诉，但因人民检察院提出再审检察建议或者抗诉而再审作出的判决、裁定除外。

《关于民事审判监督程序严格依法适用指令再审和发回重审若干问题的规定》第二条　因当事人申请裁定再审的案件一般应当由裁定再审的人民法院审理。有下列情形之一的，最高人民法院、高级人民法院可以指令原审人民法院再审：

（一）依据民事诉讼法第二百条第（四）项、第（五）项或者第（九）项裁定再审的；

（二）发生法律效力的判决、裁定、调解书是由第一审法院作出的；

（三）当事人一方人数众多或者当事人双方为公民的；

（四）经审判委员会讨论决定的其他情形。

《关于民事审判监督程序严格依法适用指令再审和发回重审若干问题的规定》第三条　虽然符合本规定第二条可以指令再审的条件，但有下列情形之一的，应当提审：

（一）原判决、裁定系经原审人民法院再审审理后作出的；

（二）原判决、裁定系经原审人民法院审判委员会讨论作出的；

（三）原审审判人员在审理该案件时有贪污受贿，徇私舞弊，枉法裁判行为的；

（四）原审人民法院对该案无再审管辖权的；

（五）需要统一法律适用或裁量权行使标准的；

（六）其他不宜指令原审人民法院再审的情形。

《民诉法》第二百零二条　当事人对已经发生法律效力的解除婚姻关系的判决、调解书，不得申请再审。

（四）当事人申请检察建议或者抗诉

当事人向检察院申请，要求其对民事案件提出检察建议或抗诉，这是除检察院自身发现生效法律文书有错误从而行使检察监督权以外，检察院行使检察监督权的重要线索来源。这项制度既增加了当事人对生效法律文书行使监督权的方式：除了向法院抗诉，还可以向检察院申请其提出检察建议或抗诉，也有利于检察院抗诉的实现。

1. 法定情形：（1）人民法院驳回再审申请的；（2）人民法院逾期未对再审申请作出裁定的；（3）再审判决、裁定有明显错误的。

2. 处理：检察院应当在 3 个月内，作出提出或者不予提出检察建议或者抗诉的决定。

3. 只能申请 1 次：检察院作出决定后，当事人不得再次向人民检察院申请检察建议或者抗诉。

先法院，后检察院：当事人向检察院申请检察建议或抗诉前，该案件必须先经过法院的再审处理（该案的再审申请被驳回或未被处理，或已经过法院再审），然后才能向检察院提出申请。

《民诉法》第二百零九条　有下列情形之一的，当事人可以向人民检察院申请检察建议或者抗诉：

（一）人民法院驳回再审申请的；

（二）人民法院逾期未对再审申请作出裁定的；

（三）再审判决、裁定有明显错误的。

人民检察院对当事人的申请应当在三个月内进行审查，作出提出或者不予提出检察建议或者抗诉的决定。当事人不得再次向人民检察院申请检察建议或者抗诉。

《民诉解释》第四百一十五条　人民检察院依照民事诉讼法第二百零九条第一款第三项规定对有明显错误的再审判决、裁定提出抗诉或者再审检察建议的，人民法院应予受理。

《民诉解释》第四百一十六条　地方各级人民检察院依当事人的申请对生效判决、裁定向同级人民法院提出再审检察建议，符合下列条件的，应予受理：

（一）再审检察建议书和原审当事人申请书及相关证据材料已经提交；

（二）建议再审的对象为依照民事诉讼法和本解释规定可以进行再审的判决、裁定；

（三）再审检察建议书列明该判决、裁定有民事诉讼法第二百零八条第二款规定情形；

（四）符合民事诉讼法第二百零九条第一款第一项、第二项规定情形；

（五）再审检察建议经该人民检察院检察委员会讨论决定。

不符合前款规定的，人民法院可以建议人民检察院予以补正或者撤回；不予补正或者撤回的，应当函告人民检察院不予受理。

（五）案外人申请再审

1. 案外人申请再审的期限：6 个月内申请再审。

2. 案外人申请再审的两种主要情形：

（1）案外人是必要共同诉讼人

必须共同进行诉讼的当事人因不能归责于本人或者其诉讼代理人的事由未参加诉讼的，可以根据《民事诉讼法》第 200 条第 8 项规定，自知道或者应当知道之日起 6 个月内申请再审。

人民法院因上述当事人申请而裁定再审，按照第一审程序再审的，应当追加其为当事人，作出新的判决、裁定；按照第二审程序再审，经调解不能达成协议的，应当撤销原判决、裁定，发回重审，重审时应追加其为当事人。

（2）案外人是有独立请求权的第三人

案外人对驳回其执行异议的裁定不服，认为原判决、裁定、调解书内容错误损害其民事权益的，可以自执行异议裁定送达之日起六个月内，向作出原判决、裁定、调解书的人民法院申请再审。

经审理，再审请求成立的，撤销或者改变原判决、裁定、调解书；再审请求不成立的，维持原判决、裁定、调解书。

三、再审案件的审理与裁判

（一）再审案件的审理

1. 当事人申请再审，<u>不会中止</u>原判决、裁定的执行。但法院决定再审、检察院抗诉启动再审的案件，裁定中止原判决、裁定、调解书的执行。

追索赡养费、扶养费、抚育费、抚恤金、医疗费用、劳动报酬等案件，<u>可以不中止执行</u>。

2. 再审的审理组织。

依照审判监督程序进行再审的案件，应当<u>另行组成合议庭</u>进行审理，不得适用简易程序进行独任审判，原合议庭成员或者独任审判员不能参加新组成的合议庭。

3. 再审适用的审判程序。

（1）生效裁判是<u>一审法院作出</u>的，<u>适用一审程序</u>，所作判决、裁定可以上诉。

（2）生效裁判是<u>二审法院作出</u>的，<u>适用二审程序</u>，所作判决、裁定不得上诉。

（3）上级法院提审的，无论生效裁判是一审还是二审法院作出的，<u>一律适用二审程序</u>，所作判决、裁定不得上诉。

4. 再审的审理范围。

人民法院应当在具体的<u>再审请求范围内</u>或在<u>抗诉支持当事人请求的范围内</u>审理再审案件。当事人<u>超出原审范围增加、变更诉讼请求的</u>，<u>不属于</u>再审审理范围。

（1）但涉及国家利益、社会公共利益，或者当事人在原审诉讼中已经依法要求增加、变更诉讼请求，原审未予审理且客观上不能形成其他诉讼的除外。

（2）新的证据证明原判决、裁定确有错误的，被申请人等当事人因申请再审人或者申请抗诉的当事人的过错未能在原审程序中及时举证，请求补偿其增加的差旅、误工等诉讼费用的，人民法院应当支持；请求赔偿其由此扩大的直接损失，可以另行提起诉讼解决。

【注意】再审是纠错程序，当事人在再审中新提出的诉讼请求或增加、变更的诉讼请求，显然不属于原审法院的错误，因而再审程序不审，当事人只能通过另行起诉的方式救济。因此，在再审程序审理中提出反诉，显然也属于新的诉求，而且这个诉求是可以通过另诉的方式解决的，因此，再审程序中的反诉，无论是适用一审程序审理还是适用二审程序审理，都应是直接告知当事人另诉解决。通常情况下，一审中的反诉和本诉合并审理，调解不成的及时判决，二审中的反诉先行调解，调解不成的，告知当事人另行起诉，但在再审中，只要提起反诉，因再审不审新诉求，不能适用一审、二审中关于反诉的处理方式，应当一律告知当事人另行起诉。

【例】韩某起诉翔鹭公司要求其依约交付电脑，并支付迟延履行违约金 5 万元。经县市两级法院审理，韩某均胜诉。后翔鹭公司以原审适用法律错误为由申请再审，省高院裁定再审后，韩某变更诉讼请求为解除合同，支付迟延履行违约金 10 万元。再审法院最终维持原判。关于再审程序的表述，下列哪些选项是正确的？（13 年·卷三·82 题）

A. 省高院可以亲自提审，提审应当适用二审程序

B. 省高院可以指令原审法院再审，原审法院再审时应当适用一审程序

C. 再审法院对韩某变更后的请求应当不予审查

D. 对于维持原判的再审裁判，韩某认为有错误的，可以向检察院申请抗诉

[答案] ACD

[解析] 本案经县市两级法院审理终审结案，省高级法院作为终审法院的上级人民法院，可以提审。上级人民法院按照审判监督程序提审的，按照第二审程序审理，提审应当适用二审程序。A 项正确。本案中案件经过两级法院审理才告终结，生效的法律文书是经过二审程序作出的，因此再审时应按照二审程序审理。省高院可以指令原审法院再审，但原审法院再审时应当适用二审程序，而不是一审程序。B 项错误。人民法院应当在具体的再审请求范围内或在抗诉支持当事人请求的范围内审理再审案件。当事人超出原审范围增加、变更诉讼请求的，不属于再审审理范围。但涉及国家利益、社会公共利益，或者当事人在原审诉讼中已经依法要求增加、变更诉讼请求，原审未予审理且客观上不能形成其他诉讼的除外。变更后的请求属于新诉求，不属于原审法院的错误，不在再审案件的审理范围内，再审法院对韩某变更后的请求应当不予审查是正确的。C 项正确。《民事诉讼法》第 209 条规定，有下列情形之一的，当事人可以向人民检察院申请检察建议或者抗诉：（一）人民法院驳回再审申请的；（二）人民法院逾期未对再审申请作出裁定的；（三）再审判决、裁定有明显错误的。对于维持原判的再审裁判，韩某不能再向法院申请再审，但可以向检察院申请检察建议或抗诉。D 项正确。注意，当事人向检察院申请检察建议或抗诉，必须是该案经过法院处理为前提，但不是以当事人向法院申请再审为前提，因为案件经过法院再审的，即使当事人未向法院申请再审，也可以直接向检察院申请检察建议或抗诉。D 项正确。

《民诉法》第二百零七条　人民法院按照审判监督程序再审的案件，发生法律效力的判决、裁定是由第一审法院作出的，按照第一审程序审理，所作的判决、裁定，当事人可以上诉；发生法律效力的判决、裁定是由第二审法院作出的，按照第二审程序审理，所作的判决、裁定，是发生法律效力的判决、裁定；上级人民法院按照审判监督程序提审的，按照第二审程序审理，所作的判决、裁定是发生法律效力的判决、裁定。

人民法院审理再审案件，应当另行组成合议庭。

《民诉解释》第四百条　审查再审申请期间，再审申请人撤回再审申请的，是否准许，由人民法院裁定。

再审申请人经传票传唤，无正当理由拒不接受询问的，可以按撤回再审申请处理。

《民诉解释》第四百零一条　人民法院准许撤回再审申请或者按撤回再审申请处理后，再审申请人再次申请再审的，不予受理，但有民事诉讼法第二百条第一项、第三项、第十二项、第十三项规定情形，自知道或者应当知道之日起六个月内提出的除外。

《民诉解释》第四百零三条　人民法院审理再审案件应当组成合议庭开庭审理，但按照第二审程序审理，有特殊情况或者双方当事人已经通过其他方式充分表达意见，且书面同意不开庭审理的除外。

符合缺席判决条件的，可以缺席判决。

5. 再审案件的裁判。

（1）维持原判。

经再审审理认为，原判决、裁定认定事实清楚、适用法律正确的，应予维持；原判决、裁定在认定事实、适用法律、阐述理由方面虽有瑕疵，但裁判结果正确的，人民法院应在再

审判决、裁定中纠正上述瑕疵后予以维持。

（2）依法改判。

人民法院按照第二审程序审理再审案件，发现原判决认定事实错误或者认定事实不清的，应当在查清事实后改判。另外，有新的证据证明原判决、裁定确有错误的，人民法院应予改判。

（3）发回重审。

法院在审理中发现原一、二审判决违反法定程序，可能影响案件正确判决、裁定的，裁定撤销一、二审判决，发回重审。

法院发现原一、二审判决遗漏必要共同诉讼人，能调则调，调解不成，裁定撤销一、二审判决，发回重审。

另外，《审判监督程序解释》第38条又增加了一些内容，即人民法院按照第二审程序审理再审案件，发现原判决认定事实错误或者认定事实不清，但原审人民法院便于查清事实、化解纠纷的，可以裁定撤销原判决，发回重审。其他违反法定程序不宜在再审程序中直接作出实体处理的，应当裁定撤销原判决，发回重审。

（4）驳回起诉。

任何程序中，只要不符合起诉条件，只有一种处理方式，即驳回起诉：一审中直接裁定驳回起诉；二审中裁定撤销一审判决，驳回起诉；审判监督中裁定撤销一、二审判决，驳回起诉。

6. 再审程序中的特殊情形的处理。

（1）检察院撤回抗诉，人民法院应予准予，同时恢复对原裁判的执行。

（2）当事人撤回再审申请，由人民法院裁定是否准予；裁定准予的，终结再审程序，恢复原裁判文书的执行。

（3）按照第一审程序审理再审案件时，一审原告申请撤回起诉的，应当征得其他当事人同意，是否准许由人民法院裁定。裁定准许的，应当同时裁定撤销原判决、裁定、调解书。

【例】万某起诉吴某人身损害赔偿一案，经过两级法院审理，均判决支持万某的诉讼请求，吴某不服，申请再审。再审中万某未出席开庭审理，也未向法院说明理由。对此，法院的下列哪一做法是正确的？（14年·卷三·50题）

A. 裁定撤诉，视为撤回起诉　　　　　B. 裁定撤诉，视为撤回再审申请

C. 裁定诉讼中止　　　　　　　　　　D. 缺席判决

［答案］D

［解析］此案是再审案件的审理，申请人是吴某，被申请人是万某。再审程序中无特殊规定的，程序的处理都适用一审普通程序的规定。万某无正当理由拒不出庭，是对吴某启动再审程序不满，对自己在一审程序中的诉权行使和一审判决并无不满，因此裁定撤诉，视为撤回起诉是错误的，A项不当选。万某无正当理由未出庭，不影响案件的正常审理，因此不适用诉讼中止的情形。C项错误。再审程序是吴某启动的，吴某无正当理由未出庭或中途退庭的，才能视为撤回再审申请。被申请人万某无正当理由未出庭的，应当比照一审普通程序中被告的情形处理，进行缺席判决。因此B项错误，D项正确。

【例】关于再审程序的说法，下列哪些选项是正确的？（10年·卷三·82题）

A. 在再审中，当事人提出新的诉讼请求的，原则上法院应根据自愿原则进行调解，调

解不成的告知另行起诉

B. 在再审中，当事人增加诉讼请求的，原则上法院应根据自愿原则进行调解，调解不成的裁定发回重审

C. 按照第一审程序再审案件时，经法院许可原审原告可撤回起诉

D. 在一定条件下，案外人可申请再审

［答案］CD

［解析］在再审中，当事人提出新的诉讼请求，增加诉讼请求，都不是再审案件的审理范围。因此法院不应当对其进行调解，A、B选项错误。按照第一审程序审理再审案件时，一审原告申请撤回起诉的，是否准许由人民法院裁定。裁定准许的，应当同时裁定撤销原判决、裁定、调解书。因此C选项"按照第一审程序再审案件时，经法院许可原审原告可撤回起诉"表述正确。《民诉解释》422条规定，必须共同进行诉讼的当事人因不能归责于本人或者其诉讼代理人的事由未参加诉讼的，可以根据《民事诉讼法》第200条第8项规定，自知道或者应当知道之日起6个月内申请再审。《民诉解释》第423条规定，根据《民事诉讼法》第227条规定，案外人对驳回其执行异议的裁定不服，认为原判决、裁定、调解书内容错误损害其民事权益的，可以自执行异议裁定送达之日起6个月内，向作出原判决、裁定、调解书的人民法院申请再审。可以看出，D选项"在一定条件下，案外人可申请再审"表述正确。

【例】林某诉张某房屋纠纷案，经某中级法院一审判决后，林某没有上诉，而是于收到判决书20日后，向省高级法院申请再审。期间，张某向中级法院申请执行判决。省高级法院经审查，认为一审判决确有错误，遂指令作出判决的中级法院再审。下列哪些说法是正确的？(09年·卷三·88题)

A. 高级法院指令再审的同时，应作出撤销原判决的裁定

B. 中级法院再审时应作出撤销原判决的裁定

C. 中级法院应裁定中止原裁判的执行

D. 中级法院应适用一审程序再审该案

［答案］CD

［解析］对于法院决定再审的案件，应当中止原裁判的执行，而是否裁定撤销原判决是需要经过再审程序审理后才能作出的处理方式，可能撤销，也可能维持。C选项正确，A、B选项错误。本案中一审判决后当事人没有上诉，是以一审法院作出的发生效力的判决，应按第一审程序审理。所以，D选项正确。

【例】赵某与黄某因某项财产所有权发生争议，赵某向法院提起诉讼，经一、二审法院审理后，判决该项财产属赵某所有。此后，陈某得知此事，向二审法院反映其是该财产的共同所有人，并提供了相关证据。二审法院经审查，决定对此案进行再审。关于此案的说法，下列哪一选项是正确的？(08年·卷三·35题)

A. 陈某不是本案一、二审当事人，不能参加再审程序

B. 二审法院可以直接通知陈某参加再审程序，并根据自愿原则进行调解，调解不成的，告知陈某另行起诉

C. 二审法院可以直接通知陈某参加再审程序，并根据自愿原则进行调解，调解不成的，裁定撤销一、二审判决，发回原审法院重审

D. 二审法院只能裁定撤销一、二审判决，发回原审法院重审

［答案］C

［解析］必要共同诉讼，指诉讼标的对于共同诉讼人必须一同确定，或共同诉讼人必须一同起诉或一同被诉。在财产性纠纷中，财产共有人应当成为必要共同诉讼人。依照审判监督程序再审的案件，人民法院发现原一、二审判决遗漏了应当参加的当事人的，可以根据当事人自愿的原则予以调解，调解不成的，裁定撤销一、二审判决，发回原审人民法院重审。所以应当选 C 选项。

《民诉解释》第四百零二条　再审申请审查期间，有下列情形之一的，裁定终结审查：

（一）再审申请人死亡或者终止，无权利义务承继者或者权利义务承继者声明放弃再审申请的；

（二）在给付之诉中，负有给付义务的被申请人死亡或者终止，无可供执行的财产，也没有应当承担义务的人的；

（三）当事人达成和解协议且已履行完毕的，但当事人在和解协议中声明不放弃申请再审权利的除外；

（四）他人未经授权以当事人名义申请再审的；

（五）原审或者上一级人民法院已经裁定再审的；

（六）有本解释第三百八十三条第一款规定情形的。

《民诉解释》第四百零五条　人民法院审理再审案件应当围绕再审请求进行。当事人的再审请求超出原审诉讼请求的，不予审理；符合另案诉讼条件的，告知当事人可以另行起诉。

《民诉解释》第四百零六条　再审审理期间，有下列情形之一的，可以裁定终结再审程序：

（一）再审申请人在再审期间撤回再审请求，人民法院准许的；

（二）再审申请人经传票传唤，无正当理由拒不到庭的，或者未经法庭许可中途退庭，按撤回再审请求处理的；

（三）人民检察院撤回抗诉的；

（四）有本解释第四百零二条第一项至第四项规定情形的。

因人民检察院提出抗诉裁定再审的案件，申请抗诉的当事人有前款规定的情形，且不损害国家利益、社会公共利益或者他人合法权益的，人民法院应当裁定终结再审程序。

再审程序终结后，人民法院裁定中止执行的原生效判决自动恢复执行。

《民诉解释》第四百一十条　一审原告在再审审理程序中申请撤回起诉，经其他当事人同意，且不损害国家利益、社会公共利益、他人合法权益的，人民法院可以准许。裁定准许撤诉的，应当一并撤销原判决。

一审原告在再审审理程序中撤回起诉后重复起诉的，人民法院不予受理。

《民诉解释》第四百一十二条　部分当事人到庭并达成调解协议，其他当事人未作出书面表示的，人民法院应当在判决中对该事实作出表述；调解协议内容不违反法律规定，且不损害其他当事人合法权益的，可以在判决主文中予以确认。

《民诉解释》第四百二十六条　对小额诉讼案件的判决、裁定，当事人以民事诉讼法第

二百条规定的事由向原审人民法院申请再审的，人民法院应当受理。申请再审事由成立的，应当裁定再审，组成合议庭进行审理。作出的再审判决、裁定，当事人不得上诉。

当事人以不应按小额诉讼案件审理为由向原审人民法院申请再审的，人民法院应当受理。理由成立的，应当裁定再审，组成合议庭审理。作出的再审判决、裁定，当事人可以上诉。

（《民诉解释》375 条-426 条）

真题演练

1. 李某向 A 公司追索劳动报酬。诉讼中，李某向法院申请先予执行部分劳动报酬，法院经查驳回李某申请。李某不服，申请复议。法院审查后再次驳回李某申请。李某对复议结果仍不服，遂向上一级法院申请再审。关于上一级法院对该再审申请的处理，下列哪一选项是正确的？① （10 年·卷三·42 题）

  A. 裁定再审   B. 决定再审

  C. 裁定不予受理   D. 裁定驳回申请

2. 甲公司诉乙公司合同纠纷案，南山市 S 县法院进行了审理并作出驳回甲公司诉讼请求的判决，甲公司未提出上诉。判决生效后，甲公司因收集到新的证据申请再审。下列哪些选项是正确的？② （09 年·卷三·87 题）

  A. 甲公司应当向 S 县法院申请再审

  B. 甲公司应当向南山市中级法院申请再审

  C. 法院应当适用一审程序再审本案

  D. 法院应当适用二审程序再审本案

3. 就瑞成公司与建华公司的合同纠纷，某省甲市中院作出了终审裁判。建华公司不服，打算启动再审程序。后其向甲市检察院申请检察建议，甲市检察院经过审查，作出驳回申请的决定。关于检察监督，下列哪些表述是正确的？③ （14 年·卷三·80 题）

  A. 建华公司可在向该省高院申请再审的同时，申请检察建议

  B. 在甲市检察院驳回检察建议申请后，建华公司可向该省检察院申请抗诉

  C. 甲市检察院在审查检察建议申请过程中，可向建华公司调查核实案情

  D. 甲市检察院在审查检察建议申请过程中，可向瑞成公司调查核实案情

4. 关于检察机关民事抗诉的表述，下列哪一选项是正确的？④ （08 年四川·卷三·44 题）

  A. 各级检察机关均享有法律规定的抗诉权

  B. 检察机关提出抗诉，应当经当事人同意

  C. 对于检察机关提出抗诉的案件，法院应当再审

  D. 对于检察机关提出抗诉而进行再审的案件，法院应当组成由审判员组成的合议庭

---

① D
② BD
③ CD
④ C

进行审理

5. 某省高级人民法院依照审判监督程序审理某案，发现张某是必须参加诉讼的当事人，而一、二审法院将其遗漏。在这种情况下该省高级人民法院应当如何处理?① （06年·卷三·49 题)

A. 可以通知张某参加诉讼，并进行调解，调解不成的，裁定撤销二审判决，发回二审法院重审

B. 可以通知张某参加诉讼，并进行调解，调解不成的，裁定撤销一、二审判决，发回一审法院重审

C. 应当直接裁定撤销二审判决，发回二审法院重审

D. 只能直接裁定撤销一、二审判决，发回一审法院重审

---

① B

12 第十二章 特别程序

特别提示

　　本章司法考试考查内容不多。通常考查的重点为：特别程序的特点和选民资格案件。但新增的确认调解协议案件和实现担保物权案件经过两年的高密度考查，仍将是今年司法考试的热点。

本章知识框架

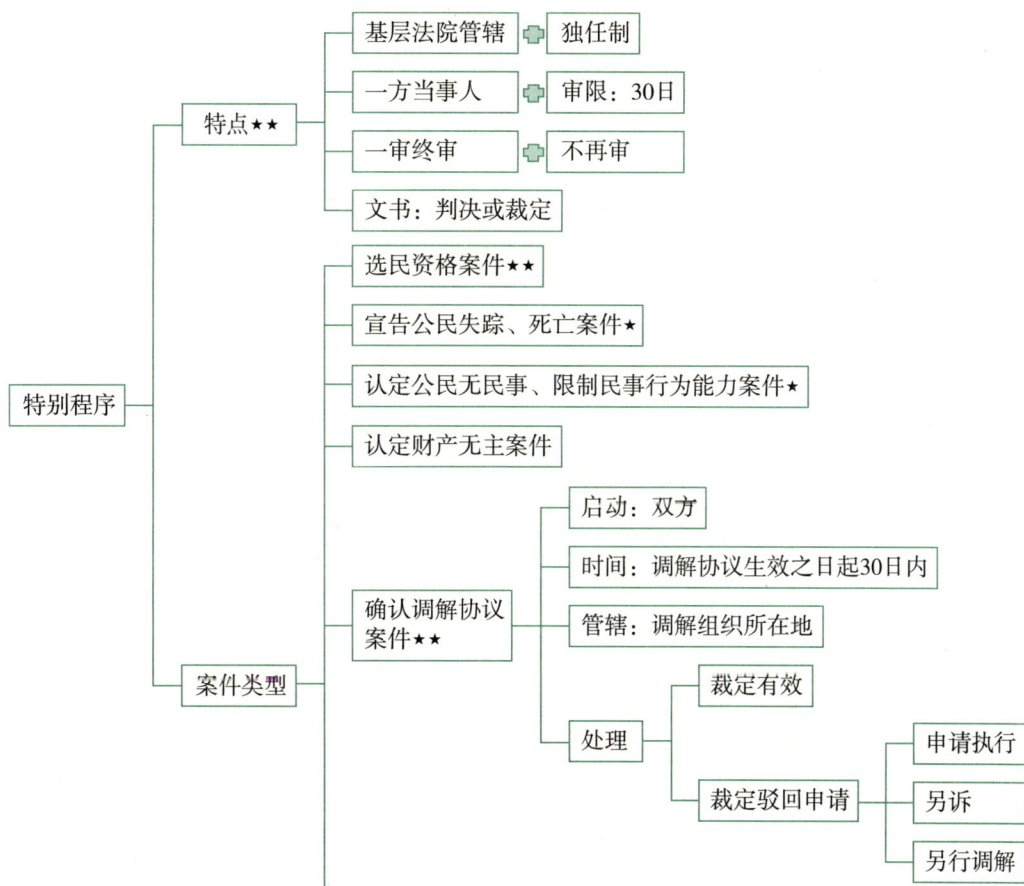

```
              ┌─ 特点★★ ─┬─ 基层法院管辖 ⇨ 独任制
              │          ├─ 一方当事人 ⇨ 审限：30日
              │          ├─ 一审终审 ⇨ 不再审
              │          └─ 文书：判决或裁定
              │
特别程序 ─────┤          ┌─ 选民资格案件★★
              │          ├─ 宣告公民失踪、死亡案件★
              │          ├─ 认定公民无民事、限制民事行为能力案件★
              │          ├─ 认定财产无主案件
              │          │
              └─ 案件类型 ┤          ┌─ 启动：双方
                         │          ├─ 时间：调解协议生效之日起30日内
                         ├─ 确认调解 ┼─ 管辖：调解组织所在地
                         │  协议案件★★│          ┌─ 裁定有效
                         │          └─ 处理 ┤          ┌─ 申请执行
                         │                 └─ 裁定驳回申请 ┼─ 另诉
                         │                               └─ 另行调解
                         │
```

实现担保物权案件★★
├─ 申请人：有权请求实现担保物权的人
├─ 管辖
│   ├─ 基层法院
│   └─ 海事法院
├─ 审理组织
│   ├─ 独任
│   └─ 合议：担保财产标的额超过基层法院管辖范围
└─ 处理
    ├─ 裁定拍卖、变卖
    └─ 裁定驳回 ──→ 另诉

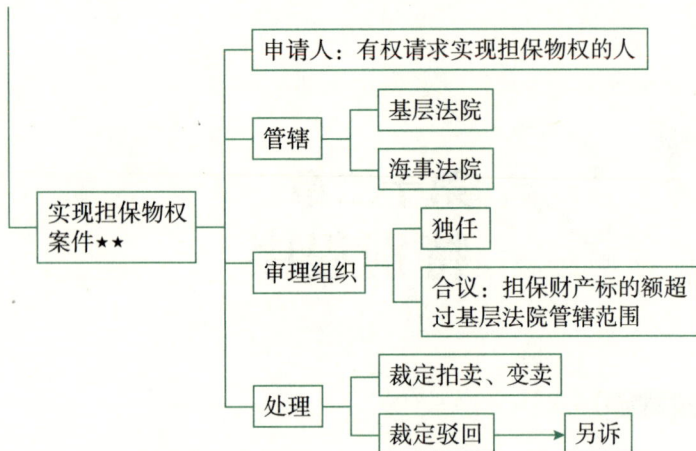

一、特别程序的特点

1. 审级：一审终审，生效法律文书不能上诉。

2. 审判组织：独任审理。但对于选民资格案件、重大疑难的案件、担保财产标的额超过基层法院管辖范围的实现担保物权案件，由审判员组成合议庭审理。

3. 当事人：除选民资格案件外，其他案件都没有对立的双方当事人，而只有一方当事人，启动程序的当事人，不一定与本案有直接利害关系。

4. 审理期限：应当在立案之日起 30 日内或者公告期满 30 日内审结（公告期不计入审理期限）。有特殊情况需要延长的，由本院院长批准。但审理选民资格案件必须在选举日前审结。

5. 救济：判决发生效力后，如发现认定事实或适用法律确有错误，无需启动再审程序（不存在再审），由当事人、利害关系人向原审法院提出异议，撤销或改变原判决、裁定。

6. 管辖：由相关基层人民法院管辖。

7. 文书：确认调解协议和实现担保物权案件用裁定，其他均为判决。

【例】关于《民事诉讼法》规定的特别程序的表述，下列哪一选项是正确的？（12 年·卷三·44 题）

A. 适用特别程序审理的案件都是非讼案件

B. 起诉人或申请人与案件都有直接的利害关系

C. 适用特别程序审理的案件都是一审终审

D. 陪审员通常不参加适用特别程序案件的审理

［答案］ C

［解析］特别程序包括：选民资格案件，宣告公民失踪、死亡案件，认定公民无行为能力、限制行为能力案件，认定财产无主案件。其中选民资格案件并非严格意义上的非讼案件，首先它不具有"民事性"，而是涉及选民的选举资格及正常的选举秩序；其次，选民资格案件因具备双方当事人（起诉人与选举委员会）而不具备非讼案件的基本特征，民事诉讼法将其规定在特别程序中，只是立法技术的需要。A 选项说法过于绝对，错误。特别程序中，起诉人或申请人有时与案件有直接的利害关系，有时与案件并没有直接的利害关系，比如选民资格案件中由于起诉人无限制，起诉人可能是没有直接利害关系的人，再如认定财产

无主案件中的申请人。因此，B 选项错误。C 选项正确，一审终审是特别程序的典型特点。D 选项不准确，陪审员是为克服职业法官审理争议案件思维局限性而设立的制度，陪审员一定不会参加特别程序的审理，而不是"通常不参加"。故本题的正确答案是 C 选项。

《民诉法》第一百七十八条　依照本章程序审理的案件，实行一审终审。选民资格案件或者重大、疑难的案件，由审判员组成合议庭审理；其他案件由审判员一人独任审理。

《民诉法》第一百七十九条　人民法院在依照本章程序审理案件的过程中，发现本案属于民事权益争议的，应当裁定终结特别程序，并告知利害关系人可以另行起诉。

《民诉法》第一百八十条　人民法院适用特别程序审理的案件，应当在立案之日起三十日内或者公告期满后三十日内审结。有特殊情况需要延长的，由本院院长批准。但审理选民资格的案件除外。

《民诉解释》第三百七十四条　适用特别程序作出的判决、裁定，当事人、利害关系人认为有错误的，可以向作出该判决、裁定的人民法院提出异议。人民法院经审查，异议成立或者部分成立的，作出新的判决、裁定撤销或者改变原判决、裁定；异议不成立的，裁定驳回。

对人民法院作出的确认调解协议、准许实现担保物权的裁定，当事人有异议的，应当自收到裁定之日起十五日内提出；利害关系人有异议的，自知道或者应当知道其民事权益受到侵害之日起六个月内提出。

《民诉解释》第三百八十条　适用特别程序、督促程序、公示催告程序、破产程序等非讼程序审理的案件，当事人不得申请再审。

二、选民资格案件

1. 申诉处理前置：对选民名单有不同意见的，应先向选举委员会申诉，对申诉决定不服的，再向人民法院起诉。

2. 起诉时间：起诉人在选举日的 5 日以前起诉。

3. 对起诉人无限制：主体不一定是选民本人。

4. 管辖：选区所在地基层人民法院。

5. 审理中的参与人特殊：起诉人、选民资格本人以及选举委员会的代表应参加案件的审理。

6. 审限：选举日前审结。

7. 判决书：法院的判决书，应当在选举日前送达选举委员会和起诉人，并通知有关公民。

【例】某基层人民法院在审理一选民资格案件的过程中，对案件进行了调解，该案最终以调解的方式结案。该基层人民法院的做法不正确。因为选民资格案件是通过审判程序来解决选举委员会公布的选民名单有无错写或漏写的问题，所以选民资格案件不能适用调解的方式结案。

【例】在基层人大代表换届选举中，村民刘某发现选举委员会公布的选民名单中遗漏了同村村民张某的名字，遂向选举委员会提出申诉。选举委员会认为，刘某不是本案的利害关系人无权提起申诉，故驳回了刘某的申诉，刘某不服诉至法院。下列哪一选项是错误的？

（09 年·卷三·49 题）

A. 张某、刘某和选举委员会的代表都必须参加诉讼

B. 法院应该驳回刘某的起诉，因刘某与案件没有直接利害关系

C. 选民资格案件关系到公民的重要政治权利，只能由审判员组成合议庭进行审理

D. 法院对选民资格案件做出的判决是终审判决，当事人不得对此提起上诉

［答案］B

［解析］ 对于选民资格案件实行一审终审制，由审判员组成合议庭审理，当事人不得对此提起上诉，C、D 选项正确。公民不服选举委员会对选民资格的申诉所作的处理决定，可以在选举日的 5 日以前向选区所在地基层人民法院起诉。选民资格案件中对起诉人没有必须是直接利害关系人的要求，据此，在案例中刘某对选举委员会的申诉决定不服有权提起诉讼，B 选项错误。人民法院受理选民资格案件后，必须在选举日前审结，审理时，起诉人、选举委员会的代表和有关公民必须参加。本题中作为相关权利人的张某、原告刘某和选举委员会的代表都必须参加诉讼，A 选项正确。

《民诉法》第一百八十一条 公民不服选举委员会对选民资格的申诉所作的处理决定，可以在选举日的五日以前向选区所在地基层人民法院起诉。

《民诉法》第一百八十二条 人民法院受理选民资格案件后，必须在选举日前审结。

审理时，起诉人、选举委员会的代表和有关公民必须参加。

人民法院的判决书，应当在选举日前送达选举委员会和起诉人，并通知有关公民。

三、宣告公民失踪、死亡案件

（一）宣告公民失踪案件

1. 宣告公民失踪的条件：

（1）该公民须有下落不明的客观事实存在。

（2）下落不明的期间须持续满 2 年。

（3）只能由该公民的利害关系人提出申请。利害关系人是指该公民的配偶、父母、子女、兄弟姐妹等近亲属及其他与被申请人有民事权利义务关系的人。

（4）申请人必须以书面形式向人民法院提出申请。

2. 公告期：法院受理宣告公民失踪案件后，应发出寻找下落不明人的公告，公告期为 3 个月。

3. 管辖：下落不明人住所地基层人民法院。

4. 失踪人财产的管理：由他或她的配偶、成年子女、父母、其他愿意担任财产代管人的人代为管理。

5. 财产代管人的变更：

（1）失踪人的财产代管人经人民法院指定后，代管人申请变更代管的，比照《民事诉讼法》特别程序的有关规定进行审理。

（2）失踪人的其他利害关系人申请变更代管人的，法院应告知其以原指定的代管人为被告起诉，并按普通程序进行审理。

6. 冲突：对同一自然人，有的利害关系人申请宣告死亡，有的利害关系人申请宣告失

踪，符合本法规定的宣告死亡条件的，人民法院应当宣告死亡。

7. 失踪人重新出现后的处理：

（1）该公民本人或者他的利害关系人有权向作出失踪宣告判决的法院提出申请。

（2）法院审查属实后，应当作出新判决，撤销原判决。

（3）原判决撤销后，财产代管人应对其代管的财产进行清理，并将该代管财产返还给失踪人。

（二）宣告公民死亡案件

1. 宣告公民死亡的条件：

（1）该公民须有下落不明的客观事实存在。

（2）下落不明达法定期间。

①一般情况下落不明的时间持续满 4 年，战争期间下落不明的，从战争结束之日起算持续满 4 年。

②因意外事故下落不明从公民音讯消失的次日起算持续满 2 年。

③经有关机构证明该公民不可能生存的，不受时间的限制。

（3）只能由该公民的利害关系人提出申请。

利害关系人，包括配偶；父母、子女；祖父母、外祖父母、孙子女、外孙子女；其他利害关系人。与宣告失踪不同，此处的利害关系人的申请有顺序限制，当意见不一致时，以前一顺序利害关系人意见为准；同一顺序利害关系人间，有人同意宣告死亡，有人不同意宣告死亡的，只要符合宣告死亡条件，应当宣告死亡。

2. 公告：

人民法院受理宣告死亡案件后，应当发出寻找下落不明人的公告。

公告期一般情况为 1 年；特殊情况：因意外事故下落不明，经有关机构证明该公民不可能生存的为 3 个月。

3. 管辖：下落不明人住所地的基层人民法院。

4. 宣告公民死亡的法律后果：公民被宣告死亡后，其法律效果与自然死亡基本相同。其民事权利义务随之消失，原有的夫妻关系也因此而消灭。继承法律关系开始。

5. 被宣告死亡的人重新出现的处理：

（1）该公民本人或者他的利害关系人有权向作出死亡宣告判决的法院提出申请。

（2）法院审查属实后，应当作出新判决、撤销原判决。

（3）原判决撤销后，财产关系应当恢复，即继承人应当将所继承的财产返还，原物不能返还的，作价返还。

（4）原判决撤销后，夫妻关系能否自行恢复取决于配偶是否再婚：只要是没有再婚，都可以自行恢复；如果配偶再婚了，就不能自行恢复，即便是再婚后又离婚或再婚后配偶死亡的，也不得自行恢复。

【例】李某因债务人刘某下落不明申请宣告刘某失踪。法院经审理宣告刘某为失踪人，并指定刘妻为其财产代管人。判决生效后，刘父认为由刘妻代管财产会损害儿子的利益，要求变更刘某的财产代管人。关于本案程序，下列哪一说法是正确的？（17 年·卷三·47 题）

A. 李某无权申请刘某失踪

B. 刘父应提起诉讼变更财产代管人，法院适用普通程序审理

C. 刘父应向法院申请变更刘妻的财产代管权，法院适用特别程序审理

D. 刘父应向法院申请再审变更财产代管权，法院适用再审程序审理

［答案］B

［解析］《民事诉讼法》第 183 条规定，公民下落不明满二年，利害关系人申请宣告其失踪的，向下落不明人住所地基层人民法院提出。李某作为债权人，是利害关系人，有权申请刘某失踪。A 项错误。

《民诉解释》第 344 条规定，失踪人的财产代管人经人民法院指定后，代管人申请变更代管的，比照民事诉讼法特别程序的有关规定进行审理。申请理由成立的，裁定撤销申请人的代管人身份，同时另行指定财产代管人；申请理由不成立的，裁定驳回申请。失踪人的其他利害关系人申请变更代管的，人民法院应当告知其以原指定的代管人为被告起诉，并按普通程序进行审理。

公民被宣告失踪后，不服财产代管人，应提起变更财产代管人的诉讼，而不是变更财产代管权。C 项、D 项错误。

代管人申请变更代管，适用特别程序，其他利害关系人申请变更代管人，适用普通程序审理。B 项正确。

四、认定公民无行为能力或者限制行为能力的案件

（一）提出申请的主体

利害关系人或有关组织（居民委员会、村民委员会、学校、医疗机构、妇女联合会、残疾人联合会、依法设立的老年人组织、民政部门等）。

（二）申请必须是书面的

【例】公民甲长期神志不清，思维混乱，现有人欲申请甲为无民事行为能力或限制民事行为能力，则甲的配偶乙及其儿子丙、甲所在单位或负有监护责任的组织、甲的债权人丁和甲的同事戊及朋友己中，只有甲的同事及朋友无权申请，其他三类人都有权作为申请人提出申请。

（三）确定代理人：为被申请人确定一个法定诉讼代理人

1. 申请人以外的该公民的近亲属为代理人。

2. 其他亲属。

3. 朋友（被申请人所在单位或者住所地的居民委员会、村民委员会同意，且愿意担任代理人的关系密切的）。

4. 被申请人住所地的居民委员会、村民委员会或者民政部门。

（四）对案件的处理

法院经审理认为申请有事实根据的，判决该公民为无民事行为能力或者限制民事行为能力人；认定申请没有事实根据的，应当判决予以驳回。

判决认定为无民事行为能力和限制民事行为能力人的，法院应当为其指定监护人，被指定人不服的，应在接到通知书次日起 30 日内向法院起诉。

（五）原判决的撤销

经本人、利害关系人或者有关组织的申请，证实该公民无民事行为能力或者限制民事行

为能力的原因已经消除的，应当作出新判决，撤销原判决。

（六）其他诉讼中当事人的民事行为能力需要认定：中止原诉讼，按照特别程序处理

五、认定财产无主案件

1. 对象：以有形财产为限。

2. 管辖：财产所在地基层人民法院。

3. 条件：公告期满 1 年无人认领。

4. 案外人对标的物提出要求：若案外人在公告期内提出财产请求，法院应当裁定终结特别程序，告知申请人另行起诉，适用普通程序进行审理。

5. 财产所有人出现的处理：判决认定财产无主后，原财产所有人或者继承人出现，在诉讼时效期间内即 2 年内可以对财产提出请求，法院审查属实后，应当作出新判决，撤销原判决。

六、确认调解协议案件

司法确认案件是指对于涉及当事人之间民事权利义务的纠纷，经人民调解组织和其他依法成立的具有调解职能的组织调解达成具有民事合同性质的协议后，由双方当事人自调解协议生效之日起 30 日内，共同到调解组织所在地基层人民法院申请确认调解协议的法律效力的一种新的案件类型。

协议范围不局限于人民调解委员会调解达成的协议，还可包括行政机关、商事调解组织、行业调解组织或者其他具有调解职能的组织调解达成的具有民事合同性质的协议。

1. 启动：双方当事人申请（有无争议均可）。

2. 管辖法院：调解组织所在地基层人民法院或者人民法庭。

两个以上调解组织参与调解的，各调解组织所在地基层人民法院均有管辖权。

3. 时间：自调解协议生效之日起 30 日内。

4. 撤回申请：确认调解协议的裁定作出前，当事人撤回申请的，人民法院可以裁定准许。

当事人无正当理由未在限期内补充陈述、补充证明材料或者拒不接受询问的，人民法院可以按撤回申请处理。

5. 处理：

（1）符合法律规定的：

①裁定调解协议有效；

②一方当事人拒绝履行或者未全部履行的，对方当事人可以向人民法院申请执行。

（2）不符合法律规定的：

①裁定不予受理的情形：不属于人民法院受理范围的；不属于收到申请的人民法院管辖的；申请确认婚姻关系、亲子关系、收养关系等身份关系无效、有效或者解除的；涉及适用其他特别程序、公示催告程序、破产程序审理的；调解协议内容涉及物权、知识产权确权的。

受理后发现有上述情形的，裁定驳回当事人的申请。

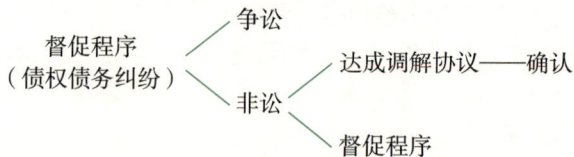

②裁定驳回申请的情形：违反法律强制性规定的；损害国家利益、社会公共利益、他人合法权益的；违背公序良俗的；违反自愿原则的；内容不明确的；其他不能进行司法确认的情形。

裁定驳回申请的，当事人可以通过调解方式变更原调解协议或者达成新的调解协议，也可以向人民法院提起诉讼。

【例】2015 年 4 月，居住在 B 市（直辖市）东城区的林剑与居住在 B 市西城区的钟阳（二人系位于 B 市北城区正和钢铁厂的同事）签订了一份借款合同，约定钟阳向林剑借款 20 万元，月息 1%，2017 年 1 月 20 日前连本带息一并返还。合同还约定，如因合同履行发生争议，可向 B 市东城区仲裁委员会仲裁。至 2017 年 2 月，钟阳未能按时履约。2017 年 3 月，二人到正和钢铁厂人民调解委员会（下称调解委员会）请求调解。调解委员会委派了三位调解员主持该纠纷的调解。

如调解成功，林剑与钟阳在调解委员会的主持下达成了调解协议，相关人员希望该调解协议被司法确认，下列说法正确的是：（17 年·卷三·97 题）

A. 应由林剑或钟阳向有管辖权的法院申请

B. 应由林剑、钟阳共同向有管辖权的法院申请

C. 应在调解协议生效之日起 30 日内提出申请，申请可以是书面方式，也可以是口头方式

D. 对申请的案件有管辖权的法院包括：B 市西城区法院、B 市东城区法院和 B 市北城区法院

［答案］BC

［解析］《民事诉讼法》第 194 条规定，申请司法确认调解协议，由双方当事人依照人民调解法等法律，自调解协议生效之日起三十日内，共同向调解组织所在地基层人民法院提出。因此，确认调解协议必须是双方当事人共同申请，而不能由一方申请。A 项错误，B 项正确。

根据上述规定，本案有管辖权的法院是调解组织所在的 B 市北城区法院。申请人住所地的 B 市西城区法院和 B 市东城区法院都没有管辖权。D 项错误。

《民事诉讼法》第 194 条规定，确认调解协议应在调解协议生效之日起 30 日内提出申请；《民诉解释》第 355 条规定，当事人申请司法确认调解协议，可以采用书面形式或者口头形式。当事人口头申请的，人民法院应当记入笔录，并由当事人签名、捺印或者盖章。C 项正确。

【例】李云将房屋出售给王亮，后因合同履行发生争议，经双方住所地人民调解委员会调解，双方达成调解协议，明确王亮付清房款后，房屋的所有权归属王亮。为确保调解协议的效力，双方约定向法院提出司法确认申请，李云随即长期出差在外。下列哪一说法是正确的？（15 年·卷三·45 题）

A. 本案系不动产交易，应向房屋所在地法院提出司法确认申请

B. 李云长期出差在外，王亮向法院提出确认申请，法院可受理

C. 李云出差两个月后，双方向法院提出确认申请，法院可受理

D. 本案的调解协议内容涉及物权确权，法院不予受理

［答案］D

［解析］申请确认调解协议有效的案件应向调解组织所在地法院申请，而不是房屋所在地法院。A 项错误。

申请确认调解协议案件，必须双方当事人共同向法院申请。一方申请，法院不能受理。B 项、C 项错误。

本案的调解协议内容涉及物权确权，法院不予受理是正确的。D 项正确。

【例】甲区 A 公司将位于丙市价值 5000 万元的写字楼转让给乙区的 B 公司。后双方发生争议，经丁区人民调解委员会调解达成协议：B 公司在 1 个月内支付购房款。双方又对该协议申请法院作出了司法确认裁定。关于本案及司法确认的表述，下列哪些选项是不正确的？(13 年·卷三·83 题)

A. 应由丙市中级法院管辖

B. 可由乙区法院管辖

C. 应由一名审判员组成合议庭，开庭审理司法确认申请

D. 本案的调解协议和司法确认裁定，均具有既判力

［答案］ABCD

［解析］本案调解组织所在地是丁区，应由丁区基层法院管辖。A 项、B 项错误。

调解协议的确认案件，应当由审判员一人独任审理，C 项错误。

既判力是指生效民事裁判的诉讼标的对双方当事人和法院所具有的强制性通用力。既判力要求当事人和后诉法院对确定判决内容必须予以遵守。从当事人的角度来说，对于既判的案件不得再为争执（即提出相异的诉讼主张），在制度上则体现为禁止当事人再行起诉（包括反诉），如再行起诉则应予驳回。既判力的积极效果（或作用）要求法院在处理后诉时应受确定判决的拘束，即法院应以确定判决中对诉讼标的之判断为基础来处理后诉，不得作出相异的判决。当事人就民事纠纷达成的调解协议，对当事人而言，其可以就该调解协议去向法院起诉，也可以共同申请法院司法确认，因此，调解协议并不具有对当事人必须遵守的强制性约束力，而调解协议经司法确认有效或无效的裁定，则对法院和当事人均有约束力，就调解协议的效力问题，当事人不得再行争议，法院也不得作出与之冲突的裁判。因而，调解协议和司法确认裁定中，具有既判力的是司法确认裁定，而不是调解协议。D 项错误。

《民诉法》第一百九十四条　申请司法确认调解协议，由双方当事人依照人民调解法等法律，自调解协议生效之日起三十日内，共同向调解组织所在地基层人民法院提出。

《民诉法》第一百九十五条　人民法院受理申请后，经审查，符合法律规定的，裁定调解协议有效，一方当事人拒绝履行或者未全部履行的，对方当事人可以向人民法院申请执行；不符合法律规定的，裁定驳回申请，当事人可以通过调解方式变更原调解协议或者达成新的调解协议，也可以向人民法院提起诉讼。

《民诉解释》第三百五十三条　申请司法确认调解协议的，双方当事人应当本人或者由

符合民事诉讼法第五十八条规定的代理人向调解组织所在地基层人民法院或者人民法庭提出申请。

《民诉解释》第三百五十四条　两个以上调解组织参与调解的，各调解组织所在地基层人民法院均有管辖权。

双方当事人可以共同向其中一个调解组织所在地基层人民法院提出申请；双方当事人共同向两个以上调解组织所在地基层人民法院提出申请的，由最先立案的人民法院管辖。

《民诉解释》第三百五十七条　当事人申请司法确认调解协议，有下列情形之一的，人民法院裁定不予受理：

（一）不属于人民法院受理范围的；

（二）不属于收到申请的人民法院管辖的；

（三）申请确认婚姻关系、亲子关系、收养关系等身份关系无效、有效或者解除的；

（四）涉及适用其他特别程序、公示催告程序、破产程序审理的；

（五）调解协议内容涉及物权、知识产权确权的。

人民法院受理申请后，发现有上述不予受理情形的，应当裁定驳回当事人的申请。

《民诉解释》第三百五十九条　确认调解协议的裁定作出前，当事人撤回申请的，人民法院可以裁定准许。

当事人无正当理由未在限期内补充陈述、补充证明材料或者拒不接受询问的，人民法院可以按撤回申请处理。

《民诉解释》第三百六十条　经审查，调解协议有下列情形之一的，人民法院应当裁定驳回申请：

（一）违反法律强制性规定的；

（二）损害国家利益、社会公共利益、他人合法权益的；

（三）违背公序良俗的；

（四）违反自愿原则的；

（五）内容不明确的；

（六）其他不能进行司法确认的情形。

七、实现担保物权案件

（一）申请主体

1. 担保物权人。

具体包括抵押权人、质权人、留置权人。

2. 其他有权请求实现担保物权的人。

（1）《物权法》第 220 条规定的"出质人"。

即"出质人可以请求质权人在债务履行期届满后及时行使质权；质权人不行使的，出质人可以请求人民法院拍卖、变卖质押财产。"

（2）《物权法》第 237 条规定的"财产被留置的债务人"。

即"债务人可以请求留置权人在债务履行期届满后行使留置权；留置权人不行使的，债务人可以请求人民法院拍卖、变卖留置财产。"

（3）《合同法》第 286 条规定的"建设工程承包人"。

即"发包人未按照约定支付价款的，承包人可以催告发包人在合理期限内支付价款。发包人逾期不支付的，除按照建设工程的性质不宜折价、拍卖的以外，承包人可以与发包人协议将该工程折价，也可以申请人民法院将该工程依法拍卖。建设工程的价款就该工程折价或者拍卖的价款优先受偿。"

（4）《海商法》、《民用航空器法》等法律中规定的船舶抵押权人、民用航空器抵押权人。

（二）管辖法院

担保财产所在地或者担保物权登记地基层人民法院。

特殊情形：

1. 实现票据、仓单、提单等有权利凭证的权利质权案件，可以由权利凭证持有人住所地人民法院管辖；无权利凭证的权利质权，由出质登记地人民法院管辖。

2. 实现担保物权案件属于海事法院等专门人民法院管辖的，由专门人民法院管辖。

（三）多个担保同时存在的处理

1. 既有物的担保又有人的担保，当事人对实现担保物权的顺序有约定，实现担保物权的申请违反该约定的，人民法院裁定不予受理；没有约定或者约定不明的，人民法院应当受理。

2. 同一财产上设立多个担保物权，登记在先的担保物权尚未实现的，不影响后顺位的担保物权人向人民法院申请实现担保物权。

（四）审理组织

由审判员一人独任审查。担保财产标的额超过基层人民法院管辖范围的，应当组成合议庭进行审查。

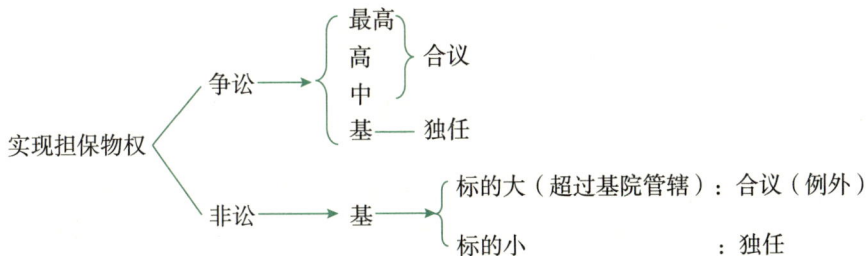

（五）法院处理

1. 人民法院受理申请后，经审查，符合法律规定的，裁定拍卖、变卖担保财产，当事人依据该裁定可以向人民法院申请执行。

2. 不符合法律规定的，裁定驳回申请，当事人可以向人民法院提起诉讼。

【例】甲公司与银行订立了标的额为 8000 万元的贷款合同，甲公司董事长美国人汤姆用自己位于 W 市的三套别墅为甲公司提供抵押担保。贷款到期后甲公司无力归还，银行向法院申请适用特别程序实现对别墅的抵押权。关于本案的分析，下列哪一选项是正确的？（14年·卷三·44题）

A. 由于本案标的金额巨大，且具有涉外因素，银行应向 W 市中院提交书面申请

B. 本案的被申请人只应是债务人甲公司

C. 如果法院经过审查，作出拍卖裁定，可直接移交执行庭进行拍卖

D. 如果法院经过审查，驳回银行申请，银行可就该抵押权益向法院起诉

［答案］ D

［解析］ 实现担保物权案件只能由基层法院管辖，不能由中级法院申请，A 项错误。

实现担保物权，要求确认的是担保物权关系是否存在，而不是就借贷关系是否存在有争议，因此被申请人应该是债务人和抵押人。B 项错误。法院作出裁定拍卖、变卖担保财产的，对该裁定，只能由当事人申请法院强制执行，而不能由法院主动移送执行。因此 C 项错误。

法院驳回申请的，当事人可以就抵押权的实现向法院再次起诉，由非诉程序转入诉讼程序，而不是就法院的抵押权裁定向法院起诉。D 项正确。

（六）程序错误的救济：提出异议

1. 对人民法院作出的确认调解协议、准许实现担保物权的裁定，当事人有异议的，应当自收到裁定之日起 15 日内提出；利害关系人有异议的，自知道或者应当知道其民事权益受到侵害之日起 6 个月内提出。

2. 异议成立或者部分成立的，作出新的判决、裁定撤销或者改变原判决、裁定；异议不成立的，裁定驳回。

【注意】对于确认调解协议和实现担保物权案件，只有"确认"调解协议、"准许实现"担保物权的肯定的裁定，当事人和利害关系人才有异议权；如果法院作出了驳回申请的否定的裁定，当事人和利害关系人是没有异议权的，此时当事人之间没有实体权利义务关系被法院确定下来，如果其不服，只能就原来的法律关系——调解协议所涉及的法律关系和担保物权问题向法院另行起诉。

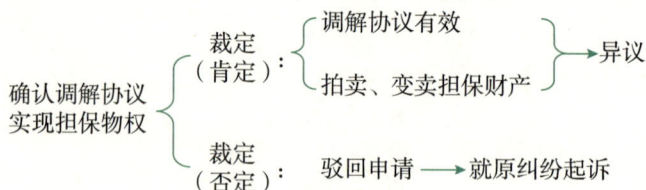

《民诉法》第一百九十六条 申请实现担保物权，由担保物权人以及其他有权请求实现担保物权的人依照物权法等法律，向担保财产所在地或者担保物权登记地基层人民法院提出。

《民诉法》第一百九十七条 人民法院受理申请后，经审查，符合法律规定的，裁定拍卖、变卖担保财产，当事人依据该裁定可以向人民法院申请执行；不符合法律规定的，裁定驳回申请，当事人可以向人民法院提起诉讼。

《民诉解释》第三百六十一条 民事诉讼法第一百九十六条规定的担保物权人，包括抵押权人、质权人、留置权人；其他有权请求实现担保物权的人，包括抵押人、出质人、财产被留置的债务人或者所有权人等。

《民诉解释》第三百六十二条 实现票据、仓单、提单等有权利凭证的权利质权案件，可以由权利凭证持有人住所地人民法院管辖；无权利凭证的权利质权，由出质登记地人民法院管辖。

《民诉解释》第三百六十三条 实现担保物权案件属于海事法院等专门人民法院管辖的，

由专门人民法院管辖。

《民诉解释》第三百六十四条　同一债权的担保物有多个且所在地不同，申请人分别向有管辖权的人民法院申请实现担保物权的，人民法院应当依法受理。

《民诉解释》第三百六十五条　依照物权法第一百七十六条的规定，被担保的债权既有物的担保又有人的担保，当事人对实现担保物权的顺序有约定，实现担保物权的申请违反该约定的，人民法院裁定不予受理；没有约定或者约定不明的，人民法院应当受理。

《民诉解释》第三百六十六条　同一财产上设立多个担保物权，登记在先的担保物权尚未实现的，不影响后顺位的担保物权人向人民法院申请实现担保物权。

《民诉解释》第三百六十九条　实现担保物权案件可以由审判员一人独任审查。担保财产标的额超过基层人民法院管辖范围的，应当组成合议庭进行审查。

《民诉解释》第三百七十条　人民法院审查实现担保物权案件，可以询问申请人、被申请人、利害关系人，必要时可以依职权调查相关事实。

《民诉解释》第三百七十一条　人民法院应当就主合同的效力、期限、履行情况，担保物权是否有效设立、担保财产的范围、被担保的债权范围、被担保的债权是否已届清偿期等担保物权实现的条件，以及是否损害他人合法权益等内容进行审查。

被申请人或者利害关系人提出异议的，人民法院应当一并审查。

《民诉解释》第三百七十二条　人民法院审查后，按下列情形分别处理：

（一）当事人对实现担保物权无实质性争议且实现担保物权条件成就的，裁定准许拍卖、变卖担保财产；

（二）当事人对实现担保物权有部分实质性争议的，可以就无争议部分裁定准许拍卖、变卖担保财产；

（三）当事人对实现担保物权有实质性争议的，裁定驳回申请，并告知申请人向人民法院提起诉讼。

《民诉解释》第三百七十三条　人民法院受理申请后，申请人对担保财产提出保全申请的，可以按照民事诉讼法关于诉讼保全的规定办理。

真题演练

根据我国民事诉讼法的规定，下列哪些案件的审理程序中公告是必经的程序？[①]（07年·卷三·82题）

A. 甲在车祸中导致精神失常，其妻向法院申请要求认定甲为无民事行为能力人

B. 2005年1月乙被冲入大海后一直杳无音信，2007年3月其妻向法院申请宣告乙死亡

C. 丙拿一张5万元的支票到银行兑现，途中遗失，丙向银行所在地的区法院提出申请公示催告

D. 某施工单位施工时挖出一个密封的金属盒，内藏一本宋代经书，该施工单位向法院申请认定经书及盒子为无主财产

---

① BCD

13 第十三章 督促程序

特别提示 ▶

　　本章不是重点考查的内容，分值一般为 1～2 分，但考查频率较高。本章重点问题如下：申请支付令的条件、支付令的效力、支付令异议、支付令的送达、诉讼程序和督促程序的转换。

　　督促程序是指债权人请求人民法院发布附有条件的命令，督促债务人在一定期间内履行一定的给付义务的特别程序。附有条件的命令就是人民法院基于债权人的请求，对债务人发布的支付令。

本章知识框架

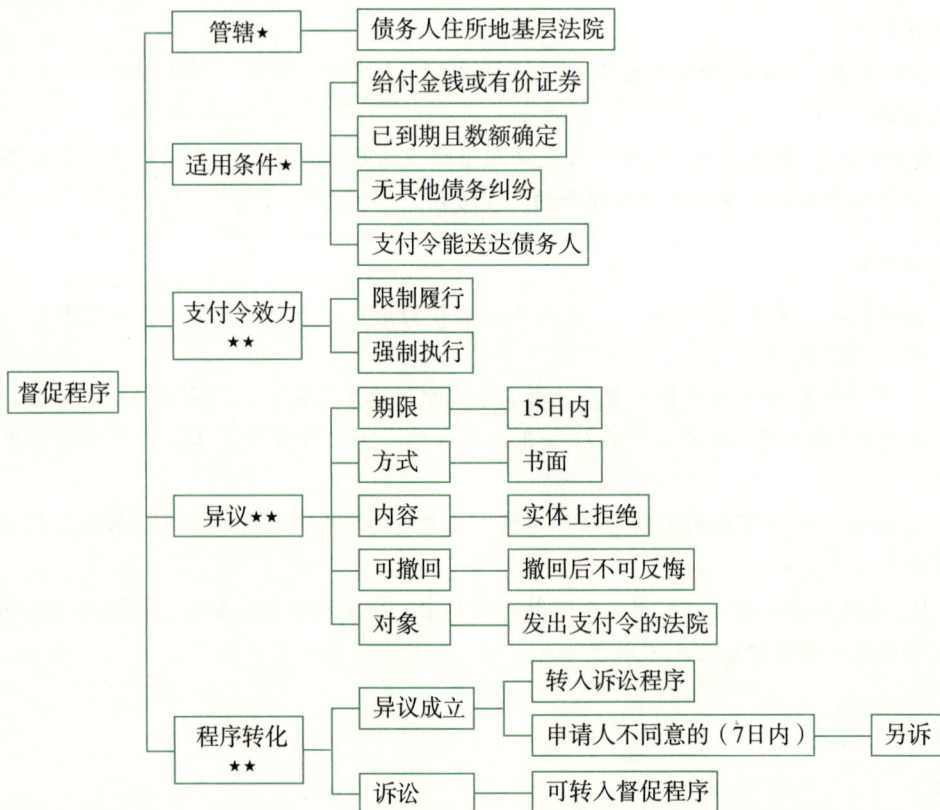

```
                            ┌── 管辖★ ──── 债务人住所地基层法院
                            │
                            │              ┌── 给付金钱或有价证券
                            │              │
                            │── 适用条件★ ─┤── 已到期且数额确定
                            │              │
                            │              ├── 无其他债务纠纷
                            │              │
                            │              └── 支付令能送达债务人
                            │
                            │── 支付令效力 ─┬── 限制履行
                            │      ★★     │
                            │              └── 强制执行
                            │
                            │              ┌── 期限 ──── 15日内
  督促程序 ─────────────────┤              │
                            │              ├── 方式 ──── 书面
                            │              │
                            │── 异议★★ ──┼── 内容 ──── 实体上拒绝
                            │              │
                            │              ├── 可撤回 ── 撤回后不可反悔
                            │              │
                            │              └── 对象 ──── 发出支付令的法院
                            │
                            │              ┌── 异议成立 ─┬── 转入诉讼程序
                            │── 程序转化 ──┤             │
                                  ★★     │             └── 申请人不同意的（7日内）── 另诉
                                           │
                                           └── 诉讼 ──── 可转入督促程序
```

一、督促程序的管辖、审判组织与审级

1. 债务人住所地的基层人民法院。中级以上的人民法院不能适用督促程序审理案件。

2. 独任审判。

3. 实行一审终审，且不得申请再审。

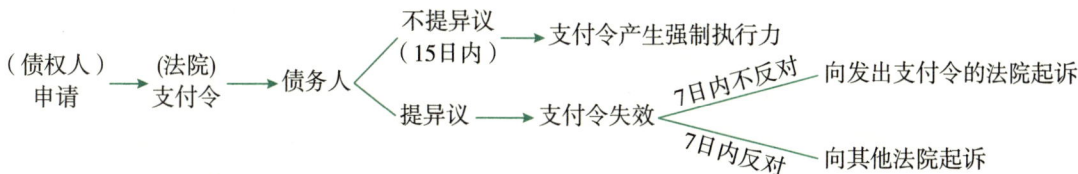

二、申请支付令的条件

1. 适用范围：金钱、有价证券（汇票、本票、支票、股票、债券、国库券、可转让存款单）。

2. 请求给付的金钱或有价证券已到履行期且数额确定。

3. 债权人和债务人之间不存在对待给付义务。

4. 支付令能够送达债务人。债务人不在我国境内的，或者虽在我国境内但下落不明的，不适用督促程序。支付令只能对债务人本人适用留置送达。

【例】在督促程序中，人民法院向债务人发出支付令后，债务人地址不对，无法送达支付令，此种情况属于支付令无法送达的情形，督促程序应当终结。

三、支付令的效力

1. 债务人限期清偿债务的效力：支付令一经制作发出，即具有限期（15 日内）债务人履行或提出书面异议的效力。

2. 具有强制执行效力：15 日异议期满债务人无人提出异议或提出异议被驳回，则支付令方具有强制执行的效力。

四、支付令的异议

1. 异议期限：债务人应当自收到支付令之日起 15 日内向人民法院提出。

2. 异议的形式：必须是书面的，口头异议无效。

3. 异议提出的方式：

（1）向发出支付令的法院提出书面异议。

（2）向发出支付令的法院起诉。

【例】甲公司购买乙公司的产品，丙公司以其房产为甲公司提供抵押担保。因甲公司未按约支付 120 万元货款，乙公司向 A 市 B 县法院申请支付令。法院经审查向甲公司发出支付令，甲公司拒绝签收。甲公司未在法定期间提出异议，而以乙公司提供的产品有质量问题为由向 A 市 C 区法院提起诉讼。关于本案，下列哪些表述是正确的？（17 年·卷三·83 题）

A. 甲公司拒绝签收支付令，法院可采取留置送达

B. 甲公司提起诉讼，法院应裁定中止督促程序

C. 乙公司可依支付令向法院申请执行甲公司的财产

D. 乙公司可依支付令向法院申请执行丙公司的担保财产

［答案］AC

［解析］《民诉解释》第 431 条规定，向债务人本人送达支付令，债务人拒绝接收的，人民法院可以留置送达。甲公司作为债务人，拒绝签收支付令，法院可采取留置送达。A 项正确。

《民诉解释》第 433 条规定，债务人在收到支付令后，未在法定期间提出书面异议，而向其他人民法院起诉的，不影响支付令的效力。本案发出支付令的是 A 市 B 县法院，债务人甲公司未在法定期间向其提出异议，而以乙公司提供的产品有质量问题为由向另一个法院 A市 C 区法院提起诉讼，不构成异议，支付令生效，乙公司可依支付令向法院申请执行甲公司的财产。B 项错误，C 项正确。

《民诉解释》第 436 条规定，对设有担保的债务的主债务人发出的支付令，对担保人没有拘束力。本案中法院发出的支付令只对债务人甲公司具有拘束力，对担保人丙公司没有拘束力。D 项错误。

【例】甲公司因乙公司拖欠货款向 A 县法院申请支付令，经审查甲公司的申请符合法律规定，A 县法院向乙公司发出支付令。乙公司收到支付令后在法定期间没有履行给付货款的义务，而是向 A 县法院提起诉讼，要求甲公司承担因其提供的产品存在质量问题的违约责任。关于本案，下列哪些选项是正确的？(11 年·卷三·85 题)

A. 支付令失效

B. 甲公司可以持支付令申请强制执行

C. A 县法院应当受理乙公司的起诉

D. A 县法院不应受理乙公司的起诉

［答案］AC

［解析］债务人在收到支付令后，不在法定期间提出书面异议，而向其他人民法院起诉的，不影响支付令的效力。债务人向其他人民法院起诉不影响支付令的效力，但债务人向发出支付令的法院起诉是影响支付令的效力的。故本案中支付令失效，甲公司不能持支付令申请强制执行。故 A 选项正确，B 选项错误。乙公司的起诉，A 县法院应当受理。故 C 选项正确，D 选项错误。

4. 异议的内容：应针对债务关系本身，必须是实体上的拒绝，无须附加理由。

(1) 对清偿能力、期限、方式等提出不同意见的，不影响支付令的效力。

(2) 就多个诉讼请求中的一个或部分提出异议的，异议的效力不及于其他请求。

(3) 债权人基于同一债权债务关系，就可分之债向多个债务人提出支付请求，多个债务人中的一个或几人提出异议的，不影响其他请求的效力。

(4) 债务人就一项请求中的部分内容提出异议，异议的效力及于全部请求。

(5) 对设有担保的债务的主债务人发出的支付令，对担保人没有拘束力。债权人就担保关系单独提起诉讼的，支付令自人民法院受理案件之日起失效。

5. 对异议的审查。

(1) 经审查，异议成立的，裁定终结督促程序。

【注意】法院不对异议进行实质性审查，而是审查异议是否是按照督促程序的要求提出的，比如是否只是提出没有清偿能力，只要当事人对实体问题有争议，无论理由是否成立，都应当裁定终结督促程序。

（2）支付令失效的，转入诉讼程序，但申请支付令的一方当事人不同意提起诉讼的除外。

【注意】人民法院发出支付令前，申请人撤回申请的，裁定终结督促程序；人民法院作出终结督促程序前，债务人请求撤回异议的，应当准许，但异议撤回后不可反悔。

【例】甲向乙借款 20 万元，丙是甲的担保人，现已到偿还期限，经多次催讨未果，乙向法院申请支付令。法院受理并审查后，向甲送达支付令。甲在法定期间未提出异议，但以借款不成立为由向另一法院提起诉讼。关于本案，下列哪一说法是正确的？（15 年·卷三·47 题）

A. 甲向另一法院提起诉讼，视为对支付令提出异议

B. 甲向另一法院提起诉讼，法院应裁定终结督促程序

C. 甲在法定期间未提出书面异议，不影响支付令效力

D. 法院发出的支付令，对丙具有拘束力

［答案］C

［解析］《民诉解释》第 433 条规定，债务人在收到支付令后，未在法定期间提出书面异议，而向其他人民法院起诉的，不影响支付令的效力。因此，向发出支付令的法院提出异议或者向发出支付令的法院起诉债务人均构成支付令中的异议，甲向其他法院起诉不构成异议。A 项错误。

甲向另一法院提起诉讼不构成异议，支付令生效，法院不应裁定终结督促程序。B 项错误。

《民事诉讼法》第 216 条规定第 2 款、第 3 款规定，债务人应当自收到支付令之日起 15 日内清偿债务，或者向人民法院提出书面异议。债务人在前款规定的期间不提出异议又不履行支付令的，债权人可以向人民法院申请执行。甲向另一法院起诉，不构成异议，支付令生效，不影响支付令发生效力。C 项正确。

《民诉解释》第 436 条规定，对设有担保的债务的主债务人发出的支付令，对担保人没有拘束力。法院发出的支付令，对丙没有拘束力，D 项错误。

五、督促程序和普通程序的转换

1. 诉讼程序转为督促程序：对已按照诉讼程序受理的案件，当事人没有争议，符合督促程序规定条件的，可以转入督促程序。

2. 督促程序转为诉讼程序：支付令失效的，转入诉讼程序，但申请支付令的一方当事人不同意提起诉讼的除外。

支付令失效后，申请支付令的一方当事人不同意提起诉讼的，应当自收到终结督促程序裁定之日起 7 日内向受理申请的人民法院提出。申请支付令的一方当事人不同意提起诉讼的，不影响其向其他有管辖权的人民法院提起诉讼。

支付令失效后，申请支付令的一方当事人自收到终结督促程序裁定之日起 7 日内未向受理申请的人民法院表明不同意提起诉讼的，视为向受理申请的人民法院起诉。债权人提出支付令申请的时间，即为向人民法院起诉的时间。

【如】张三北京人、李四上海人，张三向上海的法院申请，要求李四给一两万元，结果李四提出异议了。支付令失效，自行转入诉讼程序——由上海法院审理。此时申请方张三不同意向上海法院起诉，7 日内向受理案件的上海法院提出，其可以向有管辖权的其他法院——北京法院起诉。

【例】单某将八成新手机以 4000 元的价格卖给卢某，双方约定：手机交付卢某，卢某先付款 1000 元，待试用一周没有问题后再付 3000 元。但试用期满卢某并未按约定支付余款，多次催款无果后单某向 M 法院申请支付令。M 法院经审查后向卢某发出支付令，但卢某拒绝签收，法院采取了留置送达。20 天后，卢某向 N 法院起诉，以手机有质量问题要求解除与单某的买卖合同，并要求单某退还 1000 元付款。根据本案，下列哪些选项是正确的？（16 年·卷三·82 题）

A. 卢某拒绝签收支付令，M 法院采取留置送达是正确的

B. 单某可以依支付令向法院申请强制执行

C. 因卢某向 N 法院提起了诉讼，支付令当然失效

D. 因卢某向 N 法院提起了诉讼，M 法院应当裁定终结督促程序

[答案] AB

[解析] 向债务人本人送达支付令，债务人拒绝接收的，人民法院可以留置送达。卢某作为债务人，法院向其留置送达支付令是正确的。A 项正确。

卢某在 M 法院向其发出支付令后，不向 M 法院起诉，却向 N 法院起诉，该起诉不构成异议，支付令生效。单某可以根据生效的支付令向法院申请强制执行。B 项正确.

卢某向 N 法院起诉不构成异议，支付令生效，C 项错误。支付令生效，M 法院不用裁定终结督促程序，督促程序自然终结，D 项错误。

【例】黄某向法院申请支付令，督促陈某返还借款。送达支付令时，陈某拒绝签收，法官遂进行留置送达。12 天后，陈某以已经归还借款为由向法院提起书面异议。黄某表示希望法院彻底解决自己与陈某的借款问题。下列哪一说法是正确的？（14 年·卷三·46 题）

A. 支付令不能留置送达，法官的送达无效

B. 提出支付令异议的期间是 10 天，陈某的异议不发生效力

C. 陈某的异议并未否认二人之间存在借贷法律关系，因而不影响支付令的效力

D. 法院应将本案转为诉讼程序审理

[答案] D

[解析] 债务人提出异议的期间是 15 天而不是 10 天，陈某的异议在收到支付令之日起 15 内提出，且异议是针对债权债务关系提出的，陈某异议成立。B 项错误。支付令可以留置送达，但只能留置给债务人本人，对其同住成年家属不能留置送达。A 项中法官对债务人送达支付令时，债务人拒绝接受，对其可以适用留置送达，法官的送达有效。A 项错误。陈某以已经归还借款为由向法院提起书面异议，借款归还后黄某和陈某间的借贷合同法律关系消灭，黄某对陈某就不再享有请求权。陈某的异议否认了黄某和陈某之间的债权关系，陈某的异议成立、生效，支付令失效。C 项错误。本案中债务人提出异议，异议针对债权债务关系提出，异议成立，支付令失效。同时债权人黄某表示希望法院彻底解决自己与陈某的借款问题，说明其不反对提起诉讼，因此，法院应依职权将案件转入诉讼程序审理。D 项正确。

【例】胡某向法院申请支付令，督促彗星公司缴纳房租。彗星公司收到后立即提出书面

异议称，根据租赁合同，彗星公司的装修款可以抵销租金，因而自己并不拖欠租金。对于法院收到该异议后的做法，下列哪些选项是正确的？（13 年·卷三·84 题）

A. 对双方进行调解，促进纠纷的解决

B. 终结督促程序

C. 将案件转为诉讼程序审理，但彗星公司不同意的除外

D. 将案件转为诉讼程序审理，但胡某不同意的除外

［答案］BD

［解析］督促程序是非诉程序，法院对当事人之间的争议不得调解，即调解原则在特别程序、督促程序和公示催告程序中是不适用的。A 项错误。督促程序中，债务人提出的异议成立，则裁定终结督促程序。债务人的异议成立，是指债务人必须就债权债务关系本身是否存在提出异议，则异议成立，否则异议不成立。本案中彗星公司称自己并不拖欠租金，是直接否定了债务的存在，因而异议成立。法院应当裁定终结督促程序。B 项正确。支付令失效的，转入诉讼程序，但申请支付令的一方当事人不同意提起诉讼的除外，而不是异议人不同意的除外。申请支付令的是胡某，不是彗星公司。D 项正确，C 项错误。

《民诉法》第二百一十四条　债权人请求债务人给付金钱、有价证券，符合下列条件的，可以向有管辖权的基层人民法院申请支付令：

（一）债权人与债务人没有其他债务纠纷的；

（二）支付令能够送达债务人的。

《民诉法》第二百一十六条　人民法院受理申请后，经审查债权人提供的事实、证据，对债权债务关系明确、合法的，应当在受理之日起十五日内向债务人发出支付令；申请不成立的，裁定予以驳回。

债务人应当自收到支付令之日起十五日内清偿债务，或者向人民法院提出书面异议。

债务人在前款规定的期间不提出异议又不履行支付令的，债权人可以向人民法院申请执行。

《民诉法》第二百一十七条　人民法院收到债务人提出的书面异议后，经审查，异议成立的，应当裁定终结督促程序，支付令自行失效。

支付令失效的，转入诉讼程序，但申请支付令的一方当事人不同意提起诉讼的除外。

《民诉解释》第四百二十九条第三款　基层人民法院受理申请支付令案件，不受债权金额的限制。

《民诉解释》第四百三十六条　对设有担保的债务的主债务人发出的支付令，对担保人没有拘束力。

债权人就担保关系单独提起诉讼的，支付令自人民法院受理案件之日起失效。

《民诉解释》第四百三十九条　人民法院作出终结督促程序或者驳回异议裁定前，债务人请求撤回异议的，应当裁定准许。

债务人对撤回异议反悔的，人民法院不予支持。

《民诉解释》第四百四十条　支付令失效后，申请支付令的一方当事人不同意提起诉讼的，应当自收到终结督促程序裁定之日起七日内向受理申请的人民法院提出。

申请支付令的一方当事人不同意提起诉讼的，不影响其向其他有管辖权的人民法院提起诉讼。

《民诉解释》第四百四十一条 支付令失效后，申请支付令的一方当事人自收到终结督促程序裁定之日起七日内未向受理申请的人民法院表明不同意提起诉讼的，视为向受理申请的人民法院起诉。

债权人提出支付令申请的时间，即为向人民法院起诉的时间。

《民诉解释》第四百四十三条 人民法院院长发现本院已经发生法律效力的支付令确有错误，认为需要撤销的，应当提交本院审判委员会讨论决定后，裁定撤销支付令，驳回债权人的申请。

真题演练

1. 关于支付令，下列哪些说法是正确的？① （10年·卷三·89题）

A. 法院送达支付令债务人拒收的，可采取留置送达

B. 债务人提出支付令异议的，法院无需审查异议理由客观上是否属实

C. 债务人收到支付令后不在法定期间提出异议而向法院起诉的，不影响支付令的效力

D. 支付令送达后即具有强制执行力

2. 甲公司向乙公司购买了5万元的苹果，甲公司以乙公司提供的苹果不符合约定为由拒绝付款。为此，乙公司向法院申请支付令，要求甲公司支付货款。在支付令异议期间，甲公司既不提出异议又不履行义务，而是向另一法院提起诉讼，要求退货。下列说法中哪一项是正确的？② （08年·卷三·49题）

A. 甲公司的起诉行为使支付令失去效力

B. 甲公司的起诉行为不能阻止支付令的效力

C. 甲公司的起诉行为产生债务人异议的法律后果

D. 甲公司起诉后，受理支付令申请的法院应裁定终结督促程序

3. 甲因乙不返还借款向法院申请支付令，法院依法发出了支付令。关于本案，下列哪些选项是正确的？③ （08年四川·卷三·84题）

A. 法院审理该案时不开庭

B. 债务人拒绝签收支付令时，法院可采取留置送达

C. 法院对借款事实不作出判决加以认定

D. 支付令在债务人没有提出异议或异议被驳回之后才具有法律效力

4. 对民事诉讼法规定的督促程序，下列哪一选项是正确的？④ （07年·卷三·34题）

A. 向债务人送达支付令时，债务人拒绝签收的，法院可以留置送达

B. 向债务人送达支付令时法院发现债务人下落不明的，可以公告送达

C. 支付令送达债务人之后，在法律规定的异议期间，支付令不具有法律效力

D. 债务人对支付令提出异议，通常以书面的形式，但书写异议书有困难的，也可以

---

① AB

② B

③ ABC

④ A

口头提出

5. 甲因乙拒不归还到期借款而向法院申请支付令。法院审查后向乙发出支付令。下列哪些说法是正确的?① (06 年·卷三·79 题)

A. 乙可以向法院提出异议,由法院审查异议理由是否成立

B. 乙可以向法院提出异议,法院不审查理由

C. 乙在法定期间既不提出异议也不履行的,甲可以向法院申请强制执行

D. 乙在法定期间内向本院就该借款纠纷起诉的,支付令失效

6. 个体工商户李某拖欠甲公司货款 5 万元,甲公司多次催讨无果,遂向李某所在地的基层人民法院申请支付令。法院受理后经过审查,认为该申请成立。下列说法哪些是正确的?② (03 年·卷三·76 题)

A. 如果在向李某送达支付令时,李某拒绝接收,人民法院可以留置送达

B. 如果李某在法定期间提出书面异议,人民法院应对异议理由是否成立进行审查

C. 如果李某在法定期间向法院书面说明目前还钱确有困难并承诺在 2 个月后一定还清,则支付令可不生效

D. 如果李某在法定期间未提出书面异议但向甲公司所在地的人民法院起诉,请求确认该债务已经偿还,则支付令的效力不受影响

---

① BCD

② AD

14

第十四章
公示催告程序

本章知识框架

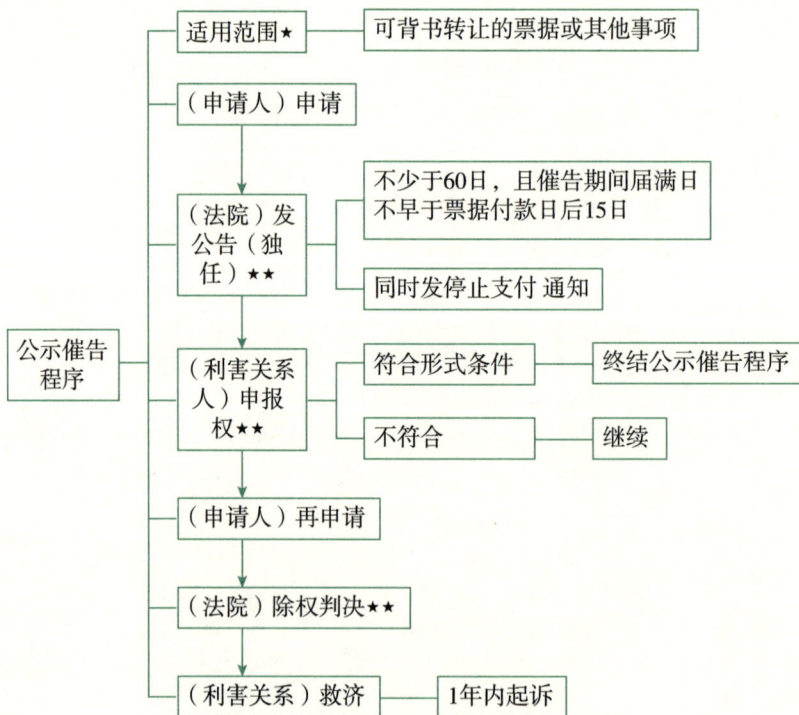

```
                    ┌─ 适用范围★ ──── 可背书转让的票据或其他事项
                    │
                    ├─（申请人）申请
                    │
                    │                    ┌── 不少于60日，且催告期间届满日
                    │  （法院）发         │    不早于票据付款日后15日
                    ├─ 公告（独 ──┤
                    │   任）★★         └── 同时发停止支付 通知
                    │
   公示催告          │  （利害关系        ┌─ 符合形式条件 ──── 终结公示催告程序
   程序    ─────────┼─ 人）申报 ──┤
                    │   权★★           └─ 不符合 ──── 继续
                    │
                    ├─（申请人）再申请
                    │
                    ├─（法院）除权判决★★
                    │
                    └─（利害关系）救济 ──── 1年内起诉
```

一、公示催告程序的特点

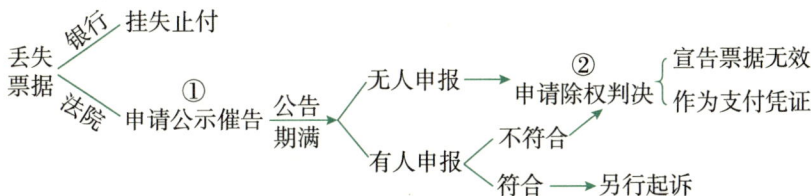

1. 程序的非讼性。程序的启动基于权利人的申请，无答辩程序。

2. 适用范围的特定性。

（1）可以背书转让的票据被盗、遗失或灭失的。

（2）依照法律规定可以申请公示催告的其他事项，包括记名股票、提单、仓单等提货凭证。

3. 管辖的特殊性。基层人民法院管辖。

4. 审理程序简略。只有公示催告和除权判决两个阶段，采用书面审查的方式。

5. 审判组织的特殊性。在公示催告阶段，审判组织可以适用独任制，而在除权判决阶段，则必须适用合议制。

6. 审理的形式特殊。以不开庭的形式对票据或其他事项上的实质性权利的归属进行审查。

7. 实行一审终审，且不得申请再审。

【例】下列关于公示催告程序特点的哪些说法是正确的？（06 年·卷三·76 题）

A. 公示催告程序仅适用于基层人民法院

B. 公示催告程序实行一审终审

C. 公示催告程序中没有答辩程序

D. 公示催告程序中没有开庭审理程序

［答案］ABCD

［解析］特别、督促、公示催告程序都由基层法院审理，实行一审终审，AB 两项正确。公示催告程序是非讼程序，以假定没有争议为前提，没有针锋相对的双方当事人，因此，没有答辩程序，也不开庭审理，CD 项正确。

二、申请公示催告的条件

1. 申请人须是权利凭证的最后合法持有人。

2. 申请的对象是可以背书转让的票据以及法律规定允许公示催告的事项。

3. 申请的原因必须是权利凭证被盗、遗失或灭失，同时利害关系人处于不明确状态。

【例】甲有一张可以背书转让的汇票，一天甲不小心将该汇票丢失，当甲正准备向人民法院申请公示催告程序时，无意得知自己的汇票被乙捡到，甲没有直接向乙询问，而是向人民法院提出申请，并将自己所知的这一事实告知了法院。甲的申请不符合公示催告程序的条件，所以法院对其申请不予受理。申请公示催告程序的条件之一就是票据被盗、遗失或灭失，同时利害关系人处于不明确状态。本案中甲的汇票遗失符合条件，但同时应当注意的是甲在申请公示催告前得知乙捡到了自己的汇票，说明此时利害关系人处于明确的状态，所以本案不符合申请公示催告程序的条件，应适用诉讼程序要求乙归还汇票。

4. 申请的方式必须是书面形式。

5. 必须向有管辖权的法院提出申请：票据支付地等的基层人民法院。

三、公示催告

1. 人民法院决定受理的，应当同时通知支付人停止支付。

2. 受理后 3 日内发出公告，催促利害关系人申报权利。

公告期间不得少于 60 日，且公示催告期间届满日不得早于票据付款日后 15 日。

【如】1. 比如我的票据是 5 月 1 号丢了，是张农行 100 万的这个票据。我这张票据是六个月之后到期，那就是 11 月 1 号到期。我 5 月 2 号就向法院申请公示催告。然后法院 5 月 3 号发出了公示催告的公告。他确定公示催告期间届满日是 8 月 2 号。合法吗？

不合法。他虽然不少于 60 日，但是它比票据的付款日还要早。从理论上来讲，蔡老师声称说我的这个票据丢了，假如真正的权利人不是我，而是另外一个男蔡辉。5 月 2 号法院发公告说 8 月 2 号之前要是有利害关系人的话，男蔡辉可以申报权利，但实际上他不会在 11 月 1 号之前天天闲着没事干去看人民法院公报，说看我这张票据有没有被宣告无效，男蔡辉就不能真正行使权利。男蔡辉只有在票据付款日到了要保障其真正行使权利，至少给其 15 天的时间申报权利，因此确定的公示催告期间届满日就必须在 11 月 16 日以后。

2. 上述案情，我 10 月 8 号丢的，10 月 9 号向法院申请发公告。确定了催告期间届满日是 11 月 20 号。合不合法？

不合法。虽然不早于票据付款日后 15 日，但少于 60 天。

四、申报权利

1. 时间：除权判决作出之前都可以申报，并不限于公示催告期间。

【例】海昌公司因丢失票据申请公示催告，期间届满无人申报权利，海昌公司遂申请除权判决。在除权判决作出前，家佳公司看到权利申报公告，向法院申报权利。对此，法院下列哪一做法是正确的？（17 年·卷三·48 题）

A. 因公示催告期满，裁定驳回家佳公司的权利申报

B. 裁定追加家佳公司参加案件的除权判决审理程序

C. 应裁定终结公示催告程序

D. 作出除权判决，告知家佳公司另行起诉

［答案］C

［解析］《民诉解释》第 450 条规定，在申报期届满后、判决作出之前，利害关系人申报权利的，应当适用《民事诉讼法》第 221 条第 2 款、第 3 款规定处理。《民事诉讼法》第 221 条规定，利害关系人应当在公示催告期间向人民法院申报。人民法院收到利害关系人的申报后，应当裁定终结公示催告程序，并通知申请人和支付人。申请人或者申报人可以向人民法院起诉。

利害关系人申报权利，原则上应在公示催告期间申报，但最晚在申报期届满后、判决作出之前，利害关系人也可申报权利。A 项错误。

人民法院收到利害关系人的申报后，应当裁定终结公示催告程序。C 项正确。

公示催告程序是非讼程序，权利人申报权利成立，法院裁定终结公示催告程序，转为争讼程序审理申请人和申报人之间的纠纷，而不允许权利人参加除权判决程序。B项错误。

权利人申报权利成立，就不能再做除权判决，此时终结公示催告程序，自动转入诉讼程序，不需要申报人另行起诉。D项错误。

2. 审查：形式审查，仅审查申请公示催告的票据和利害关系人出示的票据是否一致，对权利凭证的实际归属不作实质审查。

①符合形式条件的申报，裁定终结公示催告程序。

②不符合形式条件的申报，裁定驳回利害关系人的申报。

【例】大界公司就其遗失的一张汇票向法院申请公示催告，法院经审查受理案件并发布公告。在公告期间，盘堂公司持被公示催告的汇票向法院申报权利。对于盘堂公司的权利申报，法院实施的下列哪些行为是正确的？（16年·卷三·83题）

A. 应当通知大界公司到法院查看盘堂公司提交的汇票

B. 若盘堂公司出具的汇票与大界公司申请公示的汇票一致，则应当开庭审理

C. 若盘堂公司出具的汇票与大界公司申请公示的汇票不一致，则应当驳回盘堂公司的申请

D. 应当责令盘堂公司提供证明其对出示的汇票享有所有权的证据

［答案］AC

［解析］《民诉解释》第451条规定，利害关系人申报权利，人民法院应当通知其向法院出示票据，并通知公示催告申请人在指定的期间查看该票据。公示催告申请人申请公示催告的票据与利害关系人出示的票据不一致的，应当裁定驳回利害关系人的申报。A项、C项正确。

《民事诉讼法》第221条规定，利害关系人应当在公示催告期间向人民法院申报。人民法院收到利害关系人的申报后，应当裁定终结公示催告程序，并通知申请人和支付人。申请人或者申报人可以向人民法院起诉。因此，若盘堂公司出具的汇票与大界公司申请公示的汇票一致，法院应终结公示催告程序，并通知大界公司和盘堂公司可以向法院起诉，如果当事人不起诉，公示催告程序结束，不存在直接开庭审理的情形。B项错误。

根据上述法条的规定，利害关系人申报权利，法院只作形式审查，只审查申请公示催告的票据与利害关系人出示的票据是否一致，不会审查权利是否真正归属申报权利人，因而不会要求供证明其对出示的汇票享有所有权的证据。D项错误。

3. 公示催告期间，转让票据权利的行为无效。

【例】甲公司因票据遗失向法院申请公示催告。在公示催告期间届满的第3天，乙向法院申报权利。下列哪一说法是正确的？（12年·卷三·46题）

A. 因公示催告期间已经届满，法院应当驳回乙的权利申报

B. 法院应当开庭，就失票的权属进行调查，组织当事人进行辩论

C. 法院应当对乙的申报进行形式审查，并通知甲到场查验票据

D. 法院应当审查乙迟延申报权利是否具有正当事由，并分别情况作出处理

［答案］C

［解析］利害关系人在公示催告期间向人民法院申报权利的，人民法院应当裁定终结公示催告程序。利害关系人在申报期届满后，判决作出之前申报权利的，同样应裁定终结公示

催告程序。因此 A 选项错误。公示催告程序作为一种非讼程序是不适用辩论原则的，法院仅进行形式审查，因此 B 选项错误，C 选项正确。D 选项错误：首先，乙在法院作出除权判决前申报权利并不算迟延申报；再次，法院审查迟延事由并分别情况作出处理，属于无中生有。

【例】甲公司因遗失汇票，向 A 市 B 区法院申请公示催告。在公示催告期间，乙公司向 B 区法院申报权利。关于本案，下列哪些说法是正确的？（09 年·卷三·89 题）

A. 对乙公司的申报，法院只就申报的汇票与甲公司申请公示催告的汇票是否一致进行形式审查，不进行权利归属的实质审查

B. 乙公司申报权利时，法院应当组织双方当事人进行法庭调查与辩论

C. 乙公司申报权利时，法院应当组成合议庭审理

D. 乙公司申报权利成立时，法院应当裁定终结公示催告程序

［答案］AD

［解析］在公示催告期间利害关系人进行权利申报，只对票据是否一致进行形式审查，而不对权利归属进行实质审查，所以，A 选项正确。法院收到权利申报后，直接裁定终结公示催告程序，而不组织双方当事人进行法庭调查与辩论，D 选项正确，B 选项错误。适用公示催告程序审理案件，可由审判员一人独任审理；判决宣告票据无效的，应当组成合议庭审理。本案中，乙公司申报权利时，可由审判员一人独任审理，故 C 选项错误。

五、除权判决

除权判决是指在公示催告期间，无利害关系人申报权利或申报权利被驳回，人民法院根据申请人的申请所作出的，宣告已丧失的票据或其他事项无效的判决。

1. 作出除权判决的条件：

（1）公示催告期间届满，无利害关系人申报权利或申报权利被驳回。

（2）申请人申请作出除权判决。

（3）申请人在申报权利期间届满次日起 1 个月内提出申请。

2. 除权判决的效力。

（1）票据等权利凭证失去效力。

（2）丧失票据等权利凭证的申请人依此判决实现权利，即自判决公告之日起，申请人有权向支付人请求支付。

（3）除权判决应当公告，并通知支付人，除权判决自公告之日起生效，当事人不得上诉。

【例】甲公司财务室被盗，遗失金额为 80 万元的汇票一张。甲公司向法院申请公示催告，法院受理后即通知支付人 A 银行停止支付，并发出公告，催促利害关系人申报权利。在公示催告期间，甲公司按原计划与材料供应商乙企业签订购货合同，将该汇票权利转让给乙企业作为付款。公告期满，无人申报，法院即组成合议庭作出判决，宣告该汇票无效。关于本案，下列哪些说法是正确的？（15 年·卷三·85 题）

A. A 银行应当停止支付，直至公示催告程序终结

B. 甲公司将该汇票权利转让给乙企业的行为有效

C. 甲公司若未提出申请，法院可以作出宣告该汇票无效的判决

D. 法院若判决宣告汇票无效，应当组成合议庭

[答案] AD

[解析]《民事诉讼法》第220条规定，支付人收到人民法院停止支付的通知，应当停止支付，至公示催告程序终结。公示催告期间，转让票据权利的行为无效。A项正确，B项错误。

《民事诉讼法》第222条规定，没有人申报的，人民法院应当根据申请人的申请，作出判决，宣告票据无效。判决应当公告，并通知支付人。自判决公告之日起，申请人有权向支付人请求支付。除权判决必须经过当事人申请方可作出，C项错误。

《民诉解释》第454条规定，适用公示催告程序审理案件，可由审判员一人独任审理；判决宣告票据无效的，应当组成合议庭审理。D项正确。

六、对利害关系人的救济

利害关系人因正当理由不能在判决前向法院申报的，自知道或者应当知道判决公告之日起1年内，可以向作出判决的法院起诉。

【例】甲的汇票遗失，向法院申请公示催告。公告期满后无人申报权利，甲申请法院作出了除权判决。后乙主张对该票据享有票据权利，只是因为客观原因而没能在判决前向法院申报权利。乙可以采取哪种法律对策？(07年·卷三·46题)

A. 申请法院撤销该除权判决

B. 在知道或者应当知道判决公告之日起一年内，向作出除权判决的法院起诉

C. 依照审判监督程序的规定，申请法院对该案件进行再审

D. 在2年的诉讼时效期间之内，向作出除权判决的法院起诉

[答案] B

[解析] 法院按照公示催告程序作出的判决是除权判决，只是宣布票据无效，不存在无效判决一说。除权判决自公告之日起生效，不可以上诉也不可以申请再审。为了保障票据利害关系人的权益，利害关系人因正当理由不能在判决前向人民法院申报的，自知道或者应当知道判决公告之日起一年内，可以向作出判决的人民法院起诉。所以B选项正确。

《民诉法》第二百一十八条　按照规定可以背书转让的票据持有人，因票据被盗、遗失或者灭失，可以向票据支付地的基层人民法院申请公示催告。依照法律规定可以申请公示催告的其他事项，适用本章规定。

《民诉法》第二百一十九条　人民法院决定受理申请，应当同时通知支付人停止支付，并在三日内发出公告，催促利害关系人申报权利。公示催告的期间，由人民法院根据情况决定，但不得少于六十日。

《民诉法》第二百二十条　支付人收到人民法院停止支付的通知，应当停止支付，至公示催告程序终结。

公示催告期间，转让票据权利的行为无效。

《民诉法》第二百二十一条　利害关系人应当在公示催告期间向人民法院申报。

人民法院收到利害关系人的申报后，应当裁定终结公示催告程序，并通知申请人和支付人。

申请人或者申报人可以向人民法院起诉。

《民诉法》第二百二十二条　没有人申报的，人民法院应当根据申请人的申请，作出判决，宣告票据无效。判决应当公告，并通知支付人。自判决公告之日起，申请人有权向支付人请求支付。

《民诉法》第二百二十三条　利害关系人因正当理由不能在判决前向人民法院申报的，自知道或者应当知道判决公告之日起一年内，可以向作出判决的人民法院起诉。

《民诉解释》第四百四十九条　公告期间不得少于六十日，且公示催告期间届满日不得早于票据付款日后十五日。

▌▌真题演练

1. 下列哪一项表述符合公示催告程序的法律规定？① （05 年·卷三·40 题）

A. 公示催告程序只适用于基层人民法院

B. 公示催告程序仅适用于各种票据的公示催告

C. 除权判决应当宣告票据是否无效

D. 当事人不服法院的除权判决，可以提起上诉

2. 从民事诉讼法的规定来看，督促程序和公示催告程序具有下列哪些共同特点？② （04 年·卷三·74 题）

A. 程序的启动是基于权利人的申请，无答辩程序

B. 程序设计上无开庭审理阶段

C. 都设置了义务人或利害关系人申报权利的程序

D. 对法院的处理结果不服者，均不能提出上诉，也不能申请再审

---

① 　A
② 　ABD

15 第十五章 执行程序

特别提示

　　本章是司法考试的重点考查内容。重点问题如下：执行根据、执行管辖、执行行为异议、案外人执行异议、执行和解、参与分配、执行担保与执行回转；申请执行的条件；移送执行的案件；执行措施；执行中止与执行终结的法定情形。特别是关于执行根据、执行管辖、执行行为异议、案外人执行异议、执行和解问题均为高频考点，应当成为考生复习的重点内容。

本章知识框架

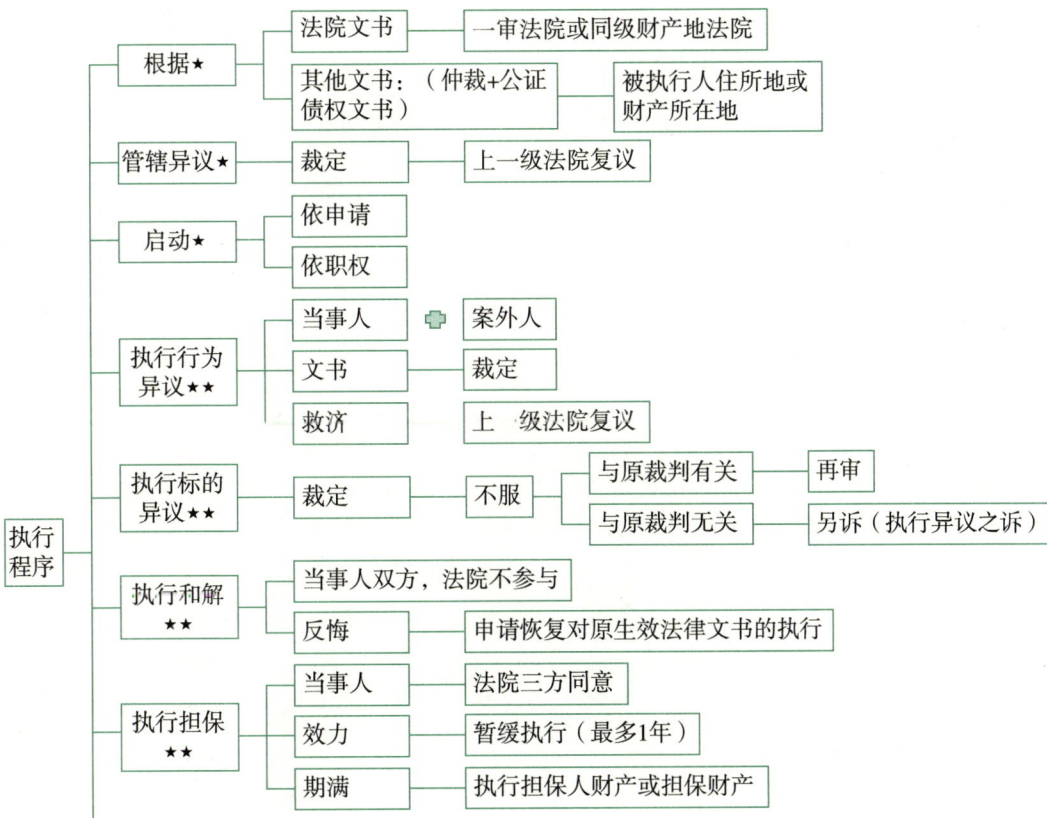

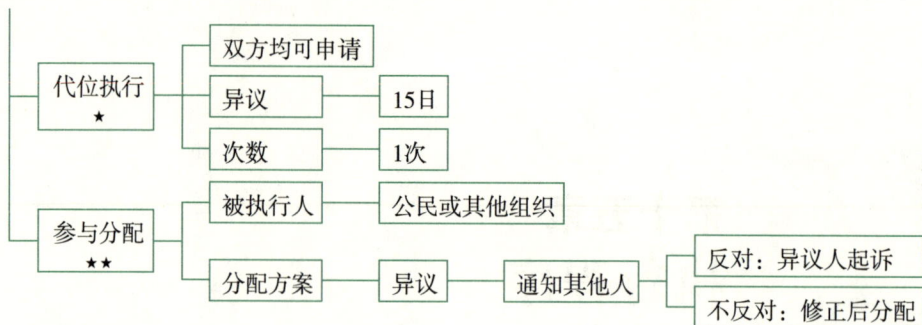

```
                  ┌─ 双方均可申请
       代位执行 ──┼─ 异议 ──── 15日
         ★        └─ 次数 ──── 1次

                  ┌─ 被执行人 ──── 公民或其他组织
       参与分配 ──┤                                              ┌─ 反对：异议人起诉
         ★★       └─ 分配方案 ── 异议 ── 通知其他人 ──┤
                                                                 └─ 不反对：修正后分配
```

一、执行依据

在执行程序中，可以作为人民法院民事执行根据的应当是发生法律效力的法律文书，具体包括：人民法院制作的民事判决书、裁定书、调解书，刑事附带民事诉讼的判决书、调解书，人民法院制作的支付令，公证机关制作的赋予强制执行效力的债权文书，仲裁机构制作的仲裁裁决书、调解书，经人民法院裁定承认其效力的外国法院作出的判决、裁定，以及国外仲裁机构作出的仲裁裁决，法律规定由人民法院执行的其他法律文书。

【注意】外国法院的生效判决或仲裁机构的生效裁决不属于我国民事执行的根据。根据《最高人民法院关于法院执行工作若干问题的规定》（以下简称《执行规定》）第 2 条第（五）项的规定，经人民法院裁定承认其效力的外国法院作出的判决、裁定，以及国外仲裁机构作出的仲裁裁决可以作为执行根据。即外国法院的判决、裁定和仲裁机构的裁定不能直接作为执行根据，只有我国人民法院对其予以承认和执行，并制作出予以承认、执行的裁定，此时该判决、裁定才为民事执行根据。

【例】关于民事审判程序与民事执行程序的关系，下列哪些说法是错误的？（09 年·卷三·86 题）

A. 民事审判程序是确认民事权利义务的程序，民事执行程序是实现民事权利义务关系的程序

B. 法院对案件裁定进行再审时，应当裁定终结执行

C. 民事审判程序是民事执行程序的前提

D. 民事执行程序是民事审判程序的继续

［答案］ BCD

［解析］民事审判是确认民事权利义务的程序，而民事执行程序是实现民事权利义务关系的程序，因此 A 选项正确。法院使用决定的形式准许是否再审；法院决定再审后，使用裁定的方式中止执行程序。所以 B 选项错误。"民事审判程序是民事执行程序前提"的说法，犯了以偏概全的错误。仲裁裁决、公证机关依法赋予强制执行效力的债权文书、刑事判决、裁定中的财产部分等均是民事执行的依据，能够引起民事执行程序。因此，C 选项错误。民事执行程序的存在具有相对的独立性，并非民事审判程序的继续。一个案件经过审判程序作出相应的裁判，当事人依法履行了裁判文书中的确定义务，就不存在执行的问题了。所以，D 选项错误。

【例】执行根据下列哪些文书可以作为民事执行根据？（05 年·卷三·72 题）

A. 法院按督促程序发出的支付令

B. 行政判决书

C. 刑事附带民事判决书

D. 公证机关依法赋予强制执行效力的关于追偿债款的债权文书

［答案］ABCD

［解析］执行机构负责执行下列生效法律文书：（1）人民法院民事、行政判决、裁定、调解书，民事制裁决定、支付令，以及刑事附带民事判决、裁定、调解书；（2）依法应由人民法院执行的行政处罚决定、行政处理决定；（3）我国仲裁机构作出的仲裁裁决和调解书；人民法院依据《中华人民共和国仲裁法》有关规定作出的财产保全和证据保全裁定；（4）公证机关依法赋予强制执行效力的关于追偿债款、物品的债权文书；（5）经人民法院裁定承认其效力的外国法院作出的判决、裁定，以及国外仲裁机构作出的仲裁裁决；（6）法律规定由人民法院执行的其他法律文书。所以，A、B、C、D选项均是正确的。

《民诉法》第二百二十四条　发生法律效力的民事判决、裁定，以及刑事判决、裁定中的财产部分，由第一审人民法院或者与第一审人民法院同级的被执行的财产所在地人民法院执行。

法律规定由人民法院执行的其他法律文书，由被执行人住所地或者被执行的财产所在地人民法院执行。

《民诉法》第二百三十八条　对公证机关依法赋予强制执行效力的债权文书，一方当事人不履行的，对方当事人可以向有管辖权的人民法院申请执行，受申请的人民法院应当执行。

公证债权文书确有错误的，人民法院裁定不予执行，并将裁定书送达双方当事人和公证机关。

《民诉法》第二百三十九条　申请执行的期间为二年。申请执行时效的中止、中断，适用法律有关诉讼时效中止、中断的规定。

《民诉解释》第四百八十三条　申请执行人超过申请执行时效期间向人民法院申请强制执行的，人民法院应予受理。被执行人对申请执行时效期间提出异议，人民法院经审查异议成立的，裁定不予执行。

被执行人履行全部或者部分义务后，又以不知道申请执行时效期间届满为由请求执行回转的，人民法院不予支持。

二、执行管辖

执行管辖，是指划分人民法院办理执行案件的权限和分工，即据以执行的法律文书具体由哪一个法院执行。

（一）执行的地域管辖

1. 人民法院制作的具有财产给付内容的民事判决书、裁定书、调解书和刑事判决书、裁定书中的财产部分，由第一审人民法院或者与第一审人民法院同级的被执行的财产所在地人民法院执行。

人民法庭审结的案件，由人民法庭负责执行。其中复杂、疑难或者被执行人不在本法院辖区的案件，由执行机构执行。

2. 发生法律效力的支付令，由制作支付令的人民法院负责执行。

3. 其他文书：由被执行人住所地或者被执行财产所在地人民法院执行。

仲裁机构作出的仲裁裁决（包括国内仲裁裁决和涉外仲裁裁决），由被执行人住所地或者被执行财产所在地中级人民法院执行。

当事人在仲裁中申请保全：国内仲裁中，由被申请人住所地或被申请保全财产所在地、对案件有管辖权的基层人民法院裁定并执行；涉外仲裁中，由上述相应的中级人民法院裁定并执行。

当事人在仲裁中申请证据保全：国内仲裁中，由证据所在地的、对案件有管辖权的基层人民法院裁定并执行；涉外仲裁中，由上述相应的中级人民法院裁定并执行。

```
                  ┌ 自愿履行
                  │              ┌ 一审法院
  法院文书 ──→   ┤ 强制执行 ──┤
                  │              └ 同级财产所在地
                  │              ┌ 被执行人住所地
  其他文书 ──→   ┤ 强制执行 ──┤
                  │              └ 被执行财产所在地
                  └ 自愿履行
```

（二）共同管辖的处理：由最先立案的法院执行

对两个以上人民法院都有管辖权的执行案件，人民法院在立案前发现其他有管辖权的人民法院已经立案的，不得重复立案。立案后发现其他有管辖权的人民法院已经立案的，应当撤销案件；已经采取执行措施的，应当将控制的财产交先立案的执行法院处理。

（三）执行管辖权异议

人民法院受理执行申请后，当事人对管辖权有异议的，应当自收到执行通知书之日起 10 日内提出。人民法院对当事人提出的异议，应当审查。异议成立的，应当撤销执行案件，并告知当事人向有管辖权的人民法院申请执行；异议不成立的，裁定驳回。当事人对裁定不服的，可以向上一级人民法院申请复议。管辖权异议审查和复议期间，不停止执行。

【注意】诉讼中和执行中当事人都可以提出管辖权异议，法院均以裁定处理。但对诉讼管辖权异议，当事人不服的可以上诉，执行管辖异议不服的是向上一级人民法院申请复议；诉讼管辖异议成立的，法院应当移送管辖，而执行管辖异议成立的，法院是撤销案件。

【例】甲诉乙侵权一案经某市东区法院一审终结，判决乙赔偿甲 6 万元。乙向该市中级法院提出上诉，二审法院驳回了乙的上诉请求。乙居住在该市南区，家中没有什么值钱的财产，但其在该市西区集贸市场存有价值 5 万元的货物。甲应当向下列哪一个法院申请执行？(05 年·卷三·44 题)

A. 该市东区法院　　　　　　　　　　B. 该市南区法院

C. 该市西区法院　　　　　　　　　　D. 该市中级法院

［答案］AC（司法部当年公布答案为 A）。

［解析］发生法律效力的民事判决、裁定，以及刑事判决、裁定中的财产部分，由第一审人民法院或者与第一审人民法院同级的被执行的财产所在地人民法院执行。本题中二审法院驳回了乙的上诉请求，一审判决生效，第一审人民法院或者与第一审人民法院同级的被执行的财产所在地人民法院均可执行。本题正确答案为 A、C 选项。

三、执行程序的启动

执行程序的开始方式一般有两种情形：申请执行和移送执行。

（一）申请执行

申请执行是指有给付内容的法律文书生效后，享有权利的一方当事人在对方拒不履行义务的情况下，可以向有管辖权的人民法院申请强制执行，以实现其民事权益的诉讼行为。

1. 申请执行的条件：

（1）申请执行的法律文书已经生效。

（2）申请执行人是法律文书确定的权利人或其继承人、权利承受人。

（3）申请执行人在法定期限 2 年内提出申请。

【注意1】申请执行时效的中止、中断，适用法律有关诉讼时效中止、中断的规定。上述第（3）条规定的期间，从法律文书规定履行期间的最后 1 日计算；法律文书规定分期履行的，从规定的每次履行期间的最后 1 日起计算；法律文书未规定履行期间的，从法律文书生效之日起计算。诉讼时效不仅可以中止、中断，还可以延长。

【注意2】申请执行人超过申请执行时效期间向人民法院申请强制执行的，人民法院应予受理。被执行人对申请执行时效期间提出异议，人民法院经审查异议成立的，裁定不予执行。

（4）申请执行的法律文书具有给付内容，且执行标的和被执行人明确。

（5）属于受申请执行的人民法院管辖。

（6）义务人在生效法律文书确定的期限内未履行义务。

2. 不予执行的情形：

（1）当事人申请执行的公证债权文书确有错误的，人民法院裁定不予执行。

（2）被申请人提出证据证明仲裁裁决有下列情形之一的，经人民法院审查核实，裁定不予执行：

①当事人在合同中没有订有仲裁条款或者事后没有达成书面仲裁协议的。

②裁决的事项不属于仲裁协议的范围或者仲裁机构无权仲裁的。

③仲裁庭的组成或者仲裁的程序违反法定程序的。

④裁决所根据的证据是伪造的。

⑤对方当事人向仲裁机构隐瞒了足以影响公正裁决的证据的。

⑥仲裁员在仲裁该案时有贪污受贿、徇私舞弊、枉法裁决行为的。

⑦人民法院认定执行裁决违背社会公共利益的，裁定不予执行。

（二）移送执行

移送执行是指人民法院制作的法律文书生效后，由审理该案的审判人员依职权直接将案件交付执行机构强制执行的诉讼行为。下列发生法律效力的法律文书可以移送执行：

1. 判决、裁定具有给付赡养费、扶养费、抚育费、医药费和劳动报酬等内容的法律文书。

2. 人民法院作出的民事制裁决定书。

3. 刑事附带民事判决、裁定、调解书中含有财产执行内容的法律文书。

4. 审判人员认为确应移送执行的其他法律文书。

四、执行异议

执行异议分为对执行标的的异议和对执行行为的异议。

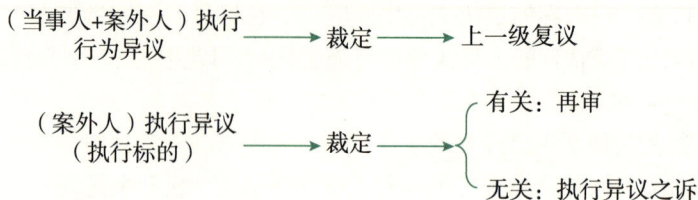

（当事人+案外人）执行
行为异议 ——→ 裁定 ——→ 上一级复议

（案外人）执行异议
（执行标的） ——→ 裁定 ——→ { 有关：再审

无关：执行异议之诉

（一）对执行标的异议

对执行标的的异议是指在执行过程中，案外人对被执行的财产的全部或一部分主张权利要求法院停止并变更执行的请求。

1. 执行标的异议的条件。

（1）执行过程中。

（2）提出异议的主体必须是案外人。

【注意】当事人不能成为执行异议的主体。

（3）针对执行标的。

2. 执行标的异议的程序问题。

（1）异议应采用书面形式，并提供相应的证据。

（2）审查期限：法院应当自收到书面异议之日起 15 日内审查。

①执行法院应当进行实质性审查，以确认异议人是否真的对执行标的享有权利。

②审查期间可以对财产采取查封、扣押、冻结等保全措施，但不得进行处分。

（3）异议的处理：

①审查认为异议成立的，由执行员报请院长批准，裁定中止执行。中止执行应当限于案外人依《民事诉讼法》第 206 条规定提出异议部分的财产范围。对被执行人的其他财产，不应中止执行。

②理由不成立的，裁定驳回。

3. 对执行标的的异议裁定不服的救济。

（1）案外人、当事人对裁定不服，认为原判决、裁定错误的，依照审判监督程序处理：异议成立，由当事人申请再审；异议不成立，由案外人申请再审。

①向作出原判决、裁定、调解书的法院的上一级人民法院申请再审。

②因案外人申请人民法院裁定再审的，人民法院经审理认为案外人应为必要的共同诉讼当事人，按第一审程序再审时，应追加其为当事人，作出新的判决；按第二审程序再审时，经调解不能达成协议的，应撤销原判，发回重审，重审时应追加案外人为当事人。

【例】张某诉江某房屋所有权纠纷案件经判决进入执行程序，案外人李某向法院主张其为房屋共有人。本案属于案外人对执行标的提出的执行异议。作为执行依据的确权判决有错误，因此案外人通过审判监督程序办理，案外人李某以案外人身份申请再审。

（2）与原判决、裁定无关的，可以自裁定送达之日起 15 日内向人民法院提起诉讼：异议成立，由申请执行人以案外人为被告向法院起诉，被执行人反对的，以其为共同被告；异议不成立，由案外人以申请执行人为被告向法院起诉，被执行人反对的，以其为共同被告。案外人或者申请执行人提起的诉讼，均由执行法院管辖。

【例】甲诉乙借款 20 万元纠纷，经法院审理作出，甲胜诉。执行过程中，乙无 20 万元现金，但其院子里有一辆 20 万元的车，法院决定对该车进行执行。此时丙提出车为其出资购买，借给乙使用。本案为执行标的异议。如丙的异议被驳回，丙对法院作出的执行异议的裁定不服，因与判决无关，应通过提起诉讼的方式解决。提起诉讼的，以甲为被告起诉，若被执行人乙反对丙对车辆主张所有权，则以甲和乙为共同被告起诉。若丙的异议成立，则由申请执行人甲对丙起诉，若被执行人乙反对甲对车辆的强制执行，则甲以丙和乙为共同被告起诉。

【例】甲公司申请强制执行乙公司的财产，法院将乙公司的一处房产列为执行标的。执行中，丙银行向法院主张，乙公司已将该房产抵押贷款，并以自己享有抵押权为由提出异议。乙公司否认将房产抵押给丙银行。经审查，法院驳回丙银行的异议。丙银行拟向法院起诉，关于本案被告的确定，下列哪一选项是正确的？（10 年·卷三·49 题）

A. 丙银行只能以乙公司为被告起诉

B. 丙银行只能以甲公司为被告起诉

C. 丙银行可选择甲公司为被告起诉，也可选择乙公司为被告起诉

D. 丙银行应当以甲公司和乙公司为共同被告起诉

［答案］D

［解析］丙银行作为抵押权人，对甲公司强制执行乙公司已向自己作出抵押的房产提出执行异议。丙银行提出的执行异议被驳回后，拟向法院起诉。由于该套房产同时涉及甲、乙、丙三者的利益，而执行债权人甲和执行债务人乙的利益对丙银行而言是一致的，所以丙作为原告提起诉讼时，应将执行债权人甲和执行债务人乙作为共同被告，这是一个必要共同之诉。综上，D 选项正确，A、B、C 选项错误。

《民诉法》第二百二十七条　执行过程中，案外人对执行标的提出书面异议的，人民法院应当自收到书面异议之日起十五日内审查，理由成立的，裁定中止对该标的的执行；理由不成立的，裁定驳回。案外人、当事人对裁定不服，认为原判决、裁定错误的，依照审判监督程序办理；与原判决、裁定无关的，可以自裁定送达之日起十五日内向人民法院提起诉讼。

（二）对执行行为的异议

对执行行为的异议，是指当事人、利害关系人对人民法院的执行行为提出质疑，从而要求人民法院变更或停止执行行为的请求。

1. 异议主体：当事人、利害关系人。

2. 异议理由：执行行为违反法律规定。

3. 异议形式：书面异议。

4. 异议审查：人民法院应当自收到异议之日起 15 日内进行审查，经审查理由成立的，裁定撤销或者改正；理由不成立的，裁定驳回。

5. 对审查结果的救济：当事人和利害关系人如果对裁定不服，还可以自裁定送达之日起

10 日内向上一级人民法院申请复议。执行异议审查和复议期间，不停止执行。

【例】 对于甲和乙的借款纠纷，法院判决乙应归还甲借款。进入执行程序后，由于乙无现金，法院扣押了乙住所处的一架钢琴准备拍卖。乙提出钢琴是其父亲的遗物，申请用一台价值与钢琴相当的相机替换钢琴。法院认为相机不足以抵偿乙的债务，未予同意。乙认为扣押行为错误，提出异议。法院经过审查，驳回该异议。关于乙的救济渠道，下列哪一表述是正确的？（14 年·卷三·49 题）

    A. 向执行法院申请复议   B. 向执行法院的上一级法院申请复议

    C. 向执行法院提起异议之诉   D. 向原审法院申请再审

[答案] B

[解析] 本案中乙认为扣押行为错误，提出异议，是被执行人乙对执行行为的异议，当事人或案外人认为执行行为异议的裁定错误的，其救济手段是向执行法院的上一级法院申请复议，B 项正确。A 项错误。向执行法院提起异议之诉和向原审法院申请再审是案外人对执行标的提出异议后，对执行法院的裁定不服所采取的救济措施，本案不属于对执行标的的异议，是对执行行为的异议，C 项、D 项错误。

【例】 关于执行行为异议与案外人对诉讼标的异议的比较，下列哪一选项是错误的？（11 年·卷三·47 题）

    A. 异议都是在执行过程中提出

    B. 异议都应当向执行法院提出

    C. 申请异议当事人有部分相同

    D. 申请异议人对法院针对异议所作裁定不服，可采取的救济手段相同

[答案] D

[解析] 执行行为异议与案外人对执行标的的异议都是在执行过程中提出的，都应向执行法院提出，申请异议的主体都包含利害关系人，当事人只能对执行行为提出异议。故 A、B、C 选项正确。对执行行为的异议的救济手段是向上一级人民法院申请复议，而对执行标的的异议的救济手段是申请再审或另行起诉，所以二者的救济手段不同。D 选项错误。

《民诉法》第二百二十五条 当事人、利害关系人认为执行行为违反法律规定的，可以向负责执行的人民法院提出书面异议。当事人、利害关系人提出书面异议的，人民法院应当自收到书面异议之日起十五日内审查，理由成立的，裁定撤销或者改正；理由不成立的，裁定驳回。当事人、利害关系人对裁定不服的，可以自裁定送达之日起十日内向上一级人民法院申请复议。

五、对逾期执行的救济

1. 适用情形：执行法院自收到申请执行之日起 6 个月未执行的。

2. 救济途径：申请执行人可以向上一级人民法院申请。

3. 救济方式：上一级人民法院经审查，可以责令原人民法院在一定期限内执行，也可以决定由本院执行或者指令其他人民法院执行。

4. 救济后果：执行法院在指定期间内无正当理由仍未执行完结的，上一级人民法院应当裁定由本院执行或者指令本辖区其他人民法院执行。

《民诉法》第二百二十六条 人民法院自收到申请执行书之日起超过六个月未执行的，申请执行人可以向上一级人民法院申请执行。上一级人民法院经审查，可以责令原人民法院在一定期限内执行，也可以决定由本院执行或者指令其他人民法院执行。

六、委托执行

委托执行是指有管辖权的人民法院遇到特殊情况，依法将应由本法院执行的案件送交有关的法院代为执行。依照民事诉讼法的规定，被执行人或者被执行的财产在外地的，负责执行的人民法院可以委托当地人民法院代为执行，也可以直接到当地执行。直接到当地执行的，负责执行的人民法院可以要求当地人民法院协助执行，当地人民法院应当根据要求协助执行。

1. 委托执行程序：

被执行人或被执行财产在外地的，执行法院可以直接到当地执行，由当地法院协助执行，也可以委托当地法院代为执行。

（1）受托法院在收到委托函后，应在 15 日内开始执行，不得拒绝。执行完毕，将执行结果函告委托法院；30 日内未执行完毕的，也要将执行情况函告委托法院。

（2）自收到委托函件 15 日内不执行的，委托人民法院可以请求受委托人民法院的上级人民法院指令受委托人民法院执行。

2. 受委托法院无权对委托执行的生效的法律文书进行实体审查；若发现法律文书有错误应及时向委托法院反映。

3. 受委托法院遇有需要中止或终结执行的情形，应及时函告委托法院，由委托法院裁定，在此期间，可以暂缓执行。受委托法院不得自行裁定中止或终结执行。

4. 委托执行中，案外人对执行标的提出异议的。受委托法院应当函告委托法院，由委托法院通知驳回或作出中止执行的裁定，在此期间，暂缓执行。

七、执行和解

执行和解是指在执行过程中，双方当事人就执行标的自愿协商，达成协议，经人民法院审查后结束执行程序的行为。

（一）执行和解的效力

1. 执行和解协议不具有强制执行力。

2. 执行和解协议不具有撤销原执行文书的效力。

3. 执行和解具有中止或终结执行的效力：当事人达成执行和解协议，执行中止；当事人按照和解协议履行完毕的，法院按执行结案处理，执行终结。

【例】法院受理甲出版社、乙报社著作权纠纷案，判决乙赔偿甲 10 万元，并登报赔礼道歉。判决生效后，乙交付 10 万元，但未按期赔礼道歉，甲申请强制执行。执行中，甲、乙自行达成口头协议，约定乙免于赔礼道歉，但另付甲一万元。关于法院的做法，下列哪一选项是正确的？（10 年·卷三·45 题）

A. 不允许，因协议内容超出判决范围，应当继续执行生效判决

B. 允许，法院视为申请人撤销执行申请

C. 允许，将当事人协议内容记入笔录，由甲、乙签字或盖章

D. 允许，根据当事人协议内容制作调解书

［答案］C

（二）不履行执行和解协议

1. 申请执行人可以申请恢复执行原生效法律文书，也可以就履行执行和解协议向执行法院提起诉讼。恢复执行后，对申请执行人就履行执行和解协议提起的诉讼，人民法院不予受理。

申请执行人因受欺诈、胁迫与被执行人达成和解协议，申请执行人只能向人民法院申请恢复对原生效法律文书的执行。

2. 当事人、利害关系人认为执行和解协议无效或者应予撤销的，可以向执行法院提起诉讼。执行和解协议被确认无效或者撤销后，申请执行人可以据此申请恢复执行。

被执行人以执行和解协议无效或者应予撤销为由提起诉讼的，不影响申请执行人申请恢复执行。

（三）尽可能有效原则

1. 执行过程中，被执行人根据当事人自行达成但未提交人民法院的和解协议，或者一方当事人提交人民法院但其他当事人不予认可的和解协议，依照《民事诉讼法》第 225 条规定提出异议的，人民法院按照下列情形，分别处理：

（1）和解协议履行完毕的，裁定终结原生效法律文书的执行；

（2）和解协议约定的履行期限尚未届至或者履行条件尚未成就的，裁定中止执行，但符合合同法第一百零八条规定情形的除外；

（3）被执行人一方正在按照和解协议约定履行义务的，裁定中止执行；

（4）被执行人不履行和解协议的，裁定驳回异议；

（5）和解协议不成立、未生效或者无效的，裁定驳回异议。

2. 申请执行期限因达成执行中的和解协议而中断，从中断时起，申请执行时效期间重新计算。

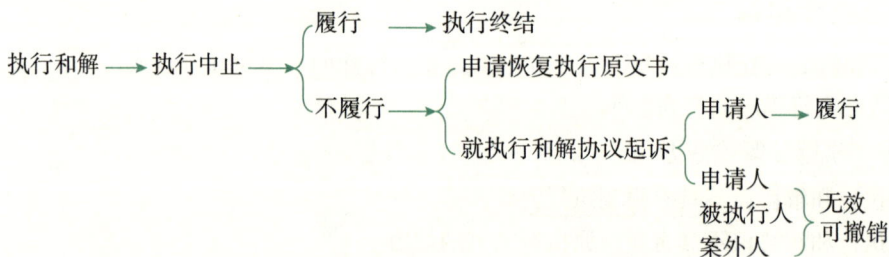

【如】比如说生效法律文书说给付 200 万元，执行当中要执行 200 万元。在执行的过程当中达成和解协议，那你说不要给 200 万元了，给 2 万吨钢铁来抵这 200 万元。结果对方反悔了连这个钢铁都不给了，反悔了不履行执行和解协议。

1. 执行人可以申请 200 万元资金即申请恢复执行原生效法律文书，也可以就履行执行和解协议（钢铁增值）向执行法院提起诉讼。执行人这个时候有选择权，你可以选择让执行和解协议的产生效力，还是选择让原来生效法律文书产生效力。

2. 诉其无效和可撤销：

对申请执行人而言，如果钢铁贬值，可以执行和解协议无效或可撤销为由提起诉讼。

对被执行人而言，以执行和解协议无效或应予撤销（钢铁增值）为由提起诉讼的。

对案外人而言，如果执行人和被执行人拿案外人存放在被执行人仓库里的钢铁达成执行和解协议，可以执行和解协议无效或可撤销为由提起诉讼。

【例】甲诉乙返还 10 万元借款。胜诉后进入执行程序，乙表示自己没有现金，只有一枚祖传玉石可抵债。法院经过调解，说服甲接受玉石抵债，双方达成和解协议并当即交付了玉石。后甲发现此玉石为赝品，价值不足千元，遂申请法院恢复执行。关于执行和解，下列哪些说法是正确的？（14 年·卷三·85 题）

A. 法院不应在执行中劝说甲接受玉石抵债

B. 由于和解协议已经即时履行，法院无须再将和解协议记入笔录

C. 由于和解协议已经即时履行，法院可裁定执行中止

D. 法院应恢复执行

[答案] AD

[解析] 执行程序中只允许当事人进行执行和解，不允许法院进行执行调解，法院不应在执行中劝说甲接受玉石抵债是正确的。A 项正确。

《民事诉讼法》第 230 条规定，在执行中，双方当事人自行和解达成协议的，执行员应当将协议内容记入笔录，由双方当事人签名或者盖章。B 项错误。该案中执行和解协议已经履行完毕，法院应当裁定终结执行，而不是中止执行。C 项错误。《民事诉讼法》第 230 条的第二款规定，申请执行人因受欺诈、胁迫与被执行人达成和解协议，或者当事人不履行和解协议的，人民法院可以根据当事人的申请，恢复对原生效法律文书的执行。本案中被执行人以赝品充当正品玉石折抵借款达成和解协议，该和解协议是因欺诈达成，申请执行人申请恢复对原生效法律文书的执行，人民法院应当恢复执行。D 项正确。

【例】在执行程序中，甲和乙自愿达成和解协议：将判决中确定的乙向甲偿还 1 万元人民币改为给付价值相当的化肥、农药。和解协议履行完毕后，甲以化肥质量不好向法院提出恢复执行程序。下列哪一选项是正确的？（07 年·卷三·42 题）

A. 和解协议无效，应恢复执行原判决

B. 和解协议有效，但甲反悔后应恢复执行原判决

C. 和解协议已履行完毕，应执行回转

D. 和解协议已履行完毕，法院应作执行结案处理

[答案] D

[解析] 当事人之间达成的和解协议合法有效并已履行完毕的，人民法院作执行结案处理。本题中，甲和乙自愿达成和解协议有效并已履行完毕，法院应作执行结案处理，D 选项正确。在执行过程中，双方当事人自愿达成和解协议是当事人自由处分自己民事权利的表现，在和解协议履行过程中，甲就应当对化肥质量问题进行验收。发现质量存在问题，应及时向乙提出异议。和解协议履行完毕后人民法院就应按照执行终结处理。如果权利人再提出化肥质量存在问题，法院依靠执行程序是无法解决的，也不能再恢复执行程序。A、B 选项错误。

执行回转，是指在案件执行中或者执行完毕后，据以执行的法律文书被撤销或者变更，执行机构对已被执行的财产重新采取执行措施，恢复到执行程序开始前的一种救济制度。本题没有法律文书被撤销的情形，不存在执行回转问题。C 选项错误。

《民诉法》第二百三十条　在执行中，双方当事人自行和解达成协议的，执行员应当将协议内容记入笔录，由双方当事人签名或者盖章。

申请执行人因受欺诈、胁迫与被执行人达成和解协议，或者当事人不履行和解协议的，人民法院可以根据当事人的申请，恢复对原生效法律文书的执行。

八、执行担保

执行担保，是指在执行过程中，经执行权利人的同意，执行义务人或第三人（即担保人）为实现法律文书所确定的权利而向人民法院提供保证，由人民法院决定暂缓执行的制度。

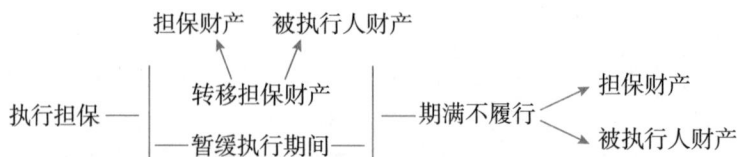

（一）执行担保的方式

1. 由被执行人向法院提供担保。

2. 由被执行人向法院提供第三人作担保。

（二）执行担保的条件

1. 由被执行人或第三人向人民法院提供担保。

2. 取得申请执行人的同意。

3. 取得人民法院的准许。

【注意】执行和解仅要求当事人双方同意即可，但执行担保还必须经人民法院的同意。

（三）执行担保的后果

1. 如果担保是有期限的，暂缓执行的期限应与担保期一致，但最长不超过 1 年。

【例】在执行中，公民丙为甲提供 6 个月的担保，经申请执行人同意，人民法院遂决定暂缓 1 年执行生效判决。人民法院的这种做法错误。因为暂缓执行的期限应当与担保期限一致，最长不得超过 1 年。本案中担保的期限是 6 个月，故暂缓执行的期限也应当为 6 个月。

2. 被执行人逾期仍不履行的，法院有权直接执行担保财产，或裁定执行担保人的财产，但担保人的责任以担保人应当履行义务部分的财产为限。

3. 被执行人或担保人对担保财产在暂缓执行期间有转移、隐匿、变卖、毁损等行为的，法院可以恢复对被执行人强制执行，也可以执行担保财产或担保人的财产。

以上两种情形，均可以执行担保财产或担保人的财产，均不得将担保人追加和变更为被执行人。

【例】在民事执行中，被执行人朱某申请暂缓执行，提出由吴某以自有房屋为其提供担保，申请执行人刘某同意。法院作出暂缓执行裁定，期限为六个月。对于暂缓执行期限届满后朱某仍不履行义务的情形，下列哪一选项是正确的？（09 年·卷三·50 题）

A. 刘某应起诉吴某，取得执行依据可申请执行吴某的担保房产

B. 朱某财产不能清偿全部债务时刘某方能起诉吴某, 取得执行依据可申请执行吴某的担保房产

C. 朱某财产不能清偿刘某债权时法院方能执行吴某的担保房产

D. 法院可以直接裁定执行吴某的担保房产

[答案]　D

[解析]　被执行人在人民法院决定暂缓执行的期限届满后仍不履行义务的, 人民法院可以直接执行担保财产, 或者裁定执行担保人的财产, 但执行担保人的财产以担保人应当履行义务部分的财产为限。据此 D 选项正确。

《民诉法》第二百三十一条　在执行中, 被执行人向人民法院提供担保, 并经申请执行人同意的, 人民法院可以决定暂缓执行及暂缓执行的期限。被执行人逾期仍不履行的, 人民法院有权执行被执行人的担保财产或者担保人的财产。

九、执行回转

执行回转, 是指执行完毕后, 由于法定原因使已经被执行的财产的一部分或全部返还给被执行人, 从而恢复到执行程序开始前的状况。

(一) 执行回转发生的情形

1. 执行完毕后, 据以执行的判决、裁定和其他法律文书确有错误, 被人民法院撤销的。

2. 法律规定由法院执行的其他法律文书执行完毕后, 该法律文书被有关机关依法撤销的, 经当事人申请, 适用执行回转。

(二) 适用执行回转的条件

1. 执行程序已经完毕。

2. 执行根据依法被撤销。

3. 根据新的法律文书执行。

(三) 执行回转的方式

对已经执行的财产, 人民法院应当作出裁定, 责令取得财产的人返还; 拒不返还的, 强制执行。

十、代位执行

代位执行是指被执行人不能清偿债务, 但对案外的第三人享有债权的, 人民法院可以依申请执行人或被执行人的申请, 对该第三人强制执行。

(一) 适用条件

1. 依申请执行人或被执行人的申请。

2. 被执行人不能清偿债务, 但对第三人有到期债权。

(二) 第三人的异议

1. 必须在法定期间 15 日内提出。

2. 对异议不进行实质审查。

3. 经有效异议, 人民法院不得对第三人强制执行。

（三）对第三人的措施

1. 第三人既不提出异议也不履行的，人民法院可以强制执行。

2. 第三人收到人民法院的履行通知后，<u>擅自向被执行人履行，造成财产不能追回的</u>，在<u>已履行的财产范围内与被执行人承担连带清偿责任</u>，且可以追究其妨害执行的责任。

（四）代位执行以一次为限

第三人也无财产可供执行时，不能对第三人的债务人再进行代位执行。

【例】甲公司对乙公司的 50 万元债权经法院裁判后进入到强制执行程序，被执行人乙公司不能清偿债务，但对第三人（即丙公司）享有 30 万元的到期债权。甲公司欲申请法院对被执行人的到期债权予以执行。关于该执行程序，下列哪些选项是错误的？（07 年·卷三·84 题）

A. 丙公司应在接到法院发出的履行到期债务通知后的 30 日内，向甲公司履行债务或提出异议

B. 丙公司如果对法院的履行通知提出异议，必须采取书面方式

C. 丙公司在履行通知指定的期间内提出异议的，法院应当对提出的异议进行审查

D. 在对丙公司作出强制执行裁定后，丙公司确无财产可供执行的，法院可以就丙公司对他人享有的到期债权强制执行

［答案］ABCD

［解析］代位执行中，第三人的异议必须在 15 日内提出，A 项错误。第三人异议可以口头提出，也可以书面提出，B 项错误。法院对第三人的异议不进行审查，因为第三人与被执行人之间的法律关系没有生效的法律文书确定，而执行法院对实体问题，即权利义务关系的享有问题是无权审查的，C 项错误。代位执行以一次为限，如果第三人丙公司无财产可供执行，但对第四人有到期债权，法院也不得对第四人进行代位执行，否则就可能会无限代位下去，D 项错误。

【例】甲向法院申请执行乙的财产，乙除对案外人丙享有到期债权外，并无其他财产可供执行。法院根据甲的申请，通知丙向甲履行债务。但丙提出其与乙之间的债权债务关系存在争议，拒不履行。法院对此如何处理？（06 年·卷三·78 题）

A. 强制执行丙的财产

B. 不得对丙强制执行

C. 中止对乙的执行

D. 裁定驳回甲对乙的执行申请

［答案］BC

［解析］本题考查代位执行，第三人丙提出了异议，因此不得对丙强制执行，所以 A 选项错误，B 选项正确。本题中，丙对其与乙之间的债权债务关系提出了异议，属于《民事诉讼法》第 232 条规定的应当中止执行的情形之一，所以 C 选项正确，D 选项错误。

十一、参与分配

参与分配，是指在执行程序中，因债务人的财产不足以清偿各债权人的全部债权，申请执行人以外的其他债权人凭有效执行依据也申请加入已经开始的执行程序，各债权人从执行标的物的变价中获得公平清偿的制度。

（一）参与分配的条件

1. 申请参与分配的债权人的资格：被执行人的其他已经取得金钱债权执行依据的债权

人；对人民法院查封、扣押、冻结的财产有优先权、担保物权的债权人，可以直接申请参与分配，主张优先受偿权。

2. 申请执行及参与分配的债权均为金钱债权。

3. 须有多个债权人对同一债务人的财产进行执行。

4. 参与分配的时间：参与分配申请应在执行程序开始后，被执行人的财产被清偿前提出。

5. 债务人限于公民和其他组织。如果债务人为企业法人，则适用破产还债程序办理。

6. 须被执行人的财产不能清偿所有债权。

【例】执行程序的参与分配制度对适用条件作了规定。下列哪一选项不属于参与分配适用的条件？(11年·卷三·46题)

A. 被执行人的财产无法清偿所有的债权

B. 被执行人为法人或其他组织而非自然人

C. 有多个申请人对同一被申请人享有债权

D. 参与分配的债权只限于金钱债权

[答案] B

[解析] 参与分配中的被执行人为公民和其他组织。如果债务人为企业法人，则适用破产还债程序办理，B项错误。其他ACD三项都正确。

（二）参与分配方案的确定程序

1. 参与分配方案是由人民法院制作的并送达各债权人和被执行人，而非多个债权人协议制作。

2. 有异议的债权人或被执行人应自收到分配方案之日起15日内向执行法院提出书面异议。

3. 执行法院将书面异议通知未提出异议的债权人或被执行人。

4. 未提出异议的债权人或被执行人自收到通知之日起15日内，没有提出反对意见的，执行法院以异议人的意见修正分配方案，并依此进行分配；提出反对意见的，通知异议人。异议人自收到通知之日起15日内，以提出反对意见的人和被执行人为被告向执行法院提起诉讼；逾期未诉讼的，按原分配方案执行。

（法院制定分配方案）→ 异议（15日）（异议人）→ 不反对：异议人方案分配 / 反对：异议人—诉→反对人

【例】甲向法院申请执行郭某的财产，乙、丙和丁向法院申请参与分配，法院根据郭某财产以及各执行申请人债权状况制定了财产分配方案。甲和乙认为分配方案不合理，向法院提出了异议，法院根据甲和乙的意见，对分配方案进行修正后，丙和丁均反对。关于本案，下列哪一表述是正确的？(16年·卷三·48题)

A. 丙、丁应向执行法院的上一级法院申请复议

B. 甲、乙应向执行法院的上一级法院申请复议

C. 丙、丁应以甲和乙为被告向执行法院提起诉讼

D. 甲、乙应以丙和丁为被告向执行法院提起诉讼

[答案] D

［解析］《民诉解释》第 511 条规定，多个债权人对执行财产申请参与分配的，执行法院应当制作财产分配方案，并送达各债权人和被执行人。债权人或者被执行人对分配方案有异议的，应当自收到分配方案之日起 15 日内向执行法院提出书面异议。《民诉解释》第 512 条规定，债权人或者被执行人对分配方案提出书面异议的，执行法院应当通知未提出异议的债权人、被执行人。未提出异议的债权人、被执行人自收到通知之日起 15 日内未提出反对意见的，执行法院依异议人的意见对分配方案审查修正后进行分配；提出反对意见的，应当通知异议人。异议人可以自收到通知之日起 15 日内，以提出反对意见的债权人、被执行人为被告，向执行法院提起诉讼；异议人逾期未提起诉讼的，执行法院按照原分配方案进行分配。诉讼期间进行分配的，执行法院应当提存与争议债权数额相应的款项。

本案中参与分配中有异议的解决途径是起诉，而不是向上一级法院提出复议，A、B 两项错误。

起诉时，以异议人为原告，以对异议提出反对意见的人为被告向执行法院起诉，因此甲、乙应以丙和丁为被告向执行法院提起诉讼，D 项正确。C 项中原被告当事人的确定是错误的。

《民诉解释》第五百零八条　被执行人为公民或者其他组织，在执行程序开始后，被执行人的其他已经取得执行依据的债权人发现被执行人的财产不能清偿所有债权的，可以向人民法院申请参与分配。

对人民法院查封、扣押、冻结的财产有优先权、担保物权的债权人，可以直接申请参与分配，主张优先受偿权。

十二、执行措施

执行措施，是指人民法院依照法定程序，强制执行生效法律文书的方法和手段。

（一）一般的执行措施

1. 查询、冻结、划拨被执行人的存款。

2. 扣留、提取被执行人的收入。

3. 查封、扣押、拍卖、变卖被执行人的财产（债券、股票、基金份额均在此财产范围内）。

4. 搜查被执行人的财产。

5. 强制被执行人交付法律文书指定的财物或票证。

6. 强制被执行人迁出房屋或退出土地。

7. 强制被执行人履行法律文书指定的行为。

8. 办理财产权证照转移手续。

9. 对判决、裁定和其他法律文书指定的行为，被执行人未按执行通知履行的，人民法院可以强制执行或者委托有关单位或者其他人完成，费用由被执行人承担。

【例】龙前铭申请执行郝辉损害赔偿一案，法院查扣了郝辉名下的一辆汽车。查扣后，郝辉的两个哥哥向法院主张该车系三兄弟共有。法院经审查，确认该汽车为三兄弟共有。关于该共同财产的执行，下列哪些表述是正确的？（17 年·卷三·84 题）

A. 因涉及案外第三人的财产，法院应裁定中止对该财产的执行

B. 法院可查扣该共有财产

C. 共有人可对该共有财产协议分割，经债权人同意有效

D. 龙前铭可对该共有财产提起析产诉讼

[答案] BCD

[解析]《最高人民法院关于人民法院民事执行中查封、扣押、冻结财产的规定》第14条规定，对被执行人与其他人共有的财产，人民法院可以查封、扣押、冻结，并及时通知共有人。共有人协议分割共有财产，并经债权人认可的，人民法院可以认定有效。查封、扣押、冻结的效力及于协议分割后被执行人享有份额内的财产；对其他共有人享有份额内的财产的查封、扣押、冻结，人民法院应当裁定予以解除。共有人提起析产诉讼或者申请执行人代位提起析产诉讼的，人民法院应当准许。诉讼期间中止对该财产的执行。

根据上述规定，BCD 三项正确。A 项错误。

【例】执行法院对下列哪些财产不得采取执行措施？（08 年·卷三·89 题）

A. 被执行人未发表的著作

B. 被执行人及其所扶养家属完成义务教育所必需的物品

C. 金融机构交存在中国人民银行的存款准备金和备付金

D. 金融机构的营业场所

[答案] ABCD

[解析]《关于人民法院民事执行中查封、扣押、冻结财产的规定》第5条规定，人民法院对被执行人下列的财产不得查封、扣押、冻结：（一）被执行人及其所扶养家属生活所必需的衣服、家具、炊具、餐具及其他家庭生活必需的物品；（二）被执行人及其所扶养家属所必需的生活费用。当地有最低生活保障标准的，必需的生活费用依照该标准确定；（三）被执行人及其所扶养家属完成义务教育所必需的物品；（四）未公开的发明或者未发表的著作。根据第（三）项和第（四）项可知 A、B 选项当选。

《关于人民法院执行工作若干问题的规定（试行）》第34条规定："被执行人为金融机构的，对其交存在人民银行的存款准备金和备付金不得冻结和扣划，但对其在本机构、其他金融机构的存款，及其在人民银行的其他存款可以冻结、划拨，并可对被执行人的其他财产采取执行措施，但不得查封其营业场所。"因而 C、D 选项当选。

【例】甲在网上发表文章指责某大学教授乙编造虚假的学术经历，乙为此起诉。经审理，甲被判决赔礼道歉，但甲拒绝履行该义务。对此，法院可采取下列哪些措施？（05 年·卷三·73 题）

A. 由甲支付迟延履行金

B. 采取公告、登报等方式，将判决的主要内容公布于众，费用由甲负担

C. 决定罚款

D. 决定拘留

[答案] ABCD

[解析]《民事诉讼法》第253条规定："被执行人未按判决、裁定和其他法律文书指定的期间履行给付金钱义务的，应当加倍支付迟延履行期间的债务利息。被执行人未按判决、裁定和其他法律文书指定的期间履行其他义务的，应当支付迟延履行金。"本题中甲应承担的是非给付金钱义务，所以在甲拒绝履行的情况下，其应该支付迟延履行金。A 选项正确。《关于审理名誉权案件若干问题的解答》第11条规定："侵权人拒不执行生效判决，不为对

方恢复名誉、消除影响的，人民法院可以采取公告、登报等方式，将判决的主要内容和有关情况公布于众，费用由被执行人负担，并可依照民事诉讼法第一百零二条（现修正为第一百一十一条）第（六）项的规定处理。"故 B 选项正确。依照《民事诉讼法》第 111 条的规定，拒不履行人民法院已经发生法律效力的判决、裁定的，人民法院可以根据情节轻重予以罚款、拘留。因此，C、D 选项正确。

（二）报告财产

1. 报告财产由被执行人向人民法院报告，申请执行人可以向法院请求查询，法院应当允许，申请执行人应当保密。

财产报告内容包括四项：

（1）当前财产情况。

（2）收到执行通知之日前一年的财产情况。

（3）收到执行通知之日起前一年至当前财产发生变动的，对变动情况进行报告。

（4）报告财产后，财产状况发生变动影响申请执行人债权实现的，自财产变动之日起 10 日内向法院作补充报告。

2. 金钱债权执行中，报告财产令应当与执行通知同时发出。

3. 被执行人不履行生效法律文书确定的义务，申请执行人可以向人民法院书面申请发布悬赏公告查找可供执行的财产。

有关人员提供人民法院尚未掌握的财产线索，使申请发布悬赏公告的申请执行人的债权得以全部或部分实现的，人民法院应当按照悬赏公告发放悬赏金。

悬赏金从前款规定的申请执行人应得的执行款中予以扣减。特定物交付执行或者存在其他无法扣减情形的，悬赏金由该申请执行人另行支付。

有关人员为申请执行人的代理人、有义务向人民法院提供财产线索的人员或者存在其他不应发放悬赏金情形的，不予发放。

（三）人民法院对被执行人及其住所或者财产隐匿地进行搜查

必须符合以下条件：

1. 生效法律文书确定的履行期限已经届满。

2. 被执行人不履行法律文书确定的义务。

3. 认为有隐匿财产的行为。

4. 搜查人员必须按规定着装并出示搜查令和身份证件。

（四）支付迟延履行利息和迟延履行金

1. 对于金钱债务，如果义务人逾期不履行义务，应当加倍支付延迟履行期间的债务利息；对于非金钱债务，应当支付迟延履行金：已经造成损失的，双倍补偿申请执行人已经受到的损失；没有造成损失的，迟延履行金可以由人民法院根据具体案件情况决定。

2. 与调解协议中约定的民事责任竞合：适用当事人的约定。

【例】田某拒不履行法院令其迁出钟某房屋的判决，因钟某已与他人签订租房合同，房屋无法交给承租人，使钟某遭受损失，钟某无奈之下向法院申请强制执行。法院受理后，责令田某 15 日内迁出房屋，但田某仍拒不履行。关于法院对田某可以采取的强制执行措施，下列哪些选项是正确的？（16 年·卷三·84 题）

A. 罚款

B. 责令田某向钟某赔礼道歉

C. 责令田某双倍补偿钟某所受到的损失

D. 责令田某加倍支付以钟某所受损失为基数的同期银行利息

[答案]　AC

[解析]《民事诉讼法》第111条规定，诉讼参与人或者其他人有下列行为之一的，人民法院可以根据情节轻重予以罚款、拘留；构成犯罪的，依法追究刑事责任：……（六）拒不履行人民法院已经发生法律效力的判决、裁定的。……人民法院对有前款规定的行为之一的单位，可以对其主要负责人或者直接责任人员予以罚款、拘留；构成犯罪的，依法追究刑事责任。田某拒不履行生效法律文书所确定的义务，构成妨害民事诉讼的行为，法院可以进行罚款，A项正确。

《民诉解释》第507条规定，被执行人未按判决、裁定和其他法律文书指定的期间履行非金钱给付义务的，无论是否已给申请执行人造成损失，都应当支付迟延履行金。已经造成损失的，双倍补偿申请执行人已经受到的损失；没有造成损失的，迟延履行金可以由人民法院根据具体案件情况决定。田某拒不搬出房屋，是不履行非金钱给付义务，并且已经造成损失，因此应双倍补偿被执行人已经受到的损失。C项正确。因为田某不履行的是非金钱债务，所以不存在加倍支付迟延履行利息的问题，D项错误。

被执行人不履行生效法律文书确定的义务，没有规定需要赔礼道歉，B项错误。

（五）限制出境

1. 被执行人不履行法律文书确定的义务的，人民法院可以对其采取或者通知有关单位协助采取限制出境；

2. 依申请或依职权；

3. 可对法定代表人、主要负责人、直接责任人、法定代理人采取；

4. 提供担保或申请执行人同意的可解除。

（六）征信系统记录

被执行人拒不履行法律文书确定的义务，法院可以将被执行人或被执行单位的法定代表人、负责人不履行义务的信息记录在个人征信系统中。

（七）通过媒体公布不履行义务信息

依申请或依职权；被执行人承担费用；申请执行人申请的，应当垫付。

（八）限制高消费：依申请或依职权

（九）纳入失信被执行人名单、向其所在单位、征信机构以及其他相关机构通报等

十三、执行中追加、变更当事人

（一）原则：实体法中承担民事责任的主体，都可被变更、追加为被执行人

（二）情形

1. 法定变更：

（1）公民：继承人；

失踪人：财产代管人；

(2) 法人：合并、分立后的主体；

(3) 个人独资企业：投资人；合伙企业：普通合伙人；有限合伙企业：未按期足额缴纳出资的有限合伙人；

(4) 分支机构：法人及其他分支机构；

(5) 法人：分支机构；

法人：未缴纳或未足额缴纳出资的股东、出资人或依公司法规定对该出资承担连带责任的发起人；抽逃出资的股东、出资人；

(6) 公司：股东未依法履行出资义务即转让股权，申请执行人申请变更、追加该原股东或依公司法规定对该出资承担连带责任的发起人；

公司：未经清算即办理注销登记，有限责任公司的股东、股份有限公司的董事和控股股东；

一人有限责任公司：不能证明公司财产独立于自己的财产股东；

(7) 法人或其他组织：被注销或出现被吊销营业执照、被撤销、被责令关闭、歇业等解散事由后，其股东、出资人或主管部门无偿接受其财产，致使该被执行人无遗留财产或遗留财产不足以清偿债务，申请执行人申请变更、追加该股东、出资人或主管部门为被执行人；

法人或其他组织：未经依法清算即办理注销登记，书面承诺对被执行人的债务承担清偿责任的第三人；

法人或其他组织：依行政命令被无偿调拨、划转给第三人，致使该被执行人财产不足以清偿生效法律文书确定的债务，申请执行人申请变更、追加该第三人为被执行人，在接受的财产范围内承担责任。

【例】钱某在甲、乙、丙三人合伙开设的饭店就餐时被砸伤，遂以营业执照上登记的字号"好安逸"饭店为被告提起诉讼，要求赔偿医疗费等费用 25 万元。法院经审理，判决被告赔偿钱某 19 万元。执行过程中，"好安逸"饭店支付了 8 万元后便再无财产可赔。对此，法院应采取下列哪一处理措施？(17 年·卷三·49 题)

A. 裁定终结执行

B. 裁定终结本次执行

C. 裁定中止执行，告知当事人另行起诉合伙人承担责任

D. 裁定追加甲、乙、丙为被执行人，执行其财产

［答案］ D

［解析］《最高人民法院关于民事执行中变更、追加当事人若干问题的规定》第 14 条作为被执行人的合伙企业，不能清偿生效法律文书确定的债务，申请执行人申请变更、追加普通合伙人为被执行人的，人民法院应予支持。

本案中"好安逸"饭店的财产不足以清偿债权，则法院可以追加甲、乙、丙为被执行人，执行其财产。D 项正确。ABC 三项错误。

2. 意定变更：

(1) 申请执行人将生效法律文书确定的债权依法转让给第三人，且书面认可第三人取得该债权，该第三人申请变更、追加其为申请执行人的，人民法院应予支持。

(2) 向执行法院书面承诺自愿代被执行人履行生效法律文书确定的债务的第三人，可以

被追加和变更为被执行人。

（三）救济

1. 一般：裁定——上一级复议

被申请人、申请人或其他执行当事人对执行法院作出的变更、追加裁定或驳回申请裁定不服的，可以自裁定书送达之日起 10 日内向上一级人民法院申请复议。

2. 特殊：裁定——执行异议之诉

有限合伙企业的有限合伙人、公司的股东，对作出的变更、追加裁定或驳回申请裁定不服的，可以自裁定书送达之日起 15 日内，向执行法院提起执行异议之诉。

（1）被申请人提起执行异议之诉的，以申请人为被告：理由成立的，判决不得变更、追加被申请人为被执行人或者判决变更责任范围；理由不成立的，判决驳回诉讼请求。

（2）申请人提起执行异议之诉的，以被申请人为被告：理由成立的，判决变更、追加被申请人为被执行人并承担相应责任或者判决变更责任范围；理由不成立的，判决驳回诉讼请求。

【如】执行中追加变更被执行人

1. 第一种情况说这个执行程序当中的公民去世了，比如李四欠张三两百万，结果执行李四去世了，有儿子李小四。那这个时候怎么办？

把李小四追加和变更为被执行人。

2. 张三诉李四胜诉了，说李四要还 50 万元，结果他发现没有财产可供执行。这个时候张三这个债权虽然生效，但执行过程当中一分钱都拿不到。张三把生效法律文书给卖了，便宜点卖。书面方式转让给了王五。王五取得了该债权，这个时候变更王五为申请执行人，王五可以拿着你的生效的法律文书和你这个转让的文书向法院申请强制执行。

3. 李四欠张三两百万执行的时候，王五来了，说我愿意代还钱，书面承诺了。你到王五家去执行的时候，王五能不能以案外人身份对执行标的提异议，而且可以把王五追加和变更为被执行人。

【如】追加变更当事人的救济途径

1. 比如说李四去世了，李四欠张三 50 万元，李四的儿子叫李小四，法院应当把李小四追加和变更为被执行人。但是他搞错了，他把王五追加为被执行人了，如果王五不服，他的具体途径是向上一级复议。

2. 甲公司诉乙公司返还合同货款 2000 万元胜诉了，乙公司没有 2000 万元可以执行。

甲公司认为乙公司的股东 A 没有足额缴纳出资，法院将 A 追加为被执行人，A 不服，提执行异议之诉，以甲公司为被告；

甲公司认为乙公司的股东 A 没有足额缴纳出资，申请法院将 A 追加为被执行人，法院不予追加，甲公司提执行异议之诉，以股东 A 为被告。

十四、执行中止和执行终结

（一）执行中止

执行中止是指在执行过程中，由于某种特殊情况的发生而暂时停止执行程序，待该情况消除后再恢复执行程序的制度。

1. 执行中止的适用情形：

（1）申请人表示可以延期执行的。

（2）案外人对执行标的提出确有理由的异议的。

（3）作为一方当事人的公民死亡，需要等待继承人继承权利或承担义务的。

（4）作为一方当事人的法人或其他组织终止，尚未确定权利义务承受人的。

（5）人民法院已经受理以被执行人为债务人的破产申请的。

（6）被执行人确无财产可供执行的。

（7）执行的标的物是其他法院或仲裁机构正在审理的案件争议的标的物，需要等待该案件审理完毕确定权属的。

（8）一方当事人申请执行仲裁裁决，另一方当事人申请撤销仲裁裁决的。

（9）仲裁裁决的被申请执行人提出不予执行请求，并提供适当担保的。

（10）人民法院认为应当中止执行的其他情形。

2. 中止执行，法院应以裁定的方式作出，该裁定送达当事人后生效。

3. 执行中止的原因消失后，根据当事人申请或人民法院依职权恢复执行。

（二）执行终结

1. 执行终结的适用情形：

（1）申请人撤销申请。

（2）据以执行的法律文书被撤销的。

（3）作为被执行人的公民死亡，无遗产可供执行，又无义务承担人的。

（4）追索赡养费、扶养费、抚育费案件的权利人死亡的。

（5）作为被执行人的公民因生活困难无力偿还借款，无收入来源，又丧失劳动能力的。

（6）人民法院认为应当终结执行的其他情形。

【注意】破产程序的特殊问题：①法院受理破产申请后，执行程序应当中止；②法院裁定宣告破产的，裁定终结执行。

2. 执行终结以裁定方式作出，该裁定送达后立即生效。当事人既不能上诉也不能申请复议。

【例】根据民事诉讼法的规定，下列哪些情况下，法院应当裁定终结执行？（06 年·卷三·87 题）

A. 申请执行人撤销申请

B. 据以执行的法律文书被撤销

C. 追索赡养费案件的权利人死亡

D. 案外人对执行标的提出了确有理由的异议

［答案］ABC

［解析］A、B、C 选项正确，D 选项为执行中止的条件，不当选。

3. 执行终结后的再执行

（1）经过财产调查未发现可供执行的财产，在申请执行人签字确认或者执行法院组成合议庭审查核实并经院长批准后，可以裁定终结本次执行程序。申请执行人发现被执行人有可供执行财产的，可以再次申请执行。再次申请不受申请执行时效期间的限制。

（2）因撤销申请而终结执行后，当事人在规定的申请执行时效期间内再次申请执行的，人民法院应当受理。

真题演练

1. 根据《民事诉讼法》和相关司法解释规定，关于执行程序中的当事人，对下列哪些事项可享有异议权？① （10年·卷三·90题）

A. 法院对某案件的执行管辖权

B. 执行法院的执行行为的合法性

C. 执行标的的所有权归属

D. 执行法院作出的执行中止的裁定

2. 张某诉江某财产所有权纠纷案经判决进入执行程序，案外人李某向法院主张对该项财产享有部分权利。关于本案，下列哪一说法是错误的？② （09年·卷三·48题）

A. 李某有权向法院申请再审

B. 李某有权向法院起诉

C. 如法院启动了再审程序，应当追加李某为当事人

D. 李某有权向法院提出执行异议

3. 在民事执行中，被执行人朱某申请暂缓执行，提出由吴某以自有房屋为其提供担保，申请执行人刘某同意。法院作出暂缓执行裁定，期限为六个月。对于暂缓执行期限届满后朱某仍不履行义务的情形，下列哪一选项是正确的？③ （09年·卷三·50题）

A. 刘某应起诉吴某，取得执行依据可申请执行吴某的担保房产

B. 朱某财产不能清偿全部债务时刘某方能起诉吴某，取得执行依据可申请执行吴某的担保房产

C. 朱某财产不能清偿刘某债权时法院方能执行吴某的担保房产

D. 法院可以直接裁定执行吴某的担保房产

4. 关于民事审判程序与民事执行程序的关系，下列哪些说法是错误的？④ （09年·卷三·86题）

A. 民事审判程序是确认民事权利义务的程序，民事执行程序是实现民事权利义务关系的程序

B. 法院对案件裁定进行再审时，应当裁定终结执行

C. 民事审判程序是民事执行程序的前提

D. 民事执行程序是民事审判程序的继续

5. 关于现行民事执行制度，下列哪些选项是正确的？⑤ （08年·卷三·85题）

A. 发生法律效力的判决的执行法院，包括案件的第一审法院和与第一审法院同级的

---

① AB

② B

③ D

④ BCD

⑤ AB

被执行财产所在地的法院

  B. 案外人对执行标的异议的裁定不服的，可以根据执行标的的不同情况，选择提起诉讼或通过审判监督程序进行救济

  C. 申请执行人与被申请执行人达成和解协议的，在和解协议履行期间，执行程序终结

  D. 申请执行的期限因申请人与被申请人为自然人或法人而不同

  6. 甲、乙、丙三人合伙经营一小食品店，并依法登记取得了字号。因该合伙组织分别与 A、B、C 三公司纠纷的诉讼全部败诉而进入到执行程序。在执行中，该合伙组织的财产不足以清偿 A、B、C 三公司的债务。对此，法院应当如何处理？① （08 年四川·卷三·38 题）

  A. 裁定追加甲、乙、丙为被执行人

  B. 就合伙组织的财产依 A、B、C 三公司申请执行的先后顺序进行清偿

  C. 应当按 A、B、C 三公司的债权比例进行清偿

  D. 应当告知 A、B、C 三公司申请该合伙组织破产，按破产程序清偿

  7. 朱某诉孙某合同纠纷一案，法院判决孙某赔偿朱某损失 5 万元。孙某拒不履行赔偿义务，朱某申请强制执行。因无金钱可供执行，法院遂将孙某仅有的某项财产拍卖得 8 万元。在执行中，发现并查实孙某已将该项财产作为抵押向某银行贷款 6 万元且尚未清偿，该银行现提出行使抵押权。关于本案，下列哪一选项是正确的？② （08 年四川·卷三·50 题）

  A. 某银行应当优先受偿

  B. 朱某应当优先受偿，因其主张权利在先

  C. 某银行可以直接申请参与分配，与朱某按比例受偿

  D. 某银行应先行向法院起诉，取得执行依据后再向法院申请参与分配，与朱某按比例受偿

  8. 下列关于执行的说法，哪些是正确的？③ （05 年·卷三·80 题）

  A. 执行程序都是因当事人的申请而开始的

  B. 申请执行的期限，双方或一方当事人是公民的为一年，双方是法人或其他组织的为六个月

  C. 作为执行根据的法律文书具有确定性和给付性的特点

  D. 具有执行力的裁判文书由作出该裁判文书的法院负责执行

---

① A

② A

③ C。司法部当年公布答案为 BC，经民诉法修改，申请执行的期限均为 2 年。

16

第十六章
涉外民事诉讼程序

特别提示

本章内容，通常以和国内民事诉讼相关制度对比的方式出题。考生只需掌握涉外民事诉讼程序的某些特殊规定即可，如：涉外民事诉讼的牵连管辖、期间、送达、司法协助。

本章知识框架

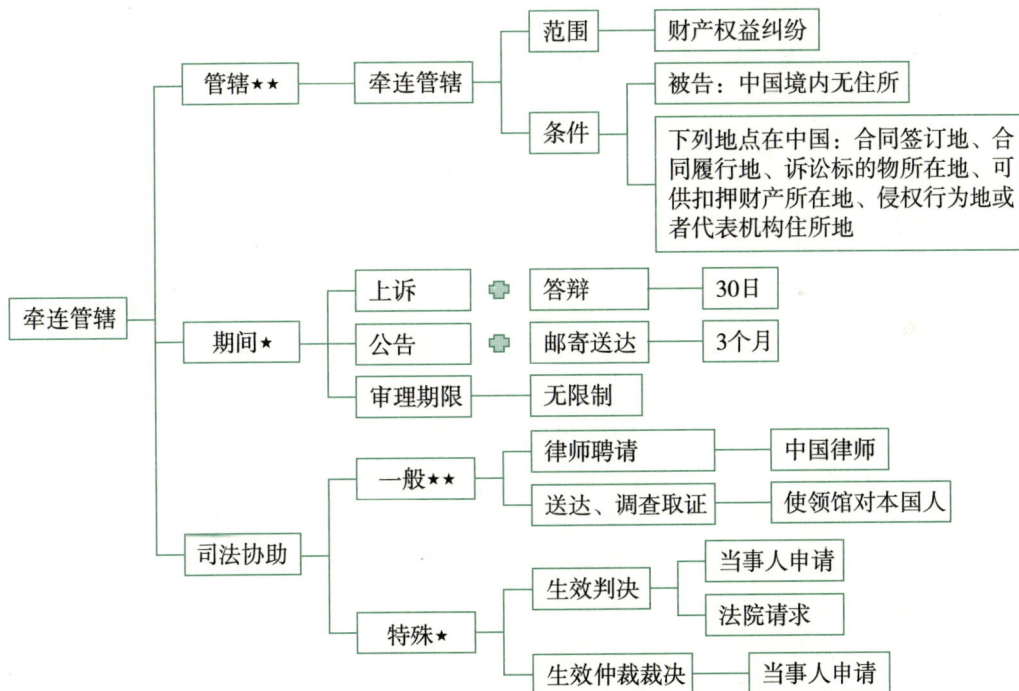

```
                    ┌─ 牵连管辖 ─┬─ 范围 ── 财产权益纠纷
                    │            │
          ┌─ 管辖★★ ┤            │         ┌─ 被告：中国境内无住所
          │         │            └─ 条件 ──┤
          │         │                      │ 下列地点在中国：合同签订地、合
          │         │                      └─ 同履行地、诉讼标的物所在地、可
          │                                    供扣押财产所在地、侵权行为地或
          │                                    者代表机构住所地
          │
          │                 ┌─ 上诉 ⬛ 答辩 ── 30日
牵连管辖 ──┼─ 期间★ ─────────┤
          │                 ├─ 公告 ⬛ 邮寄送达 ── 3个月
          │                 └─ 审理期限 ── 无限制
          │
          │                 ┌─ 一般★★ ─┬─ 律师聘请 ── 中国律师
          │                 │           └─ 送达、调查取证 ── 使领馆对本国人
          └─ 司法协助 ───────┤
                            │           ┌─ 生效判决 ─┬─ 当事人申请
                            └─ 特殊★ ───┤            └─ 法院请求
                                        └─ 生效仲裁裁决 ── 当事人申请
```

一、涉外民事诉讼管辖

（一）牵连管辖

根据《民事诉讼法》第 265 条的规定，因合同纠纷或者其他财产权益纠纷，对在中华人民共和国领域内没有住所的被告提起的诉讼，如果合同在中华人民共和国领域内签订或者履行，或者诉讼标的物在中国领域内，或者被告在中国领域内有可供扣押的财产，或者被告在中国领域内设有代表机构，可以由合同签订地、合同履行地、诉讼标的物所在地、可供扣押

财产所在地、侵权行为地或者代表机构住所地人民法院管辖。

由此可见，牵连管辖的内容包括三点：

1. 案件：适用于合同纠纷和其他财产权益纠纷案件。

2. 前提：被告在中国领域内没有住所，但合同在中华人民共和国领域内签订或者履行，或者诉讼标的物在中国领域内，或者被告在中国领域内有可供扣押的财产，或者被告在中国领域内设有代表机构。

【注意】标准是住所，而不是国籍。

3. 管辖法院：可以由合同签订地、合同履行地、诉讼标的物所在地、可供扣押财产所在地、侵权行为地或者代表机构住所地法院管辖。

（二）专属管辖

1. 涉外专属管辖的案件：在中国境内履行的中外合资经营企业合同、中外合作经营企业合同、中外合作勘探开发自然资源合同纠纷，只能由中国法院管辖。

2. 不得由外国法院管辖，但可以协议选择仲裁裁决。

【例】关于涉外民事诉讼管辖的表述，下列哪一选项是正确的？（13年·卷三·47题）

A. 凡是涉外诉讼与我国法院所在地存在一定实际联系的，我国法院都有管辖权，体现了诉讼与法院所在地实际联系原则

B. 当事人在不违反级别管辖和专属管辖的前提下，可以约定各类涉外民事案件的管辖法院，体现了尊重当事人原则

C. 中外合资经营企业与其他民事主体的合同纠纷，专属我国法院管辖，体现了维护国家主权原则

D. 重大的涉外案件由中级以上级别的法院管辖，体现了便于当事人诉讼原则

［答案］A

［解析］因合同纠纷或者其他财产权益纠纷，对在中华人民共和国领域内没有住所的被告提起的诉讼，如果合同在中华人民共和国领域内签订或者履行，或者诉讼标的物在中华人民共和国领域内，或者被告在中华人民共和国领域内有可供扣押的财产，或者被告在中华人民共和国领域内设有代表机构，可以由合同签订地、合同履行地、诉讼标的物所在地、可供扣押财产所在地、侵权行为地或者代表机构住所地人民法院管辖。根据此条规定，涉外案件的牵连管辖并不是无原则的牵连，而是必须与案件有实际联系地点的法院才有管辖权。A项正确。涉外民事诉讼的约定管辖，只适用于财产权益纠纷案件，并不是所有涉外案件都可以约定管辖。B项错误。因在中华人民共和国履行中外合资经营企业合同、中外合作经营企业合同、中外合作勘探开发自然资源合同发生纠纷提起的诉讼，由中华人民共和国人民法院管辖。专属管辖的是中外合资经营企业合同纠纷，并不是中外合资经营企业与其他民事主体的合同纠纷。C项错误。重大的涉外案件由中级法院管辖，而不是由中级以上法院管辖。同时，此类案件由中院管辖，并不便于当事人诉讼，并不是基于便于当事人诉讼原则，而是为了案件能够得到公正审理。D项错误。

《民诉法》第二百六十五条　因合同纠纷或者其他财产权益纠纷，对在中华人民共和国领域内没有住所的被告提起的诉讼，如果合同在中华人民共和国领域内签订或者履行，或者诉讼标的物在中华人民共和国领域内，或者被告在中华人民共和国领域内有可供扣押的财

产，或者被告在中华人民共和国领域内设有代表机构，可以由合同签订地、合同履行地、诉讼标的物所在地、可供扣押财产所在地、侵权行为地或者代表机构住所地人民法院管辖。

《民诉解释》第五百三十一条 涉外合同或者其他财产权益纠纷的当事人，可以书面协议选择被告住所地、合同履行地、合同签订地、原告住所地、标的物所在地、侵权行为地等与争议有实际联系地点的外国法院管辖。

根据民事诉讼法第三十三条和第二百六十六条规定，属于中华人民共和国法院专属管辖的案件，当事人不得协议选择外国法院管辖，但协议选择仲裁的除外。

二、涉外期间与送达

（一）期间

1. 概念。

涉外民事诉讼中，如果当事人在我国领域内没有住所的，适用关于涉外民事诉讼中关于期间的特别规定；如果当事人在我国领域内有住所的，适用《民事诉讼法》关于期间的一般规定。

【注意】涉外期间适用的判断标准是当事人的住所地，而不是当事人的国籍。

2. 涉外民事诉讼期间的特殊规定：答辩期与上诉期均为30日，且当事人可以申请延长，由法院决定是否准许；涉外民事诉讼无审限的规定。

法院涉外民事案件的当事人申请再审进行审查的期间，不受3个月期限的限制。

《民诉法》第二百六十八条 被告在中华人民共和国领域内没有住所的，人民法院应当将起诉状副本送达被告，并通知被告在收到起诉状副本后三十日内提出答辩状。被告申请延期的，是否准许，由人民法院决定。

《民诉法》第二百六十九条 在中华人民共和国领域内没有住所的当事人，不服第一审人民法院判决、裁定的，有权在判决书、裁定书送达之日起三十日内提起上诉。被上诉人在收到上诉状副本后，应当在三十日内提出答辩状。当事人不能在法定期间提起上诉或者提出答辩状，申请延期的，是否准许，由人民法院决定。

《民诉法》第二百七十条 人民法院审理涉外民事案件的期间，不受本法第一百四十九条、第一百七十六条规定的限制。

《民诉解释》第五百三十九条 人民法院对涉外民事案件的当事人申请再审进行审查的期间，不受民事诉讼法第二百零四条规定的限制。

（二）送达

1. 概念。

涉外民事诉讼中，如果当事人在我国领域内没有住所的，适用涉外民事诉讼中关于送达的特别规定；如果当事人在我国领域内有住所的，适用民事诉讼法关于送达的一般规定。

2. 涉外送达方式。

（1）依照受送达人所在国与中华人民共和国缔结或者共同参加的国际条约中规定的方式送达。

（2）通过外交途径送达。

（3）对具有中华人民共和国国籍的受送达人，可以委托中华人民共和国驻受送达人所在国的使领馆代为送达。

（4）向受送达人委托的有权代其接受送达的诉讼代理人送达。

（5）向受送达人在中华人民共和国领域内设立的代表机构或者有权接受送达的分支机构、业务代办人送达。

（6）受送达人所在国的法律允许邮寄送达的，可以邮寄送达，自邮寄之日起满三个月，送达回证没有退回，但根据各种情况足以认定已经送达的，期间届满之日视为送达。

（7）采用传真、电子邮件等能够确认受送达人收悉的方式送达。

（8）不能用上述方式送达的，公告送达，自公告之日起满三个月，即视为送达。

【例】 住所位于我国 A 市 B 区的甲公司与美国乙公司在我国 M 市 N 区签定了一份买卖合同，美国乙公司在我国 C 市 D 区设有代表处。甲公司因乙公司提供的产品质量问题诉至法院。关于本案，下列哪些选项是正确的？（10 年·卷三·85 题）

A. M 市 N 区法院对本案有管辖权

B. C 市 D 区法院对本案有管辖权

C. 法院向乙公司送达时，可向乙公司设在 C 市 D 区的代表处送达

D. 如甲公司不服一审判决，应当在一审判决书送达之日起十五日内提起上诉

［答案］ ABCD

［解析］ 本题中是买卖纠纷案件，可以由合同签订地、合同履行地、诉讼标的物所在地、可供扣押财产所在地、侵权行为地或者代表机构住所地人民法院管辖，结合题目，M 市 N 区为合同签订地，C 市 D 区为代表机构住所地；这两地法院均有管辖权，因此，A、B 选项正确。

人民法院对在中华人民共和国领域内没有住所的当事人送达诉讼文书，可以采用下列方式：……（五）向受送达人在中华人民共和国领域内设立的代表机构或者有权接受送达的分支机构、业务代办人送达；因此 C 选项所言，"法院向乙公司送达时，可向乙公司设在 C 市 D 区的代表处送达"正确。当事人双方分别居住在我国领域内和领域外，对第一审人民法院判决、裁定的上诉期，居住在我国领域内的 15 日和 10 日；居住在我国领域外的为 30 日。甲公司居住在我国领域内的，上诉期为 15 天，D 选项正确。

三、司法协助

（一）司法协助的概念

司法协助，是不同国家的法院之间，根据参加的国际条约或本国缔结的条约，或者按照互惠原则，在司法事务上相互协助，代为一定诉讼行为的制度。

（二）司法协助的种类

1. 一般司法协助。

（1）律师聘请：如果委托律师代理，只能委托中国律师。

（2）境外委托书：公证证明–使领馆认证，或条约规定。

（3）送达、调查取证：即不同国家的法院之间，可以相互请求，代为送达文书、调查取证及代为进行其他诉讼行为。

【注意】外国驻中国使、领馆在中国领域内也可以向其本国公民送达诉讼文书和调查取证，但不得采取强制措施，不得违反中华人民共和国的法律。

2. 特殊司法协助。

（1）外国法院裁判、仲裁裁决在我国的承认和执行。

①外国法院裁判在我国的承认和执行。由当事人直接向被执行人住所地或其财产所在地的中级人民法院申请；外国法院依照该国与我国之间的条约或互惠关系向上述有管辖权的中级人民法院提出请求。人民法院审查后，可以承认其效力，需要执行的，发出执行令。

②外国仲裁裁决在我国的承认和执行。由当事人直接向被执行人住所地或者其财产所在地的中级人民法院申请。

（2）我国法院裁判、仲裁裁决在外国的承认和执行。

①我国法院裁判在外国的承认和执行。由当事人直接向有管辖权的外国法院申请承认和执行；或者由人民法院请求外国法院承认和执行。

②我国仲裁裁决在外国的承认和执行。由当事人向外国法院申请承认和执行。

【注意】法院判决的承认和执行，有当事人申请和法院请求两种方式；而仲裁裁决的承认和执行，只有当事人申请一种方式；外国法院裁判和仲裁裁决的承认和执行，均由我国中级人民法院管辖。

【例】中国公民甲与外国公民乙因合同纠纷诉至某市中级法院，法院判决乙败诉。判决生效后，甲欲请求乙所在国家的法院承认和执行该判决。关于甲可以利用的途径，下列哪些说法是正确的？（09年·卷三·90题）

A. 可以直接向有管辖权的外国法院申请承认和执行

B. 可以向中国法院申请，由法院根据我国缔结或者参加的国际条约，或者按照互惠原则，请求外国法院承认和执行

C. 可以向司法行政部门申请，由司法行政部门根据我国缔结或者参加的国际条约，或者按照互惠原则，请求外国法院承认和执行

D. 可以向外交部申请，由外交部向外国中央司法机关请求协助

[答案] AB

[解析]《民事诉讼法》第280条第1款规定："人民法院作出的发生法律效力的判决、裁定，如果被执行人或者其财产不在中华人民共和国领域内，当事人请求执行的，可以由当事人直接向有管辖权的外国法院申请承认和执行，也可以由人民法院依照中华人民共和国缔结或者参加的国际条约的规定，或者按照互惠原则，请求外国法院承认和执行。"据此，A、B选项正确，C、D选项错误。

【例】根据《民事诉讼法》的规定，我国法院与外国法院可以进行司法协助，互相委托，代为一定的诉讼行为。但是在下列哪些情况下，我国法院应予以驳回或说明理由退回外国法院？（08年·卷三·81题）

A. 委托事项同我国的主权、安全不相容的

B. 不属于我国法院职权范围的

C. 违反我国法律的基本准则或者我国国家利益、社会利益的

D. 外国法院委托我国法院代为送达法律文书，未附中文译本的

[答案] ABC（司法部当年公布答案为ABCD）。

［解析］《民事诉讼法》第 276 条规定："根据中华人民共和国缔结或者参加的国际条约，或者按照互惠原则，人民法院和外国法院可以相互请求，代为送达文书、调查取证以及进行其他诉讼行为。外国法院请求协助的事项有损于中华人民共和国的主权、安全或者社会公共利益的，人民法院不予执行。"因而 A、C 选项当选。我国法院司法协助的范围有限，只能代为送达、调查取证以及进行其他诉讼行为，超过法院职权范围的，法院无权处理，只能予以驳回或者退回。因而 B 选项当选。《民事诉讼法》第 278 条第 1 款规定："外国法院请求人民法院提供司法协助的请求书及其所附文件，应当附有中文译本或者国际条约规定的其他文字文本。"未附中文译本的，如附有国际条约规定的其他文字文本，也不能驳回或退回，因而，D 选项不应当选。

《民诉法》第二百六十三条　外国人、无国籍人、外国企业和组织在人民法院起诉、应诉，需要委托律师代理诉讼的，必须委托中华人民共和国的律师。

《民诉法》第二百六十四条　在中华人民共和国领域内没有住所的外国人、无国籍人、外国企业和组织委托中华人民共和国律师或者其他人代理诉讼，从中华人民共和国领域外寄交或者托交的授权委托书，应当经所在国公证机关证明，并经中华人民共和国驻该国使领馆认证，或者履行中华人民共和国与该所在国订立的有关条约中规定的证明手续后，才具有效力。

▌▌▌真题演练

1. 2012 年 1 月，中国甲市公民李虹（女）与美国留学生琼斯（男）在中国甲市登记结婚，婚后两人一直居住在甲市 B 区。2014 年 2 月，李虹提起离婚诉讼，甲市 B 区法院受理了该案件，适用普通程序审理。关于本案，下列哪些表述是正确的？[①]（14 年·卷三·84 题）

A. 本案的一审审理期限为 6 个月

B. 法院送达诉讼文书时，对李虹与琼斯可采取同样的方式

C. 不服一审判决，李虹的上诉期为 15 天，琼斯的上诉期为 30 天

D. 美国驻华使馆法律参赞可以个人名义作为琼斯的诉讼代理人参加诉讼

2. 中日合资的甲公司与设在日本的日本乙公司（其在中国没有住所）在中国 A 县订立一份购销合同，合同约定乙公司向甲公司出售 5 台电子设备，并由乙公司负责将该电子设备运到甲公司所在地的 B 县。此外，还约定一旦发生争议无论向哪国法院起诉，均适用日本民事诉讼法。在合同履行过程中，甲公司发现乙公司提供的产品中有 2 台电子设备存在严重质量瑕疵，经交涉未能解决，于是向我国法院起诉，要求乙公司承担违约责任。下列哪些选项是正确的？[②]（08 年四川·卷三·82 题）

A. A 县法院对本案有管辖权

B. B 县法院对本案有管辖权

C. 本案应当适用中国民事诉讼法

---

① BD
② ABC

D. 本案应当适用日本民事诉讼法

3. 根据《民事诉讼法》规定，关于涉外民事诉讼，下列哪些选项是正确的?① （08年四川·卷三·90题）

A. 基层法院可以管辖相应的涉外案件

B. 经我国法院同意，外国当事人可以委托其本国律师以律师名义代理诉讼

C. 当事人在诉讼中达成调解协议的，可以要求法院依调解协议的内容制作判决书

D. 住所在我国领域内的当事人，对一审判决不服提起上诉的期限是 15 日

4. 关于涉外民事诉讼，下列哪一选项是正确的?② （07 年·卷三·36 题）

A. 涉外民事诉讼中的司法豁免是无限的

B. 当事人可以就涉外合同纠纷或者涉外财产权益纠纷协议确定管辖法院

C. 涉外民事诉讼中，双方当事人的上诉期无论是不服判决还是不服裁定一律都是 30 日

D. 对居住在国外的外国当事人，可以通过我国驻该国的使领馆代为送达诉讼文书

---

① ACD

② B

17 第十七章
仲裁与仲裁法概述

　　本章内容相对简单，但是司法考试经常涉及，考生需要重点掌握仲裁法的适用范围、仲裁与诉讼制度的关系和区别。

本章知识框架

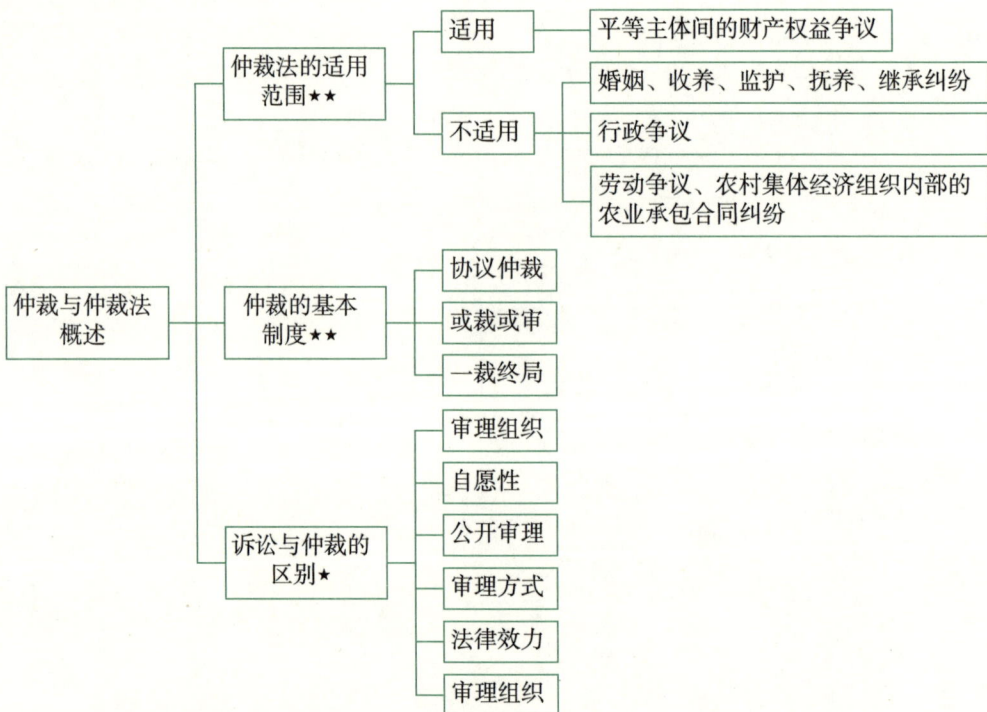

```
                                    适用 ──── 平等主体间的财产权益争议

                    仲裁法的适用
                    范围★★                    婚姻、收养、监护、抚养、继承纠纷

                                    不适用 ──── 行政争议

                                            劳动争议、农村集体经济组织内部的
                                            农业承包合同纠纷

                                            协议仲裁
仲裁与仲裁法        仲裁的基本
概述                制度★★                   或裁或审

                                            一裁终局

                                            审理组织

                                            自愿性

                    诉讼与仲裁的              公开审理
                    区别★
                                            审理方式

                                            法律效力

                                            审理组织
```

一、仲裁法的适用范围

（一）仲裁的范围

平等主体的公民、法人和其他组织之间的合同纠纷和其他财产权益纠纷。

（二）不能仲裁的情形

1. 婚姻、收养、监护、扶养、继承纠纷。

2. 依法应当由行政机关处理的行政争议。

3. 劳动争议和农村集体经济组织内部的农业承包合同纠纷。

二、仲裁的基本制度

（一）协议仲裁制度

仲裁程序的进行都必须以当事人之间订立的有效仲裁协议为基础，没有仲裁协议就没有仲裁制度。仲裁协议是当事人仲裁意愿的表现。

（二）或裁或审制度

平等主体之间的财产权益的争议，当事人只能在仲裁或诉讼中选择其一适用。有效的仲裁协议可以排除法院对案件的司法管辖权。

（三）一裁终局制度

仲裁裁决作出后，当事人就同一纠纷再申请仲裁或向法院起诉，仲裁委员会或法院不予受理。一方当事人不履行仲裁裁决确定的义务时，另一方当事人可以向人民法院申请强制执行。

【注意】民事诉讼两审终审基本制度和仲裁一裁终局基本制度的差别。

三、民事诉讼与仲裁的区别

	仲裁	诉讼
审理组织	民间性机构	人民法院代表国家进行审判
自愿性	以双方当事人的自愿为前提	不以自愿为前提，任何一方都可以起诉
是否公开审判	以不公开为原则，仲裁员及仲裁秘书有保密义务	一般公开审理，只有涉及国家秘密、个人隐私等的案件才不公开审理
审理方式	开庭为原则，例外书面审理	开庭为原则，二审可以不开庭审理
法律效力	一裁终局	两审终审
审理组织	合议庭或独任制当事人可选择	合议庭或独任制当事人不能选择

真题演练

1. 关于民事仲裁与民事诉讼的区别，下列哪一选项是正确的？[①]（11年·卷三·36题）

A. 具有给付内容的生效判决书都具有执行力，具有给付内容的生效裁决书没有执行力

B. 诉讼中当事人可以申请财产保全，在仲裁中不可以申请财产保全

C. 仲裁不需对案件进行开庭审理，诉讼原则上要对案件进行开庭审理

D. 仲裁机构是民间组织，法院是国家机关

2. 民事诉讼与民商事仲裁都是解决民事纠纷的有效方式，但两者在制度上有所区

---

① D

别。下列哪些选项是正确的?① (08 年·卷三·88 题)

A. 民事诉讼可以解决各类民事纠纷,仲裁不适用与身份关系有关的民事纠纷

B. 民事诉讼实行两审终审,仲裁实行一裁终局

C. 民事诉讼判决书需要审理案件的全体审判人员签署,仲裁裁决则可由部分仲裁庭成员签署

D. 民事诉讼中财产保全由法院负责执行,而仲裁机构则不介入任何财产保全活动

3. 下列关于民事诉讼和仲裁的异同哪一表述是正确的?② (06 年·卷三·35 题)

A. 法院调解达成协议一般不能制作判决书,而仲裁机构调解达成协议可以制作裁决书

B. 从理论上说,诉讼当事人无权确定法院审理和判决的范围,仲裁当事人有权确定仲裁机构审理和裁决的范围

C. 对法院判决不服的,当事人有权上诉或申请再审,对于仲裁机构裁决不服的可以申请重新仲裁

D. 当事人对于法院判决和仲裁裁决都有权申请法院裁定不予执行

---

① ABC
② A

18 第十八章
仲裁协议

特别提示

    仲裁协议是司法考试每年的必考内容，主要考点有：仲裁协议的订立、仲裁协议的独立性、仲裁协议的无效与失效。重要考点主要集中在仲裁协议的效力部分。

本章知识框架

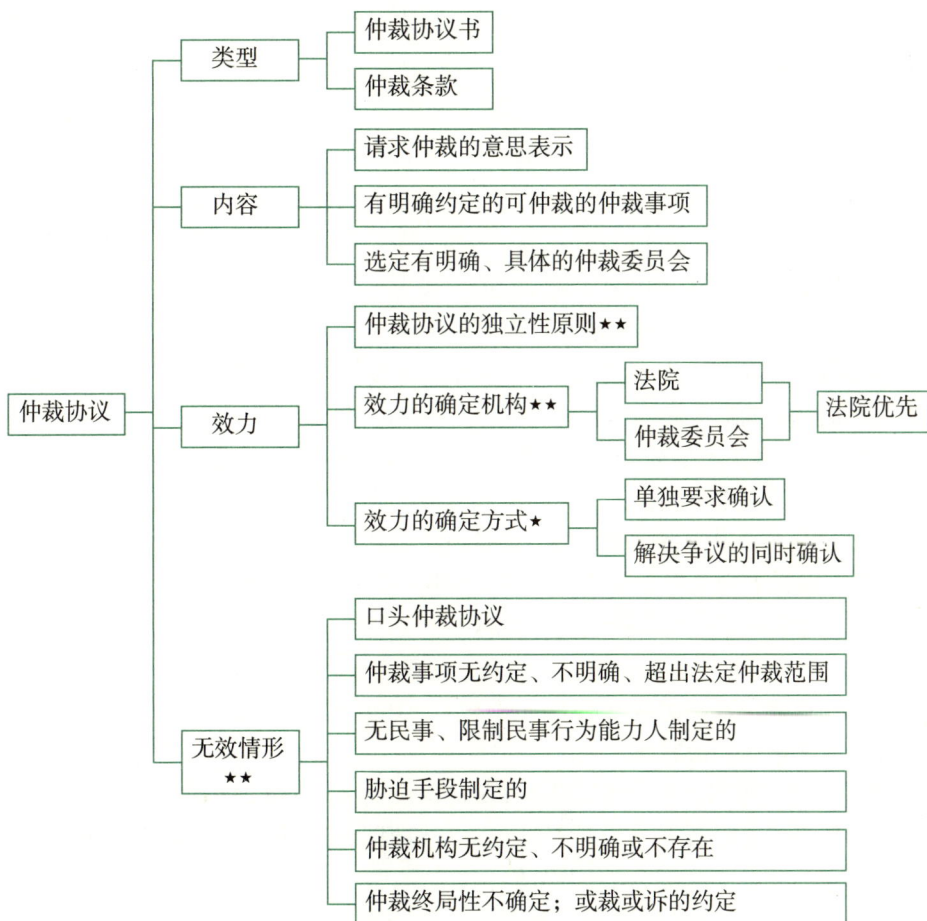

```
                    ┌─ 类型 ──┬─ 仲裁协议书
                    │         └─ 仲裁条款
                    │
                    ├─ 内容 ──┬─ 请求仲裁的意思表示
                    │         ├─ 有明确约定的可仲裁的仲裁事项
                    │         └─ 选定有明确、具体的仲裁委员会
                    │
                    │         ┌─ 仲裁协议的独立性原则★★
                    │         │
  仲裁协议 ─────────┼─ 效力 ──┼─ 效力的确定机构★★ ─┬─ 法院 ────────┐
                    │         │                      └─ 仲裁委员会 ── 法院优先
                    │         │
                    │         └─ 效力的确定方式★ ──┬─ 单独要求确认
                    │                                └─ 解决争议的同时确认
                    │
                    │         ┌─ 口头仲裁协议
                    │         ├─ 仲裁事项无约定、不明确、超出法定仲裁范围
                    │         ├─ 无民事、限制民事行为能力人制定的
                    └─ 无效情形 ─┤
                        ★★      ├─ 胁迫手段制定的
                                 ├─ 仲裁机构无约定、不明确或不存在
                                 └─ 仲裁终局性不确定；或裁或诉的约定
```

一、仲裁协议的类型

（一）仲裁协议必须采用书面形式

我国只承认书面仲裁协议的法律效力，以口头方式订立的仲裁协议不受法律保护。当事人以口头仲裁协议为依据申请仲裁的，仲裁机构不予受理。

（二）仲裁协议的类型

1. 仲裁条款：双方当事人在签订合同中订立的，将可能因本合同所发生的争议提交仲裁的条款。

2. 仲裁协议书：在争议发生前或争议发生后，双方当事人订立的同意将可能发生的或已经发生的争议提交仲裁的一种独立的契约。

3. 其他有关书面文件中包含的仲裁协议：当事人之间以信函、电报、电传、电子数据交换、电子邮件等方式进行往来并达成的仲裁协议。

二、仲裁协议的内容

（一）请求仲裁的共同意思表示

必须是双方当事人在协商一致的基础上真实的共同意思表示；在欺诈、胁迫、误解等情况下作出的意思表示无效。

（二）有明确约定的可仲裁的仲裁事项

（三）选定有明确、具体的仲裁委员会

1. 仲裁协议约定的仲裁机构名称不准确，但能够确定具体的仲裁机构的，应当认定选定了仲裁机构。

2. 仲裁协议仅约定纠纷适用的仲裁规则的，视为未约定仲裁机构，但当事人达成补充协议或者按照约定的仲裁规则能够确定仲裁机构的除外。

3. 仲裁协议约定两个以上仲裁机构的，当事人可以协议选择其中的一个仲裁机构申请仲裁；当事人不能就仲裁机构的选择达成一致的，仲裁协议无效。

【如】提交武汉仲裁委员会或长沙仲裁委员会仲裁。仲裁协议原则无效。但事后达成补充协议（书面；一方申请仲裁，另一方不提出异议）的除外。

4. 仲裁协议约定由某地的仲裁机构仲裁且该地仅有一个仲裁机构的，该仲裁机构视为约定的仲裁机构。该地有两个以上仲裁机构的，当事人可以协议选择其中的一个仲裁机构申请仲裁；当事人不能就仲裁机构选择达成一致的，仲裁协议无效。

【如】提交北京市的仲裁机构仲裁。仲裁协议原则无效，因为北京有两个仲裁机构：北京仲裁委员会和中国国际经济贸易仲裁委员会。但事后达成补充协议（书面；一方申请仲裁，另一方不提出异议）的除外。

5. 约定的仲裁机构不存在。在我国的仲裁机构设置中，区县没有仲裁机构。地级市以上的地方才有可能设置仲裁委员会，是否设置由当地根据情况确定；但省会城市、自治区首府、直辖市所在的城市一定设立有仲裁机构。

【例】2015 年 4 月，居住在 B 市（直辖市）东城区的林剑与居住在 B 市西城区的钟阳（二人系位于 B 市北城区正和钢铁厂的同事）签订了一份借款合同，约定钟阳向林剑借款 20

万元，月息1%，2017年1月20日前连本带息一并返还。合同还约定，如因合同履行发生争议，可向B市东城区仲裁委员会仲裁。至2017年2月，钟阳未能按时履约。2017年3月，二人到正和钢铁厂人民调解委员会（下称调解委员会）请求调解。调解委员会委派了三位调解员主持该纠纷的调解。（17年·卷三·95题）

95. 如调解委员会调解失败，解决的办法有：

A. 双方自行协商达成和解协议

B. 在双方均同意的情况下，要求林剑居住地的街道居委会的人民调解委员会组织调解

C. 依据借款合同的约定通过仲裁的方式解决

D. 通过诉讼方式解决

［答案］ABD

［解析］本案中双方当事人之间的纠纷属于平等主体之间的财产关系的争议，可以通过和解、调解、仲裁、诉讼的方式进行解决。人民调解委员会的调解失败了，当事人可以选择以上四种方式种的任何一种进行解决。当事人约定"如因合同履行发生争议，可向B市东城区仲裁委员会仲裁"，我国区县没有仲裁机构，约定的仲裁机构不存在，则不能通过仲裁的方式进行解决，争议的解决方法就只有和解、调解、诉讼三种方式。ABD三项当选。C项不当选。

三、仲裁协议的效力

（一）仲裁协议法律效力的表现

1. 对双方当事人的效力。

仲裁协议有效成立后，当事人只能向仲裁协议所确定的仲裁机构申请仲裁解决该纠纷。一方当事人就已约定仲裁的事项向法院起诉的，对方当事人可以存在有效的仲裁协议为由向法院提出抗辩。

2. 对法院的效力：有效地仲裁协议排除法院的司法管辖。但在仲裁协议无效或当事人默示放弃仲裁协议（一方起诉，另一方应诉答辩）的情况下，法院可以行使管辖权。

3. 对仲裁机构的效力：授予仲裁机构仲裁管辖权并限定仲裁的范围。

（二）仲裁协议的独立性

仲裁协议独立存在，合同的变更、解除、终止或者无效，不影响仲裁协议的效力。

1. 合同成立后未生效或被撤销的，不影响仲裁协议的效力。

2. 当事人在订立合同时，就争议达成仲裁协议的，合同未成立不影响仲裁协议的效力。

（三）仲裁协议效力的确定

1. 确认机构：人民法院或仲裁委员会，二者的关系为法院优先，时间优先。

（1）当事人对仲裁协议的效力有异议，一方请求仲裁委员会作出决定，一方请求人民法院作出裁定的，由人民法院裁定。

（2）仲裁机构对仲裁协议的效力作出决定后，当事人向人民法院申请确认仲裁协议的效力或者申请撤销仲裁机构决定的，人民法院不予受理。

（3）当事人对仲裁协议的效力有异议，一方当事人申请仲裁机构确认仲裁协议的效力，另一方当事人请求人民法院确认仲裁协议无效，如果仲裁机构先于人民法院接受申请并已作

出决定，人民法院不予受理；如果仲裁机构接受申请后尚未作出决定，人民法院应予受理，同时通知仲裁机构中止仲裁。

（4）当事人在仲裁庭首次开庭前没有对仲裁协议的效力提出异议，而后向人民法院申请确认仲裁协议无效的，人民法院不予受理。

2. 确认的方式。

（1）单独要求确认仲裁协议效力。

当事人单独要求人民法院（无论国内仲裁还是涉外仲裁，都是仲裁机构所在地、仲裁协议签订地、申请人或者被申请人住所地的中级人民法院管辖）或仲裁委员会确认仲裁协议的效力。

人民法院的确认权（使用裁定）优先：一方请求仲裁委员会作出决定，另一方请求人民法院作出裁定的，由人民法院裁定；但仲裁机构先于法院对仲裁协议的效力作出认定的，仲裁机构的认定有效。

【例】住所在 A 市 B 区的两江公司与住所在 M 市 N 区的百向公司，在两江公司的分公司所在地 H 市 J 县签订了一份产品购销合同，并约定如发生合同纠纷可向设在 W 市的仲裁委员会申请仲裁（W 市有两个仲裁委员会）。因履行合同发生争议，两江公司向 W 市的一个仲裁委员会申请仲裁。仲裁委员会受理后，百向公司拟向法院申请认定仲裁协议无效。百向公司应向下列哪一法院提出申请？（17 年·卷三·50 题）

A. 可向 W 市中级法院申请　　　　B. 只能向 M 市中级法院申请
C. 只能向 A 市中级法院申请　　　　D. 可向 H 市中级法院申请

［答案］D

［解析］《最高人民法院关于审理仲裁司法审查案件若干问题的规定》第 2 条规定，申请确认仲裁协议效力的案件，由仲裁协议约定的仲裁机构所在地、仲裁协议签订地、申请人住所地、被申请人住所地的中级人民法院或者专门人民法院管辖。

本案中当事人约定如发生合同纠纷可向设在 W 市的仲裁委员会申请仲裁，W 市有两个仲裁委员会，属于约定的仲裁机构不明确的，仲裁委员会所在的 W 市中级人民法院对此案无管辖权。A 项错误。

仲裁委员会所在地的法院无管辖权，但仲裁协议签订地的 H 市中级人民法院，申请人或者被申请人住所地的中级人民法院：A 市或 M 市人民法院均有管辖权。H 市中级人民法院、A 市中级人民法院或 M 市中级人民法院三个法院对此案均有管辖权。故 B 项、C 项说只能向其中一个法院申请确认仲裁协议的效力是错误的。

D 项正确。

（2）解决争议的同时要求确认仲裁协议效力。

一方当事人向仲裁机构申请仲裁或向人民法院起诉，要求解决民事纠纷，另一方当事人在仲裁庭首次开庭前或法院首次开庭前对仲裁协议的效力提出异议，即认为相应的仲裁机构或法院对该民事纠纷不享有管辖权。则仲裁机构或法院应在解决实体争议前，先行确认仲裁协议的效力，认定自己对案件是否享有管辖权，才能进而对实体争议进行处理。

①仲裁当事人达成仲裁协议，一方向人民法院起诉时未声明有仲裁协议，人民法院受理后，另一方在首次开庭前提交仲裁协议的，人民法院应当驳回起诉，但仲裁协议无效的除外；另一方在首次开庭前未对人民法院受理该案提出异议的，视为放弃仲裁协议，人民法院

应当继续审理，此种情形也称为仲裁协议的默示放弃。

②当事人签订仲裁协议后，一方依据仲裁协议向约定的仲裁机构申请仲裁，另一方认为仲裁协议无效的，应当在仲裁庭首次开庭前提出。

【例】住所在北京市 C 区的甲公司与住所在北京市 H 区的乙公司在天津市 J 区签订了一份买卖合同，约定合同履行发生争议，由北京仲裁委员会仲裁或者向 H 区法院提起诉讼。合同履行过程中，双方发生争议，甲公司到北京仲裁委员会申请仲裁，仲裁委员会受理并向乙公司送达了甲公司的申请书副本。在仲裁庭主持首次开庭的答辩阶段，乙公司对仲裁协议的效力提出异议。仲裁庭对此作出了相关的意思表示。此后，乙公司又向法院提出对仲裁协议的效力予以认定的申请。下列哪些选项是正确的？（17 年·卷三·85 题）

　　A. 双方当事人约定的仲裁协议原则有效

　　B. 仲裁庭对案件管辖权作出决定应有仲裁委员会的授权

　　C. 仲裁庭对乙公司的申请应予以驳回，继续审理案件

　　D. 乙公司应向天津市中级法院申请认定仲裁协议的效力

[答案] BC

[解析]《仲裁法解释》第 7 条规定，当事人约定争议可以向仲裁机构申请仲裁也可以向人民法院起诉的，仲裁协议无效。但一方向仲裁机构申请仲裁，另一方未在仲裁法第二十条第二款规定期间内提出异议的除外。本案中当事人约定由北京仲裁委员会仲裁或者向 H 区法院提起诉讼，仲裁协议无效。A 项错误。

《仲裁法》第 20 条规定，当事人对仲裁协议的效力有异议的，可以请求仲裁委员会作出决定或者请求人民法院作出裁定。按照上述规定，仲裁协议效力的确定权在仲裁委员会，而不在于仲裁庭，仲裁庭只是代仲裁委员会对仲裁协议的效力做出认定，因此说"仲裁庭对案件管辖权作出决定应有仲裁委员会的授权"是正确的。B 项正确。

《仲裁法》第 26 条规定，当事人达成仲裁协议，一方向人民法院起诉未声明有仲裁协议，人民法院受理后，另一方在首次开庭前提交仲裁协议的，人民法院应当驳回起诉，但仲裁协议无效的除外；另一方在首次开庭前未对人民法院受理该案提出异议的，视为放弃仲裁协议，人民法院应当继续审理。在仲裁庭主持首次开庭的答辩阶段，乙公司才对仲裁协议的效力提出异议，视为放弃仲裁协议，仲裁庭对乙公司的申请应予以驳回，继续审理案件。C 项正确。

《最高人民法院关于审理仲裁司法审查案件若干问题的规定》第 2 条规定，申请确认仲裁协议效力的案件，由仲裁协议约定的仲裁机构所在地、仲裁协议签订地、申请人住所地、被申请人住所地的中级人民法院或者专门人民法院管辖。本案当事人约定的仲裁机构不明确，可以由仲裁协议签订地天津市中级人民法院或申请人、被申请人住所地的北京市中级人民法院申请认定仲裁协议的效力，共有三个法院有权确认仲裁协议的效力，而不是只有天津市中级法院有权确认。D 项说"应向天津市中级法院申请认定仲裁协议的效力"过于绝对，错误。

【例】大成公司与华泰公司签订投资合同，约定了仲裁条款：如因合同效力和合同履行发生争议，由 A 仲裁委员会仲裁。合作中双方发生争议，大成公司遂向 A 仲裁委员会提出仲裁申请，要求确认投资合同无效。A 仲裁委员会受理。华泰公司提交答辩书称，如合同无效，仲裁条款当然无效，故 A 仲裁委员会无权受理本案。随即，华泰公司向法院申请确认仲

裁协议无效，大成公司见状，向 A 仲裁委员会提出请求确认仲裁协议有效。关于本案，下列哪一说法是正确的？（15 年·卷三·50 题）

A. A 仲裁委员会无权确认投资合同是否有效

B. 投资合同无效，仲裁条款即无效

C. 仲裁条款是否有效，应由法院作出裁定

D. 仲裁条款是否有效，应由 A 仲裁委员会作出决定

［答案］ C

［解析］《仲裁法》第 20 条规定，当事人对仲裁协议的效力有异议的，可以请求仲裁委员会作出决定或者请求人民法院作出裁定。一方请求仲裁委员会作出决定，另一方请求人民法院作出裁定的，由人民法院裁定。仲裁委员会和法律均有权确认仲裁协议是否有效，A 项错误。

两个机构均有权确定仲裁协议是否有效，向两个机构都申请，发生冲突时，法院的决定权优先，因此应由法院作出裁定，C 项正确，D 项错误。

《仲裁法》第 19 条规定，仲裁协议独立存在，合同的变更、解除、终止或者无效，不影响仲裁协议的效力。投资合同无效，并不必然导致仲裁条款即无效，主合同的效力和仲裁条款的效力是独立判断的，B 项错误。

【例】A 市水天公司与 B 市龙江公司签订一份运输合同，并约定如发生争议提交 A 市的 C 仲裁委员会仲裁。后因水天公司未按约支付运费，龙江公司向 C 仲裁委员会申请仲裁。在第一次开庭时，水天公司未出庭参加仲裁审理，而是在开庭审理后的第二天向 A 市中级人民法院申请确认仲裁协议无效。C 仲裁委员会应当如何处理本案？（07 年·卷三·48 题）

A. 应当裁定中止仲裁程序　　　　　　B. 应当裁定终结仲裁程序

C. 应当裁定驳回仲裁申请　　　　　　D. 应当继续审理

［答案］ D

［解析］ 当事人对仲裁协议有异议，应在仲裁庭首次开庭前提出，过了这个时间没有提出，视为默示达成仲裁协议或认可仲裁庭的管辖，本案中被申请人水天公司在仲裁庭开庭审理后的第二天向法院提出仲裁协议效力的异议是无效的，仲裁庭对此案享有管辖权，应当继续审理此案。D 项正确，其他选项错误。

（四）仲裁协议的承继

1. 当事人订立仲裁协议后合并、分立的，仲裁协议对其权利义务的继受人有效；当事人订立仲裁协议后死亡的，仲裁协议对继承其仲裁事项中的权利义务的继承人有效。上述两种情形下，当事人订立仲裁协议时另有约定的除外。

2. 债权债务全部或部分转让的，仲裁协议对受让人有效，但当事人另有约定、在受让债权债务时受让人明确反对或者不知单独有仲裁协议的除外。

【例】A 市甲公司与 B 市乙公司在 B 市签订了一份钢材购销合同，约定合同履行地在 A 市。同时双方还商定因履行该合同所发生的纠纷，提交 C 仲裁委员会仲裁。后因乙公司无法履行该合同，经甲公司同意，乙公司的债权债务转让给 D 市的丙公司，但丙公司明确声明不接受仲裁条款。关于本案仲裁条款的效力，下列哪些选项是错误的？（07 年·卷三·89 题）

A. 因丙公司已明确声明不接受合同中的仲裁条款，所以仲裁条款对其无效

B. 因丙公司受让合同中的债权债务，所以仲裁条款对其有效

C. 丙公司声明只有取得甲公司同意，该仲裁条款对丙公司才无效

D. 丙公司声明只有取得乙公司同意，该仲裁条款对丙公司才无效

[答案] BCD

[解析] 此案属于债权债务关系转让后仲裁协议的效力确定问题。原则上，债权债务关系转让后，仲裁协议对受让人有效，但本案中受让人丙公司明确声明不接受仲裁条款，因此仲裁条款对丙公司无效。A项正确，B项错误。本案中债权债务关系转让后仲裁协议的效力取决于受让人的态度，与原债权人、债务人甲公司和乙公司没有关系，如果受让人丙公司接受仲裁条款，不需要征得原债权人、债务人甲公司和乙公司的同意，CD两项错误。

（五）仲裁协议无效的法定情形和法律后果

1. 仲裁协议无效和失效情形的区别：

	无效	失效
适用情形	（1）形式：口头方式订立的仲裁协议无效。 （2）事项：约定的仲裁事项超出法律规定的仲裁范围；对仲裁事项无约定、不明确，当事人对此又达不成补充协议的。 （3）主体：无民事行为能力人或者限制民事行为能力人订立的仲裁协议。 （4）手段：一方采取胁迫手段，迫使对方订立仲裁协议的。 （5）机构：对仲裁委员会无约定、约定不明确或选择的仲裁机构不存在，当事人对此又达不成补充协议的。 （6）效力：仲裁终局性不确定；可选择诉讼或仲裁的协议。	（1）基于仲裁协议，仲裁庭作出的仲裁裁决已被当事人自觉履行或者被法院强制执行，即仲裁协议约定的提交仲裁的争议事项得到最终解决；（2）当事人协议放弃已签订的仲裁协议；（3）附期限的仲裁协议因期限届满而失效；（4）基于仲裁协议，仲裁庭作出的仲裁裁决被法院裁定撤销或不予执行。

2. 仲裁协议无效或失效后的法律后果。

双方当事人之间的纠纷可以通过向法院起诉解决，也可以重新达成仲裁协议通过仲裁方式解决。

【例】武当公司与洪湖公司签订了一份钢材购销合同，同时约定，因合同效力或合同的履行发生纠纷提交 A 仲裁委员会或 B 仲裁委员会仲裁解决。合同签订后，洪湖公司以本公司具体承办人超越权限签订合同为由，主张合同无效。关于本案，下列哪一说法是正确的？（12 年·卷三·48 题）

A. 因当事人约定了 2 个仲裁委员会，仲裁协议当然无效

B. 因洪湖公司承办人员超越权限签订合同导致合同无效，仲裁协议当然无效

C. 洪湖公司如向法院起诉，法院应当受理

D. 洪湖公司如向法院起诉，法院应当裁定不予受理

[答案] C

[解析] 仲裁协议约定两个以上仲裁机构的，当事人可以协议选择其中的一个仲裁机构申请仲裁；当事人不能就仲裁机构选择达成一致的，仲裁协议无效。可见，并非当事人约定了两个仲裁委员会，仲裁协议即当然无效，A 选项错误。仲裁协议具有独立性，即使主合同无效，仲裁协议效力也不一定必然无效，B 选项错误。洪湖公司向法院起诉，代表其不愿意接受仲裁，这意味着在仲裁协议选择两个仲裁委员会的情况下，双方不能就仲裁机构单一确

定的选择达成一致，因此，仲裁协议无效，法院应当受理，因此 C 选项正确，D 选项错误。

【例】甲、乙因遗产继承发生纠纷，双方书面约定由某仲裁委员会仲裁。后甲反悔，向遗产所在地法院起诉。法院受理后，乙向法院声明双方签订了仲裁协议。关于法院的做法，下列哪一选项是正确的？（10 年·卷三·43 题）

A. 裁定驳回起诉

B. 裁定驳回诉讼请求

C. 裁定将案件移送某仲裁委员会审理

D. 法院裁定仲裁协议无效，对案件继续审理

［答案］D

［解析］甲、乙之间的遗产继承纠纷是不能约定仲裁的，故甲、乙之间的约定无效。所以，本题法院应裁定仲裁协议无效，对案件继续审理。D 选项正确，A、B、C 选项错误。

【例】甲公司与乙公司签订了一份钢材购销合同，约定因该合同发生纠纷双方可向 A 仲裁委员会申请仲裁，也可向合同履行地 B 法院起诉。关于本案，下列哪些选项是正确的？（10 年·卷三·84 题）

A. 双方达成的仲裁协议无效

B. 双方达成的管辖协议有效

C. 如甲公司向 A 仲裁委员会申请仲裁，乙公司在仲裁庭首次开庭前未提出异议，A 仲裁委员会可对该案进行仲裁

D. 如甲公司向 B 法院起诉，乙公司在法院首次开庭时对法院管辖提出异议，法院应当驳回甲公司的起诉

［答案］ABC

［解析］本题中，甲公司与乙公司约定因该合同发生纠纷双方可向 A 仲裁委员会申请仲裁，也可向合同履行地 B 法院起诉，这里仲裁协议原则上是无效的；但是在例外情形下，即"如甲公司向 A 仲裁委员会申请仲裁，乙公司在仲裁庭首次开庭前未提出异议，A 仲裁委员会可对该案进行仲裁"，因此，A、C 选项正确。甲公司与乙公司在签订的钢材购销合同中的约定因该合同发生纠纷双方可向 A 仲裁委员会申请仲裁，也可向合同履行地 B 法院起诉。尽管双方达成的仲裁协议由于不符合法律规定而无效。但其对管辖法院的约定是双方共同的意思表示，符合法律，因此是有效的，B 选项正确。D 选项中另一方当事人是在首次开庭时提出有仲裁协议，而不是"首次开庭前"，当事人没有在法律规定的期间内提出仲裁协议（即管辖异议），此时视为当事人已经默示承认放弃了仲裁协议，构成了应诉管辖，法院应当继续审理此案，而不是驳回甲公司的起诉。因此，D 选项错误。

《仲裁法》第十六条　仲裁协议包括合同中订立的仲裁条款和以其他书面方式在纠纷发生前或者纠纷发生后达成的请求仲裁的协议。

仲裁协议应当具有下列内容：

（一）请求仲裁的意思表示；

（二）仲裁事项；

（三）选定的仲裁委员会。

《仲裁法》第十七条　有下列情形之一的，仲裁协议无效：

（一）约定的仲裁事项超出法律规定的仲裁范围的；

（二）无民事行为能力人或者限制民事行为能力人订立的仲裁协议；

（三）一方采取胁迫手段，迫使对方订立仲裁协议的。

《仲裁法》第十八条　仲裁协议对仲裁事项或者仲裁委员会没有约定或者约定不明确的，当事人可以补充协议；达不成补充协议的，仲裁协议无效。

《仲裁法》第十九条　仲裁协议独立存在，合同的变更、解除、终止或者无效，不影响仲裁协议的效力。

仲裁庭有权确认合同的效力。

《仲裁法》第二十条　当事人对仲裁协议的效力有异议的，可以请求仲裁委员会作出决定或者请求人民法院作出裁定。一方请求仲裁委员会作出决定，另一方请求人民法院作出裁定的，由人民法院裁定。

当事人对仲裁协议的效力有异议，应当在仲裁庭首次开庭前提出。

《仲裁解释》第三条　仲裁协议约定的仲裁机构名称不准确，但能够确定具体的仲裁机构的，应当认定选定了仲裁机构。

《仲裁解释》第四条　仲裁协议仅约定纠纷适用的仲裁规则的，视为未约定仲裁机构，但当事人达成补充协议或者按照约定的仲裁规则能够确定仲裁机构的除外。

《仲裁解释》第五条　仲裁协议约定两个以上仲裁机构的，当事人可以协议选择其中的一个仲裁机构申请仲裁；当事人不能就仲裁机构选择达成一致的，仲裁协议无效。

《仲裁解释》第六条　仲裁协议约定由某地的仲裁机构仲裁且该地仅有一个仲裁机构的，该仲裁机构视为约定的仲裁机构。该地有两个以上仲裁机构的，当事人可以协议选择其中的一个仲裁机构申请仲裁；当事人不能就仲裁机构选择达成一致的，仲裁协议无效。

《仲裁解释》第七条　当事人约定争议可以向仲裁机构申请仲裁也可以向人民法院起诉的，仲裁协议无效。但一方向仲裁机构申请仲裁，另一方未在仲裁法第二十条第二款规定期间内提出异议的除外。

《仲裁解释》第十三条　依照仲裁法第二十条第二款的规定，当事人在仲裁庭首次开庭前没有对仲裁协议的效力提出异议，而后向人民法院申请确认仲裁协议无效的，人民法院不予受理。

仲裁机构对仲裁协议的效力作出决定后，当事人向人民法院申请确认仲裁协议效力或者申请撤销仲裁机构的决定的，人民法院不予受理。

▌▌真题演练〉

1. 关于仲裁协议的效力，下列哪些选项是正确的？① （08 年四川·卷三·88 题）

A. 当事人对仲裁协议效力有争议的，既可以向法院申请认定，也可以向仲裁委员会申请认定

B. 作为合同内容的仲裁条款，在合同无效时，其效力不受影响

C. 仲裁裁决被法院撤销后，当事人可以依原仲裁协议重新申请仲裁

D. 仲裁裁决被法院裁定不予执行后，当事人可以依原仲裁协议重新申请仲裁

———————————

① AB

2. 下列哪些仲裁协议为无效或失效?① (05 年·卷三·74 题)

A. 甲、乙两公司签订合同，并约定了仲裁条款。后合同双方又签订补充协议，约定"如原合同或补充协议履行发生争议，双方协商解决或向法院起诉解决"

B. 双方当事人在合同中约定："因本合同履行发生的争议，双方当事人既可向南京仲裁委员会申请仲裁，也可向南京市鼓楼区法院起诉"

C. 甲、乙两公司在双方合同纠纷的诉讼中对法官均不满意，双方商量先撤诉后仲裁。甲公司向法院提出了撤诉申请，法院裁定准许撤诉。此后甲乙两公司签订了仲裁协议，约定将该合同纠纷提交某仲裁委员会仲裁

D. 丙、丁两公司签订的合同中规定了内容齐全的仲裁条款，但该合同内容违反法律禁止性规定

3. 甲、乙在合同中约定因合同所发生的争议，提交某仲裁委员会仲裁。后双方发生争议，甲向约定的仲裁委员会申请仲裁，但乙对仲裁协议的效力提出异议。对此，乙就仲裁协议的效力有权向谁申请认定?② (05 年·卷三·79 题)

A. 该仲裁委员会所在地基层法院

B. 该仲裁委员会所在地中级法院

C. 该仲裁委员会

D. 甲居住地的基层法院

---

① AB
② BC

19 第十九章
仲裁程序

本章知识框架

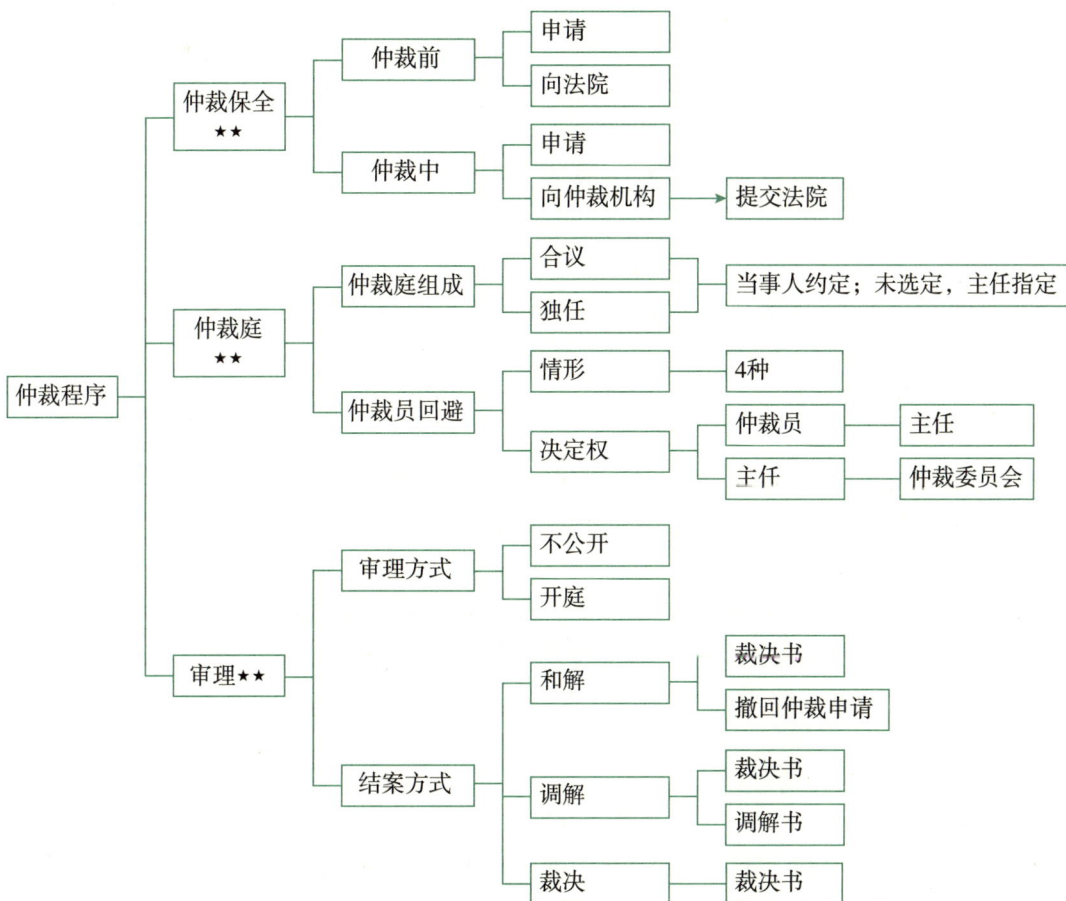

```
                              ┌── 仲裁前 ──┬── 申请
              ┌── 仲裁保全 ────┤           └── 向法院
              │      ★★      └── 仲裁中 ──┬── 申请
              │                            └── 向仲裁机构 ──→ 提交法院
              │
              │              ┌── 仲裁庭组成 ──┬── 合议
              │              │               ├── 独任 ──── 当事人约定；未选定，主任指定
仲裁程序 ─────┼── 仲裁庭 ─────┤
              │      ★★      │               ┌── 情形 ──── 4种
              │              └── 仲裁员回避 ──┤              ┌── 仲裁员 ──── 主任
              │                              └── 决定权 ────┤
              │                                             └── 主任 ──── 仲裁委员会
              │
              │              ┌── 审理方式 ──┬── 不公开
              │              │             └── 开庭
              └── 审理★★ ────┤
                             │              ┌── 和解 ──┬── 裁决书
                             │              │          └── 撤回仲裁申请
                             └── 结案方式 ──┤
                                            ├── 调解 ──┬── 裁决书
                                            │          └── 调解书
                                            └── 裁决 ──── 裁决书
```

一、仲裁当事人

仲裁当事人是指依据有效的仲裁协议，以自己名义参加仲裁程序，并受仲裁裁决约束的公民、法人和其他组织。

仲裁当事人的特征：

1. 双方当事人的法律地位平等。

2. 当事人之间必须订有有效的仲裁协议。

3. 当事人之间的纠纷必须具有可仲裁性。

【注意】仲裁中没有第三人制度。

二、仲裁庭的组成

（一）仲裁庭的形式

1. 仲裁庭的形式分为三名仲裁员组成的合议仲裁庭和一名仲裁员组成的独任仲裁庭。

2. 当事人双方不能就仲裁庭的组成形式达成一致意见的，由仲裁委员会主任确定仲裁庭的组成形式。

（二）仲裁员的确定

1. 当事人约定。

（1）当事人约定由三名仲裁员组成仲裁庭的：当事人各自选定或各自委托仲裁委员会主任指定一名仲裁员，第三名仲裁员由当事人共同选定或者共同委托仲裁委员会主任指定，第三名仲裁员为首席仲裁员。

（2）当事人约定由一名仲裁员成立仲裁庭：当事人共同选定或共同委托仲裁委员会主任指定该独任仲裁员。

2. 仲裁委员会主任指定。

双方当事人未在仲裁规则规定的期限内选定仲裁员的，由仲裁委员会主任指定仲裁员。

当事人未在指定期限内达成一致意见仲裁委员会主任指定。

（三）仲裁员的回避

1. 仲裁员回避的情形。

有下列情形之一的，必须回避，当事人也有权提出回避申请：

（1）是本案当事人或者当事人、代理人的近亲属；

（2）与本案有利害关系；

（3）与本案当事人、代理人有其他关系，可能影响公正仲裁的；

（4）私自会见当事人、代理人，或者接受当事人、代理人的请客送礼的。

2. 仲裁员的回避形式。

（1）仲裁员自行回避。

（2）当事人提出申请回避。

3. 回避的决定。

不论哪种形式的回避，都应当向仲裁委员会提出。该仲裁员是否回避，由仲裁委员会主任决定；仲裁委员会主任担任仲裁员时，由仲裁委员会集体决定。

4. 回避的提出时间。

当事人提出回避申请，应当说明理由，并在首次开庭前提出；回避事由在首次开庭后知道的，可以在最后一次开庭终结前提出。

5. 回避的效力。

仲裁员因回避或者其他原因不能履行职责的，应当依照仲裁法的规定重新选定或者指定仲裁员。因回避而重新选定或者指定仲裁员后，当事人可以请求已进行的仲裁程序重新进行，是否准许，由仲裁庭决定；仲裁庭也可以自行决定已进行的仲裁程序是否重新进行。

【例】某仲裁委员会在开庭审理甲公司与乙公司合同纠纷一案时，乙公司对仲裁庭中的一名仲裁员提出了回避申请。经审查后，该仲裁员依法应予回避，仲裁委员会重新确定了仲裁员。关于仲裁程序如何进行，下列哪一选项是正确的？（12年·卷三·49题）

A. 已进行的仲裁程序应当重新进行

B. 已进行的仲裁程序有效，仲裁程序应当继续进行

C. 当事人请求已进行的仲裁程序重新进行的，仲裁程序应当重新进行

D. 已进行的仲裁程序是否重新进行，仲裁庭有权决定

［答案］D

［解析］仲裁员因回避或者其他原因不能履行职责的，应当依照本法规定重新选定或者指定仲裁员。因回避而重新选定或者指定仲裁员后，当事人可以请求已进行的仲裁程序重新进行，是否准许，由仲裁庭决定；仲裁庭也可以自行决定已进行的仲裁程序是否重新进行。因此，A、B、C选项错误，D选项正确。

《仲裁法》第三十条　仲裁庭可以由三名仲裁员或者一名仲裁员组成。由三名仲裁员组成的，设首席仲裁员。

《仲裁法》第三十一条　当事人约定由三名仲裁员组成仲裁庭的，应当各自选定或者各自委托仲裁委员会主任指定一名仲裁员，第三名仲裁员由当事人共同选定或者共同委托仲裁委员会主任指定。第三名仲裁员是首席仲裁员。

当事人约定由一名仲裁员成立仲裁庭的，应当由当事人共同选定或者共同委托仲裁委员会主任指定仲裁员。

《仲裁法》第三十二条　当事人没有在仲裁规则规定的期限内约定仲裁庭的组成方式或者选定仲裁员的，由仲裁委员会主任指定。

《仲裁法》第三十四条　仲裁员有下列情形之一的，必须回避，当事人也有权提出回避申请：

（一）是本案当事人或者当事人、代理人的近亲属；

（二）与本案有利害关系；

（三）与本案当事人、代理人有其他关系，可能影响公正仲裁的；

（四）私自会见当事人、代理人，或者接受当事人、代理人的请客送礼的。

《仲裁法》第三十五条　当事人提出回避申请，应当说明理由，在首次开庭前提出。回避事由在首次开庭后知道的，可以在最后一次开庭终结前提出。

《仲裁法》第三十六条　仲裁员是否回避，由仲裁委员会主任决定；仲裁委员会主任担任仲裁员时，由仲裁委员会集体决定。

《仲裁法》第三十七条　仲裁员因回避或者其他原因不能履行职责的，应当依照本法规定重新选定或者指定仲裁员。

因回避而重新选定或者指定仲裁员后，当事人可以请求已进行的仲裁程序重新进行，是否准许，由仲裁庭决定；仲裁庭也可以自行决定已进行的仲裁程序是否重新进行。

三、仲裁的审理程序

（一）仲裁审理的原则

仲裁审理以不公开审理为原则，以公开审理为例外。仲裁不公开进行，当事人协议公开的，可以公开进行，但涉及国家秘密的除外。

（二）仲裁审理的方式

1. 仲裁以开庭审理为原则。开庭审理是在仲裁庭的主持下，在双方当事人和其他仲裁参与人的参加下。按照法定程序，对案件进行审理并作出裁决的方式。

2. 书面审理。当事人协议不开庭的情况下，双方当事人及其他仲裁参与人不用到庭参加审理，由仲裁庭根据仲裁申请书、答辩书以及其他材料作出裁决的仲裁审理方式，是开庭审理的必要补充。

（三）仲裁中的缺席裁决

被申请人经书面通知，无正当理由不到庭或者未经仲裁庭许可中途退庭的，可以缺席裁决。

仲裁庭可以作出缺席裁决的情形：

1. 被申请人经书面通知，无正当理由不到庭。

2. 被申请人未经仲裁庭的许可中途退庭。

3. 仲裁被申请人提出反请求的情况下，如果仲裁申请人经书面通知无正当理由不到庭或未经仲裁庭准许中途退庭时，仲裁庭可以基于反请求对仲裁申请人作出缺席裁决。

4. 被申请人的法定代理人经书面通知无正当理由不到庭或者未经仲裁庭许可中途退庭的，可以缺席裁决。

【例】兴邦有限公司诉蒋聪租赁合同争议仲裁案，在仲裁庭审的过程中，蒋聪接到电话，其妻发生交通事故，刚被送往医院，蒋聪与仲裁员简单说明情况并经仲裁庭允许后便匆匆离席。仲裁庭不可以在蒋聪缺席的情况下依法继续进行审理并作出缺席裁决。在被申请人经书面通知无正当理由不到庭或未经仲裁庭许可中途退庭的情况下，才可以缺席裁决。而本案中被申请人蒋聪中途退庭是有紧急理由并经仲裁庭许可的，因此不能作出缺席裁决。

【例】甲公司和乙公司签订设备买卖合同，并在合同中约定了仲裁条款，后由于甲公司拒绝支付设备款，乙公司向仲裁委员会申请仲裁，要求甲公司支付设备款。甲公司接到仲裁通知后作出答辩意见，同时提出由于乙公司提供的设备不符合质量规定而造成了经济损失，要求乙公司赔偿经济损失 100 万元的反请求。仲裁庭依法书面向双方当事人寄送了开庭通知。开庭当日，甲公司没有如期到庭参加庭审，仲裁庭应当在甲公司无故不到庭的情况下，仲裁庭应对乙公司的仲裁请求缺席裁决，对甲公司的反请求视为撤回仲裁申请。

《仲裁法》第三十九条　仲裁应当开庭进行。当事人协议不开庭的，仲裁庭可以根据仲裁申请书、答辩书以及其他材料作出裁决。

《仲裁法》第四十条　仲裁不公开进行。当事人协议公开的，可以公开进行，但涉及国家秘密的除外。

《仲裁法》第四十二条　申请人经书面通知，无正当理由不到庭或者未经仲裁庭许可中途退庭的，可以视为撤回仲裁申请。

被申请人经书面通知，无正当理由不到庭或者未经仲裁庭许可中途退庭的，可以缺席裁决。

四、仲裁保全与仲裁证据保全

（一）仲裁保全

1. 仲裁保全的条件。

（1）仲裁案件必须有给付内容。

（2）确有保全的必要，即如果不采取保全措施，将来的仲裁裁决会面临不能执行或难以执行的情形。

（3）仲裁当事人申请财产保全必须符合法定程序。

2. 仲裁保全的申请时间：仲裁前或仲裁程序中均可申请仲裁保全，其中仲裁前的保全中，申请人在法院采取措施后 30 日内不申请仲裁的，法院应当解除保全。

仲裁前的保全，由利害关系人直接向管辖法院提出申请；仲裁中的保全，由仲裁当事人向仲裁委员会提出申请，仲裁委员会将该申请提交有管辖权的法院。

3. 仲裁保全的管辖法院。

国内仲裁：被申请人住所地或者被保全财产所在地、对案件有管辖权的基层人民法院。

涉外仲裁：被申请人住所地或者被保全财产所在地、对案件有管辖权的中级人民法院。

【例】中国甲公司与某国乙公司发生买卖合同纠纷，在中国仲裁过程中，乙公司申请财产保全，即要求扣押甲公司在某港口的一批机器设备。仲裁委员会对此申请应如何处理？（05 年·卷三·47 题）

A. 不予受理，告知当事人直接向有关法院提出申请

B. 审查后直接作出财产保全裁定，由有关法院执行

C. 将乙公司的申请提交甲公司所在地的中级法院裁定

D. 将乙公司的申请提交机器设备所在地的基层法院裁定

[答案]　C

[解析]　本案属于仲裁中的保全，应由当事人将保全申请提交仲裁委员会，再由仲裁委员会将申请提交有管辖权的被申请人住所地或财产所在地的法院，因为被申请人是外国公司，此案是涉外仲裁，所以应当由上述法院所在地的中级人民法院管辖。A 项错误在于仲裁中的保全不能由当事人直接向法院提出。B 项错误在于仲裁委员会对仲裁中的保全申请没有权力裁定。C 项正确。D 项的地域管辖正确，可以交机器设备所在地的法院，但级别管辖错误，应该提交中级法院，而不是基层法院裁定，D 项错误。

4. 仲裁保全的救济。

（1）仲裁当事人对人民法院的保全裁定不服，可以向人民法院申请复议一次，复议期间

不停止裁定的执行。

（2）申请有错误的，申请人应当赔偿被申请人因财产保全遭受的损失，仲裁委员会不承担赔偿责任。

5. 仲裁保全和诉讼保全。

（1）程序的启动主体不同：仲裁中的保全只能由利害关系人或当事人申请启动，仲裁机构无权依职权启动保全程序；诉讼保全中利害关系人和当事人可申请启动保全程序，法院也可依职权启动保全程序。

（2）能否采取保全措施的主体不同：仲裁机构无权采取保全措施，仲裁中的保全措施也由人民法院采取；诉讼中法院当然享有采取保全措施的权力。

（二）仲裁证据保全

1. 时间：仲裁程序进行中和仲裁前，在证据可能灭失或以后难以取得的情况下，当事人和利害关系人均可向被申请人住所地、证据所在地的人民法院申请证据保全。

2. 管辖：

国内仲裁：证据所在地、被申请人住所地或者对案件有管辖权的基层人民法院。

涉外仲裁：证据所在地、被申请人住所地或者对案件有管辖权的中级人民法院。

【例】甲县的佳华公司与乙县的亿龙公司订立的烟叶买卖合同中约定，如果因为合同履行发生争议，应提交 A 仲裁委员会仲裁。佳华公司交货后，亿龙公司认为烟叶质量与约定不符，且正在霉变，遂准备提起仲裁，并对烟叶进行证据保全。关于本案的证据保全，下列哪些表述是正确的？（14 年·卷三·77 题）

A. 在仲裁程序启动前，亿龙公司可直接向甲县法院申请证据保全

B. 在仲裁程序启动后，亿龙公司既可直接向甲县法院申请证据保全，也可向 A 仲裁委员会申请证据保全

C. 法院根据亿龙公司申请采取证据保全措施时，可要求其提供担保

D. A 仲裁委员会收到保全申请后，应提交给烟叶所在地的中级法院

［答案］AC

［解析］《民事诉讼法》第 81 条第 2 款规定，因情况紧急，在证据可能灭失或者以后难以取得的情况下，利害关系人可以在提起诉讼或者申请仲裁前向证据所在地、被申请人住所地或者对案件有管辖权的人民法院申请保全证据。仲裁前的保全，应直接向有管辖权的法院提出，本案甲县法院是被申请人住所地的法院，对仲裁前的保全有管辖权，A 项正确。仲裁中的保全，应向仲裁委员会提出，再由仲裁委员会向有管辖权的法院提出，不能直接向法院提出保全申请。B 项错误。《民事诉讼法》第 81 条第 2 款规定，证据保全的其他程序，参照适用本法第九章保全的有关规定。《民事诉讼法》第 101 条规定，利害关系人因情况紧急，不立即申请保全将会使其合法权益受到难以弥补的损害的，可以在提起诉讼或者申请仲裁前向被保全财产所在地、被申请人住所地或者对案件有管辖权的人民法院申请采取保全措施。申请人应当提供担保，不提供担保的，裁定驳回申请。可见仲裁前和诉讼前的证据保全，法院是可要求申请人提供担保的。C 项正确。国内仲裁中的保全应当由基层法院管辖，涉外仲裁中的保全才由财产所在地或被申请人所在地的中级法院管辖。本案是国内仲裁，A 仲裁委员会收到保全申请后，应提交给烟叶所在地的基层法院而不是中级法院，D 项错误。

《民诉法》第二百七十二条 当事人申请采取保全的，中华人民共和国的涉外仲裁机构应当将当事人的申请，提交被申请人住所地或者财产所在地的中级人民法院裁定。

五、仲裁中的和解、调解和裁决

（一）和解

1. 和解的时间。

当事人申请仲裁后，可以自行和解。和解的时间在仲裁委员会受理争议案件后，仲裁庭作出仲裁裁决之前。

2. 和解的结案方式。

（1）当事人达成和解协议的，可以请求仲裁庭根据和解协议作出裁决书。

（2）当事人达成和解协议的，也可以撤回仲裁申请。如果当事人撤回仲裁申请后反悔的，仍可以根据原仲裁协议申请仲裁。

【注意】撤回仲裁申请后，原仲裁协议继续有效。

3. 和解协议的效力。

仲裁和解协议没有强制执行力，当事人无权依和解协议向有管辖权的法院申请强制执行。

【例】南沙公司与北极公司因购销合同发生争议，南沙公司向仲裁委员会申请仲裁，在仲裁中双方达成和解协议，南沙公司向仲裁庭申请撤回仲裁申请。之后，北极公司拒不履行和解协议。下列哪一选项是正确的？（08年·卷三·39题）

A. 南沙公司可以根据原仲裁协议申请仲裁

B. 南沙公司应与北极公司重新达成仲裁协议后，才可以申请仲裁

C. 南沙公司可以直接向法院起诉

D. 仲裁庭可以裁定恢复仲裁程序

［答案］A

［解析］因和解而撤回仲裁申请的，原来的仲裁协议有效，此时南沙公司可以根据原仲裁协议申请仲裁，也可以和对方重新达成仲裁协议申请仲裁，此时原仲裁协议视为放弃。因此，A选项正确，B、C选项错误。因为仲裁程序已经终结，不能恢复，要想启动，必须由当事人申请。因此，D选项错误。

【例】甲公司与乙公司之间的买卖合同纠纷，双方在仲裁过程中达成和解协议，此种情况下甲公司不具有下列哪一种权利？（04年·卷三·42题）

A. 请求仲裁庭根据和解协议作出裁决书

B. 撤回仲裁申请

C. 对仲裁协议进行反悔，请求仲裁庭依法作出裁决

D. 请求法院执行仲裁过程中达成的和解协议

［答案］D

［解析］仲裁中达成和解协议的，可以撤回仲裁申请，也可以请求仲裁庭根据和解协议作出裁决书；对仲裁协议进行反悔，请求仲裁庭依法作出裁决。但是，仲裁和解协议不具有

强制执行力，不能要求法院强制执行和解协议。D 项错误。

（二）仲裁中的调解

1. 仲裁调解结案的时间。

仲裁庭在作出裁决前，可以先行调解。当事人自愿调解的，仲裁庭应当调解。调解不成的，应当及时作出裁决。

2. 调解的结案方式。

经仲裁庭调解，双方当事人达成协议的，仲裁庭应当制作调解书。仲裁庭除了可以制作仲裁调解书之外，也可以根据协议的结果制作裁决书。

3. 调解书的效力。

调解书经双方当事人签收后发生法律效力，调解书和裁决书具有同等法律效力。

如果调解书签收前当事人反悔的，仲裁庭应当及时作出裁决。

（三）仲裁调解和仲裁和解的比较

	仲裁调解	仲裁和解
参加者	在仲裁庭主持下达成调解协议	无需仲裁庭主持，双方自愿达成
结案方式	调解达成协议的，仲裁庭应当制作调解书或者根据调解协议的内容制作裁决书	当事人达成和解协议的可以请求仲裁庭根据和解协议制作裁决书，也可以撤回仲裁申请
反悔	仲裁调解书经双方当事人签收后发生法律效力，当事人达成调解协议后反悔的可以拒绝签收调解书，仲裁庭根据审理作出裁决	当事人达成和解协议撤回仲裁申请后反悔的，可以根据原仲裁协议申请仲裁

【例】关于仲裁调解，下列哪些表述是正确的？（10 年·卷三·81 题）

A. 仲裁调解达成协议的，仲裁庭应当根据协议制作调解书或根据协议结果制作裁决书

B. 对于事实清楚的案件，仲裁庭可依职权进行调解

C. 仲裁调解达成协议的，经当事人、仲裁员在协议上签字后即发生效力

D. 仲裁庭在作出裁决前可先行调解

[答案] AD

[解析] 根据《仲裁法》第 51 条规定："仲裁庭在作出裁决前，可以先行调解。当事人自愿调解的，仲裁庭应当调解。调解不成的，应当及时作出裁决。调解达成协议的，仲裁庭应当制作调解书或者根据协议的结果制作裁决书。调解书与裁决书具有同等法律效力。"可以看出 A 选项所言"仲裁调解达成协议的，仲裁庭应当根据协议制作调解书或根据协议结果制作裁决书"，以及 D 选项所言"仲裁庭在作出裁决前可先行调解"是法条的明文规定。因此，A、D 选项正确。仲裁调解中，法条规定，仲裁庭在作出裁决前，可以先行调解。那么就是说仲裁庭对于调解的启动有两种：一是仲裁庭自行调解，二是当事人自愿调解。对于仲裁庭自行调解的案件即使事实不清楚，仲裁庭仍然可以调解，法条并没有规定仲裁庭先行调解的案件要限于事实清楚，因此 B 选项表述错误。根据《仲裁法》第 52 条规定："调解书应当写明仲裁请求和当事人协议的结果。调解书由仲裁员签名，加盖仲裁委员会印章，送达双方当事人。调解书经双方当事人签收后，即发生法律效力。在调解书签收前当事人反悔的，

仲裁庭应当及时作出裁决。"结合本题，一份具有法律效力的仲裁调解书要由仲裁员签名，加盖仲裁委员会印章，同时要当事人签收，也就是说当事人要接收这份调解书，并不是简单的签字即可。因此 C 选项错误。

《仲裁法》第四十九条　当事人申请仲裁后，可以自行和解。达成和解协议的，可以请求仲裁庭根据和解协议作出裁决书，也可以撤回仲裁申请。

《仲裁法》第五十条　当事人达成和解协议，撤回仲裁申请后反悔的，可以根据仲裁协议申请仲裁。

（四）仲裁裁决

1. 仲裁裁决的作出方式。

（1）仲裁裁决应当按照多数仲裁员的意见作出，少数仲裁员的不同意见可以记入笔录。按多数仲裁员的意见作出仲裁裁决是裁决的一项基本原则。

（2）仲裁庭不能形成多数意见时，裁决应当按照首席仲裁员的意见作出。

【注意】诉讼中合议庭形不成多数意见时，报审判委员会决定，仲裁中合议庭形不成多数意见时，以首席仲裁员意见为准。

2. 仲裁裁决的内容。

（1）仲裁裁决书应当写明仲裁请求、争议事实、裁决理由、裁决结果、仲裁费用的负担和裁决日期。

（2）当事人协议不愿写明争议事实和裁决理由的，可以不写。

【例】吉林市甲公司与长春市乙公司发生服装买卖合同纠纷，由北京仲裁委员会进行仲裁，双方当事人约定并请求仲裁庭在裁决书中不要写明下列事项。对此请求，下列哪些事项仲裁庭可以准许？（03 年·卷三·65 题）

A. 仲裁请求　　　　　　　　　　B. 争议事实
C. 裁决理由　　　　　　　　　　D. 仲裁费用

［答案］BC

［解析］仲裁裁决书中能够不写的事项，只有争议事实和裁决理由，其他的事项必须要写明，BC 当选。注意，以上两个事项可以不写，必须当事人约定或同意才可以，仲裁庭自己不能直接决定上述事项在裁决书中不写，这体现了仲裁的自治性。

3. 裁决书的签名。

对裁决持不同意见的仲裁员，可以在裁决书上签名，也可以不签名。

4. 仲裁裁决的生效。

仲裁裁决书自作出之日起发生法律效力。当事人不得就已经裁决的事项再行申请仲裁，也不得就此提起诉讼；仲裁机构不得随意变更已生效的仲裁裁决；其他任何机关或个人均不得变更仲裁裁决；仲裁裁决具有执行力。

【例】下列关于仲裁裁决的哪些观点是正确的？（06 年·卷三·85 题）

A. 当事人可以请求仲裁庭根据双方的和解协议作出裁决

B. 仲裁庭可以根据双方当事人达成的调解协议作出裁决

C. 仲裁裁决应当根据仲裁庭多数仲裁员的意见作出，形不成多数意见的，由仲裁委员会讨论决定

D. 仲裁裁决一经作出立即发生法律效力

[答案] ABD

[解析]《仲裁法》第 49 条规定："当事人申请仲裁后，可以自行和解。达成和解协议的，可以请求仲裁庭根据和解协议作出裁决书，也可以撤回仲裁申请。"《仲裁法》第 51 条第 2 款规定："调解达成协议的，仲裁庭应当制作调解书或者根据协议结果制作裁决书。调解书与裁决书具有同等法律效力。"《仲裁法》第 57 条规定："裁决书自作出之日起发生法律效力。"《仲裁法》第 53 条规定："裁决应当按照多数仲裁员的意见作出，少数仲裁员的不同意见可以记入笔录。仲裁庭不能形成多数意见时，裁决应当按照首席仲裁员的意见作出。"所以本题的 A、B、D 选项是正确的，C 选项是错误的。

5. 仲裁裁决的补正。

当事人自收到裁决书 30 日内可以请求仲裁庭补正，仲裁庭也可以自行补正。仲裁庭对裁决书的补正，限于以下三项：①仲裁裁决书中的文字错误；②仲裁裁决书中的计算错误；③已经裁决但在仲裁裁决书中被遗漏的事项。

【例】根据《仲裁法》，仲裁庭作出的裁决书生效后，在下列哪一情形下仲裁庭不可进行补正？（11 年·卷三·50 题）

A. 裁决书认定的事实错误

B. 裁决书中的文字错误

C. 裁决书中的计算错误

D. 裁决书遗漏了仲裁评议中记录的仲裁庭已经裁决的事项

[答案] A

[解析]《仲裁法》第 56 条规定："对裁决书中的文字、计算错误或者仲裁庭已经裁决但在裁决书中遗漏的事项，仲裁庭应当补正；当事人自收到裁决书之日起三十日内，可以请求仲裁庭补正。"故 B、C、D 选项均可补正，不当选。A 选项不可进行补正，当选。

《仲裁法》第五十三条　裁决应当按照多数仲裁员的意见作出，少数仲裁员的不同意见可以记入笔录。仲裁庭不能形成多数意见时，裁决应当按照首席仲裁员的意见作出。

《仲裁法》第五十四条　裁决书应当写明仲裁请求、争议事实、裁决理由、裁决结果、仲裁费用的负担和裁决日期。当事人协议不愿写明争议事实和裁决理由的，可以不写。裁决书由仲裁员签名，加盖仲裁委员会印章。对裁决持不同意见的仲裁员，可以签名，也可以不签名。

《仲裁法》第五十五条　仲裁庭仲裁纠纷时，其中一部分事实已经清楚，可以就该部分先行裁决。

《仲裁法》第五十六条　对裁决书中的文字、计算错误或者仲裁庭已经裁决但在裁决书中遗漏的事项，仲裁庭应当补正；当事人自收到裁决书之日起三十日内，可以请求仲裁庭补正。

《仲裁法》第五十七条　裁决书自作出之日起发生法律效力。

六、仲裁时效

（一）仲裁时效的法律适用

法律对仲裁时效有规定的，适用该规定；

法律对仲裁时效没有规定的，适用诉讼时效的规定。

（二）仲裁时效期间的起算

自知道或应当知道权利被侵害时开始计算。仲裁时效期间的最后6个月内，当事人因不可抗力或者其他障碍不能行使请求权的，仲裁时效中止。从中止时效的原因消除之日起，仲裁时效期间继续计算。

||真题演练

1. 海云公司与金辰公司签订了一份装饰工程合同。合同约定：金辰公司包工包料，负责完成海云公司办公大楼的装饰工程。事后双方另行达成了补充协议，约定因该合同的履行发生纠纷，由某仲裁委员会裁决。在装饰工程竣工后，质检单位鉴定复合地板及瓷砖系不合格产品。海云公司要求金辰公司返工并赔偿损失，金辰公司不同意，引发纠纷。请回答以下（1）～（4）题。

（1）假设某法院受理了海云公司的起诉，金辰公司应诉答辩，海云公司在首次开庭时，向法院提交了仲裁协议，对此，该法院应如何处理？① （05年·卷三·93题）

A. 裁定驳回海运公司的起诉

B. 裁定不予受理，告知当事人通过仲裁方式解决

C. 裁定将案件移送仲裁机构处理

D. 继续审理本案

（2）假设某法院受理本案后，金辰公司在答辩中提出双方有仲裁协议，法院应如何处理？② （05年·卷三·94题）

A. 裁定驳回起诉

B. 裁定不予受理

C. 审查仲裁协议，作出是否受理本案的决定书

D. 不审查仲裁协议，视为人民法院有管辖权

（3）假设某法院受理海云公司的起诉，诉讼过程中海云公司与金辰公司达成和解协议，可如何结案？③ （05年·卷三·95题）

A. 海云公司申请撤诉，由法院作出准予撤诉的裁定

B. 法院作出准许撤诉的决定书

C. 法院可以根据和解协议制作调解书

D. 法院可以根据和解协议制作判决书

（4）假设仲裁机构受理了海云公司的仲裁申请，仲裁过程中海云公司与金辰公司达

---

① D

② A

③ AC

成调解协议，可以何种方式结案?① （05 年·卷三·96 题）

    A. 撤回仲裁申请

    B. 仲裁庭作出准许撤回仲裁申请的裁决书

    C. 仲裁庭制作调解书

    D. 仲裁庭根据调解协议制作裁决书

    2. 根据我国仲裁法的规定，下列哪些关于仲裁程序的表述是正确的?② （04 年·卷三·79 题）

    A. 仲裁应当开庭进行，但当事人可以约定不开庭

    B. 仲裁不公开进行，但如不涉及国家秘密，当事人也可以约定公开进行

    C. 对仲裁庭的组成，当事人可以约定由 3 名仲裁员组成仲裁庭

    D. 当事人对仲裁的调解书不得申请撤销，对裁决书可以申请撤销

    3. 根据我国仲裁法的规定，在不同的情况下仲裁庭可以作出不同的裁决。下列有关仲裁裁决的说法哪些是正确的?③ （04 年·卷三·80 题）

    A. 仲裁庭仲裁纠纷时，其中一部分事实已经清楚的，可以就该部分先行裁决

    B. 被申请人经书面通知，无正当理由不到庭的，仲裁庭可以据此认定申请人的主张成立，缺席裁决

    C. 当事人调解达成协议的，仲裁庭应制作调解书或根据调解结果制作裁决书

    D. 仲裁裁决一经作出即发生法律效力，但对裁决书中的文字、计算错误，当事人可以请求仲裁庭补正

---

① ACD

② ABCD

③ ACD

20 第二十章
仲裁裁决的撤销与不予执行

特别提示

　　申请撤销仲裁裁决的条件和理由、法院对撤销仲裁裁决申请的处理及法律后果、仲裁裁决不予执行的事由、仲裁裁决撤销和不予执行的区别。并应从司法支持和监督仲裁的高度来理解仲裁裁决的撤销制度。

本章知识框架

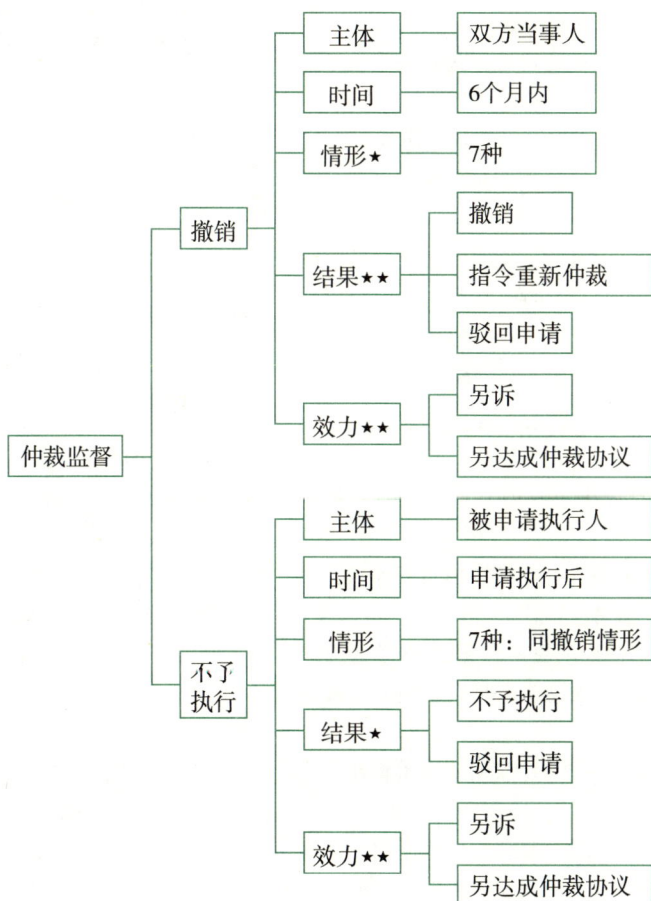

```
                              ┌─ 主体 ─── 双方当事人
                              │
                              ├─ 时间 ─── 6个月内
                              │
                              ├─ 情形★ ── 7种
                              │
                   ┌─ 撤销 ──┤              ┌─ 撤销
                   │          ├─ 结果★★ ──┼─ 指令重新仲裁
                   │          │              └─ 驳回申请
                   │          │
                   │          └─ 效力★★ ──┬─ 另诉
                   │                         └─ 另达成仲裁协议
   仲裁监督 ──────┤
                   │                       ┌─ 主体 ─── 被申请执行人
                   │                       │
                   │                       ├─ 时间 ─── 申请执行后
                   │                       │
                   │                       ├─ 情形 ─── 7种：同撤销情形
                   └─ 不予执行 ──────────┤
                                           ├─ 结果★ ──┬─ 不予执行
                                           │            └─ 驳回申请
                                           │
                                           └─ 效力★★ ─┬─ 另诉
                                                         └─ 另达成仲裁协议
```

一、撤销与不予执行仲裁裁决的相同点

1. 都是司法对仲裁的监督。
2. 仲裁裁决被撤销或不予执行后，都可以起诉或另行达成仲裁协议。

二、撤销与不予执行仲裁裁决的区别

	撤销仲裁裁决	不予执行仲裁裁决
提出请求的当事人	任何一方当事人。	被申请执行人、案外人。
提出请求的期限	收到仲裁裁决书之日起 6 个月内。	15 日。
管辖法院	仲裁委员会所在地中级人民法院。	受理申请执行人申请的法院：被执行人住所地或者被执行的财产所在地的中级人民法院。
法定情形	（1）没有仲裁协议。 （2）仲裁的事项不属于仲裁协议的范围或者仲裁委员会无权仲裁。 （3）仲裁庭的组成或者仲裁的程序违反法定程序。 （4）仲裁裁决所依据的证据是伪造的。 （5）对方当事人隐瞒了足以影响公正裁决的证据。 （6）仲裁员在仲裁该案时有索贿受贿、徇私舞弊、枉法裁决的行为。 （7）仲裁裁决违背了社会公共利益。 注：涉外仲裁中无 4、5、6 项。	（1）当事人在合同中没有仲裁条款或事后没有达成书面仲裁协议的。 （2）裁决的事项不属于仲裁协议的范围或者仲裁机构无权仲裁的。 （3）仲裁庭的组成或者仲裁的程序违反法定程序的。 （4）仲裁裁决所依据的证据是伪造的。 （5）对方当事人隐瞒了足以影响公正裁决的证据的。 （6）仲裁员在仲裁该案时有贪污受贿、徇私舞弊、枉法裁决行为的。 （7）仲裁裁决违背了社会公共利益。 注：涉外仲裁中无 4、5、6 项。
处理程序	（1）自收到申请之日起 2 个月内作出裁定： ①撤销裁决。 ②驳回申请。 ③通知仲裁庭在一定期限内重新仲裁，并裁定中止撤销程序。 A. 情形：仲裁裁决所依据的证据是伪造的；对方当事人隐瞒了足以影响公正裁决的证据。 B. 法院应当在通知中说明要求重新仲裁的具体理由。 C. 仲裁庭在人民法院指定的期限内开始重新仲裁的，人民法院应当裁定终结撤销程	（1）自收到申请之日起 2 个月内作出裁定。 （2）法院不可以要求仲裁庭重新仲裁。 （3）不予支持的几种情况。（仲释 26-28） ①"一事不再理"：当事人向人民法院申请撤销仲裁裁决被驳回后，又在执行程序中以相同理由提出不予执行抗辩的，人民法院不予支持。 ②当事人在仲裁程序中未对仲裁协议的效力提出异议，在仲裁裁决作出后以仲裁协议无效为由主张撤销仲裁裁决或者提出不予执行抗辩的，人民法院不予支持。 当事人在仲裁程序中对仲裁协议的效力提出异

续表

	撤销仲裁裁决	不予执行仲裁裁决
处理程序	序；未开始重新仲裁的，人民法院应当裁定恢复撤销程序。	议，在仲裁裁决作出后又以此为由主张撤销仲裁裁决或者提出不予执行抗辩，经审查符合《仲裁法》第58条或者《民事诉讼法》规定的，人民法院应予支持。 ③当事人请求不予执行仲裁调解书或者根据当事人之间的和解协议、调解协议作出的仲裁裁决书的，人民法院不予支持。 (4) 申请以一次为限，多个事由应一并提出。
法律后果	当事人可以重新达成仲裁协议，并根据该协议申请仲裁，也可以向人民法院起诉。	

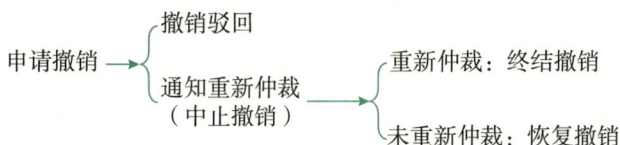

```
                    ┌─ 撤销驳回
申请撤销 ──────┤                         ┌─ 重新仲裁：终结撤销
                    └─ 通知重新仲裁 ─────┤
                        （中止撤销）      └─ 未重新仲裁：恢复撤销
```

【例】甲不履行仲裁裁决，乙向法院申请执行。甲拟提出不予执行的申请并提出下列证据证明仲裁裁决应不予执行。针对下列哪一选项，法院可裁定驳回甲的申请？（11年·卷三·49题）

A. 甲、乙没有订立仲裁条款或达成仲裁协议

B. 仲裁庭组成违反法定程序

C. 裁决事项超出仲裁机构权限范围

D. 仲裁裁决没有根据经当事人质证的证据认定事实

[答案] D

[解析] 仲裁裁决可撤销的事由多为程序事由，如ABC三项。仲裁裁决可撤销的事由中与实体有关的事由只有证据是伪造的或对方当事人隐瞒证据这两种情形，证据未经当事人质证不是撤销仲裁裁决的事由。D项当选。

【例】甲公司因与乙公司合同纠纷申请仲裁，要求解除合同。某仲裁委员会经审理裁决解除双方合同，还裁决乙公司赔偿甲公司损失六万元。关于本案的仲裁裁决，下列哪些表述是正确的？（10年·卷三·86题）

A. 因仲裁裁决超出了当事人请求范围，乙公司可申请撤销超出甲公司请求部分的裁决

B. 因仲裁裁决超出了当事人请求范围，乙公司可向法院提起诉讼

C. 因仲裁裁决超出了当事人请求范围，乙公司可向法院申请再审

D. 乙公司可申请不予执行超出甲公司请求部分的仲裁裁决

[答案] AD

[解析] 根据《仲裁法解释》第19条规定："当事人以仲裁裁决事项超出仲裁协议范围为由申请撤销仲裁裁决，经审查属实的，人民法院应当撤销仲裁裁决中的超裁部分。但超裁部分与其他裁决事项不可分的，人民法院应当撤销仲裁裁决。"A选项所言，"乙公司可申请撤销超出甲公司请求部分的裁决"表述正确。

【例】　某仲裁委员会仲裁某一合同争议案件时，根据甲、乙双方当事人的意愿首先进行了调解并达成调解协议，甲方愿意赔偿乙方经济损失 1 万元，仲裁庭根据调解协议制作了裁决书。根据上述情况，下列哪一选项是正确的？（08 年·四川·卷三·34 题）

A. 仲裁庭制作完成裁决书后该裁决书即发生法律效力

B. 裁决书需经双方当事人签收后才发生法律效力

C. 甲方在签收裁决书前反悔的，仲裁庭应当依法重新作出裁决

D. 甲方在签收裁决书后反悔的，可以以裁决书是根据调解协议的内容制作为由向法院申请撤销该裁决

［答案］　A

［解析］　裁决书自作出之日起发生法律效力。故 A 项说法正确，B、C 两项说法错误。甲方以裁决书是根据调解协议的内容制作为由申请撤销并不属于申请撤销裁决的法定情形，故 D 项说法错误。

【例】　某仲裁机构对甲公司与乙公司之间的合同纠纷进行裁决后，乙公司不履行仲裁裁决。甲公司向法院申请强制执行，乙公司申请法院裁定不予执行。经审查，法院认为乙公司的申请理由成立，裁定不予执行该仲裁裁决。对此，下列哪一种说法是正确的？（05 年·卷三·49 题）

A. 甲公司可以就法院的裁定提请复议一次

B. 甲公司与乙公司可以重新达成仲裁协议申请仲裁

C. 甲公司与乙公司可以按原仲裁协议申请仲裁

D. 当事人不可以再就该纠纷重新达成仲裁协议，此案只能向法院起诉

［答案］　B

［解析］　仲裁裁决被人民法院裁定撤销或者不予执行的，当事人就该纠纷可以根据双方重新达成的仲裁协议申请仲裁，也可以向人民法院起诉，对不予执行仲裁裁决的裁定，当事人没有复议、上诉等救济途径。因此，B 选项正确，而 A、D 选项错误。既然仲裁实行一裁终局制度，而且本案已经作出裁决，甲公司和乙公司就不可以按原仲裁协议申请仲裁。因此，C 选项错误。

三、仲裁法律文书申请撤销、不予执行的区别

	撤销	不予执行
调解书	不能	不能（违背公共利益除外；案外人可以）
根据和解协议作的裁决书	可以	不能（违背公共利益除外）
根据调解协议作的裁决书	可以	不能（违背公共利益除外）
仲裁庭依决定作的裁决书	可以	可以

【例】　张某根据与刘某达成的仲裁协议，向某仲裁委员会申请仲裁。在仲裁审理中，双方达成和解协议并申请依和解协议作出裁决。裁决作出后，刘某拒不履行其义务，张某向法院申请强制执行，而刘某则向法院申请裁定不予执行该仲裁裁决。法院应当如何处理？（07 年·卷三·49 题）

A. 裁定中止执行，审查是否具有不予执行仲裁裁决的情形

B. 终结执行，审查是否具有不予执行仲裁裁决的情形

C. 继续执行，不予审查是否具有不予执行仲裁裁决的情形

D. 先审查是否具有不予执行仲裁裁决的情形，然后决定后续执行程序是否进行

[答案] C

[解析] 依据《仲裁法解释》第 28 条规定："当事人请求不予执行仲裁调解书或者根据当事人之间的和解协议作出的仲裁裁决书的，人民法院不予支持。"可知，刘某向法院申请不予执行依和解协议作出的裁决的请求，法院是不予支持的，C 选项正确。当事人申请不予执行不被法院支持，执行继续进行，就不存在中止执行和终结执行的情况，A、B、D 项不选。

【例】 甲市 L 区居民叶某购买了住所在乙市 M 区的大亿公司开发的位于丙市 N 区的商品房一套，合同中约定双方因履行合同发生争议可以向位于丙市的仲裁委员会（丙市仅有一家仲裁机构）申请仲裁。因大亿公司迟迟未按合同约定交付房屋，叶某向仲裁委员会申请仲裁。大亿公司以仲裁机构约定不明，向仲裁委员会申请确认仲裁协议无效。经审查，仲裁委员会作出了仲裁协议有效的决定。在第一次仲裁开庭时，大亿公司声称其又向丙市中级法院请求确认仲裁协议无效，申请仲裁庭中止案件审理。在仲裁过程中仲裁庭组织调解，双方达成了调解协议，仲裁庭根据协议内容制作了裁决书。后因大亿公司不按调解协议履行义务，叶某向法院申请强制执行，而大亿公司则以调解协议内容超出仲裁请求为由，向法院申请不予执行仲裁裁决。

请回答第 98—100 题。

98. 大亿公司向丙市中级法院请求确认仲裁协议无效，对此，正确的做法是：（16 年·卷三·98 题）

A. 丙市中级法院应予受理并进行审查

B. 丙市中级法院不予受理

C. 仲裁庭在法院就仲裁协议效力作出裁定之前，应当中止仲裁程序

D. 仲裁庭应继续开庭审理

[答案] BD

[解析]《仲裁法解释》第 13 条规定，依照《仲裁法》第 20 条第 2 款的规定，当事人在仲裁庭首次开庭前没有对仲裁协议的效力提出异议，而后向人民法院申请确认仲裁协议无效的，人民法院不予受理。仲裁机构对仲裁协议的效力作出决定后，当事人向人民法院申请确认仲裁协议效力或者申请撤销仲裁机构的决定的，人民法院不予受理。

大亿公司向丙市中级法院请求确认仲裁协议无效前，已向仲裁委员会要求确认仲裁协议的效力，仲裁委员会已经作出决定，此后再向法院要确认，法院应当不予受理，而不是受理并审查。B 项正确，A 项错误。

仲裁协议的效力已经认定，法院无需再审理仲裁协议的效力问题，则仲裁庭对此案应该继续审理，而不是中止仲裁程序等待法院的裁定。D 项正确，C 项错误。

99. 双方当事人在仲裁过程中达成调解协议，仲裁庭正确的结案方式是：（16 年·卷三·99 题）

A. 根据调解协议制作调解书

B. 应当依据调解协议制作裁决书

C. 将调解协议内容记入笔录，由双方当事人签字后即发生法律效力

D. 根据调解协议的结果制作裁决书

［答案］AD

［解析］《仲裁法解释》第 51 条规定，仲裁庭在作出裁决前，可以先行调解。当事人自愿调解的，仲裁庭应当调解。调解不成的，应当及时作出裁决。调解达成协议的，仲裁庭应当制作调解书或者根据协议的结果制作裁决书。调解书与裁决书具有同等法律效力。仲裁调解结案的方式是制作调解书或裁决书，而不是只能制作裁决书，因此 A 项和 D 项正确，B 项说得过于绝对，错误。

《仲裁法》第 52 条规定，调解书应当写明仲裁请求和当事人协议的结果。调解书由仲裁员签名，加盖仲裁委员会印章，送达双方当事人。调解书经双方当事人签收后，即发生法律效力。在调解书签收前当事人反悔的，仲裁庭应当及时作出裁决。仲裁调解结案后必须制作调解书或裁决书，只将调解协议计入笔录由当事人签字生效不能结案。C 项错误。

100. 大亿公司以调解协议超出仲裁请求范围请求法院不予执行仲裁裁决，法院正确的做法是：(16 年·卷三·100 题)

A. 不支持，继续执行

B. 应支持，并裁定不予执行

C. 应告知当事人申请撤销仲裁裁决，并裁定中止执行

D. 应支持，必要时可通知仲裁庭重新仲裁

［答案］A

［解析］《民事诉讼法》第 237 条规定，对依法设立的仲裁机构的裁决，一方当事人不履行的，对方当事人可以向有管辖权的人民法院申请执行。受申请的人民法院应当执行。被申请人提出证据证明仲裁裁决有下列情形之一的，经人民法院组成合议庭审查核实，裁定不予执行：（一）当事人在合同中没有订有仲裁条款或者事后没有达成书面仲裁协议的；（二）裁决的事项不属于仲裁协议的范围或者仲裁机构无权仲裁的；（三）仲裁庭的组成或者仲裁的程序违反法定程序的；（四）裁决所根据的证据是伪造的；（五）对方当事人向仲裁机构隐瞒了足以影响公正裁决的证据的；（六）仲裁员在仲裁该案时有贪污受贿，徇私舞弊，枉法裁决行为的。人民法院认定执行该裁决违背社会公共利益的，裁定不予执行。裁定书应当送达双方当事人和仲裁机构。仲裁裁决被人民法院裁定不予执行的，当事人可以根据双方达成的书面仲裁协议重新申请仲裁，也可以向人民法院起诉。

调解协议超出仲裁请求范围不属于不予执行仲裁裁决的法定事由，法院不应当支持，应继续执行，A 项正确，B 项错误。

当事人申请不予执行仲裁裁决，法院应裁定执行或不予执行，不能告知当事人申请撤销仲裁裁决，也不必中止执行。C 项错误。

D 项的错误有两点：首先，当事人申请不予执行仲裁裁决的事由不成立，不能支持；其次，当事人申请不予执行仲裁裁决，法院只能裁定执行或不予执行，没有权限发回仲裁庭重新仲裁，只有撤销仲裁裁决程序中，才能通知仲裁庭重新仲裁。D 项错误。

《仲裁法》第五十八条　当事人提出证据证明裁决有下列情形之一的，可以向仲裁委员会所在地的中级人民法院申请撤销裁决：

（一）没有仲裁协议的；

（二）裁决的事项不属于仲裁协议的范围或者仲裁委员会无权仲裁的；

（三）仲裁庭的组成或者仲裁的程序违反法定程序的；

（四）裁决所根据的证据是伪造的；

（五）对方当事人隐瞒了足以影响公正裁决的证据的；

（六）仲裁员在仲裁该案时有索贿受贿，徇私舞弊，枉法裁决行为的。

人民法院经组成合议庭审查核实裁决有前款规定情形之一的，应当裁定撤销。

人民法院认定该裁决违背社会公共利益的，应当裁定撤销。

《仲裁法》第五十九条　当事人申请撤销裁决的，应当自收到裁决书之日起六个月内提出。

《仲裁法》第六十条　人民法院应当在受理撤销裁决申请之日起两个月内作出撤销裁决或者驳回申请的裁定。

《仲裁法》第六十一条　人民法院受理撤销裁决的申请后，认为可以由仲裁庭重新仲裁的，通知仲裁庭在一定期限内重新仲裁，并裁定中止撤销程序。仲裁庭拒绝重新仲裁的，人民法院应当裁定恢复撤销程序。

《仲裁法》第六十二条　当事人应当履行裁决。一方当事人不履行的，另一方当事人可以依照民事诉讼法的有关规定向人民法院申请执行。受申请的人民法院应当执行。

《仲裁法》第六十三条　被申请人提出证据证明裁决有民事诉讼法第二百一十七条第二款规定的情形之一的，经人民法院组成合议庭审查核实，裁定不予执行。

《仲裁法》第六十四条　一方当事人申请执行裁决，另一方当事人申请撤销裁决的，人民法院应当裁定中止执行。

人民法院裁定撤销裁决的，应当裁定终结执行。撤销裁决的申请被裁定驳回的，人民法院应当裁定恢复执行。

《民事诉讼法》第二百三十七条　对依法设立的仲裁机构的裁决，一方当事人不履行的，对方当事人可以向有管辖权的人民法院申请执行。受申请的人民法院应当执行。

被申请人提出证据证明仲裁裁决有下列情形之一的，经人民法院组成合议庭审查核实，裁定不予执行：

（一）当事人在合同中没有订有仲裁条款或者事后没有达成书面仲裁协议的；

（二）裁决的事项不属于仲裁协议的范围或者仲裁机构无权仲裁的；

（三）仲裁庭的组成或者仲裁的程序违反法定程序的；

（四）裁决所根据的证据是伪造的；

（五）对方当事人向仲裁机构隐瞒了足以影响公正裁决的证据的；

（六）仲裁员在仲裁该案时有贪污受贿，徇私舞弊，枉法裁决行为的。

人民法院认定执行该裁决违背社会公共利益的，裁定不予执行。

裁定书应当送达双方当事人和仲裁机构。

仲裁裁决被人民法院裁定不予执行的，当事人可以根据双方达成的书面仲裁协议重新申请仲裁，也可以向人民法院起诉。

真题演练

1. B 市的京发公司与 T 市的蓟门公司签订了一份海鲜买卖合同，约定交货地在 T 市，并同时约定"涉及本合同的争议，提交 S 仲裁委员会仲裁。"京发公司收货后，认为海鲜等级未达到合同约定，遂向 S 仲裁委员会提起解除合同的仲裁申请，仲裁委员会受理了该案。在仲裁规则确定的期限内，京发公司选定仲裁员李某作为本案仲裁庭的仲裁员，蓟门公司未选定仲裁员，双方当事人也未共同选定第三名仲裁员，S 仲裁委主任指定张某为本案仲裁庭仲裁员、刘某为本案首席仲裁员，李某、张某、刘某共同组成本案的仲裁庭，仲裁委向双方当事人送达了开庭通知。

开庭当日，蓟门公司未到庭，也未向仲裁庭说明未到庭的理由。仲裁庭对案件进行了审理并作出缺席裁决。在评议裁决结果时，李某和张某均认为蓟门公司存在严重违约行为，合同应解除，而刘某认为合同不应解除，拒绝在裁决书上签名。最终，裁决书上只有李某和张某的签名。

S 仲裁委员会将裁决书向双方当事人进行送达时，蓟门公司拒绝签收，后蓟门公司向法院提出撤销仲裁裁决的申请。

请回答第 (1) — (3) 题。

(1) 关于本案中仲裁庭组成，下列说法正确的是：① (14 年·卷三·98 题)

A. 京发公司有权选定李某为本案仲裁员

B. 仲裁委主任有权指定张某为本案仲裁员

C. 仲裁委主任有权指定刘某为首席仲裁员

D. 本案仲裁庭的组成合法

(2) 关于本案的裁决书，下列表述正确的是：② (14 年·卷三·99 题)

A. 裁决书应根据仲裁庭中的多数意见，支持京发公司的请求

B. 裁决书应根据首席仲裁员的意见，驳回京发公司的请求

C. 裁决书可支持京发公司的请求，但必须有首席仲裁员的签名

D. 无论蓟门公司是否签收，裁决书自作出之日起生效

(3) 关于蓟门公司撤销仲裁裁决的申请，下列表述正确的是：③ (14 年·卷三·100 题)

A. 蓟门公司应向 S 仲裁委所在地中院提出申请

B. 法院应适用普通程序审理该撤销申请

C. 法院可以适用法律错误为由撤销 S 仲裁委的裁决

D. 法院应以缺席裁决违反法定程序为由撤销 S 仲裁委的裁决

2. 兴源公司与郭某签订钢材买卖合同，并书面约定本合同一切争议由中国国际经济贸易仲裁委员会仲裁。兴源公司支付 100 万元预付款后，因郭某未履约依法解除了合同。郭某一直未将预付款返还，兴源公司遂提出返还货款的仲裁请求，仲裁庭适用简易程序审理，并作出裁决，支持该请求。

---

① ABCD

② AD

③ A

由于郭某拒不履行裁决，兴源公司申请执行。郭某无力归还100万元现金，但可以收藏的多幅字画提供执行担保。担保期满后郭某仍无力还款，法院在准备执行该批字画时，朱某向法院提出异议，主张自己才是这些字画的所有权人，郭某只是代为保管。

请回答（1）～（3）题。

（1）关于仲裁协议的表述，下列选项正确的是：① （13年·卷三·95题）

A. 买卖合同虽已解除，但仲裁条款具有独立性，兴源公司可以据此申请仲裁

B. 兴源公司返还货款的请求是基于不当得利请求权，与买卖合同无关，不应据此申请仲裁

C. 仲裁协议未约定适用简易程序，仲裁庭不应适用简易程序审理

D. 双方选择的中国国际经济贸易仲裁委员会是涉外仲裁机构，本案不具有涉外因素，应当重新选择

（2）本案适用简易程序审理后，关于仲裁委员会和仲裁庭可以自行决定的事项，下列选项正确的是：② （13年·卷三·96题）

A. 指定某法院的王法官担任本案仲裁员

B. 由一名仲裁员组成仲裁庭独任审理

C. 依据当事人的材料和证据书面审理

D. 简化裁决书，未写明争议事实

（3）假设在执行过程中，郭某向法院提出异议，认为本案并非合同纠纷，不属于仲裁协议约定的纠纷范围。法院对该异议正确的处理方式是：③ （13年·卷三·97题）

A. 裁定执行中止

B. 经过审理，裁定不予执行仲裁裁决的，同时裁定终结执行

C. 经过审理，可以通知仲裁委员会重新仲裁

D. 不予支持该异议

3. 关于法院对仲裁的司法监督的说法，下列哪一选项是错误的？④ （10年·卷三·44题）

A. 仲裁当事人申请财产保全，应当向仲裁机构申请，由仲裁机构将该申请移交给相关法院

B. 仲裁当事人申请撤销仲裁裁决被法院驳回，此后以相同理由申请不予执行，法院不予支持

C. 仲裁当事人在仲裁程序中没有提出对仲裁协议效力的异议，此后以仲裁协议无效为由申请撤销或不予执行，法院不予支持

D. 申请撤销仲裁裁决或申请不予执行仲裁裁决程序中，法院可通知仲裁机构在一定期限内重新仲裁

4. 某仲裁委员会对甲公司与乙公司之间的买卖合同一案作出裁决后，发现该裁决存

---

① A

② BC

③ D

④ D

在超裁情形，甲公司与乙公司均对裁决持有异议。关于此仲裁裁决，下列哪一选项是正确的？① （08 年·卷三·41 题）

A. 该仲裁委员会可以直接变更已生效的裁决，重新作出新的裁决

B. 甲公司或乙公司可以请求该仲裁委员会重新作出仲裁裁决

C. 该仲裁委员会申请法院撤销此仲裁裁决

D. 甲公司或乙公司可以请求法院撤销此仲裁裁决

5. 关于涉外民事诉讼及仲裁中相关问题的说法，下列哪一选项是错误的？② （08 年·卷三·88 题）

A. 涉外民事诉讼的财产保全，只能依申请开始，法院不能依职权进行

B. 涉外财产保全中的诉前财产保全，法院可以责令申请人提供担保

C. 涉外仲裁裁决在外国的承认与执行，只能由当事人向有关外国法院申请

D. 涉外民事判决的承认与执行，既可以由当事人向有管辖权的外国法院申请，也可以由人民法院请求外国法院承认与执行

6. 张某根据与刘某达成的仲裁协议，向某仲裁委员会申请仲裁。在仲裁审理中，双方达成和解协议并申请依和解协议作出裁决。裁决作出后，刘某拒不履行其义务，张某向法院申请强制执行，而刘某则向法院申请裁定不予执行该仲裁裁决。法院应当如何处理？③ （07 年·卷三·49 题）

A. 裁定中止执行，审查是否具有不予执行仲裁裁决的情形

B. 终结执行，审查是否具有不予执行仲裁裁决的情形

C. 继续执行，不予审查是否具有不予执行仲裁裁决的情形

D. 先审查是否具有不予执行仲裁裁决的情形，然后决定后续执行程序是否进行

7. 刘某从海塘公司购买红木家具 1 套，价款为 3 万元，双方签订合同，约定如发生纠纷可向北京仲裁委员会申请仲裁。交付后，刘某发现该家具并非红木制成，便向仲裁委员会申请仲裁，请求退货。请回答 （1） ～ （4） 题。

（1） 双方在仲裁过程中对仲裁程序所作的下列何种约定是有效的？④ （06 年·卷三·97 题）

A. 双方不得委托代理人

B. 即使达不成调解协议，也以调解书的形式结案

C. 裁决书不写争议事实和裁决理由

D. 双方对裁决不得申请撤销

（2） 向海塘公司提供木材的红木公司可以以何种身份参加该案件的仲裁程序？⑤ （06 年·卷三·98 题）

A. 证人　　　　　　　　　　　　B. 第三人

---

① D

② B

③ C

④ C

⑤ A

C. 鉴定人　　　　　　　　　　　　　D. 被申请人

（3）如果裁决退货，海塘公司不服，可以以何种方式获得救济？①（06年·卷三·99题）

A. 向仲裁委员会所在地的中级人民法院申请撤销仲裁裁决

B. 向本公司所在地的中级人民法院申请撤销仲裁裁决

C. 向仲裁委员会所在地的中级人民法院申请裁定不予执行

D. 向执行法院申请裁定不予执行

（4）如果仲裁过程中海塘公司向仲裁委员会提交了双方在交付家具时签订的《补充协议》，该协议约定将纠纷处理方式变更为诉讼，这种情况下仲裁委员会应当如何处理？②（06年·卷三·100题）

A. 仲裁委员会有权对是否继续仲裁审理作出裁决

B. 仲裁委员会应当裁决驳回仲裁申请，当事人可向法院起诉

C. 仲裁委员会应当继续仲裁，裁决作出后当事人可以以没有有效的仲裁协议为由申请撤销仲裁裁决

D. 仲裁委员会应当继续仲裁，裁决作出后当事人不得以没有有效的仲裁协议为由申请撤销仲裁裁决

8. 甲乙两公司因贸易合同纠纷进行仲裁，裁决后甲公司申请执行仲裁裁决，乙公司申请撤销仲裁裁决，此时受理申请的人民法院应如何处理？③（03年·卷三·28题）

A. 裁定撤销裁决

B. 裁定终结执行

C. 裁定中止执行

D. 将案件移交上级人民法院处理

9. 当事人申请撤销仲裁裁决须符合下列哪些条件？④（03年·卷三·74题）

A. 必须向仲裁委员会提出申请，由仲裁委员会提交给有管辖权的人民法院

B. 必须向仲裁委员会所在地的中级人民法院提出

C. 必须在自收到裁决书之日起6个月内提出

D. 必须有证据证明裁决有法律规定的应予撤销的情形

---

① AD
② AB
③ C
④ BCD